U0472014

匡时 公共管理学科 · 社会保障系列

Comparative Social Security Systems

社会保障国际比较

郑春荣 编著

上海财经大学出版社
SHANGHAI UNIVERSITY OF FINANCE & ECONOMICS PRESS
上海学术 · 经济学出版中心

图书在版编目(CIP)数据

社会保障国际比较 / 郑春荣编著. -- 上海 : 上海财经大学出版社, 2025. 7. -- (公共管理学科 · 社会保障系列). -- ISBN 978-7-5642-4695-2

Ⅰ. D57

中国国家版本馆 CIP 数据核字第 2025BV6351 号

责任编辑：江　玉
书籍设计：张克瑶
投稿邮箱：jiangyu@msg.sufe.edu.cn

社会保障国际比较

著 作 者：郑春荣　编著
出版发行：上海财经大学出版社有限公司
地　　址：上海市中山北一路 369 号(邮编 200083)
网　　址：http://www.sufep.com
经　　销：全国新华书店
印刷装订：上海新文印刷厂有限公司
开　　本：787mm×1092mm　1/16
印　　张：21(插页:2)
字　　数：410 千字
版　　次：2025 年 7 月第 1 版
印　　次：2025 年 7 月第 1 次印刷
定　　价：69.00 元

目　录

第一章　世界老龄化趋势及其影响

在介绍社会保障政策之前，需要了解各国的老龄化趋势，这是制定政策的前提条件。与老龄化趋势相对应，养老保障是人类文明的产物。当老年人退出劳动力市场以后，将度过漫长的退休时光，需要一个有保障的收入来源来安度晚年，因此，各国政府建立的养老保障制度日趋重要。近年来，受老龄化、少子化、家庭小型化、全球化和后工业化等因素的影响，各国传统的社会保障政策不断进行调整、优化。

本章主要介绍预期寿命、生育率和人口老龄化的变动趋势及其影响。预期寿命提高，生育率降低都是造成人口老龄化的原因。本章最后结合中国的情况进行分析。

第一节　预期寿命的变化趋势

预期寿命是衡量一个国家或地区在不同阶段的经济社会发展水平及医疗卫生服务水平的综合指标。近200年来，全球人口的预期寿命（life expectancy at birth）持续且快速地增长。以英国为例，19世纪40年代出生的人预期寿命不到40岁。1900年，世界发达国家的平均寿命为45～50岁[①]，人类的晚年生活较为短暂，而且子孙众多，养老保障不成问题。

随着营养、个人和公共卫生、医疗、居住条件的改善，到了21世纪，人类寿命更提升至一个新台阶。然而，战争和疫情仍不时打断预期寿命的增长。与此同时，气候变化通过粮食绝收、自然灾害等多种方式，导致营养不良、疟疾、痢疾和热应激等问题，增加死亡风险。经济发展也带来一些不利于寿命提升的因素，如环境污染导致癌症死亡人数增加，肥胖相关疾病增多。1990—2022年，儿童和青少年肥胖率增加了四倍多，成年人

---

① United Nations Population Fund. *Ageing in the Twenty-First Century*: *A Celebration and A Challenge*, 2012.

肥胖率增加了一倍多，全球每八人中就有一人患有肥胖症。[①]

总体来看，20 世纪 70 年代以来，医学进步，尤其是中风和心脏病的救治，大幅提高了人类预期寿命。全球人口平均寿命从 1990 年的 64.2 岁增至 2021 年的 71 岁，预计 2050 年将达到 77.2 岁（见表 1.1）。然而，近年来预期寿命增长放缓，原因之一是过去十几年医疗保健领域缺乏重大突破，二是虽然心脏病、中风和癌症等疾病的死亡率下降，但老年痴呆症等疾病尚无有效治疗方法。

表 1.1 全球各地区的预期寿命情况 单位：岁

地区	2021 年			2050 年		
	男性	女性	全部	男性	女性	全部
全球平均	68.4	73.8	71.0	74.8	79.8	77.2
撒哈拉以南非洲	57.8	61.6	59.7	64.3	69.1	66.7
北非和西亚	69.7	74.8	72.1	76.0	80.8	78.3
中亚和南亚	65.9	69.6	67.7	74.9	79.4	77.1
东亚和东南亚	73.6	79.6	76.5	79.4	84.1	81.7
拉丁美洲和加勒比	68.8	75.8	72.2	78.1	83.1	80.6
澳大利亚、新西兰	82.7	85.6	84.2	85.4	88.6	87.0
大洋洲	64.6	70.1	67.1	68.4	74.9	71.6
欧洲和北美	73.9	80.4	77.2	81.6	86.1	83.8

注：大洋洲的数据不包含澳大利亚和新西兰。

资料来源：United Nations，Department of Economic and Social Affairs，Population Division. *World Population Prospects 2022*，2022.

一、各国的预期寿命情况

从区域来说（见表 1.1），2021 年，澳大利亚和新西兰的平均预期寿命最长，为 84.2 岁；其次是欧洲和北美地区，为 77.2 岁；然后是东亚和东南亚地区（76.5 岁）、拉丁美洲和加勒比地区（72.2 岁）、北非和西亚地区（72.1 岁）、中亚和南亚地区（67.7 岁）。撒哈拉以南非洲地区最低，仅为 59.7 岁，比欧美低了 17.5 岁。

长寿的增加可归因于多种因素，包括生活方式的改善、工作条件的提升、教育水平的提高以及医疗保健的进步。日本的预期寿命长期位居全球前列，这主要得益于均衡

① Phelps N H，Singleton R K，Zhou B，et al. Worldwide trends in underweight and obesity from 1990 to 2022：A pooled analysis of 3663 population-representative studies with 222 million children，adolescents，and adults. *The Lancet*，2024，403（10431），1027－1050.

的饮食、良好的卫生习惯、定期体检的普及，以及自20世纪60年代以来该国在慢性病初级和二级预防方面的努力。此外，通过全民医保制度，日本加速了先进医疗技术的普及，从而显著改善了人口健康状况。在美国，西班牙裔的受教育程度和人均收入相对较低，但其平均预期寿命远高于白人。2017年，美国西班牙裔、白人和黑人的预期寿命分别为81.8岁、78.8岁和75.3岁。这一现象可能归因于西班牙裔人群较低的吸烟率、较高的母乳喂养率、紧密的家庭和社区联系，以及独特的文化和生活习惯。这些因素共同作用，使得西班牙裔的预期寿命相对较高。

在过去几年中，经济合作与发展组织（Organization for Economic Co-operation and Development，OECD）[①]中的许多成员国报告了预期寿命的小幅下降。以美国为例，如图1.1所示，美国的预期寿命在2014年达到历史最高值（78.9岁）后，在2015—2018年间小幅下降，在2019年又回升至78.9岁，但此后再次下降。造成这种令人担忧的下降趋势的原因似乎是多种多样的，最主要的原因是新冠疫情的冲击。此外，从1999年到2017年，美国工作年龄段（25岁至64岁）人群与服药过量、高血压疾病、肥胖、酗酒、自杀相关的死亡率分别增加386.5%、78.9%、114%、40.6%和38.3%。2016年，药物过量导致超过63 000名美国人死亡，其中2/3的死亡由阿片类药物引起，包括芬太尼（Fentanyl）和曲马多（Tramadol）等强效合成药物。这些药物更容易因意外而过量使用，且在非法吸毒者中越来越流行。另外，在英国和其他欧洲国家，预期寿命下降的部分原因是冬季老年人死亡率显著增加（主要受冬季流感的影响），以及心脏病导致的死亡人数下降缓慢。[②]

在漫长的人类社会发展史中，世界各地的平均预期寿命长期保持一种大体均衡的状态。例如，在1900年，美国、英国和日本的平均寿命分别是47岁、45岁和43岁。作为农业国的日本，其人均收入仅为英国的1/4，但其平均寿命仅略低于英美，几乎处于同一水平。这主要是因为日本的工业和城市化水平较低，因污染导致的死亡较少。而在英美国家，城市化进程较快，由于当时医学不发达和公共卫生设施不完善，许多传染病都可能导致死亡，加上城市空气和水资源污染严重，因此，在当时人口密集的城市中，人们难以保持健康和长寿。[③]

---

① OECD成员国多为经济实力较强的国家，既包括美国、英国、德国、法国等传统发达国家，也包括智利、爱沙尼亚、以色列、斯洛文尼亚等新经济增长体。2021年OECD成员国人口总量达13.8亿，GDP总量占全球的比重为46%。OECD成员国的政策改革在很大程度上是世界各国改革的指向标，因此，OECD又被称为"最佳实践的集中地"。该组织于1961年成立时，有20个创始成员国，一度被称为"富国俱乐部"。此后不断扩容，有越来越多的新兴与发展中经济体加入。目前OECD成员国数量已增至38个。OECD成员国代表性较强，社会保障制度成熟，且数据较为全面，口径统一，本书主要引用OECD成员国的数据。

② Public Health England. A Review of Recent Trends in Mortality in England. www.gov.uk/government/publications/recent-trends-in-mortality-in-england-review-and-data-packs，2018.

③ （日）吉川洋：《人口与日本经济》，殷国梁、陈伊人、王贝贝译，九州出版社2020年版。

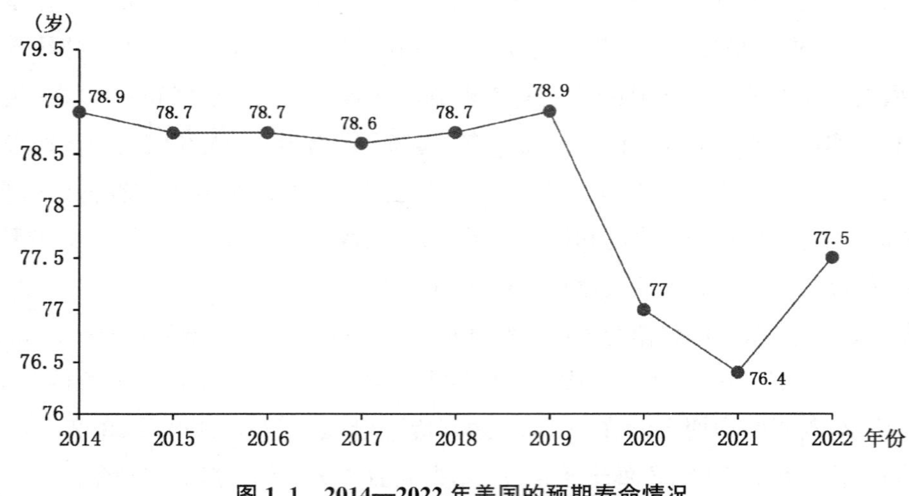

图 1.1 2014—2022 年美国的预期寿命情况

资料来源：Kochanek K D，Murphy S L，Xu J，et al. *Mortality in the United States*，2022. US Department of Health and Human Services，Centers for Disease Control and Prevention，National Center for Health Statistics.

然而，进入近现代以来，随着经济社会发展速度呈现快慢不一的差异，富国寿长、穷国命短的趋势越来越明显，寿命的“两极”差距逐渐拉大。2019 年，人均预期寿命最长的国家（地区）是中国香港、日本和澳大利亚，均超过了 84 岁；而预期寿命最短的国家是中非共和国、莱索托、尼日利亚和乍得等，预期寿命不到 54 岁（见表 1.2）。46 个最不发达国家（least developed countries）的人口预期寿命只有 64.1 岁，比全球平均值低 5.9 岁，主要原因在于儿童和孕产妇死亡率较高，以及暴力、冲突、艾滋病扩散等因素的影响。

表 1.2 2021 年世界上预期寿命最高的国家（地区）与最低的国家（地区） 单位：岁

国家(地区)	预期寿命	国家(地区)	预期寿命
中国香港	85.5	南苏丹	55.0
日本	84.8	中非共和国	53.9
澳大利亚	84.5	莱索托	53.1
瑞士	84.0	尼日利亚	52.7
马耳他	83.8	乍得	52.5

资料来源：United Nations，Department of Economic and Social Affairs，Population Division. *World Population Prospects 2021*，2021.

需要指出的是，预期寿命高低不仅与一个国家的富裕程度相关，也取决于一个国家的收入再分配的平等程度。一般而言，极贫困人口会有极其短暂的寿命，而一旦超过贫困线，增加的收入对寿命长短的影响甚微。有一些发达国家虽然人均收入较高，但国内收入不平等程度较高，贫困人群的预期寿命较短，因而拉低了整个国家的平均预期寿命。威尔金森和皮科特对发达国家的研究表明，在收入更均衡的国家，人们的预期寿命更长。① 在美国，最富有的1%人口的预期寿命比最贫困的1%人口的预期寿命多10～15岁，而且自21世纪初以来，这个差距一直在拉大。② 在2018年发表于《世界精神病学》杂志的一项研究中，研究人员回顾了全球26项关于收入不平等的研究。③ 他们发现，2/3的研究指出，随着收入不平等加剧，患抑郁症的人数也在增加。研究人员对其中12项研究重新进行统计分析后发现，与生活在收入较平等社会中的人相比，生活在收入高度不平等社会中的人患抑郁症的可能性约是前者的1.2倍。研究发现，在收入不平等的社会中，精神分裂症的发病率也较高，或许是因为这种不平等削弱了社会凝聚力，给弱势群体带来更多长期压力。

二、预期寿命的性别差异

出生时的预期寿命因性别而异。2016年，OECD成员国中女性的平均寿命为83.3岁，而男性的平均寿命为77.9岁，两者平均差距达到5.4岁。男女死亡原因的差异，部分源于生物学因素，部分受环境和社会因素影响，还有一些与卫生服务的提供和获取有关。

世界卫生组织《2019年世界卫生统计》(*World Health Statistics* 2019)显示，如果妇女能够获得卫生服务，产妇死亡人数就会减少，预期寿命将会延长。在许多情况下，男性比女性更少求医问药；同时，男性更有可能死于可预防和可治疗的非传染性疾病以及道路交通事故。在女性难以获得卫生服务的地区，男性与女性的预期寿命差距最小。在卫生服务稀缺的低收入国家，每41名妇女中就有1人死于怀孕和分娩；而在高收入国家，这一比例为每3 300名妇女中有1人死亡。在90%以上的低收入国家，每1 000人中只有不到4名护理人员和助产士。

在导致死亡的40个主要原因中，有33个会导致男性预期寿命低于女性。例如，2016年，一名30岁男性在70岁之前死于心脏病、肺病、癌症和糖尿病等非传染性疾病的概率比女性高44%，主要原因是吸烟、饮酒、不健康饮食和缺乏运动；男性自杀死亡率比女性高75%；15岁以上男性人口的道路交通事故死亡率约为女性的两倍；男性因

---

① (英)理查德·威尔金森、(英)凯特·皮科特：《公平之怒》，李岩译，新星出版社2017年版。

② Chetty R, Stepner M, Abraham S, et al. The association between income and life expectancy in the United States, 2001—2014. *Jama*, 2016, 315(16), 1750—1766.

③ Patel V, Burns J K, Dhingra M, et al. Income inequality and depression: A systematic review and meta-analysis of the association and a scoping review of mechanisms. *World Psychiatry*, 2018, 17(1).

凶杀案导致的死亡率也是女性的数倍。

在本节的最后，我们要强调一个区别：预期寿命与老龄化负担并不完全等同。预期寿命是指出生时的平均预期寿命，婴儿死亡率的下降是造成预期寿命增加的重要原因。老龄化负担则主要是指那些存活到退休年龄的老年人因领取养老金以及享受医疗护理而给社保基金带来的压力。简而言之，退休后余命的增加会导致社保基金负担加重，而退休前参保人的死亡率与社保基金收支平衡没有直接关系。

第二节　生育率的变化趋势

人口出生数量取决于生育适龄期的女性人口数量、生育率，而生育适龄期的女性人口数量又取决于上一个人口周期的人口出生数量。因此，在生育率不变的情况，一个国家的人口出生数量也会出现波动；同样地，在生育适龄期女性人口数量不变的情况下，鼓励生育，也可促进人口出生数量的增加。

有时存在“进度效应”（tempo effect），生育率下降是暂时的。[①] 例如，由于经济危机，生育适龄期的女性延迟了生育，等经济回暖和工作稳定之后再生育。

一、第二次世界大战后的各国“婴儿潮”

第二次世界大战后，在欧美国家，以美国最为典型，形成了为期近 20 年的生育高峰，被称为“婴儿潮”（baby boom）。战后，大量退伍士兵返回国内，同时又有大量年轻女性在战争时期赋闲在家，单身男女的数量因战争拖延而变得庞大，他们结婚成家和养儿育女的愿望非常迫切。1946—1964 年，美国全国共有 7 590 多万名婴儿出生，约占 1964 年总人口的 40％。

欧洲主要参战国在“马歇尔计划”的扶持下逐步走向振兴，包括英国、法国和德国在内的国家经济迅速恢复并超过了战前水平。这在客观上为年轻一代组建家庭创造了有利条件：结婚成本较低，且家庭拥有足够的经济保障。与此同时，社会福利制度的完善和教育机制的革新也为生育子女提供了稳定的保障。此外，年轻一代对战后新生活的美好期望也进一步推动了生育意愿。因此，这一时期的生育率非常高。

在亚洲，从 1947 年至 1949 年，日本迎来了和平时期空前的婴儿出生高峰，三年内出生的婴儿总数超过 800 万。这一数字在日本历史上堪称“空前绝后”，这一代人在日本被称为“团块世代”。而对韩国而言，朝鲜战争结束后的 10 年是生育高峰期。

除了人口自然繁衍的迅速增长外，战后一些国家的政府也成了“婴儿潮”的“助产

---

① 吴帆：《欧洲家庭政策与生育率变化——兼论中国低生育率陷阱的风险》，《社会学研究》2016 年第 1 期。

士”。战后重建需要大量人力，政府也鼓励家庭多生育。例如，苏联政府长期鼓励生育，特别是在斯大林时期，“英雄母亲”是苏联政府为生育 10 个以上子女（且最小的孩子应不小于 1 岁）的妇女设立的荣誉称号。1944—1980 年，共有 32.4 万名苏联妇女获此殊荣。

“婴儿潮”世代的成长、就业与消费等对经济周期产生了重大影响。根据生命周期投资理论，个人根据一生的预期收入分配不同年龄阶段的收入，通过不同的投资储蓄比平滑消费，以实现整个生命周期中的效用最大化。劳动年龄人群具有收入来源，在收入较高时会增加储蓄，购入资产，导致国家的资产价格升高，实际利率水平下降，还可能产生大量的国际贸易顺差。而非劳动年龄人群（老年人）没有收入来源或收入很少，储蓄率相应降低，会出售资产以满足消费需求，实际利率水平上升。

二、各国的总和生育率趋势

发达国家在第二次世界大战以后的“婴儿潮”持续了 20 年左右，大约从 1970 年开始，生育率急剧下降。背后的原因很多，例如：经济停滞，失业与通货膨胀并存；育儿成本提高；贫富差距增加，一些居民居住环境较差；避孕工具被推广并普及；各国人工流产合法化；妇女教育程度提高，独立意识增强，劳动参与率提高；疫苗接种普及，婴儿死亡率持续下降；社会福利保障提升，加速了养儿防老意识的淡化。

OECD 成员国的生育率从 20 世纪 50 年代以来就开始持续下降，在 2000—2008 年间，平均生育率有所回升，但 2009 年，许多 OECD 成员国的生育率回升停止了，这可能是受到了全球金融危机的影响。OECD 成员国的生育率从 1970 年的每个育龄妇女平均 2.8 个孩子下降到 2020 年的 1.66 个孩子。

在总体下降的同时，OECD 成员国的生育率有趋同趋势。生育率下降幅度最大的三个国家是墨西哥、韩国和土耳其，分别从 1970 年的 6 个、4.53 个和 5 个下降至 2016 年的 2.18 个、1.17 个和 2.11 个，即平均每名妇女少生了 3 个孩子。

2020 年，OECD 成员中大多数国家的生育率远低于自然替代率（natural replacement rate，即每名妇女生育 2.1 个孩子），OECD 成员国的生育率平均水平为 1.66（见表 1.3）。其中，只有两个国家的生育率高于自然替代率，分别是以色列（3.04）、墨西哥（2.14）。土耳其（2.08）位列第三，勉强接近自然替代率。瑞典（1.85）、法国（1.85）和爱尔兰（1.84）的生育率在欧洲排名前三位。总体上看，英语国家和北欧国家的生育率通常处于较高的水平，而生育率最低的地区是南欧、日本和韩国。近年来南欧经济较为低迷，加上长期以来不重视家庭友好型的社会政策，生育率下降很快。

表 1.3 OECD 成员国的总和生育率

国家	1960 年	1980 年	2000 年	2020 年	2040 年	国家	1960 年	1980 年	2000 年	2020 年	2040 年
澳大利亚	3.41	1.99	1.79	1.83	1.73	立陶宛	2.66	2.10	1.47	1.67	1.75
奥地利	2.57	1.65	1.39	1.53	1.65	卢森堡	2.23	1.49	1.72	1.45	1.52
比利时	2.50	1.70	1.60	1.71	1.75	墨西哥	6.78	5.33	2.85	2.14	1.80
加拿大	3.88	1.73	1.56	1.53	1.52	韩国	6.33	2.92	1.50	1.11	1.25
智利	4.75	2.94	2.20	1.65	1.57	拉脱维亚	1.95	1.89	1.17	1.72	1.78
捷克	2.38	2.36	1.17	1.64	1.75	荷兰	3.10	1.60	1.60	1.66	1.72
丹麦	2.55	1.68	1.76	1.76	1.79	新西兰	4.07	2.18	1.95	1.90	1.77
爱沙尼亚	1.99	2.06	1.33	1.59	1.71	挪威	2.84	1.81	1.86	1.68	1.73
芬兰	2.77	1.66	1.74	1.53	1.53	波兰	3.47	2.23	1.51	1.42	1.57
法国	2.70	1.86	1.76	1.85	1.84	葡萄牙	3.12	2.55	1.46	1.29	1.49
德国	2.27	1.51	1.35	1.59	1.67	斯洛伐克	3.24	2.46	1.40	1.50	1.65
希腊	2.42	2.42	1.31	1.30	1.37	斯洛文尼亚	2.38	2.16	1.25	1.60	1.71
匈牙利	2.32	2.25	1.38	1.49	1.63	西班牙	2.70	2.55	1.19	1.33	1.51
冰岛	4.17	2.45	2.06	1.77	1.67	瑞典	2.25	1.66	1.56	1.85	1.84
爱尔兰	3.58	3.25	1.90	1.84	1.70	瑞士	2.39	1.54	1.48	1.54	1.61
以色列	3.89	3.47	2.93	3.04	2.63	土耳其	6.50	4.69	2.65	2.08	1.82
意大利	2.29	1.89	1.22	1.33	1.42	英国	2.49	1.73	1.74	1.75	1.77
日本	2.17	1.83	1.37	1.37	1.49	美国	3.58	1.77	2.00	1.78	1.80
						OECD 平均	3.19	2.26	1.67	1.66	1.68

注：阴影部分的数据表示总和生育率高于自然替代率(2.1)。

资料来源：OECD. *Pensions at a Glance 2019：OECD and G20 Indicators*. Paris：OECD Publishing，2019.

预计到 2040 年，OECD 成员国的平均生育率将缓慢回升到 1.68，略高于 2020 年的水平。[①] 各国的生育率将继续呈现趋同趋势，许多目前生育率较低的国家出现回升趋势，而生育率较高的几个国家均面临下滑态势，只剩下以色列一个国家的生育率高于自然替代率。

从总体上看，发展中国家的生育率高于 OECD 成员国，但也同样面临生育率下滑的趋势(见表 1.4)。例如印度，其生育率快速下降，从 1960 年的 5.90 降至 1970 年的 5.49，到 2000 年和 2010 年分别又降低至 3.48 和 2.63，2020 年则只有 2.24。

中国目前的生育率在几个发展中大国中是最低的。俄罗斯的低生育率已持续了较

① OECD. *Society at a Glance* 2019：*OECD Social Indicators*. Paris：OECD Publishing，2019.

长时期。展望 2040 年,除中国的生育率略有回升以外,其他 7 个国家均继续下降。

表 1.4 部分发展中国家的总和生育率

国家	1960 年	1980 年	2000 年	2020 年	2040 年	国家	1960 年	1980 年	2000 年	2020 年	2040 年
阿根廷	3.13	3.40	2.63	2.27	2.02	印度尼西亚	5.67	4.73	2.55	2.32	2.00
巴西	6.06	4.24	2.47	1.74	1.56	俄罗斯	2.82	1.94	1.25	1.82	1.83
中国	5.48	3.01	1.62	1.69	1.73	沙特阿拉伯	7.18	7.28	4.40	2.34	1.83
印度	5.90	4.97	3.48	2.24	1.92	南非	6.05	5.05	2.88	2.41	2.07

注:阴影部分的数据表示总和生育率高于自然替代率(2.1)。

资料来源:OECD. *Pensions at a Glance 2019:OECD and G20 Indicators*. Paris:OECD Publishing,2019.

专栏 1.1 总和生育率

总和生育率(total fertility rate,TFR)是指一个国家或地区的妇女在育龄期间(15～49 岁)平均每人生育的子女数。根据第六次全国人口普查,现在中国的总和生育率保持在 1.5,也就是说,平均每个家庭出生 1.5 个小孩。

在当代社会经济条件下,一般认为总和生育率为 2.1,也就是平均每个妇女生育 2.1 个孩子时,达到世代更替水平。这是因为在用总和生育率衡量时,需要考虑到一代人所生孩子成长为做父母之前将有部分死亡的可能性,例如由于车祸或疾病而死亡。而这种可能性又随着社会经济条件的变化而变化。一般来说,在死亡率较高的时代,世代更替水平的总和生育率也较高。

有学者认为,生育率与妇女直接有关,所谓 2.1 的世代更替水平,是在假定一个国家的男女比例是 1∶1 这种理想的情况下才成立的。然而,现在中国的实际情况是男多女少,根据《2006 年全国人口和计划生育抽样调查主要数据公报》的数据,“出生婴儿性别比居高不下。1996—2005 年出生婴儿的性别比达 127”。在这种情况下,中国的总和生育率要在 2.3 左右才能达到世代更替水平。

三、影响生育率的主要因素

一般而言,生育率主要受以下因素影响:

(一)富裕程度

富裕程度越高,生育率越低。富裕程度主要通过城市化水平及妇女受教育水平来影响生育率。一般而言,农村的养儿防老观念较强,而且农村社会从事农业生产需要更多的劳动力,因此,生育率往往较高。在农村人口逐渐进入城市并全面融入城市后,生活水平上升，生活成本增加，经济压力也变得更大。在这种经济压力下，降低生育率成为控制生活成本、提高生活水平和生活质量的一种选择。这样，“城市化”通过社会经济的杠杆将抑制作用传导给“人口生育率”。与此同时，富裕程度越高，一般妇女受教育水平就越高，从而导致生育率较低。此外，富裕程度还可能通过影响避孕工具获得的难易程度来影响生育率，以及通过影响流产因素来影响生育率。

（二）社会观念和宗教因素

社会观念、宗教因素会影响生育行为。例如，中国传统社会有生儿子才能传宗接代的说法，同时，是否有生育儿子，也在一定程度上影响母亲的家庭地位，因此，女性生育儿子的动力很大，间接提高了生育率。很多宗教都反对堕胎。宗教因素主要通过社会观念、妇女地位等来影响生育率。例如，信奉伊斯兰教的地区，生育率远高于其他地区，这显示了宗教因素对生育率的影响。

（三）国家的育儿福利政策

传统上认为，女性就业率提高，会降低生育率。然而，各国实践表明，运作良好的福利政策与育儿服务（early childhood education and care，ECEC）让女性以育儿假的形式安心地暂时退出劳动力市场，可以抵消就业率提高带来的负面效应，高就业率与高生育率并存是完全可能的。[①]

（四）预期的相对收入

预期的相对收入减少会限制生育。伊斯特林的“相对收入假说”认为，生育率受消费欲望（aspirations）和预期收入的影响，年轻人的消费欲望总是处于增长之中，预期收入则因人口老龄化等原因而减少，会影响生育行为。[②] 此外，近年来，各国青年的就业环境有一定的恶化趋势，主要体现为非正式雇佣现象增多以及薪酬降低。经济困难，缺乏经济安全感，限制了年轻人的结婚和生育愿望。如果丈夫是企业的非正式员工而收入较低的话，他就不得不同时兼两份、三份的工。当丈夫需要长时间工作时，家里必然就看不到“父亲”的身影。如此看来，即便拥有丈夫或伴侣，女性实际上仍是置身于母子家庭中，独自担负“孤独育儿”的任务，因而女性往往不愿生育。[③]

（五）生育年龄

在有相关数据的 OECD 成员国中，有 30 个国家的妇女初次生育的平均年龄在逐年增加。1995—2016 年，OECD 成员国的妇女初次生育的平均年龄增加了近 3 岁——

---

① OECD. *Starting Strong 2017：Key OECD Indicators on Early Childhood Education and Care*. Paris：OECD Publishing，2017.

② Easterlin R A. Relative income status and the American fertility swing//Sheldon E B. *Family Economic Behavior：Problems and Prospects*. Philadelphia：J. B. Lippincott，1973.

③ （日）小林美希：《不让生育的社会》，廖雯雯译，上海译文出版社 2020 年版。

从26岁增加到28.9岁。

生育第一胎的年龄延迟意味着育龄期的缩短，从而导致生育数降低。2016年，美国和一些东欧国家（爱沙尼亚、拉脱维亚、立陶宛、波兰和斯洛伐克）的妇女初次生育的平均年龄最低，约为27岁，有利于生育率的提高；而日本，韩国、爱尔兰、卢森堡、瑞士、希腊、意大利和西班牙等国的妇女初次生育的平均年龄则超过30岁。

导致育龄延迟的主要原因有：第一，女性的劳动参与率提高。女性进入职场，造成家庭组成的时间延迟，也使得生育时间递延。第二，女性受教育年限延长。女性就业机会与其受教育程度有关，受教育程度较高的女性更容易被聘用。女性受教育的比例大幅提高，较以往有更多机会进入职场，加上男性与女性在职场上皆致力于确立自身的地位与角色，使得女性生育年龄延迟，且生育数量也显著减少，甚而形成许多无子女家庭或单身家庭。

从医学上看，女性最适宜怀孕的时期是20～29岁。随着年龄增加，怀孕难度增大，流产率也会增高。与20～30岁相比，35岁时的受孕概率将下降1/2。通常医学上将35岁以上的初产妇定义为高龄产妇。对高龄产妇而言，成为高危孕妇的可能性非常高，一旦罹患妊娠高血压，便伴随着死亡的危险。

生育年龄延迟还可能降低储蓄率。[①] 例如，对于30岁以前生育的夫妇而言，到了50岁左右，子女已长大成人，夫妇可以有10多年的时间为自己的养老做好储蓄准备；而如果一对夫妇为了潇洒的“两人世界”而延迟生育，就可能把金钱用于消费，对育儿成本估计不足，没有太多储蓄，此后，他们30多岁时才开始生育子女，而当子女成人时，夫妇俩可能临近退休，无法做好养老储蓄。

需要指出的是，并非所有国家的生育年龄都在延迟。据《2024年世界人口展望》的数据，在低收入国家，早孕依然是一个挑战。2024年，有470万名婴儿（约占全球婴儿总数的3.5%）是由18岁以下的母亲所生。其中，约有34万名婴儿的母亲未满15岁，这对年轻母亲及其子女的健康和福祉造成了严重影响。

专栏1.2　俄罗斯存在人口持续减少的危机

几十年来，逆向人口趋势纠缠着俄罗斯。该国的出生人口远远赶不上死亡人口。目前这次人口危机从1992年开始，从1992年至2008年，俄罗斯总人口从1.485亿下降到1.427亿，减少了约580万人。

---

① （英）查尔斯·古德哈特、（英）马诺杰·普拉丹：《人口大逆转：老龄化、不平等与通胀》，廖岷、缪延亮译，中信出版集团2021年版。

在苏联解体前的1976—1991年，16年间共有3 600万人出生，但在1992—2007年，也就是苏联解体后的前16年，出生人口只有2 230万人，相对减少了40%。在1976—1991年，死亡人口为2 460万人，但在1992—2007年，死亡人口居然高达3 470万人，增加了40%。

2000年初，俄罗斯政府意识到问题的严重性，推出鼓励生育的政策。例如，为孕妇提供饮食营养补助金、医疗服务费用和交通费用，延长带薪产假，生二胎一次性奖励政策等。在这些政策的推动下，俄罗斯人口从2009年起呈现缓慢增长趋势。2012年，年度出生人口终于超过死亡人口，这是苏联解体以来的第一次；出生率上也有进步，从2006年平均每个妇女生育1.3个孩子上升到2012年的1.7个。2013年，俄罗斯人均寿命为71岁，是历史最高水平，此外，婴儿出生率也基本达到欧洲的平均水平。

尽管取得一些进步，但是人口危机的威胁远远没有过去。同居广泛、结婚率低、延迟结婚年龄、延迟生育年龄等数种现象仍未改变。俄罗斯未来人口增长的窗口期正在迅速关闭。根据预测，未来十年俄罗斯20～29岁人口数量会快速减少50%，与此伴随的是生育率快速下降，再配合高死亡率（全球第22位高），未来人口总量还是会不断减少。据预测，如果没有任何政策措施，到2050年俄罗斯人口很有可能缩减至只有1.13亿，跟2015年1.44亿的水平相比下降20%，而就业年龄段的人口将减少2 600万或者更多，直接导致国家经济衰退、国际竞争力下降、繁荣程度锐减。

资料来源：Ilan Berman，《强国寡民：人口危机纠缠俄罗斯，国家未来前景黯淡》，《南方都市报》2015年7月19日。

专栏1.3　房价育儿费居高不下 韩国生育率“欲振乏力”

韩国是OECD成员国中生育率最低的国家。2005年9月，韩国成立了由总统直管的低生育与老龄社会委员会。自2006年起，该委员会负责每五年制定一次“低生育率老龄化基本应对计划”。2006—2022年，韩国在鼓励生育方面花费了近280万亿韩元，但成效不明显。

近年来，生育率仍然持续降低。2023年，韩国的总和生育率为0.72。韩国总和生育率从1974年起开始下降。1974年（3.77）和1977年（2.99）分别跌破4

和 3,1984 年(1.74)降至 2 以下,2018 年(0.98)更是跌破 1,之后一路下降,趋势有所放缓。据悲观预期,韩国总和生育率恐将于 2025 年降至 0.61。

韩国半数以上的人口居住在首都首尔或京畿地区,那里提供着绝大部分工作机会,而这些地区的高房价和养育费等造成了人们不生育或是推迟生育。首尔的生育率已降至 0.59,为韩国最低。生了第一胎的夫妇体验到养育孩子需要支付的各种费用所带来的沉重负担之后,很多人就放弃生第二胎的念头了。

就业难、职场竞争激烈、工作条件僵硬且强度高,导致年轻父母难以实现工作与家庭生活的平衡。韩国统计厅分析指出,把大公司作为就业首选的年轻人比重从 2021 年的 21.6%增加至 2023 年的 27.4%。三星电子和现代汽车等大企业与中小企业之间的薪资差距巨大,劳动力市场的两极分化不断加剧。许多年轻人为了进入大企业,甚至不惜成为“待业求职者”。

女性收入水平低,而一旦选择生育,很可能迫使其中断职业生涯。过去十几年间,韩国一直是 OECD 成员国中性别薪酬差距最大的国家。2021 年,韩国的性别薪酬差距为 31%,是该组织平均水平(12%)的两倍多。另外,在 2019 年的韩国双职工家庭中,女性平均每天家务劳动时间是男性的 3 倍以上,但工资水平只有男性的 69%。

此外,近年来,韩国晚婚现象越来越严重,晚婚已成为生育率持续下降最直接的原因。2022 年,受东亚文化的影响,韩国只有 2%的新生儿来自非婚生育。随着女性大学升学率提高,人们结婚的平均年龄也越来越晚。根据保健社会研究院发布的《低出生率持续原因与对策课题》报告书,韩国男性平均结婚年龄为 32.4 岁,女性平均结婚年龄为 29.8 岁。由于晚婚,生第一胎的平均年龄自然往后推延。韩国统计署的数据显示,2014 年,女性生第一胎的平均年龄为 30.97 岁,是初次分娩平均年龄最晚的国家。

第三节　老龄化与老年人口赡养率的变化趋势

老龄化已是不可逆转的全球趋势。老年人口的增加是人口从高生育率和高死亡率转变到低生育率和低死亡率的结果。根据 2022 年 7 月联合国公布的《世界人口展望:2022 年修订版》(*World Population Prospects*:*The 2022 Revision*)①,全球 65 岁以上

① 联合国每 2～3 年对全球人口统计数据及其未来发展趋势的预测进行一次修订,旨在为广大会员国和联合国系统提供有关世界经济和社会发展变化的更为准确的估计,从而为相关政策的调整提供指导。

老年人口占总人口比率已由1950年的5.1%上升至2020年的9.4%，至2050年，预估将持续攀升至16.5%；同时，80岁以上老人占老年人口比率也将由2017年的1.8%上升至2050年的4.3%（见表1.5）。

表1.5　　全球各年龄人口分布及预测　　单位：%

年份	0～14岁	15～64岁	65岁及以上
1950	34.7	60.2	5.1
1960	37.4	57.6	5.0
1970	37.7	57.0	5.3
1980	35.4	58.7	5.9
1990	32.9	61.0	6.1
2000	30.2	62.9	6.9
2010	27.1	65.3	7.7
2020	25.7	64.9	9.4
2030	23.1	65.1	11.8
2040	21.6	63.9	14.5
2050	20.7	62.8	16.5
2060	19.5	61.8	18.7
2070	18.5	61.4	20.1
2080	17.9	60.3	21.8
2090	17.2	59.9	23.0
2100	16.5	59.5	24.0

资料来源：United Nations, Department of Economic and Social Affairs, Population Division. *World Population Prospects: The 2022 Revision*, 2022.

专栏1.4　老龄人口与老龄社会的细分

一、老龄人口的分类

虽然65岁及以上人口均属于老龄人口，但由于寿命的延长，老龄人口的年龄差异较大，健康状况、照料需求等方面的差异也很大。因此，老龄人口又进一步细化为：

65～74岁是低龄老人(young-old)；

75～84岁是高龄老人(old-old)；

85 岁及以上是超高龄老人(oldest-old)。

二、老龄社会的分类

按世界卫生组织(WHO)的定义，一个国家 65 岁以上人口占总人口的 7%以上，即称为老龄化社会(aging society)；达到 14%，即称为老龄社会(aged society)；达到 20%，则称为超老龄社会(hyper-aged society)。

资料来源：Riley M W，Riley J. Longevity and social structure：The potential of the added years// Pifer A，Bronte L. *Our Aging Society：Paradox and Promise*. New York：W. W. Norton，1986.

专栏 1.5　美国各个世代的名称及特点

在中国，人们一般把不同时代的人归为“××后”，比如 80 后、90 后、00 后，而在美国，人们更习惯把不同世代的人按 X、Y、Z 划分(见表 1.6)。不同世代的人口数量差异较大，且由于成长环境的差异，会呈现不同的价值观和消费观。

表 1.6　美国各个世代的名称及特点

世代名称	出生年份	特　点
沉默的一代	1928—1945 年	经济大萧条和第二次世界大战导致低生育率，这一代人口数量锐减。他们往往不太愿意参与激进主义，而更倾向于以事业为中心、对公民参与漠不关心的态度。之所以被称为“沉默的一代”，是因为这一代人的特点就是“沉默”。
“婴儿潮”一代	1946—1964 年	这一代人出生人口数量巨大。他们在冷战和越战的阴影中长大，个性鲜明，与其父辈价值观相悖，具有叛逆精神。这一代人接受了极为优质的教育，由于处于经济高速发展期，因而他们取得了巨大的成功，也是美国最富裕的一代人。
X 一代	1965—1980 年	他们是继战后“婴儿潮”后的婴儿低谷期出生的一代，比较热衷于高消费和名牌产品。这一代人在 20 世纪 80 年代的经济衰退中长大，又经历了 21 世纪初的互联网泡沫破灭，就在他们成家立业之际，还要面对全球金融危机和经济下滑。
Y 一代(千禧一代)	1981—1996 年	他们是“婴儿潮”一代的子女，也称作回声潮世代(echo boomers)。这一代人受到经济衰退的严重影响，创纪录的失业率直接影响到年轻人就业。
Z 一代	1997—2012 年	他们是第一代真正的“数字原生代”(digital natives)，从小就接触互联网。数字技术与他们的生活无缝对接。

一、世界人口结构的现状与趋势

随着预期寿命的增加，老年人退休以后的余命在增加，与此同时，生育率降低造成少子化以及工作人口数量减少，因此，赡养老人的负担成为主要的社会经济问题。例如，日本每年的人均医疗费用随着年龄的增加呈加速上升趋势：64 岁以下为 17.5 万日元，65～74 岁为 55.3 万日元，75 岁以上为 89.2 万日元。[①]

随着医疗水平的提高，预期寿命虽然延长了，但丧失自理能力的时间段也可能延长，从而大大增加医疗和护理费用。例如，阿尔茨海默病患者因逐步丧失认知功能等而需要大量资源给予照护。尽管医学对导致死亡加快的癌症和心血管疾病的治疗取得了显著成果，但在阿尔茨海默病的治疗方面没有太大进展。机器人和人工智能等新技术的进步也不太可能给照护老人这个传统领域带来很大帮助。而且照顾老人这种服务完全不同于一般商品，无法通过国际贸易或远程跨国服务来实现。

传统上，子女对父母的赡养是实现养老保障的重要途径。然而，随着预期寿命的延长，有可能出现子女与父母均进入老年的状况，从而削弱子女对父母的支持能力。

二、世界各国老年人口赡养率的现状与趋势

老年人口赡养率（old age dependency ratio，以下简称赡养率）是指领取养老金人口数量（65 岁及以上人口数量）与工作年龄人口数量（20～64 岁人口数量）的比率。[②] OECD 成员国的平均赡养率的上升有加速趋势，从 1960 年的 15.5%上升至 1970 年的 18%，1990 年为 20.6%，到 2020 年则攀升至 31.2%，预计 2050 年将达到 53.4%。

如表 1.7 所示，2022 年，在 OECD 成员国中，日本的赡养率最高，达到 55.4%，即每 100 个工作年龄的人要赡养 55 位老年人，换句话讲，就是每 2 个年轻人养 1 个老年人。赡养率超过 35%的国家还有芬兰（41.5%）、意大利（41.0%）、法国（39.3%）、希腊（39.3%）、葡萄牙（39.0%）、德国（38.0%）、拉脱维亚（38.0%）、瑞典（35.9%）、丹麦（35.6%）、爱沙尼亚（35.6%）、捷克（35.3%）、斯洛文尼亚（35.3%）和立陶宛（35.1%）。

虽然老龄化浪潮非常汹涌，但目前已退休的一代正是第二次世界大战后的“婴儿潮”一代，这一代人在老年阶段较前一代人更加健康，而且由于 20 世纪 80 年代至 21 世纪初的股市与楼市火爆，相对而言，这一代人也更加富有，更有冒险精神。他们的老年生活催生了较为可观的老年消费，对整个社会而言，也不完全是负担。

---

① （日）吉川洋，《人口与日本经济》，殷国梁、陈伊人、王贝贝译，九州出版社 2020 年版。

② 关于“工作年龄”的起始年龄，划分标准有一定争议，有的以 20 岁开始，有的以 15 岁开始。在许多发达国家，目前领取养老金的最早年龄是 65 岁，因此，以 65 岁及以上人口数量作为领取养老金的人口数量。由于发达国家的养老保险参保率几近全民覆盖，所以 65 岁及以上人口数量基本等同于领取养老金的人口数量。

表 1.7　**OECD 成员国的老年人口赡养率**　单位:%

国家	1992 年	2022 年	2052 年	2082 年	国家	1992 年	2022 年	2052 年	2082 年
澳大利亚	19.3	28.6	43.7	59.1	日本	21.6	55.4	80.0	85.7
奥地利	24.4	32.5	59.0	66.0	韩国	8.6	26.3	82.3	117.0
比利时	25.5	34.0	52.2	63.9	拉脱维亚	21.2	38.0	56.4	60.8
加拿大	18.9	31.7	46.3	59.5	立陶宛	19.4	35.1	56.8	60.9
智利	11.6	20.9	48.6	73.0	卢森堡	21.2	23.5	48.2	59.4
哥伦比亚	8.0	14.5	37.7	64.2	墨西哥	9.1	14.2	34.0	63.1
哥斯达黎加	9.9	17.5	43.7	74.8	荷兰	20.9	34.7	51.0	63.0
捷克	21.9	35.3	49.0	46.3	新西兰	19.6	27.7	44.9	62.0
丹麦	25.7	35.6	44.3	55.9	挪威	28.1	31.3	46.5	61.0
爱沙尼亚	20.7	35.6	57.9	64.7	波兰	18.2	30.3	59.9	68.7
芬兰	22.5	41.5	52.4	69.6	葡萄牙	24.6	39.0	69.7	74.7
法国	24.9	39.3	57.1	68.4	斯洛伐克	18.4	27.3	56.8	62.4
德国	23.7	38.0	59.1	64.8	斯洛文尼亚	18.3	35.3	65.7	66.9
希腊	24.1	39.3	70.7	79.4	西班牙	24.3	33.4	77.2	84.7
匈牙利	23.3	33.2	51.8	57.5	瑞典	30.8	35.9	46.0	60.4
冰岛	19.2	25.5	45.7	64.9	瑞士	23.4	31.8	56.4	62.0
爱尔兰	21.7	25.8	51.2	61.4	土耳其	9.7	14.2	39.3	60.9
以色列	19.3	23.1	31.1	40.9	英国	26.9	33.2	49.1	63.8
意大利	25.4	41.0	78.1	83.4	美国	21.0	29.4	43.4	57.7
					OECD 平均	20.4	31.3	53.8	66.1

资料来源:OECD. *Pensions at a Glance 2023*:*OECD and G20 Indicators*. Paris:OECD Publishing,2023.

表 1.7 还显示,到 2052 年,将有 16 个国家(含日本)的赡养率超过日本 2022 年的水平。赡养率高于 60%的国家依次是:韩国(82.3%)、日本(80%)、意大利(78.1%)、西班牙(77.2%)、希腊(70.7%)、葡萄牙(69.7%)和斯洛文尼亚(65.7%)。

在 OECD 成员国中,一些经济水平略低的国家赡养率较低。例如,智利、土耳其和墨西哥的赡养率分别仅为 19.7%、15.2%和 13.2%。这些国家的预期寿命还不是很高,同时伴随着较高的生育率,因此赡养率较低。然而,到了 2050 年,现在大量的年轻人将变成老年人,这三个国家的赡养率也将大幅提高,分别达到 44.6%、37.0%和 28.9%。

加拿大、美国、澳大利亚和爱尔兰四个文化传统相近国家的赡养率较低,分别为 29.8%、28.4%、27.7%和 25.0%。这要归功于这些地广人稀的国家大量引进年轻的移民，改善了人口年龄结构。而且除了加拿大以外，其他三个国家的生育率都相对较高。

对比2020年和2050年的数据可以发现，韩国和西班牙的赡养率提高速度最快，分别由2020年的23.6%和32.8%增长至2050年的78.8%和78.4%，主要原因在于这两个国家的生育率急剧下降。韩国将由目前赡养率较低的国家之一跃升为较高的国家之一。

表1.8显示了几个发展中国家的赡养率现状与趋势。由于生育率较高，预期寿命较短，目前，这些发展中国家的赡养率水平远低于OECD成员国平均水平。相对而言，俄罗斯由于较长一段时间内生育率水平较低，导致赡养率在几个发展中国家中遥遥领先。

表1.8　　部分发展中国家的老年人口赡养率

国家	1960年	1990年	2020年	2050年	国家	1960年	1990年	2020年	2050年
阿根廷	10.1	17.3	20.2	30.3	印度尼西亚	7.6	7.7	10.6	27.3
巴西	7.1	8.4	15.5	39.5	俄罗斯	10.5	17.2	25.3	41.7
中国	7.6	10.2	18.5	47.5	沙特阿拉伯	8.4	6.1	5.3	28.2
印度	6.4	7.9	11.3	22.5	南非	8.4	8.7	9.6	17.4

资料来源：OECD. *Pensions at a Glance 2019：OECD and G20 Indicators*. Paris：OECD Publishing，2019.

对比2020年和2050年的数据可以发现，这八个国家的赡养率基本上都翻了一番。其中以中国和巴西的老龄化进程最快。2050年中国的赡养率将达到惊人的47.5%，这个数据如果拿到2020年的OECD成员国中对比，可以排到第二位，仅次于日本。到2050年，预计南非将是最年轻的国家，赡养率甚至低于当前中国的水平，为17.4%。

需要指出的是，老龄化的冲击不仅仅表现为赡养率指标的恶化。一般而言，年轻人有更长的时间去享受成功的果实，所以更愿意冒险，也较少受传统思维约束，容易产生颠覆性创新；而中老年人不会有很长时间去享受创业成果，因而求稳心态较重。过去100年的300项最伟大的发明中，72%是由年龄在30～49岁的发明者发明的。在这72%的发明者中，更有42%是由30多岁的发明者发明的。[①] 许多学者认为，日本最近几十年经济衰退的原因，很大程度就是创新创业的活力下降。

第四节　中国的人口老龄化趋势

联合国国际人口学会编著的《人口学词典》对人口老龄化的定义为：当一个国家或地区60岁及以上人口所占比例达到或超过总人口数的10%，或者65岁及以上人口达到或超过总人口数的7%时，其人口即称为“老年型人口”，这样的社会即称为“老龄化

① Jones B F. Age and great invention. *The Review of Economics and Statistics*，2010，92(1).

社会”。根据联合国的标准，我国于 1999 年进入“老龄化社会”(见表 1.9)。

表 1.9 中国的老龄化进程

普查时间	60 岁及以上人口		65 岁及以上人口	
	数量	比例	数量	比例
2000 年第五次人口普查	12 998 万人	10.20%	8 811 万人	6.96%
2005 年全国 1%人口抽样调查	14 408 万人	11.03%	10 045 万人	7.69%
2010 年第六次人口普查	17 765 万人	13.26%	11 883 万人	8.87%
2015 年全国 1%人口抽样调查	22 182 万人	16.15%	14 374 万人	10.47%
2020 年第七次人口普查	26 402 万人	18.70%	19 064 万人	13.50%

2010—2020 年，我国 60 岁及以上人口所占比重上升了 5.44 个百分点，65 岁及以上人口所占比重上升了 4.63 个百分点。与上个十年相比，上升幅度分别提高了 2.51 和 2.72 个百分点，老龄化进程明显加快。2021 年，全国 65 岁及以上老年人口达 20 056 万人，占总人口的比例为 14.2%，意味着中国已经由“老龄化社会”转变成“老龄社会”。

一、我国的三次生育高峰期及其对老龄化进程的影响

我国人口变动的某些特征与美国有相似之处。例如，美国有所谓“婴儿潮”人口，而我国出现过三波人口生育高峰(见图 1.2)。①

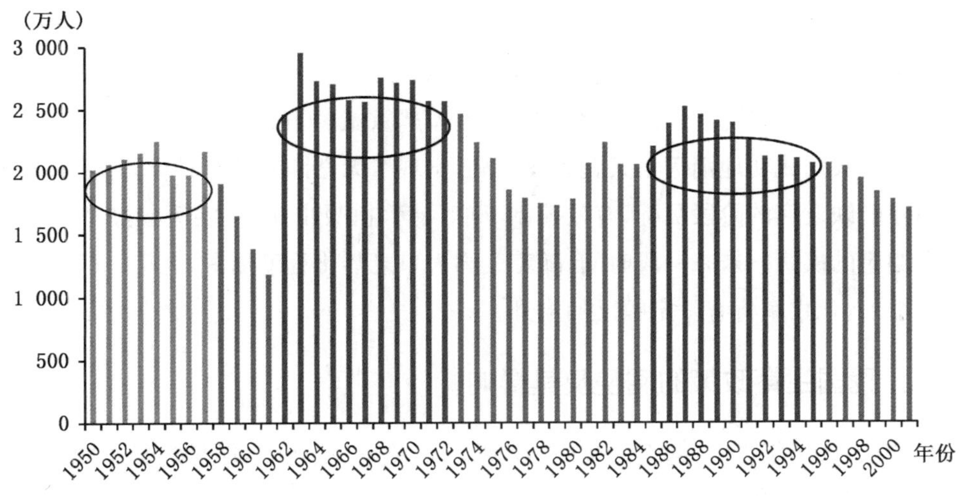

图 1.2 我国的三波人口生育高峰

资料来源：国家统计局人口和社会科技统计司，《中国人口统计年鉴 2001》，中国统计出版社 2001 年版。

① 陈友华：《出生高峰与出生低谷：概念、测度及其在中国的应用》，《学海》2008 年第 1 期。

第一次生育高峰期是新中国成立初期(1950—1957 年)。这代人目前已经进入老年人口范畴。新中国成立后,社会政治环境相对稳定,社会经济不断发展,人民生活水平得到了一定的提高,从而形成这次战后的生育补偿。

第二次生育高峰期是 1962—1972 年。在 1958—1961 年的三年中,出生率下降主要是受自然灾害的影响,而不是人们生育观念改变或者是年龄结构变化所引起的。因此,待 1962 年社会经济条件有所改善之后,就出现了一轮生育高峰。

第三次生育高峰期是 1985—1995 年。按照现代人婚育的年龄推算,“婴儿潮”之后 24～30 年会出现回声“婴儿潮”。随着 20 世纪 60 年代初第二次人口生育高峰中出生的人口陆续进入生育年龄,在 1985—1995 年,人口出生率又出现回升。

从 1950 年首部《中华人民共和国婚姻法》出台到 1980 年,在长达 30 年的时间里,我国规定,“男二十岁,女十八岁,始得结婚”。现行法定婚龄始于 1980 年版的《中华人民共和国婚姻法》,其中规定,“结婚年龄,男不得早于 22 周岁,女不得早于 20 周岁。晚婚晚育应予鼓励”。1980 年调高法定婚龄,无疑有当时控制人口数量的考虑。1982 年,计划生育在党的十二大上被确定为基本国策,同年写入我国宪法,并设定了到 20 世纪末把人口控制在 12 亿以内的目标。因此,20 世纪 80 年代以后的生育率并不高。有人认为,这段时间只能称为人口出生高峰期,不能称为人口生育高峰期。

我国的人口增长与预期寿命的提高,得益于死亡率的大幅下降(见图 1.3)。新中国成立前,妇幼健康服务能力薄弱,广大农村和边远地区缺医少药,孕产妇死亡率高达 1 500/100 000,婴儿死亡率高达 200‰,人均预期寿命仅有 35 岁。新中国成立后,妇幼健康事业面貌焕然一新,妇女儿童健康水平不断提高,2018 年全国孕产妇死亡率下降到 18.3/100 000,婴儿死亡率下降到 6.1‰。严重威胁群众健康的重大传染病得到有效控制。我国成功地消灭了天花和丝虫病,实现了无脊髓灰质炎目标,总体上基本实现了消除碘缺乏病的阶段目标,有效控制了麻风病、血吸虫病、疟疾等曾经严重威胁人民群众健康的疾病。未来一段时间,随着我国人口老龄化程度加深,老年人口数量和比重都将增加,死亡率将有一定幅度的上升。

二、我国生育政策的调整及其影响

我国从 2011 年 11 月起全面实施“双独二孩”政策,从 2013 年开始实施“单独二孩”政策,从 2015 年起全面放开二孩政策,随着 2021 年 7 月 20 日《中共中央 国务院关于优化生育政策促进人口长期均衡发展的决定》的出台,我国明确一对夫妻可以生育三孩的政策。

虽然我国人口发展政策已由节制生育走向激励生育,但出生人口远低于预期(见图 1.4)。“全面两孩”政策自 2015 年实施以来,政策累积效应在前两年集中释放,导致生

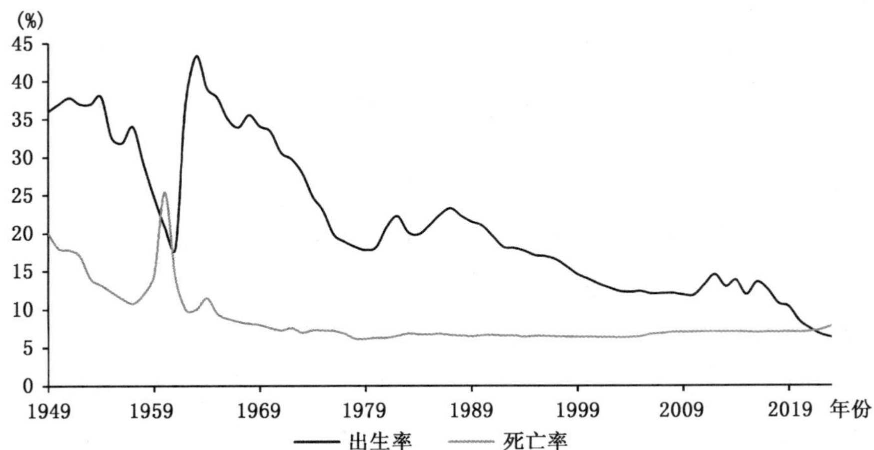

图 1.3　新中国成立以来的历年出生率与死亡率

注：出生率（又称粗出生率）是指在一定时期内（通常为一年）一定地区的出生人数与同期内平均人数（或期中人数）之比，用千分率表示；死亡率（又称粗死亡率）是指在一定时期内（通常为一年）一定地区的死亡人数与同期内平均人数（或期中人数）之比，用千分率表示。

资料来源：国家统计局，历年《中国统计年鉴》，中国统计出版社。

育率呈现先升后降的现象，2018 年出生人口下降幅度明显。2018 年后，生育进入政策调整后的平稳期，受育龄妇女数量和结构影响，2019 年出生人口略有减少。

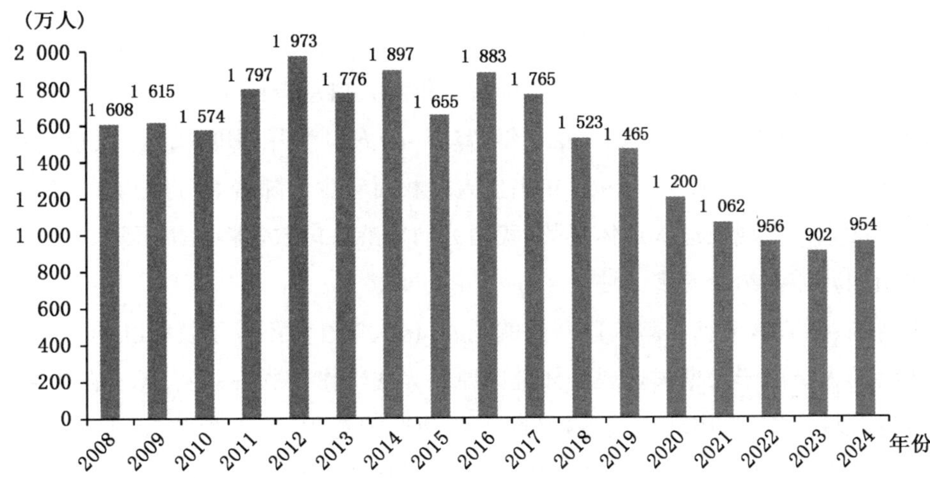

图 1.4　2008—2024 年我国每年的出生人口数量

资料来源：国家统计局公布的历年《国民经济和社会发展统计公报》。

我国出生人口总量减少的主要原因是育龄妇女人数持续减少，特别是生育旺盛期育龄妇女人数减少。例如，2019 年我国 15～49 岁育龄妇女人数比 2018 年减少 500 多万人，其中，20～29 岁生育旺盛期育龄妇女人数减少 600 多万人。另外，生育水平略有下降，也是影响出生人口减少的因素。但从生育孩次看，出生人口中二孩及以上比重明显高于一孩，2019 年二孩及以上比重达 59.5%，比上年提高 2.1 个百分点，这说明“全面两孩”政策持续发挥作用。

新冠疫情也在一定程度上推迟了年轻人的婚育安排。国际上多项调查研究发现，疫情发生以来，多个国家和地区的生育水平有所下降。2020 年，日本出生人口比上年减少，韩国出生人口也比上年减少。

我国在 20 世纪 60 年代生育高峰期结束以后，随着计划生育政策的推行，迅速进入低生育率时期。这就形成了前后两个时期的出生人口数量差异较大。这样的人口分布情况对老龄化进程影响很大，即 60 年代生育高峰期出生的人口达到退休年龄时，意味着大量劳动力退出就业市场，与此同时，70 年代中后期出生的人口数量急骤降低，社会既要面临劳动力短缺问题，又要面临赡养大规模退休人员的挑战。

此外，计划生育政策实施后产生了一个新的问题——失独家庭的养老问题。美国威斯康星大学学者易富贤认为，根据 2013 年人口数据推断，在中国现有的 2.18 亿独生子女中会有 1 009 万人或在 25 岁之前离世，那就是说，中国将会有 1 000 万“失独”家庭。

三、我国劳动年龄人口的变动趋势

由于生育持续保持较低水平和老龄化速度加快，我国 15～64 岁劳动年龄人口比重从 2011 年开始逐年下降，与此同时，我国劳动年龄人口总量也在 2013 年达到最高值以后逐年下降（见表 1.10）。2017—2019 年劳动年龄人口下降幅度和老年人口增长幅度明显放缓，主要原因是 1959—1961 年出生人口相对较少。随着 20 世纪 60 年代生育高峰期出生的人口大规模进入退休年龄，我国劳动年龄人口数量将大幅下降。因此，对劳动力供给问题需要给予更多关注。

需要强调的是，劳动年龄人口并非就业人口，人口红利不等于就业红利。一些处在劳动年龄的人员由于长期失业或身体健康原因无法工作，例如一些农民工在建筑、采矿和环卫等领域工作，工作环境较差，又缺乏劳动保护意识，患上尘肺病、职业性化学中毒、职业性噪声聋、职业性放射性疾病等以及因工伤残，职业生涯特别短；人口红利未充分挖掘，一些人员的人力资本投资不足，从事体力型工作，收入较低；一些人员的退休年龄是 50 岁或 55 岁，在领取养老金以后就选择不再工作。当然，也有不少 65 岁及以上的人员仍在就业之中。2018 年末我国 15～64 岁人口总量为 99 357 万人，就业人员为

77 586 万人，仅占前者的 78.09%。[①]

表 1.10　　2010—2023 年我国各年龄段人口占总人口的比重

年份	0～14 岁人口占比(%)	15～64 岁人口占比(%)	65 岁及以上人口占比(%)	15～64 岁人口总量(万人)
2010	16.60	74.53	8.87	99 938
2011	16.50	74.40	9.10	100 378
2012	16.50	74.10	9.40	100 718
2013	16.40	73.90	9.70	101 041
2014	16.50	73.40	10.10	101 032
2015	16.50	73.00	10.50	100 978
2016	16.70	72.50	10.80	100 943
2017	16.80	71.80	11.40	100 528
2018	16.90	71.20	11.90	100 065
2019	16.80	70.60	12.60	99 552
2020	17.90	68.60	13.50	96 871
2021	17.47	68.33	14.20	96 526
2022	16.94	68.21	14.86	96 289
2023	16.36	68.26	15.38	96 228

注：阴影部分的数据表示该指标呈现下降趋势。

资料来源：国家统计局，《中国统计年鉴 2024》，中国统计出版社 2024 年版。

我们还要看到，就业红利不一定能够为养老形成足够的储备。日本、韩国以及亚洲四小龙在 20 世纪 60—80 年代高速发展时，其人口红利正好与高速发展的工业时代相匹配，电子产品的利润率较高，使得这些国家和地区的劳动力回报较高。但在我国劳动力充沛时，从“微笑曲线”上看，制造业的高利润并没有留在国内。西方国家基本上放弃了电脑、电视、冰箱、空调、智能手机等市场，部分技术转移到中国等新兴国家。例如，IBM 将个人电脑业务出售给联想，日本松下、索尼、夏普基本上剥离了家电业务，部分产品及技术出售给了中国海尔等企业。西方企业只掌控核心技术及产品，如苹果手机、高通芯片、索尼镜头等。这种生产分配格局制约了我国的人口红利。

需要关注的是，我国的劳动力队伍在总量变化的情况下，还出现了老龄趋势引发的结构性变化。我们将 15～64 岁的劳动力年龄人口划分为三组。一是 15～24 岁年龄组

① 人力资源和社会保障部：《2018 年度人力资源和社会保障事业发展统计公报》。

(青年组)。这个青年劳动群体往往缺乏就业经验,随着年龄的增长,其工作经验和劳动参与率逐年提高。二是25～49岁年龄组(中年组)。这一群体的工作适应能力最强,劳动参与率最高。三是50～64岁年龄组(大龄组)。这个大龄劳动者群体中虽然也不乏就业经验丰富的劳动者,但总体就业能力偏低,并且随着年龄增长趋向更低。根据第五次、第六次和第七次全国人口普查数据,中年组人口在全部就业人口中所占比重在2000年为61.8%,在2010年大幅度降低到42.5%,在2020年为49.0%。这意味着在劳动力市场上,匹配能力最强的人口趋于相对减少。同时,大龄劳动年龄人口正在加快增长,在全部劳动年龄人口中的占比趋于提高,并将在21世纪中叶之前始终保持这个趋势。[①] 劳动力队伍的结构性变化将导致劳动者技能更新的能力总体上趋于弱化,劳动力市场的匹配程度也会降低,这将使我国结构性就业的矛盾更加突出。

专栏1.6　刘易斯拐点

发展经济学家阿瑟·刘易斯(Arthur Lewis)在1954年提出了拐点理论,用以解释在经历快速工业化的农业经济体中,工资是如何保持低位的。从此以后,该理论被普遍用来解释日本、韩国和中国台湾等"亚洲小虎"的发展轨迹。据刘易斯解释,在工业化启动之初,劳动力由生产率低下的农村向城市工业部门的重新分配有助于推动快速增长。但这种发展的成果超出比例地流向企业所有者,因为农村过剩劳动力的"深潭"确保了薪资保持低位。这种格局解释了中国经济的特征:人口结构较为年轻,推高社会总储蓄率;资本方因劳动力廉价,获利丰厚,投资率高得异常。然而,最终劳动力会出现短缺,城市雇主必须提供更高的工资,才能吸引劳动力离开家乡农村。企业利润、出口竞争力和资产价格下降。

一、第一次人口红利

通常我们将人口按年龄区分为0～14岁的"幼年人口"、15～64岁的"经济劳动力人口"或"工作人口",以及65岁及以上的"老年人口",从这三个年龄群比例的变化即可看出一个国家或社会的人口结构以及经济发展所需的人力资源。抚养比(或称依赖比)即其中一项人力指标,其又可以区分为扶幼比(幼年人口数/工作人口数,又称少儿抚养比)与扶老比(老年人口数/工作人口数,又称老年抚养比),扶幼比加上扶老比就是所谓的"抚养比",数值愈高,则代表负担愈重。

---

① 蔡昉:《解析中国城镇就业的结构性矛盾》,《比较》2024年第3期。

我国在2000—2022年的扶幼比、扶老比情况见图1.5。什么样的人口结构最有利于经济发展呢？当然是抚养比愈低愈好，于是有所谓的“人口红利”(population dividend)，通常以抚养比低于50%来定义，即抚养人口数与工作人口数的比值低于50%，换句话讲，就是工作人口数占总人口至少66.7%，而抚养人口数低于33.3%。1990年，我国进入人口红利期；1990—2010年，我国人口红利逐步提升；2010年，抚养比下降到最低值(34.17%)，人口红利上升到峰值；其后人口红利逐渐衰减，至2030年前后将衰减为零并随即转变至人口负债期；而后负债率逐步走高，2050年抚养比将达到62%左右，负债率也将创出新高。

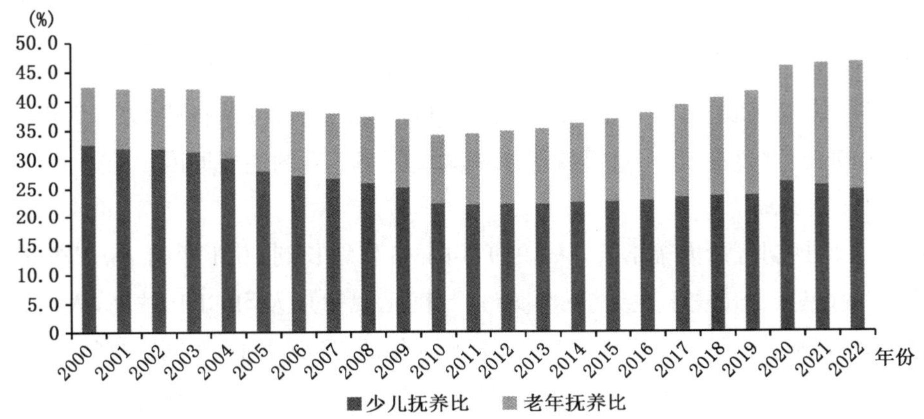

图1.5　2000—2022年我国的少儿抚养比和老年抚养比

资料来源：国家统计局，《中国统计年鉴2023》，中国统计出版社2023年版。

二、第二次人口红利

当人口趋向老年型社会时，存在潜在的第二次人口红利，由老年人口较强的储蓄动机而形成的储蓄转化为资本进入生产函数，但是这一阶段不能像第一次人口红利那样存在无限或充足的劳动力供给，故而生产将可能出现边际报酬递减而导致经济产出增长不可持续。随着人口进入老年型社会，人口质量不断提升，人口文化素质和健康素质将达到更高的水平，整个社会的人力资本也将处于较高水平。由人力资本投入所形成的劳动力内涵发展将削弱边际报酬递减的效应，以助于经济增长，即在人口年龄结构变化的情况下，仍然可以挖掘出一些有利于经济增长的人口因素。例如，整体提高人力资本水平和健康水平，通过社会养老保障制度向积累型模式转变来推动经济增长。

四、中国人口老龄化的特点

(一)“未城先老”

我国常住人口城镇化率在1982年是20%,2000年是35%,2019年首次超过60%,2023年为66.2%。然而,与绝大多数国家的城市化进程不同,我国的城市化集中发生在1990—2010年这20年里,早期城市化到现在才刚刚经过一代人,导致的一个结果就是农村和城市人口结构在短期大规模人员流动后形成巨大差异。简单说,就是农村剩下来的人口偏老,城市人口偏年轻。预计农村和乡镇的老龄人口将持续增长,到2050年将占所有老龄人口的50%,数量巨大的老年人在农村养老,与子女异地居住,其收入来源、照料看护、医疗保健等存在较大的挑战。

虽然单纯从比例来说,我国未来城镇化率会进一步上升至70%~80%,甚至超过80%,但这不会通过农村人口进城来完成。农村偏老的人口逐渐自然死亡,新出生人口(虽然越来越少)主要在城市,这是我国未来城镇化率上升的主要原因。

(二)“未富先老”

我国人均预期寿命大幅增长,从1949年的35岁增长到2021年的78.2岁,翻了一番还多。[①] 这是人类历史上史无前例的奇迹。国际规律是人均GDP越高,人均预期寿命越高。但中国打破了这个规律。以中国1980年的GDP水平,按国际规律计算,人均预期寿命应该是50多岁,但实际达到了67岁,远远高于发展中国家的健康水平。

(三)中国人口老龄化进程影响世界人口老龄化进程

2020年,我国人口数量占全世界人口总数的18.47%。我国不仅人口众多,而且是制造业大国。我国制造业形成了体系化的产业链和全球化的供应链,建成了一批规模化的产业基地和产业集群,在国际产业分工中扮演着不可或缺的角色。我国在2004年超过德国、2006年超过日本、2009年超过美国,成为世界第一制造业大国。在世界500多种主要工业产品中,我国有220多种工业产品的产量位居全球第一。我国拥有41个工业大类、207个工业中类、666个工业小类,形成了独立完整的现代工业体系,是全世界唯一拥有联合国产业分类中所列全部工业门类的国家。

我国工农业发展的巨大成就离不开广大劳动者的辛勤奉献,也得益于我国处在人口红利的机遇期。可以说,我国在一定程度上承接了世界产业的转移,解决了发达国家劳动力减少的难题,保障了全世界的经济稳定与民生福祉。相应地,中国的老龄化对全球各国而言将是一个巨大的挑战。一旦中国老龄化程度加深,劳动力价格不断上升,制造业产能下降,将对世界产生重大影响。迄今我们还看不到世界有任何一个其他国家

---

① 国家卫生健康委:《2021年我国卫生健康事业发展统计公报》。

在劳动力数量、产业链衔接上能接受中国的产业转移。

五、中国人口老龄化趋势展望

根据联合国经济和社会事业部人口司《2024 年世界人口展望》中的方案预测（medium variant），中国人口将持续下降并呈加快趋势，人口减少幅度大约每 10 年增长 1 个百分点，到 2050 年全国总人口降到 12.60 亿人，到 2100 年则只有 6.33 亿人，不到 2024 年人口数量的一半（如图 1.6 所示）。世界人口出生率下降速度高于预期，在此前联合国发布的《2019 年世界人口展望》中，中国 2100 年的人口总量预测值为 10.65 亿人。

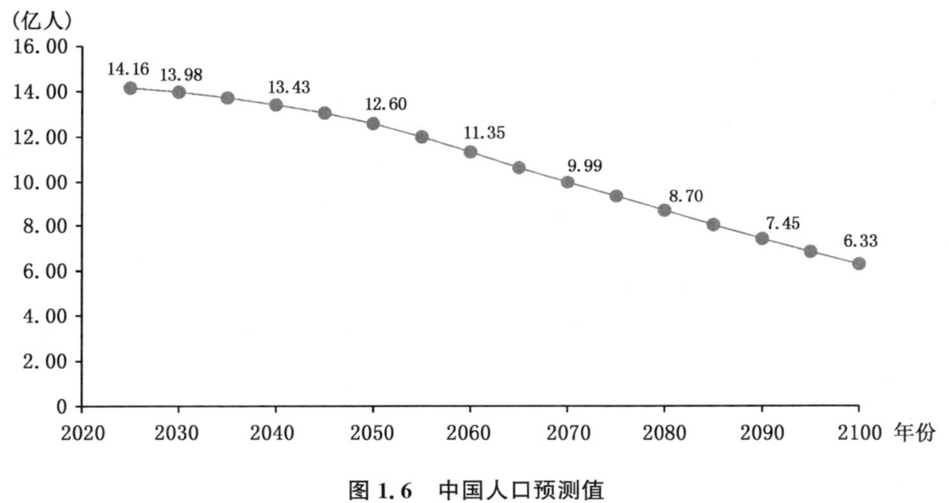

图 1.6　中国人口预测值

资料来源：United Nations，Department of Economic and Social Affairs，Population Division. *World Population Prospects* 2024：*Data Sources*.（UN DESA/POP/2024），2024.

目前关于人口预测存在一些争议。例如，梁建章、易富贤等认为，我国未来的人口数量将远低于联合国的预测值，应大力鼓励生育，减轻老龄化的冲击。[①] 人口预测决定了我国的生育政策以及相应的社会福利政策。适度控制的人口数量有利于资源与环境的协调；适度扩张的人口规模则有利于减轻老龄化负担，且可能更好地促进社会创新。[②] 因此，人口规模与老龄化结构之间存在一定矛盾，需要寻求一个平衡。

如表 1.11 所示，按老龄化比重进行排名，2025 年我国为 14.9%，低于七国集团所有国家；到 2030 年，我国老龄化比重将接近美国 2025 年的水平，但仍低于七国集团；到

---

①　梁建章、李建新、黄文政：《中国人可以多生！》，社会科学文献出版社 2014 年版；易富贤：《大国空巢：反思中国计划生育政策》，中国发展出版社 2013 年版。

②　梁建章、黄文政：《人口创新力：大国崛起的机会与陷阱》，机械工业出版社 2018 年版。

2050 年，我国的老龄化比重将达到 30.9%，超过加拿大、法国、德国、英国和美国，在 8 个国家中位列第三；到 2070 年，我国的老龄化比重将超过七国集团所有国家。

表 1.11　　我国与七国集团的老龄化比重展望　　单位：%

年份	世界	中国	加拿大	法国	德国	英国	意大利	日本	美国
2025	10.4	14.9	20.3	22.5	23.7	19.7	25.1	30.0	18.4
2030	11.8	18.3	22.5	24.4	26.5	21.0	28.0	31.1	20.4
2035	13.1	22.8	23.7	25.9	28.9	22.4	31.3	32.7	21.5
2040	14.3	26.6	24.4	27.0	29.6	23.4	34.2	35.4	22.0
2045	15.2	28.5	25.0	27.4	29.9	23.9	36.1	36.8	22.5
2050	16.3	30.9	25.7	27.6	30.3	24.7	36.8	37.5	23.1
2055	17.6	34.8	26.5	27.6	30.7	25.4	37.0	37.6	23.9
2060	18.5	37.3	27.4	27.3	30.6	26.3	36.8	37.4	24.6
2065	19.3	38.6	28.3	27.2	30.2	26.9	36.2	37.0	25.0
2070	20.0	39.9	28.9	27.7	29.8	27.3	36.1	36.8	25.7
2075	20.9	42.0	29.5	28.7	29.7	28.4	36.7	37.1	26.7

注：老龄化比重＝65 岁及以上人口数量/全部人口数量。

资料来源：United Nations，Department of Economic and Social Affairs，Population Division. *World Population Prospects* 2024：*Data Sources*.（UN DESA/POP/2024），2024.

拓展阅读

人口赡养比、养老保险制度赡养比

老龄化程度与养老保险制度的负担并不完全一致。这是因为一些人员没有参保，尽管已超过领取养老金的年龄，但没有领取养老金的资格，不会给养老保险基金带来支出压力。在我国，劳动年龄人口数量高于全国从业人员数量，而全国从业人员数量又高于城镇企业职工养老保险参保人员数量。

我国的城镇企业职工养老保险制度参保覆盖面有一个逐渐扩大的过程，参保率逐年提高。在扩面的过程中，新参保的人员年龄结构较为年轻，因此，我国养老保险制度赡养比（养老金领取者数量/在职参保者数量）低于全部人口的赡养比。

从图 1.7 的城镇企业职工养老保险制度赡养比来看，虽然我国的老龄化程度不断加深，但与 2000 年相比，2011 年的制度赡养比基本没有变化，原因在于城镇企业职工养老保险有许多来自农村的新职工源源不断地加入，从而改善了年龄结构。

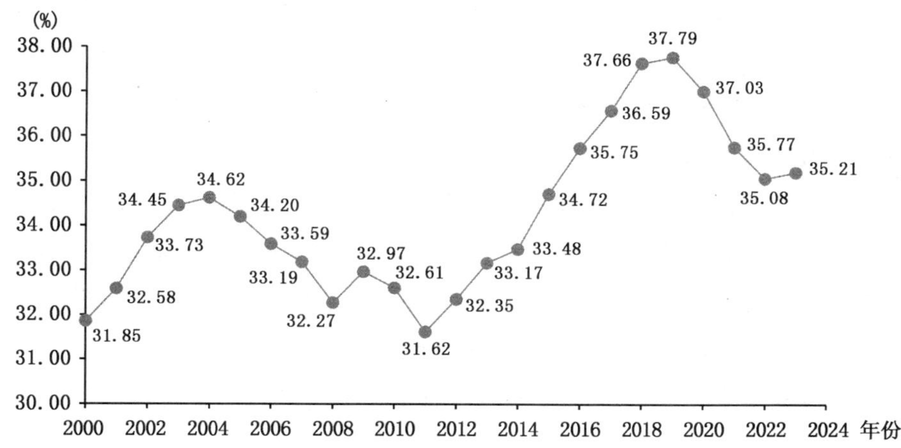

图 1.7　2000—2024 年我国城镇企业职工养老保险制度赡养比

注：制度赡养比＝城镇企业养老保险退休职工数量/城镇企业养老保险在职职工数量。

资料来源：国家统计局，《中国统计年鉴 2024》，中国统计出版社 2024 年版。

复习思考题

1. 在西方七个工业化大国中，为何日本的老龄化最严重？

2. 有人认为，人类社会目前存在老龄化与少子化并存的现象，从社会的总抚养率来看，少子化减轻了社会支出压力，老龄化加重了社会支出压力，两个互相抵消，社会支出的压力并没有发生变化。你认为这一说法是否有道理？

3. 当前社会存在一些对老年人不甚友好的规定或惯例。例如，一些老年人因不会使用智能手机而无法通过网络购物或获取商家优惠；60 岁成为租房年龄分界线，不少房东和房产中介机构不接受 60 岁以上的老年租客作为独立的承租人；一些互联网平台不愿意为 60 岁以上的老人提供外卖配送员或司机等就业岗位；一些旅游公司规定 60 岁以上游客参团需要有家人陪伴，在无子女陪伴情况下，原则上不接受老龄游客，即使有直系亲属陪伴，老龄游客还需提交一系列证明，如“身体状况告知书”“直系家属承诺书”等。试从公共管理角度分析，如何在保障老年人权益和商家权益之间取得平衡。

4. 梁建章、黄文政在《人口创新力：大国崛起的机会与陷阱》一书中谈到，在东亚的大多数国家中，非婚生子女仍然是社会禁忌，例如，在日本和韩国，非婚生子女的比例只有 2％和 2.1％。2019 年 3 月 5 日，第十三届全国人民代表大会第二次会议在北京召开。在此次会议上，全国人大代表、贝达药业股份有限公司董事长丁列明提交《关于抓紧修改法定结婚年龄及不再鼓励晚婚晚育的建议》，获得了较为广泛的关注。其建议修改《中华人民共和国婚姻法》第六条,将结婚年龄"男不得早于二十二周岁,女不得早于二十周岁"改为"男不得早于二十周岁,女不得早于十八周岁",同时删除"晚婚晚育应予鼓励"。请分析调低结婚年龄的利弊,试判断这一调整对提高我国的生育率有无帮助。

5. 通常情况下,延迟退休政策的实施会引起其他相关政策的调整。例如,北京住房公积金管理中心发布通知,自 2025 年 1 月 1 日起,住房公积金个人住房贷款借款期限可计算到借款申请人法定退休年龄后 5 年,原则上最高不超过 68 周岁,贷款期限最长为 30 年。试分析延迟退休政策的利弊。

6. 你认为我国城镇职工养老保险的支出高峰期将在何时出现?

第二章　家庭的小型化与社会保障

家庭是构成社会的基础。传统家庭为家庭成员提供了包括养老、医疗、生育、救济、福利等全方位的保障功能。1989 年 12 月 8 日，第 44 届联合国大会通过一项决议，宣布 1994 年为“国际家庭年”（International Year of the Family），并确定其主题为“家庭：变化世界中的动力与责任”，其铭语是“在社会核心建立最小的民主体制”。联合国有关机构又确定以屋顶盖心的图案作为“国际家庭年”的标志，昭示人们用生命和爱心去建立温暖的家庭。国际家庭年的宗旨是提高各国政府、决策者和公众对于家庭问题的认识，促进各政府机构制定、执行和监督家庭政策。

1993 年 2 月，联合国社会发展委员会又作出决定，从 1994 年起，每年 5 月 15 日为“国际家庭日”（International Day for Families）。设立“国际家庭日”旨在改善家庭的地位和条件，加强在保护和援助家庭方面的国际合作。

第一节　各国的家庭组成情况及发展趋势

正如《家和万事兴》《相亲相爱一家人》《常回家看看》等歌曲所描述的，家庭保障是社会保障的有力支柱，能够直接有效地助力于社会安定。然而，在现代社会，家庭本身面临小型化、流动化，对家庭成员的保障作用有所削弱。近年来，剩男剩女、择偶难、离婚、恐婚、不婚、不育、同居热成了许多相声、小品的重要题材，反映出社会对此问题的强烈关注。一些研究认为，家庭成员的数量减少，导致家庭内部的互济功能削弱，人们在创新创业方面趋向保守，更多地追求收入的稳定性。在现代社会，既需要继续提倡家庭的保障功能，也要调整和完善社会保障政策，以应对家庭保障功能的弱化。

一、家庭结构的变迁

（一）从传统家庭到核心家庭

在过去传统的农业社会，为了配合农业生产，家庭多是几代同堂或亲族聚居的大家庭模式。其后，随着工业革命的兴起，社会生产渐渐转移至工业方面，于是大家庭模式亦开始转化为一夫一妻及其子女所组成的核心家庭,我们称之为"现代家庭"。伴随家庭子女数量减少,以及高技能水平人士在不同地域间流动,传统的大家族聚居现象越来越少,这一变化可以形象地描述为:"在我的成长过程中,我家方圆8公里以内住着12位姑伯姨舅,而在我孩子的成长过程中,周围没有一个这样的亲戚。"[①]

核心家庭的风险通过福利国家的制度得到保障。因为有养老金,老年人在经济上独立于子女家庭,而子女家庭也因养老保险制度弱化了对父母的经济方面的赡养责任,经济的自立程度进一步增加。然而,这些自立是有代价的。在传统社会,老年人丧偶并不意味着就失去了家庭;而在核心家庭时代,老年人丧偶就意味着失去了家庭。这种现象催生了对现代国家社会服务的新的需求。

(二)从核心家庭到后现代家庭

20世纪70年代中期以后,个人开始从核心家庭中脱离出来。在现今繁荣的大都市,制造业比重降低,服务业大行其道,对产业工人的需求减少,对女性的就业限制有所减少。冰箱、洗衣机、微波炉等家用电器的普及,大大缩减了女性在家务中所耗费的时间。此外,女性主义高涨,强调男、女两性的平等,同时,女性的教育水平也在逐渐提升。于是,女性纷纷外出工作,寻求自我价值的实现,她们能够在经济上独立,而不再依赖于家庭。

在后现代社会,除了离婚率持续攀升之外,再婚的比率也相继提高,再加上部分人群有"结婚恐惧症",于是便出现不少单亲家庭、多段婚姻的继亲家庭、无子女家庭和单身贵族。后现代家庭的特质是不确定和多种关系,学者无以名之,则称为"后现代家庭"(post-modern families)。因此,随着时代的变迁,独身、迟婚、离婚、单亲、多元的家庭模式已成为这个后现代社会的特色。以英国为例,从20世纪70年代初期至21世纪10年代中期,家庭形态和结构发生了显著变化(见表2.1):非婚生子女、婚前同居、晚婚现象越来越多,同时妇女生育子女数量减少,最后导致单亲家庭数量增加、独居人数增加、家庭成员平均数量减少。家庭形态更加多样化,一个成年人可能在独居、单亲、同居、结婚、离婚、再婚、生育多子女等状态间切换。家庭形态也随着区域、民族和收入水平的不同而有所差异。因此,无法简单用一种家庭形态反映人们实际所处的所有家庭状态。

现代社会为单身者群体提供了大量服务,事实上也削弱了家庭的功能。例如,传统家庭成员一般在下班后共进晚餐,晚餐为家人沟通和交流提供了机会。而随着快餐的流行,许多年轻人不再回家吃晚饭,对家庭的认同感也随之削弱。

由于离婚和同居占比增加,加上生育率趋低,因而当前各国家庭中,只有一个或两个子女的家庭开始增多。有些孩子只随父母中的一位共同生活,这在一定程度上削弱

---

① (英)保罗·科利尔:《资本主义的未来》,刘波译,上海三联书店2020年版。

了家庭保障功能。例如，1999 年，法国颁布了《民事互助契约》(PACS)，规定长期一起生活的成年人拥有与婚姻关系同等的社会权利。之后，法国非婚生子女数量增加，出生率上升。2007 年以来，法国非婚生子女比例达 52%以上，已超过婚生子女数量，占据主流。这些非婚生孩子的母亲大多不是单身母亲、未成年母亲或贫穷的母亲，相反，各种社会背景和经济阶层的人都有，她们大多是自愿在不结婚的情况下生下孩子的。前法国女司法部长拉齐达・达蒂在任时未婚怀孕，她在法国国内的民众支持率不降反升，大部分法国民众及媒体不仅对她大加同情，还自动组成“沉默阵线”，约定不为满足大众好奇心而不择手段去“挖”达蒂孩子的父亲。

表 2.1　　30 多年来英国的家庭形态和家庭结构变化

指　标	20 世纪 70 年代初期	20 世纪 10 年代中期
非婚生子女比例(%)	8	47
单身女性同居比例(%)	8*	31
女/男第一次结婚的中位者年龄(岁)	21/24	30/32
15～44 岁女性的堕胎数量(个)	161 000	190 800
生育率(每千名女性)(%)	84	93
离婚数量(个)	79 000	118 140
离婚率(每千个已婚人口)(%)	5.9	10.8
单亲家庭所占比例(%)	8	25
独居家庭所占比例(%)	18	28
家庭成员的平均数量(个)	3.1	2.4
16 岁以下人口所占比例(%)	25	19
65 岁以下人口所占比例(%)	13	17

注：* 为 1979 年数据。

资料来源：Alcock P, May M, Wright S. *The Student's Companion to Social Policy*. Hoboken: John Wiley & Sons, 2016.

专栏 2.1　日本政府推行女性经济学但成效不佳

日本妇女的生育率和劳动参与率都低于欧美，且比欧美长寿 5～6 岁，年轻时“不养人”，年老时“要人养”。日本政要对此很恼火，他们既要妇女干活，又要妇女生娃。前首相森喜朗认为，不生育的妇女是不负责任地享受“自由”，不应享受养老金。十多年前，日本就提出要提高妇女劳动参与率。近年来，“女性经济学”(womenomics)作为“安倍经济学”(Abenomics)经济刺激计划的一部分，致力于鼓励女性进入职场，以此抵消日本的低生育率及老龄化带来的劳动人口下降问题。

2015 年 8 月 28 日，日本上议院通过法案，要求日本所有公有企业及私营企业在 2016 年 4 月前为招聘及提拔女性员工设立具体数字目标。9 月 27 日，安倍在联合国就性别平等问题发表演讲，声称计划在 2020 年将政界和商界中女性领导者的比例提升至 30%。同年 12 月，安倍就将 30%的目标猛砍至 7%，宣告该政策基本破产。

二、世界各国的家庭组成情况

2012 年，在 OECD 成员国的家庭组成中，结婚是最普通的家庭存在形式（占全部家庭数量的 52.43%），其次是从未结婚（27.13%），然后是同居（7.87%），再接下来分别是鳏寡（6.22%）、离婚（4.86%）、分居（1.5%）。各国的家庭形态情况差异较大（见表 2.2）。

表 2.2　　2012 年 OECD 成员国 15 岁及以上人口的家庭形态占比　　单位：%

国家	结婚	同居	从未结婚	鳏寡	离婚	分居
土耳其	66.26	0.15	27.09	4.27	1.84	0.40
日本	65.39	0.22	23.41	7.79	2.83	0.36
意大利	63.53	1.99	23.68	5.95	2.00	2.86
葡萄牙	62.96	2.22	24.90	6.61	3.11	0.21
希腊	60.73	0.13	26.53	9.07	3.07	0.47
以色列	59.93	0.10	32.09	3.18	4.58	0.12
西班牙	56.36	3.99	29.86	4.58	3.26	1.95
波兰	56.12	0.88	28.20	9.45	4.26	1.09
韩国	55.77	0.24	38.61	3.46	1.34	0.59
捷克	55.58	2.49	24.89	5.23	11.06	0.75
奥地利	55.03	6.97	24.51	5.83	7.00	0.66
瑞士	54.92	3.31	27.54	4.98	7.52	1.73
卢森堡	54.70	6.26	25.56	4.69	7.05	1.74
澳大利亚	54.40	9.90	23.90	5.04	4.04	2.72
爱尔兰	54.07	4.54	33.41	4.51	1.21	2.26
美国	52.52	1.24	30.82	4.86	8.13	2.43
OECD 平均	52.43	7.87	27.13	6.22	4.86	1.50
荷兰	52.23	10.80	28.74	3.68	4.28	0.27

续表

国家	结婚	同居	从未结婚	鳏寡	离婚	分居
德国	51.51	5.50	26.18	9.18	6.40	1.24
冰岛	50.63	21.00	23.36	2.44	1.85	0.73
英国	50.56	10.44	22.41	7.20	6.79	2.61
比利时	50.40	10.81	24.89	7.80	5.72	0.38
斯洛伐克	50.36	3.41	30.07	10.18	5.56	0.42
加拿大	49.38	9.05	28.36	4.68	5.22	3.31
斯洛文尼亚	49.37	14.50	25.83	6.67	2.80	0.82
墨西哥	49.11	11.28	28.49	5.70	2.29	3.13
新西兰	48.63	13.30	26.73	4.50	4.67	2.18
挪威	48.31	16.90	24.11	5.32	4.44	0.91
法国	47.52	12.26	24.46	7.71	5.77	2.28
丹麦	45.46	12.32	27.49	7.66	6.22	0.86
芬兰	44.88	11.11	27.36	6.18	10.25	0.22
匈牙利	44.50	12.38	21.58	13.33	6.59	1.62
瑞典	42.40	19.36	26.73	4.08	5.13	2.31
智利	41.19	9.74	37.97	5.13	1.15	4.82
爱沙尼亚	37.80	18.65	22.65	10.62	7.76	2.52

注：数据根据 Gallup World Poll（www. gallup. com）的调查结果得出。

资料来源：OECD. *Society at a Glance 2014*：*OECD Social Indicators*. Paris：OECD Publishing，2014.

从表 2.2 的数据可以得出：

（1）同居已成为北欧国家中长期伙伴关系的一种重要形式，在北欧国家，人们推迟并经常以同居关系取代婚姻。① 例如，在瑞典，处理同居关系的规则主要来自 2003 年出台的单行法《同居法》，与专门调整狭义婚姻关系的《婚姻法》并立。此外，近年来“分开同居”（living apart together，LAT）现象也有所增多。“分开同居”有时称为“走婚”，是指伴侣间保持亲密关系但并不住在一起的现象。据统计，在英国约有 10%的成年人选择分开同居的生活方式。这一数字相当于所有未婚或未同居人口的 1/4。而在比利时、法国、德国、荷兰、挪威、瑞典等欧洲国家，选择这种同居方式的人数也保持着类似的比例。

① OECD. *Society at a Glance* 2019：*OECD Social Indicators*. Paris：OECD Publishing，2019.

(2)结婚率在各国差异较大。2012 年,信奉伊斯兰教的土耳其,结婚率最高;处于儒家文化圈的日本,结婚率排名第二,也超过了 65%;而智利和爱沙尼亚的已婚人士占比仅有 40%左右。

(3)一般而言,在低结婚率的国家,同居人群的占比较高。例如,爱沙尼亚、冰岛和瑞典大约有 1/5 的成年人处于同居状态。反之,在土耳其、日本等结婚率较高的国家,同居人群的占比仅为 0.15%~0.25%。

(4)在一些国家中,从未结婚的人群占比较高。例如,在智利、韩国,每 10 位成年人中大约有 4 位从未结婚;在爱沙尼亚、匈牙利、英国等国家,这一占比也超过了 1/5。

(5)丈夫挣钱养家、妻子在家料理家务的传统家庭模式已经不再流行。以英国为例,这类家庭总量占英国有子女家庭总量的比例已低于 1/4。[①] 在 20 世纪 70 年代初期,英国仅有 50%的已婚母亲就业。在当时,已婚女性通常会花几年时间照看年幼的小孩,等小孩大一些以后再就业。而在 2010 年,已婚母亲的就业率达到了 3/4。

(6)生育率下降导致家庭人口数量减少,老龄者独立(独自或与其配偶)生活趋势日益普遍,并与人口老龄化程度呈正相关。目前全球约有 40%的老龄人口是独立生活的,预计未来此一比率仍将呈上升趋势。2011 年 3 月 11 日发生在日本东北部的大地震,令这个问题暴露无遗。在这场地震及海啸双重灾难中,死亡人数约 15 800 人,而 60 岁以上的死者人数占可统计死亡人数比例高达 64.4%。[②] 此次受灾的很多沿海城镇多年来人口一直在减少,因为许多年轻人已前往大城市寻找工作了。

在发展中国家,家庭结构的差异也很大。如表 2.3 所示,在中国、印度、印度尼西亚,超过 70%以上的成年人是已婚的;而在南非,仅有约 25%的成年人是已婚的。在表 2.3 所列国家中,仅有巴西、阿根廷的同居人口比重超过 OECD 成员国的平均水平。令人吃惊的是,俄罗斯的经济发展水平不高,但离婚人口的比重高达近 9%,仅低于捷克和芬兰,高于其他 OECD 成员国。

表 2.3　　2012 年部分发展中国家 15 岁及以上人口的家庭形态占比　　单位:%

国家	结婚	同居	从未结婚	鳏寡	离婚	分居
中国	78.97	0.27	17.77	2.18	0.62	0.19
印度	70.74	0.14	23.26	5.13	0.42	0.31
印度尼西亚	70.53	0.06	22.97	4.72	0.98	0.74

① Pete Alcock, Margaret May, and Sharon Wright. *The Student's Companion to Social Policy*. Hoboken: John Wiley & Sons, 2012.

② 丁英顺:《东日本大地震对日本老龄化社会的冲击及启示》,见李薇、高洪、林昶《日本发展报告(2012)》,社会科学文献出版社 2012 年版。

续表

国家	结婚	同居	从未结婚	鳏寡	离婚	分居
俄罗斯	50.78	2.54	22.37	12.16	8.94	3.21
巴西	45.35	8.67	34.85	4.58	3.25	3.31
阿根廷	36.92	17.18	31.48	7.61	1.16	5.66
南非	26.70	3.53	56.22	7.64	3.09	2.81

注：数据根据 Gallup World Poll（www.gallup.com）的调查结果得出。

资料来源：OECD. *Society at a Glance 2014：OECD Social Indicators*. Paris：OECD Publishing，2014.

三、各国的结婚率与离婚率

从长期趋势来看，各国的初婚年龄持续增长，结婚率呈下降趋势（见图 2.1）。1990—2016 年，在 OECD 成员国中，只有瑞典和土耳其的结婚率有所上升。

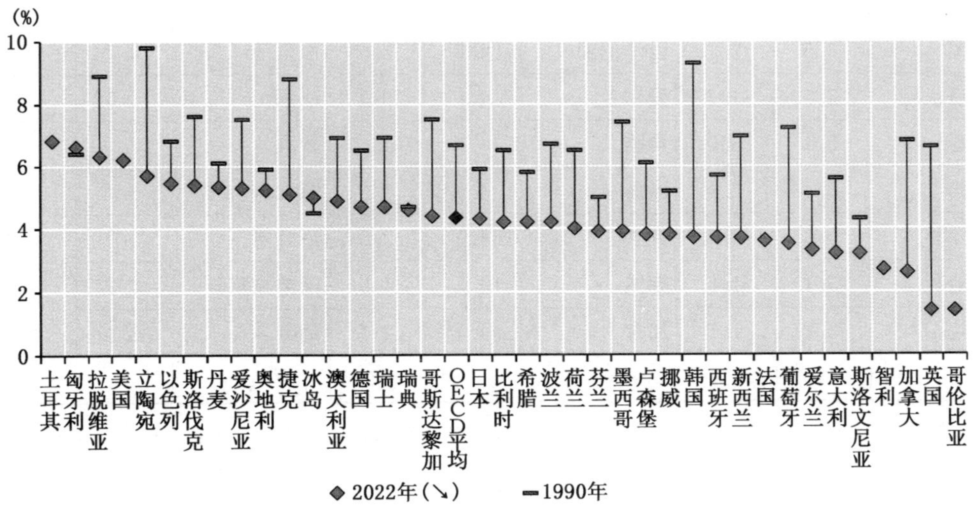

图 2.1 OECD 成员国 1990 年与 2022 年结婚率对比

资料来源：OECD Family Database-Indicator SF3.1-based from national statistical offices and Eurostat-http://oe.cd/fdb.

结婚率下降的主要原因在于适婚年龄人口比例的降低。一方面，各国正在逐渐进入老年人口比重不断加大的社会，人均寿命延长，总人口基数不断上升。另一方面，适婚年龄人口（其中主要是青年）占总人口比例不断下降。在一些国家，经济不景气导致结婚率下降。终身未婚的人中大部分是没有正式工作的男性和有正式工作的女性。从男性的角度看，选择不结婚是因为“看不到自己的未来，在经济不稳定的状态下是不能结婚的”，而女性则是考虑“不能与没有固定收入的对象结婚”。同时，女性就业以后，若收入稳定，就不再需要通过婚姻来保障生活。

此外，结婚率下降与初婚平均年龄后延也有较大关系。从某种程度上说，并不是现在的年轻人不想结婚了，而是随着经济社会的发展以及平均寿命的延长，人们的教育、就业、结婚、生育等社会化行为相应延后了。

2016 年，OECD 成员国的平均粗结婚率为 4.8(见表 2.4)。各国间差异很大，排名前三国家的结婚率是后三名国家结婚率的 2 倍。

表 2.4　　2016 年 OECD 成员国的结婚率与离婚率　　单位：‰

国家	结婚率	离婚率	国家	结婚率	离婚率	国家	结婚率	离婚率
土耳其	7.5	1.6	日本	5.0	1.7	墨西哥	4.4	1.0
立陶宛	7.4	3.1	瑞士	5.0	2.0	英国	4.4	1.7
美国	6.9	3.2	澳大利亚	4.9	1.9	新西兰	4.3	1.7
拉脱维亚	6.6	3.1	OECD 平均	4.8	1.9	比利时	3.9	2.1
以色列	6.4	1.7	捷克	4.8	2.4	荷兰	3.8	2.0
韩国	5.5	2.1	爱沙尼亚	4.8	2.5	西班牙	3.7	2.1
斯洛伐克	5.5	1.7	爱尔兰	4.8	0.7	法国	3.5	1.9
丹麦	5.4	3.0	希腊	4.6	1.0	智利	3.4	0.1
瑞典	5.4	2.4	冰岛	4.6	1.6	意大利	3.4	1.6
匈牙利	5.3	2.0	芬兰	4.5	2.5	卢森堡	3.2	2.1
奥地利	5.1	1.8	挪威	4.5	1.9	斯洛文尼亚	3.2	1.2
波兰	5.1	1.7	加拿大	4.4	2.1	葡萄牙	3.1	2.2
德国	5.0	2.0						

资料来源：OECD. *Society at a Glance 2019*：*OECD Social Indicators*. Paris：OECD Publishing，2019.

各个国家的粗离婚率也有所不同。2016 年，智利的离婚率低至 0.1‰(在智利，离婚从 2004 年开始才合法化)，而拉脱维亚、立陶宛和美国的离婚率高于 3‰。

1990—2014 年，离婚率变化情况好坏参半：20 个 OECD 成员国的离婚率上升，而其他 16 个国家的离婚率下降。在美国，离婚率下降最为明显，从 1992 年的 4.8‰降至 2016 年的 3.2‰，而西班牙的离婚率增幅最大，从 1990 年的 0.6‰上升至 2016 年的 2.1‰。虽然经济原因容易导致家庭破裂，但是离婚成本高昂以及家庭具有互济性和降低生活成本的优势，也在一定程度上遏制了离婚率的下降势头。

预期寿命的增长在一定程度上拉高了离婚率。从日本的情况来看，近年来共同生活15年以上的离婚情况持续增多，占总离婚数的近三成。[①] 尤其是共同生活20年以上的"熟年离婚"比例逐年上升，2015年的熟年离婚率是1947年的5.8倍。同样，那些携手走过了银婚、共同生活了25年以上的老夫老妻们的离婚率也在逐年上升。

专栏2.2　粗结婚率与粗离婚率

粗结婚率(crude marriage rate)是指在一定时期内(一般为年度)某地区结婚登记对数与年平均总人口之比，通常以千分率表示，即在一年内每千人中有多少对结婚。

粗离婚率(crude divorce rate)是指在一定时期内(一般为年度)某地区离婚数与年平均总人口之比，通常以千分率表示。

实际上，测量离婚最科学、直观的方法应采用"一般离婚率"的概念，它反映的是每1 000对夫妇(通常以有偶女性人口代替)中的年离婚数，也称"已婚人口离婚率"。因为这一计算方法排除了不具离婚风险的儿童以及成年未婚、丧偶和离婚人口，而以该地区所有的已婚人口为基数，能较为准确地反映该地区某一时期婚姻解体的实际概率，是一个具有综合性特征的离婚率测量指标。然而，由于已婚人口数只是在人口普查的年份才能获得，因而已婚人口离婚率不适宜作年统计。

四、我国人口的婚姻现状及趋势

如图2.2所示，随着我国人口出生率持续下降，适婚年龄人口比重下降，并且国民受教育水平提高，经济独立性增强，我国结婚率在2013年达到9.9‰的最高点之后，持续下滑。根据第七次全国人口普查的数据，我国男性比女性多了3 000多万人，我国的男女性别比失衡也加剧了结婚的难度。

我国初婚年龄也有推后的趋势。我国的结婚年龄拐点出现在2013年。根据民政部发布的历年《社会服务发展统计公报》，2013年25～29岁年龄段结婚人口占当年结婚登记数的比重首次超过20～24岁年龄段，达到35.2%，显示出晚婚年龄段人口数量开始相对上升。根据《中国人口普查年鉴2020》，2020年，我国平均初婚年龄升至28.67岁，其中男性为29.38岁，女性为27.95岁。数据显示，十年间，平均初婚年龄推后了近4岁。目前，甚至有一些地方的平均初婚年龄突破30岁大关。2021年，安徽省结婚登记平均年龄为33.31岁，初婚平均年龄分别为男31.89岁、女30.73岁。

---

① (日)荒川和久：《超单身社会》，郭超敏译，浙江人民出版社2022年版。

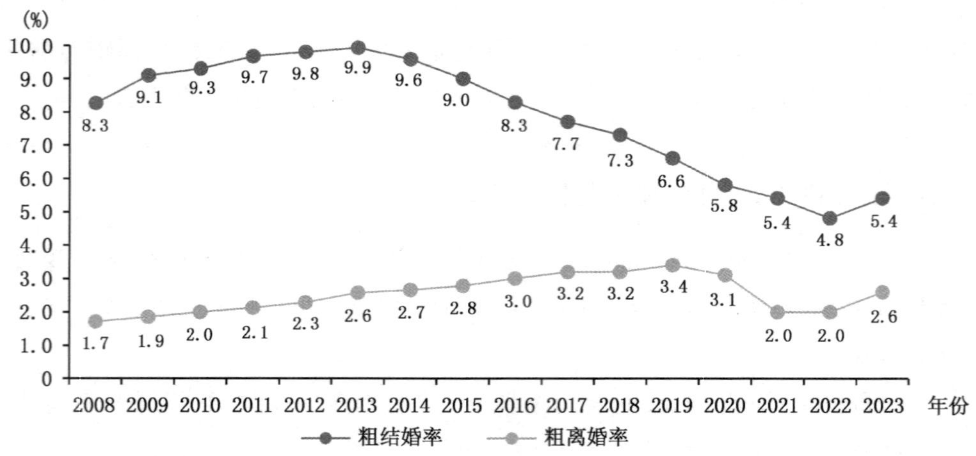

图 2.2　我国的粗结婚率和粗离婚率

资料来源：民政部，《中国民政统计年鉴 2024》，中国社会出版社 2024 年版。

不过，补证也是导致婚龄升高的原因之一。例如，2017 年，扬州有 43 597 对新人领“红本本”，其中 17 343 对是补证的，占到了近四成。近些年，出于领取独生子女奖励、购房、出国旅游等多种需要，很多找不到结婚证的老人去补证，这就导致平均初婚年龄被拉高了。

与此同时，我国的未婚率也有逐年增长趋势，但绝对值仍然较低。2020 年第七次全国人口普查显示，我国城市 30 岁及以上未婚女性在同年龄女性中的占比高达 3.66%，比 10 年前增长了 50%，主动选择单身的“单女”显著增多。[①] 然而，通过分析各年龄段青年群体的婚姻状况可以发现，随着年龄的增长，未婚比例逐年下降，30～34 岁未婚女性占比为 12%，而 35～39 岁和 40～44 岁未婚女性占比则分别降至 6%和 3%。

通常而言，女性受教育程度提高，也会导致更多女性选择晚婚或单身。中国国家统计局 2021 年 12 月 21 日发布的《中国妇女发展纲要（2011 至 2020 年）》终期统计监测报告显示，各类高等教育中女生占比均超过男生。高等教育在校生中女研究生人数为 159.9 万人，占比达到 50.9%，比 2010 年提高 3.1 个百分点；普通本专科、成人本专科在校生中女生分别为 1 674.2 万人和 450.6 万人，占比分别为 51.0%和 58.0%，分别比 2010 年提高 0.1 个和 4.9 个百分点。

我国曾经出现过几次单身潮。第一次是在 20 世纪 50 年代，随着首部《中华人民共和国婚姻法》的颁布，全国出现了离婚潮。20 世纪 70 年代末，知青为返城而离婚，引发了第二次单身潮的出现。如今，随着经济的飞速发展和女性自主意识的提升，单身潮又

① 国务院第七次全国人口普查领导小组办公室：《中国人口普查年鉴（2020）》，中国统计出版社 2022 年版。

一次显现。2003 年以来，我国离婚率逐年递增，到 2020 年开始有所下降(见图 2.2)。近年来，一些城市的房产限购政策以及二手房出售的税收政策也在一定程度上导致了假离婚的增加。

2001 年，民政部开始披露“民政部门登记离婚”与“法院调解和判决离婚”的统计数据。2001 年和 2002 年，法院调解和判决离婚超过民政部门登记离婚。但从 2003 年至今，登记离婚一路赶超法院调解和判决离婚，2014 年登记离婚是法院调解和判决离婚的 3.8 倍。①

第二节　家庭成员的数量及变化趋势

自工业革命起，家庭的生产职能越来越弱。在 17 世纪的英国，家务劳动可能包括酿酒、乳制品生产、养鸡养猪、水果蔬菜种植、纺织、医疗护理等，我们在偏远的农村依然可以看到家庭妇女从事诸多类似的活动。但在工业革命之后，这些生产活动转变为各种各样的社会职业，人们需要用钱来购买相应的产品或服务。家务劳动的内容越来越少，尤其是随着当下家用电器的更新换代，家务劳动变得越来越轻松。这使得家庭存在的必要性有所减弱，个人在许多时候不需要依赖于家庭或婚姻来实现各种目标。

各国家庭的情况差异很大，而且家庭成员的数量也随着社会发展出现了许多变化。

(1)各国家庭成员的平均数量差异很大(见图 2.3)。在 21 世纪 00 年代中期，瑞典的家庭成员平均数量在 2 人左右，而土耳其、墨西哥在 4 人左右。

(2)各国家庭成员的平均数量呈下降趋势。一些现代家庭不再以传宗接代为目标，从而出现了无子女的“丁克家庭”(double-income-no-kid，DINK)。在有统计数据的 OECD 成员国中，除卢森堡有所增加、荷兰几乎无变化外，其他国家在 21 世纪 00 年代中期的家庭成员平均数量均低于 20 世纪 80 年代中期，如英国从 2.44 人降至 2.12 人，降幅达 13.16%。

(3)富裕的家庭往往拥有更多的家庭成员。美国联邦储备银行达拉斯分行的经济学家米歇尔·考克斯(Michael Cox)和理查德·奥姆(Richard Alm)在 2008 年的一项研究表明，美国最富有的 1/5 家庭的成员数量平均为 3.1 人，居中的 1/5 家庭为 2.5 人，而最贫穷的 1/5 家庭只有 1.7 人。②

(4)单身者数量惊人。美国纽约大学社会学教授艾里克·克里南伯格在《单身社

---

① 2003 年的《婚姻登记条例》取消“离婚时须提交单位证明”的规定，在一定程度上简化离婚程序，推高了离婚率。

② Cox W M，Alm R. You are what you spend. *New York Times*，2008(2).

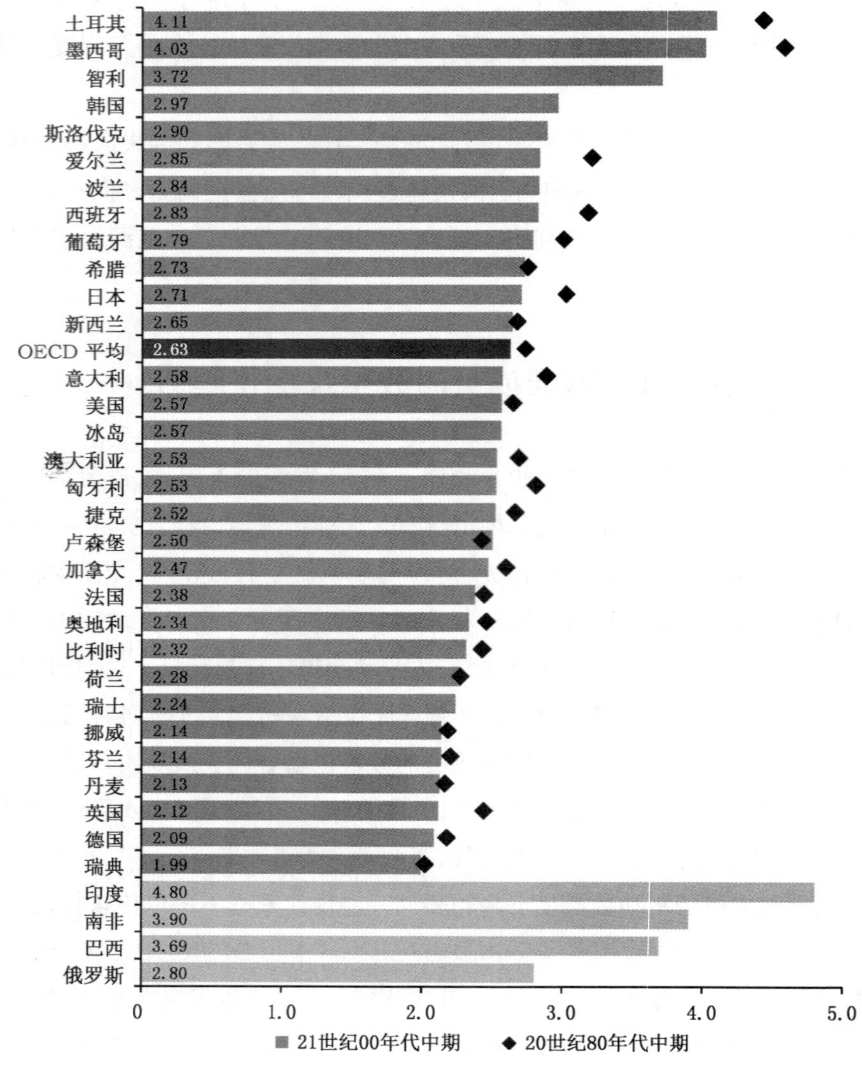

图 2.3 各国家庭成员平均数量的变化

资料来源：OECD. *Doing Better for Families*. Paris：OECD Publishing，2011.

会》一书中认为，单身社会是经济与社会发展的必然趋势。[①] 截至 2010 年，超过 50%的美国成年人处于单身状态，其中 3 100 万人独自一人生活（亦即每 7 个成年人中有 1 人选择独居），独居人口占美国户籍总数的 28%，独居家庭已经成为仅次于无子女的夫妻家庭的美国第二大家庭形式，远远超过核心家庭（夫妻与未婚子女共同居住）、多代复合式家庭、室友同居以及老人之家。在性别上，1 700 万独居女性构成了独居人口的主体，

① (美)艾里克·克里南伯格：《单身社会》，沈开喜译，上海文艺出版社 2015 年版。

独居男性也达到1 400万。在年龄上，18～34岁的年轻独居者有400万，35～64岁的中年独居者为1 500万，64岁以上的独居者约1 000万。在地理分布上，独居人口集中分布于美国各大城市之中，纽约为100万，而曼哈顿有一半以上的人口选择独居，堪称全美单身社会的“首都”。在其他国家，日本、欧洲尤其是北欧诸国的独居者比例与美国持平，甚至超过美国，瑞典是世界上独居比例最高的国家（占家庭总数的47%），首都斯德哥尔摩的独居人口比例达到惊人的60%。

单身者数量增长至少有两个原因：一是主动单身。单身人士既保证了一定程度的独立，同时又可以投身丰富的社交、社会生活。在（北欧）高福利制度下，原本属于家庭的责任为国家所承接，家庭所执行的职能越来越少，于是家庭存在的必要性就越来越小，这是我们所见证的单身社会崛起的重要原因。二是被动单身。被动单身与其说是独立，不如说是孤独。[①] 造成被动单身的重要原因是劳动收入低迷和社会福利匮乏，大量社会人口不敢走入婚姻并生儿育女。日本所谓的“无缘社会”可算是此类现象之一。[②]

（5）离婚和婚姻外抚养子女扩大了收入不平等和财富鸿沟，对整个社会而言是如此，对孩子而言更是如此。逃离家庭主要以牺牲脆弱的孩子为代价。婚姻始终被视为私领域问题，但婚姻对子女成长和家庭贫困有着重要的影响。对于女性而言，离婚往往是陷入贫困的主要原因之一。以2015年的统计为例，在OECD成员国中，大多数单亲家庭由母亲担任户主，由父亲担任户主的比例为9%～25%，其中，爱沙尼亚（9%）、哥斯达黎加（10%）、塞浦路斯（10%）、日本（10%）、爱尔兰（10%）和英国（12%）的比例最低，而挪威（22%）、西班牙（23%）、瑞典（24%）、罗马尼亚（25%）和美国（25%）的比例最高。[③] 2008年，美国单身母亲的贫困率高达37.2%。[④] 原因是多方面的：首先，许多女性因照顾家庭而长期不工作或仅从事一些兼职工作，职场竞争力较弱，一旦离婚，很难拿到能够养家糊口的工资收入；其次，大多数离异的妇女要抚养小孩，但男方提供的子女抚养费通常是不充足的或是滞后的，还有相当一部分父亲不履行支付这笔费用的责任；再次，一些女性在丧偶或离婚后因需要照顾年幼的孩子而无法全职上班，只能从事兼职工作，从而降低了家庭收入；最后，出于家庭分工的不同，在夫妻未离婚时，家庭往往给丈夫进行了教育投资和职业生涯的积累等，这些投资实际上是夫妻双方共同完成的，但由于其收益是潜在的，因而无法在离婚时进行分割（例如，男性在退休时可以拿到

---

① 韩国年轻一代形容自己为“三抛世代”：抛弃恋爱、抛弃结婚、抛弃生子。有些年轻人在“三抛”之上再加“两抛”，即抛弃人际关系、抛弃买房。

② （日）NHK特别节目录制组：《无缘社会》，高培明译，上海译文出版社2014年版。

③ OECD数据库（OECD Family Database，SF1.1：Family size and household composition，OECD-Social Policy Division-Directorate of Employment，Labour and Social Affairs，June 12，2016）。

④ Rejda G E. *Social Insurance and Economic Security*. London：Routledge，2012.

较为丰厚的职业年金，这一补充养老金是不会与其前妻共同分享的)，女性往往是离婚财产分割的受损者。

专栏 2.3 两次人口生育率变迁

第一次人口生育率变迁(the first demographic transition)：发生在欧洲工业革命初期，由高生育率和高死亡率向低生育率和低死亡率转变。随着预期寿命的提高以及生育率的下降，人口总量基本保持平衡。当前一些发展中国家仍处在这一阶段。

第二次人口生育率变迁(the second demographic transition)：始于 20 世纪 60 年代，长期、稳定的婚姻模式不再流行，同居、离婚、分居和单身等现象趋于普遍。保持长久婚姻关系的家庭可能生育较多的孩子，离婚或独居的家庭则几乎没有小孩。相关数据显示，从 20 世纪 80 年代初期至 90 年代初期，在 OECD 的 21 个成员国中，单亲家庭的数量平均增加 25%(在全部家庭中所占比率也增高至 17%)。在世纪之交，许多国家，包括美国、德国、瑞典和英国，以单亲父母为首的家庭占所有有孩子家庭总数的 1/4。双薪家庭也与日俱增，加上单亲家庭增加，导致现代家庭对儿童、年长者及其他需要照顾者提供亲身照顾的能力大为降低，而对政府提供儿童或老年人照料、经济补助及其他支持服务的需求大为增加。同时，在这一时期里，由于生育率持续下降，预期寿命提高，因而人口总量(如不考虑移民因素)出现下降，平均年龄提高。

资料来源：①Lesthaeghe R. The second demographic transition in western countries: An interpretation. In Mason K O, Jensen A. *Gender and Family Change in Industrialized Countries*. Oxford, UK: Clarendon Press, 1995. ②(美)Neil Gilbert、(美)Paul Terrell:《社会福利政策引论》(第 8 版)，沈黎等译，华东理工大学出版社 2013 年版。

第三节 关于家庭政策的几种观点

美国布兰迪斯大学社会学教授珍妮特·吉勒(Janet Giele)以美国社会为基础，对关于家庭政策的三种不同观点进行了分析。[①]

---

① Giele J. Decline of the family: Conservative, liberal, and feminist views. In Skolnick A, Skolnick J. *Family in Transition*. London: Longman, 2013.

一、保守主义的观点

保守主义认为，当代双亲家庭的崩解起因于离婚、婚外恋等问题增多，导致儿童在成长中会出现营养不良、学习成绩下降、行为缺乏管教以及容易产生心理问题等诸多风险。解决办法在于重整家庭承诺、宗教信念，以及删除对非婚母亲与女性单亲家庭的福利给付。近几十年来，导致家庭功能衰退的原因可能很多，如工业化、城市化、个人主义的兴起等。然而，保守主义者最担心的不是这些，而是传统道德的沦丧。

保守主义对家庭变迁的逻辑解释如图 2.4 所示。

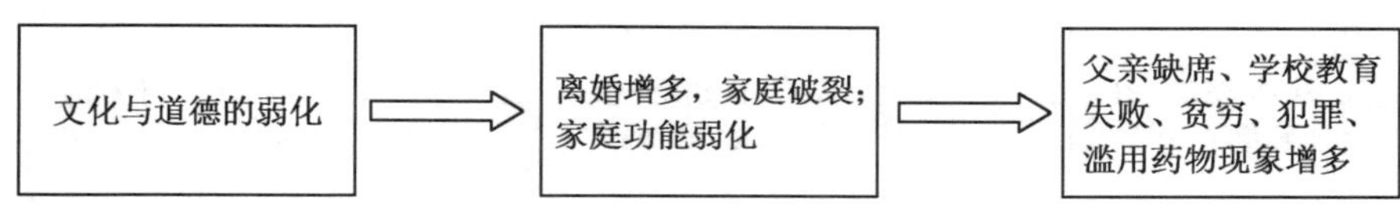

图 2.4 保守主义关于家庭变迁的解释

保守主义认为，家庭照顾是最自然、最好的照顾方式，机构化的照顾或任何足以替代父母的照顾方式都不应被鼓励，其甚至会影响子女的情绪发展和人际关系。保守主义还认为，福利国家的一些制度破坏了家庭，即政府介入托儿所、养老、济贫等事务，这些事务被认为是家庭应该做的事。一旦政府负起这些责任后，不但加重了财政负担，而且导致个人不再那么照顾家庭，家庭因此而瓦解；同时，家庭责任被国家承接以后，家庭的重要性降低，离婚、不婚者增多，破坏了传统家庭价值。[①] 例如，保罗・科利尔在《资本主义的未来》一书中提出，政府慷慨的福利制度可能是一把双刃剑：英国为单身母亲提供免费住房，意大利和西班牙没有这么做，结果是英国的青少年怀孕率在欧洲居于高位，而意大利和西班牙排在末尾；英国在 1999 年增加了对有孩子的低收入家庭的福利救济，结果是低收入家庭的生育率大幅上升，据估计每年多生 4.5 万个婴儿。于是，免费住房和有所增加的福利救济使许多家庭在育儿方面略微宽裕了些，同时也鼓励了更多妇女在明知抚养条件不佳的情况下怀孕。

家庭主义在中国表现为对儒家家庭伦理的强调，即对家人采取利他主义的态度，相互提携，守望相助；在美国则表现为对所谓家庭价值(family values)的重申。我国当前许多中老年人也是保守主义的拥护者，他们已经很少决定子女的婚配对象，但仍然经常“逼婚”。

在实践中，许多国家从保守主义的角度出台了一些法律法规，旨在通过挽救婚姻、稳定家庭、减少未成年怀孕，达到维持传统家庭功能的目的。

---

① 林万亿:《社会福利》，台湾五南图书出版公司 2010 年版。

二、自由主义的观点

自由主义者也认为家庭的保障功能在衰退，儿童的健康、教育与贫穷等问题突出，但是它把矛头指向经济与结构变迁所产生的新需求没有被社会所满足。例如，女性全职就业以后，就不可能有时间照顾儿童；随着社会分工专业化，家庭功能萎缩，家庭亲密合作关系也因就业形态而改变。然而，社会并未完全接手来支持家庭，因而就产生了不利于儿童的后遗症。

自由主义对家庭变迁的逻辑解释如图 2.5 所示。

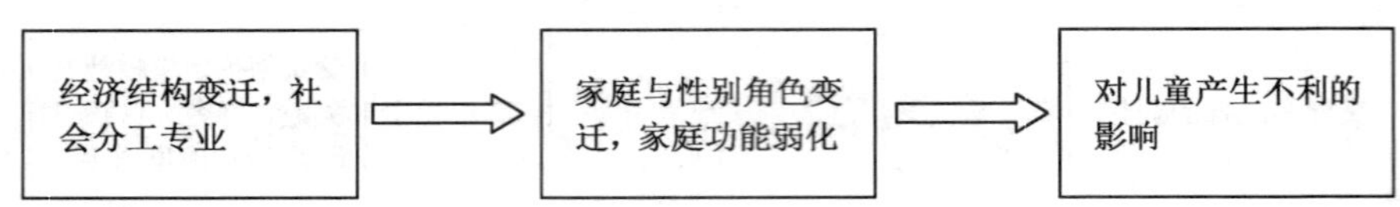

图 2.5　自由主义关于家庭变迁的解释

自由主义者将家庭的巨大变化归因于货币经济的入侵，而不是文化和道德上的衰落。自由主义认为，家庭变迁是现代社会发展的必然趋势，每个现代人都应有权利选择自己喜欢的家庭生活安排，包括“非传统”的家庭生活安排，如同居、单亲家庭、离婚、再婚等，甚至同性恋家庭。自由主义者不认为存在唯一最优形式的家庭形态。

大多数自由主义者所拥护的解决方案是政府建立社会安全网，以促进妇女的就业，减轻贫困的影响，并帮助妇女和儿童获得经济上的保障。

三、女性主义的观点

女性主义主要强调男女平等，反对压迫女性的传统父权家庭，认为家庭不只是一个小团体，而是由学校、教会、医院、职场共同构成的公民社会的制度中的一个环节，家庭与工作、家庭与社区、男性与女性的生活都应被重新调整。

女性主义对家庭变迁的逻辑解释如图 2.6 所示。

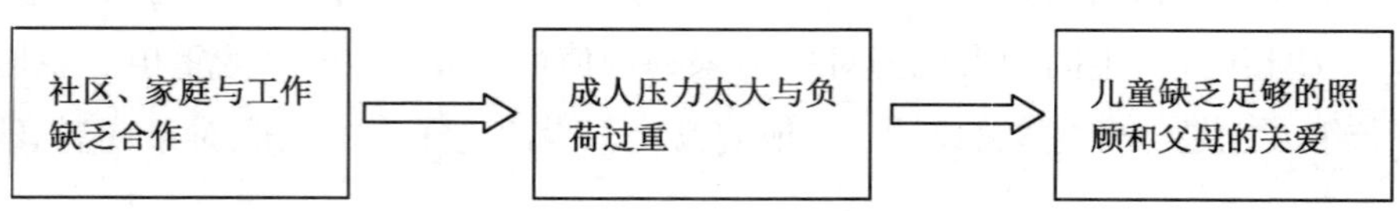

图 2.6　女性主义关于家庭变迁的解释

女性主义者不同于保守主义者，他们接受家庭的多样性，以应对现代经济的需求；女性主义者与自由主义者也不同，他们接受家庭固有的特殊性和情感性质，认识到亲密的养育关系(例如养育子女)不能全部依赖于提供正式照料的社会安全网。

在劳动力没有商品化之前,家庭自给自足,丈夫和妻子都既从事生产性劳动,也从事家务劳动,两种劳动的界限是模糊不清的。而在劳动力被商品化以后,生产性劳动成为有酬劳动,家务劳动仍然是无酬劳动。生产性劳动与家务劳动的界限变得非常分明。实际上这两种性质的劳动并非单纯的并列关系,而是互为前提的。在资本制下,家务劳动不能离开生产性劳动而单独存在;而如果没有家务劳动,生产性劳动也不可能成立,仅依靠工资不可能满足所有的生活所需。事实上,没有家务劳动的介入,劳动力人口根本就不可能再生产。

父权制是调整生产性劳动与家务劳动之间关系的一种机制。首先,它将生产性劳动凌驾于家务劳动之上;其次,它根据性别将人们固定分配到两种劳动中去。因此,女性主义者批评,资本制与父权制结合所形成的福利制度助长了性别差异化,福利制度是以丈夫从事生产性劳动、妻子从事家务劳动的"标准家庭"为前提而设计的,因而对单身母亲、独居女性等非标准家庭没有提供应有的社会保障。[①]

女性主义认为,在传统家庭中,男性压迫女性,离婚和单亲家庭本身并无弊端,离婚或分居往往是女性勇于脱离被迫害的父权家庭的象征,离婚率的升高也反映出处于不幸福婚姻状态的女性人口数量的减少。女性主义并不反对家庭制度,只是反对传统上由两个成年男女组成、男主外女主内的唯一家庭形式,提出家庭政策应该用来作为解放女性的手段,例如,设置带薪水且两性共享的生育假与育婴假等。

女性主义认为,就社会效率而言,政府花费大量教育资源,让教育机会愈趋平等,却因家庭因素导致一部分具有创造力与劳动力的女性被迫居家照顾老幼、残疾的家庭成员,这是人力资源的巨大浪费。

专栏 2.4　英国"二孩福利封顶"政策面临巨大挑战

在2015年财政预算中,英国政府提出了"二孩福利封顶"(two child limit)政策,宣布冻结一个家庭中第三个及以后的孩子在以前可以享受的若干项补贴,主要包括统一福利金(universal credits)、儿童税收抵免(child tax credit)以及抚养人收入补贴(income support with dependants allowance)。2015年10月,英国政府就业与养老金部前秘书伊恩·邓肯·史密斯(Iain Duncan Smith)表示,此项改革将让家长明白,"养孩子需要花钱",纳税人不能为更多的孩子买单是理所应当,从而使这些家庭仔细考虑是否会生两个以上的孩子。

---

① (日)武川正吾:《福利国家的社会学:全球化、个体化与社会政策》,李莲花、李永晶、朱珉译,商务印书馆2011年版。

"二孩福利封顶"政策规定：自2017年4月6日起，家庭里的第三个及以后的孩子(这自然包括第四个、第五个或者更多)，除非符合"特殊条件"，否则将不能再得到额外的补贴。不论你生了多少个孩子，最多只能领到两个孩子的福利金。

根据规定，"二孩福利封顶"有一些例外情况：多胞胎，孩子是从地方当局领养而来，或者孩子是母亲在非自愿情况下(例如被强暴)出生的。然而，例外的案例仅占4%。

2019年8月，英国政府就业与养老金部公布的数据显示，近60万儿童受到"二孩福利封顶"政策的消极影响，在受影响的16万多个家庭中，59%的家庭中至少有一人在工作。几乎所有受影响的家庭需要削减食物、药品、供暖和衣物的支出。很多家长表示，这给家庭生活和家庭关系带来了压力。

反对者认为这项政策致使贫困人口的生存状况恶化，试图游说政府撤销这一项封顶政策。许多人认为，每个孩子都应该有一个很好的开始，但是这项政策意味着有些孩子比其他孩子能得到更多，仅仅是因为出生的顺序不同。2019年7月31日，《卫报》报道，109位社会政策学者联合表示，该政策"是对社会保障体系的最大损害"，导致"英国最贫困的儿童生活水平受到前所未有的影响"。

第四节　社会保障给付单位的选择

传统的资本主义国家的福利制度是在资本制(劳动力商品化)和父权制(男性养老模式)的框架中成立的。①

首先，在资本制下，劳动者出卖劳动力，换得工资和福利。在劳动力市场，"家庭工资"的思维方式占据主流，工资被设定在能够维持家庭生活的水平上。对有配偶的职工，雇主还要支付抚养津贴。在税制方面，不仅对子女而且对配偶也设有抚养扣除，课税也一般以家庭为单位。劳动者获得的回报超出了单纯保全劳动力生存权的水平，换句话讲，就是在劳动力作为商品的同时，劳动者还具有一定的公民权(即劳动力不纯粹是商品，还具有一定的"去商品化"色彩)。

其次，社会保障的缴费和给付在原则上均以家庭为单位，男主外、女主内的男性养老模式使得女性难以独立。工薪阶层的养老保险向遗属支付遗属年金，医疗保险也支

① (日)武川正吾：《福利国家的社会学：全球化、个体化与社会政策》，李莲花、李永晶、朱珉译，商务印书馆2011年版。

付家属的医疗费。在日本、美国,养老保险是以家庭为单位参保的;在德国,医疗保险是以家庭为单位参保的。

一、以家庭为社会保障给付单位所面临的新挑战

随着社会的发展,以家庭为社会保障给付单位的制度框架遭遇新的挑战。

(1)个体从家庭中脱离出来,就意味着与社会保障制度脱离。例如,对于女性而言,离婚不仅伴随着陷入贫困的危险,还意味着丧失领取养老金和得到医疗保障的权利。

(2)个体从家庭中脱离出来,往往在社会保障权利上受到歧视。例如,以家庭为单位的制度一般都倾向照顾家庭主妇,随着女性就业的增加,该制度就有失公平。又如,家庭养老金意味着缴费者必须缴纳足够多的养老保险费,才能支撑夫妇的养老金水平,但这种方式意味着单身者(甚至是未婚妈妈)要供养已婚夫妇。①

(3)个体化越来越普遍,客观上要求政府的福利政策去性别差异化。政府应该以性别中立为原则,将社会保障从以往的以家庭为单位改为以个人为单位。

(4)家庭形态的多样性给社会政策制造了特别的难题——提供的服务对某一形态的家庭是合适的,但对其他的家庭可能反而不利。更为严重的是,如果对某些形态的家庭提供更好的服务,可能会改变和干涉人们的婚姻、生育行为。例如,2020 年 3 月,日本安倍政府宣布给全日本每个家庭邮寄两只口罩,结果引发了大量的指责,因为家庭人口数量差异很大。

二、我国社会保障给付单位的争议

第七次全国人口普查结果显示,2020 年我国共有家庭户 49 416 万户,家庭户人口为 129 281 万人,平均每个家庭户的人口为 2.62 人,比 2010 年的 3.10 人减少 0.48 人(另有集体户 2 853 万户,集体户人口为 11 897 万人),总趋势是 1～3 人户的比重持续上升,4 人及以上的家庭比重持续下降。国内许多学者认为,支持个人而非家庭是我国家庭政策的最大缺陷之一。因此,在讨论如何建立中国的发展型家庭政策时,以家庭为单位成为研究者最基本的主张。② 例如,有人认为要纠正单纯以个人为单位提供福利保障的弊端,完善以家庭为单位的制度设计,以增强家庭的凝聚力,支持家庭对成员的保障功能;或是认为只有强调家庭作为福利对象的整体性,才能真正支持和强化家庭在福利供给中的功能与责任,激活家庭的潜力,并延续重视家庭的优秀传统。

---

① Hinrichs K,Jessoula M. *Labor Market Flexibility and Pension Reforms:Flexible Today,Secure Tomorrow?*. Berlin:Springer,2012.

② 中国民主同盟中央委员会:《关于调整社会家庭政策,应对人口发展问题的提案》,2020 年政协十三届全国委员会第三次会议第 3411 号(社会管理类 293 号)提案。

至于如何在政策内容、视角中体现以家庭为单位，主要内容包括：第一，建立以家庭为单位的税收政策以及税收优惠措施，将有养老或育儿需求的家庭的经济成本考虑在内，保障家庭的经济安全，体现对家庭责任承担的社会承认。第二，建立以家庭为单位的社会保险及医疗保险制度，允许保险在家庭成员（配偶、法定受抚养者）之间转移、延伸，以满足未就业或非正规就业家庭成员的需求。第三，针对女性产后再就业难、职业发展受影响、生育和养育成本高等，进一步完善父母产假制度，大力推进母婴设施建设工作。

专栏 2.5 我国个人所得税中的家庭政策

我国个人所得税专项附加扣除包括子女教育、继续教育、大病医疗、住房贷款利息、住房租金、赡养老人、3 岁以下婴幼儿照护七项专项附加扣除。专项附加扣除项目可以在计算个人所得税时予以税前列支，免征个人所得税，有利于根据纳税人的家庭情况有针对地减少纳税人负担。我们在此介绍 2025 年子女教育、赡养老人和 3 岁以下婴幼儿照护专项附加扣除标准。

1. 子女教育专项附加扣除：每个子女 2 000 元/月。

(1)纳税人的子女接受全日制学历教育的相关支出，按照每个子女每月 2 000 元的标准定额扣除。

(2)学历教育包括义务教育（小学、初中教育）、高中阶段教育（普通高中、中等职业、技工教育）、高等教育（大学专科、大学本科、硕士研究生、博士研究生教育）。

(3)年满 3 岁至小学前处于学前教育阶段的子女，按照每个子女每月 2 000 元的标准执行。

(4)父母可以选择由其中一方按照扣除标准的 100%扣除，也可以选择由双方分别按扣除标准的 50%扣除。具体扣除方式在一个纳税年度内不能变更。

2. 赡养老人专项附加扣除：独生子女 3 000 元/月；非独生子女，与兄弟姐妹分摊 3 000 元/月，每人不超过 1 500 元/月。

(1)纳税人赡养一位及以上被赡养人的赡养支出，统一按照以上标准定额扣除。

(2)纳税人非独生子女的，可以由赡养人均摊或约定分摊，也可以由被赡养人指定分摊。约定或指定分摊的，须签订书面分摊协议，指定分摊优于约定分摊。具体分摊方式和额度在一个纳税年度内不能变更。

(3)以上所称被赡养人是指年满 60 岁(含)的父母,以及子女均已去世的年满 60 岁(含)的祖父母、外祖父母。

3. 纳税人照护 3 岁以下婴幼儿子女的相关支出,按照每个婴幼儿每月 2 000 元的标准定额扣除。

毋庸置疑,把家庭作为社会保障给付单位有一定的合理性。然而,我们必须清醒地意识到,家庭视角仅仅是政策制定的一个视角而已,并非唯一视角,而且家庭视角也并不是万能良药,也存在一定的风险与漏洞,并非都能产生正面的、积极的政策效用。其可能的负面作用如下①:

(1)以家庭为单位可能引发道德风险。以家庭为单位的政策设计,有时反而会破坏家庭,或是有违社会公平。例如,假离婚可以获取更多的低保补助金和政府拆迁款;又如,一些炒房者为了获得购房资格或享受贷款优惠利率,使用"假离婚"的方式来钻政策漏洞。

(2)家庭整体利益和家庭中个体成员的利益并不总是一致的。例如,生育和抚育行为符合家庭、儿童的利益,但妇女往往因此而遭受"生育惩罚"——工资损失、断裂的职业生涯、渺茫的晋升机会以及劳动力市场的排斥。如前所述,女性主义认为,通过男性挣钱养家、女性照料家庭的分工模式,男性不仅从家庭内部女性的无偿家务劳动中获利,而且从妨碍女性进入公共领域参加公平竞争中获利。母亲的利益也经常被放在家庭利益、儿童利益的对立面,在公共辩论中甚至有不少人认为,母亲外出工作会破坏家庭的稳定性、伤害她们的孩子,母亲们把自己的生活、愿望和需求摆在家庭、孩子之前,是自私自利的、冷漠的。

(3)社会变迁导致家庭形式变化,如何确定"家庭"变得越发困难,更不用说以家庭为单位来制定和实施政策了。2020 年我国平均家庭人口为 2.61 人,说明三四口之家已经不再是主流,离异家庭、丁克家庭、晚育家庭、独居老人、独居青年的数量在增多。家庭居住存在大量的人户分离、多家庭共同居住等情况,给家庭的认定和社会保障待遇的发放以及相应的公平性带来诸多挑战。例如,有研究者以上海市世博大礼包政策为例,展示了中国社会有关"家庭"概念理解和操作的复杂性,以及由此产生的冲突和对公平性的挑战。

(4)在家庭结构和家庭形式日益呈现多样性的情况下,家庭本位的社会政策的有效性越来越不确定。西方福利国家的经验证明,家庭的不稳定和多元化削弱了家庭的福利传送能力,许多人无法借由家庭获得福利国家的保障。在这种情况下,福利国家开始调整自己的福利供给和保障方式,把以家庭为单位设计的福利供给和保障制度引入以

① 张亮:《反思家庭政策研究中的"家庭视角"》,《中国社会科学报》2015 年 8 月 19 日。

个人为单位设计的轨道，即所谓社会福利传送路径“去家庭化”，以实现社会福利对公民更有效的覆盖。因此，尽管西方福利国家日益重视把家庭纳入社会政策的视野之中，但不是单单通过以家庭为单位来设计政策，而是以在政策制定过程中充分考虑个人的家庭角色和家庭负担来实现的。国内有研究者也指出，在“以个人为单位的社会”到来的今天，家庭生活只是一种生活方式，这既是个体应对现代性的策略方式，也提供了公共政策制定的现实依据和价值取向。这种个体价值观层面上的家庭变革及动态，以及这种变革与公共政策之间的相互影响，是今后需要深入探究的。

专栏 2.6　回力镖世代（boomerang generation）

在欧美社会，孩子成年后一般会离开家庭，独立自主生活。然而，近年来，在经济不景气的环境下，日本和欧美社会出现“回力镖世代”——部分年轻人在离开父母家庭后，因无力负担高昂房价或租金，被迫“回巢”与父母同住。有父母坦言，子女回巢令他们的开支大增，他们有时被迫放弃旅游等生活享受。部分欧美父母为减少子女的依赖性，会向子女收取租赁费，或者要求其承担水电费等账单费用。

拓展阅读

世博大礼包发放中关于“家庭”认定的困惑

有关房贷政策、裸官界定、家庭养老等公共政策的制定都已出现以家庭为单位的取向，尤其是世博大礼包更是明文指出以“户”为单位。无论是在实践中还是在学术领域，越来越多的人认识到了构建中国家庭政策的重要性，但是有关“家庭政策”的定义往往比较含糊。

在世博会正式运行期间，上海市政府为了表示“对上海市民奉献的一种心意”以及“对上海人民支持世博的感谢”，对所有上海常住居民，包括在上海有居住证的外来人口，每户免费赠送一份世博大礼包——用一个印有中国馆的大信封装了一封感谢信、一张世博门票、一张纪念交通卡、一张世博周边公交时刻表、一枚海宝徽章和一份上海交通地图。

在发放世博大礼包的过程中，针对上海户籍人口的发放过程非常简单，工作人员按照一本户口本一个世博大礼包进行发放，在居民户口簿户主栏上加盖海宝纪念章印戳，并让领取人在《上海市居民家庭赠票赠卡发放登记表》上签字即可。但由于一本户口本并不是一个家庭，也不是所有的上海家庭都拥有户口本，所以各种矛盾还是非常突出的。

首先，完整的小家庭没有家庭户口本而导致矛盾。例如，一对上海年轻夫妇在当初结婚的时候，并未将户口从各自的父母家迁出，他们买了自己的房子，生了一个孩子，考虑到孩子以后的就学问题，他们把孩子的户口落在了孩子的爷爷奶奶家。

其次，一本户口本上有几个家庭而导致矛盾。由于分户并不是强制性的，并且部分上海居民因住房紧张，三代人居住在同一屋檐下，只有一本户口本，因而在领取大礼包的时候只能领一份，导致分配不均。

再次，离婚后未分户而导致矛盾。离婚后虽然可以分户，但根据上海市常住户口管理规定，离婚后必须有独立的住处才能分户。现实中，并不是所有的离婚者都能买得起房，导致有人在离婚后依然住在一起，有人离婚后重新租房住，而租住的房子是很难落户口的。

最后，集体户口人群被排除在发放礼包的对象之外而导致矛盾。

资料来源：沈奕斐，《社会政策中的"家庭"概念——以上海市世博大礼包政策为例》，《社会科学》2010 年第 12 期。

复习思考题

1. 我国民政部 2016 年《关于"关于建立离婚疏导机制的提案"答复的函》指出："我们也注意到了闪婚闪离、冲动离婚现象逐渐增多以及由此带来的婚姻家庭问题，并在坚持当事人自愿接受的基础上，指导地方民政部门积极开展婚姻家庭文化宣传、结婚登记颁证和婚姻家庭辅导工作。通过开展婚姻家庭文化宣传工作和举办庄严神圣的结婚登记颁证仪式，增强当事人的婚姻家庭责任感和法律意识；通过开展婚姻家庭辅导服务，为有需要的当事人提供法律咨询、情感辅导、心理疏导、危机处理、离婚后辅导等多方面服务，帮助当事人慎重对待婚姻关系、正确处理婚姻家庭问题，增强当事人婚姻家庭责任感，提升其应对婚姻家庭问题的能力。"针对冲动离婚，不少地方的民政部门与司法部门都尝试了干预措施，如婚姻登记机构实行离婚预约制度，给欲离婚的夫妻设置"缓冲期"。自 2021 年 1 月 1 日起，《中华人民共和国民法典》正式实施，备受关注的"离婚冷静期"也正式生效。该法第一千零七十七条规定："自婚姻登记机关收到离婚登记申请之日起三十日内，任何一方不愿意离婚的，可以向婚姻登记机关撤回离婚登记申请。前款规定期限届满后三十日内，双方应当亲自到婚姻登记机关申请发给离婚证；未申请的，视为撤回离婚登记申请。"有人认为，适度的离婚干预有助于婚姻的和谐与稳定，有积极意义。你如何理解和评价民政部的上述表述以及民政部门关于离婚干预的举措？

2. 2012 年我国出台的《女职工劳动保护特别规定》将产假由原来的 90 天调整为 98 天，并规定女职工如果难产(包括剖宫产)，则增加产假 15 天。多胞胎生育的，每多生育一个婴儿，增加产假 15 天。女职工产假期间依法享受生育津贴。除了法律法规规定的女职工产假外，目前大多数地方在人口与计划生育法的授权下规定，符合政策生育的女职工还享受 30～90 天的奖励假，丈夫享有 7～30 天的护理假(男性陪产假),并明确工资待遇照发。目前我国劳动者每年除享有115天休息日、节假日外,还可以根据工作年限,享受5～15天的带薪休假,生育女职工可以将带薪年休假等假期与产假合并使用。有人认为,目前女性的产假不宜继续扩大,否则会增加用人单位的人工成本,增大女性的求职难度,降低女性的就业竞争力。你认为这一观点是否正确?如何平衡生育政策与就业政策?

3. 生活中很多家庭并不是每个成员都有医保账户,也有可能某个成员的医保账户余额不够用,而另一成员的账户余额比较充足,闲置在那里造成浪费,于是希望能将自己账户内的资金给身边有需要的亲人使用。2019年2月,四川省医疗保障局下发《四川省医疗保障局等四部门关于完善城镇职工基本医疗保险个人账户使用有关政策的通知》。从2019年3月1日起,四川省城镇职工基本医疗保险个人账户的使用人群由原来的职工本人扩大到职工本人及其配偶、夫妻双方父母和子女。除四川之外,目前浙江、广西、黑龙江、哈尔滨、福建厦门、江苏常熟、福建漳州等省市也已在推行个人医保账户家庭共用的政策。不过,目前各地已施行的医保共济政策适用范围仅限于城镇职工医保账户,不包括城镇居民医保账户和新型农村合作医疗账户。请结合本章所介绍的家庭政策相关知识,分析这一政策的必要性。

4. 长期以来,我国的家族内部具有较强的信任感,也具有一定的社会保障功能。改革开放后,处于劳动年龄的兄弟姐妹、堂(表)兄弟(姊妹)、叔伯舅、七大姑八大姨等各种亲属在创业以后,会在家族内分享创业经验并培训家族后辈,由此形成家族型的“连锁企业”。有时这些创业经验分享会扩大至全村居民。这一家族(同村)内部在资金、企业管理、销售网络以及产业链等方面的互相帮助,减少了创业过程中的风险,加快了企业的成长。例如,著名的申通快递、圆通快递、中通快递和韵达快递等基本上发源于同一家人。但随着中国生育率下降以及家庭结构发生变化,有些人担心这种社会资本与社会网络的优势将不复存在,并对社会保障体系形成新的挑战。试分析并评论之。

5. 美国民主党的2020年总统候选人伯尼·桑德斯在《我们的革命》一书中提出了“家庭价值观”。他举例阐述道:①如果一位母亲不能和新生儿一起度过孩子出生后的头几周和头几月,因为雇主不提供带薪产假,另外她不得不上班养家,这就违背了家庭价值观。②如果丈夫不能从工作中抽身照顾患癌的妻子或病重的孩子,这就违背了家庭价值观。③如果一位母亲被迫将生病的孩子送到学校,因为雇主没有提供病假,而且她留在家里就没有收入,这就违背了家庭价值观。④如果丈夫、妻子、孩子整整一年时间都无法一起度过一个假期,这就违背了家庭价值观。试分析桑德斯的这些观点属于家庭政策的哪个流派。

第三章　经济全球化与社会保障

20世纪80年代以来，各国在新自由主义思潮的影响下，大力推行经贸开放政策，消除贸易壁垒，全球化步伐越来越大。同时，集装箱船、喷气式飞机、互联网和移动电话等发明创造使得全球的物流成本、信息沟通成本大大降低。全球化超越了民族国家的藩篱，通过大量跨国界、跨地区的货物贸易与服务交换、国际资本流动以及迅速而广泛的科技扩散，世界各国在经济上形成紧密的互相依赖的关系（见图3.1）。全球化的脉动是超越国家（地区）疆界的，也因此对传统上民族国家的权力产生了冲击。全球化导致国家的宏观调控能力、收入再分配能力愈发薄弱。相应地，建立在民族国家基础上且以传统家庭、标准工作模式为假设前提的传统福利国家也不免受到全球化挑战。

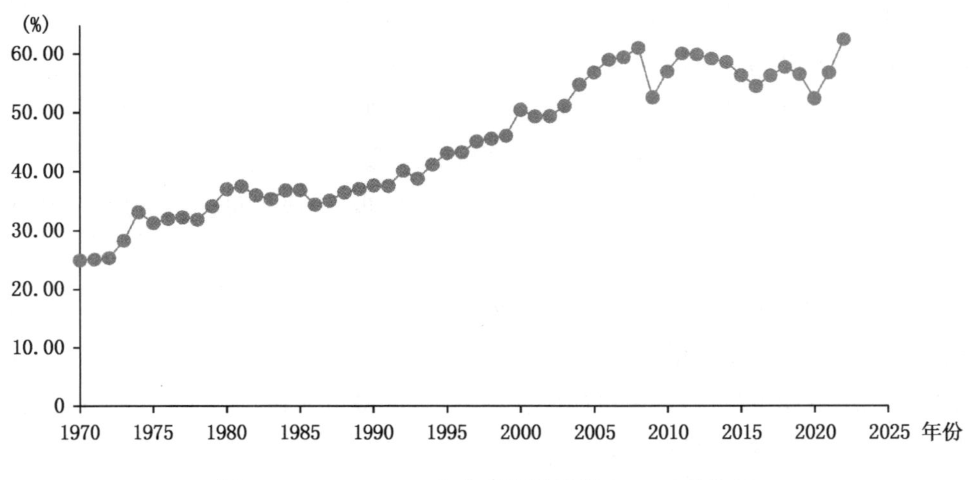

图3.1　1970—2025年全球贸易总额占GDP的比重

资料来源：世界银行网站（https://data.worldbank.org/indicator/NE.TRD.GNFS.ZS）。

本章介绍两大问题：第一，面对全球化对各国经济发展、贫富悬殊的影响，各国在社会保障政策上加以应对，即"全球化进程中的社会保障政策"；第二，部分国际组织与国家致力于推进各国社会保障政策的协调与衔接，甚至不遗余力地推广某一模式的社会保障制度，即“社会保障政策的全球化”。

第一节　经济全球化及其影响

20世纪70年代以后，信息技术革命成为第三次工业和技术革命的核心，彻底改变了传统经济运行模式，催生了数字经济等新经济与社会发展形态。人们仿佛生活在一个相互为邻的“地球村”了。从总体上看，经济全球化进程极大地促进了人类社会的发展。

一、经济全球化的主要特征

（一）商品和信息的转移成本大大降低

其一，第二次世界大战以来，运输成本逐渐降低。国家（地区）之间铁路、公路网络日益繁密，以及海上运输集装箱化等，提高了货物运输效率。

其二，信息沟通成本逐渐降低。1950年，从美国打越洋电话到英国、德国或日本，3分钟需要花费12美元，到1997年，同样的3分钟通话只需要花3美元，成本几乎下降了2/3。而随着光纤通信技术的广泛应用，对于一般用户来说，通信成本已经变得微不足道。得益于互联网技术的普及和计算机处理速度的大幅提升，企业经营不再受“位置属性”的限制，不同大洲的员工可以通过视频在同一间虚拟会议室中开会，医生能为数千公里外的病人进行精细的内科手术，教师可以以线上课程的形式开展部分教学工作。同时，知识的传播与学习成本降低，某个地区的新发现、新成果可以在极短的时间内被其他各地采用。

其三，由于全球与区域贸易协定的大力推进，关税税率也在降低，促成了国际贸易的繁荣。商品得以在成本最低与效率最高的地区生产。以苹果手机为例，芯片可能是由中国台湾的台积电生产，内存可能在韩国生产，屏幕可能在日本生产，最后则在中国组装，所以生产供应链非常国际化。

（二）服务业加入全球竞争范围

当前，服务业的国际分工非常流行。例如，德国、美国、日本、泰国、印度等凭借各自的医疗特色，吸引了来自各国的民众，形成了庞大的医疗旅游产业，包括体检、辅助生殖、肝移植、医疗美容等众多服务项目。又如，菲律宾是全球外包行业极为发达的国家之一，包括内容审核、电话客服等在内的外包行业在菲律宾雇用了超过100万名以上的员工，摩根大通、亚马逊、谷歌和Meta等超过1 000家跨国企业都是雇主，每年给菲律宾带来250亿美元的产值。

（三）各国对资源、市场和资金的竞争加剧

传统的观点（例如大卫·李嘉图）认为，参与全球化的各方都是赢家。但事实上，全球化使得资本、原材料的流动加速，可能形成"赢家通吃"（winner-takes-all）格局，富者越富，穷者越穷。例如，无论是搜索领域的谷歌和百度、社交领域的Meta脸书和腾讯微信，还是零售电商领域的亚马逊和阿里巴巴，都已成为各自细分领域的绝对领先者。这些数字平台所在的不同领域、不同地域均呈现出"一家独大"或"寡头垄断"的市场格局。又如，2010年美国发行了7.5万张音乐专辑。其中排名最后的6万张专辑的全部销量加起来大约为80万份，仅占所有专辑总销量的0.7%。而美国说唱歌手埃米纳姆的专辑《恢复》（*Recovery*）当年销量为342万份，排名全美第一，为那6万张专辑总销量的4倍多。此外，如果一个产业具有较高的固定成本（即无论生产多少都需要投入的成本）和近乎为零的边际成本（即每多生产一个产品的新增成本），那么这个产业也会呈现"赢家通吃"的局面，例如计算机软件产业的微软和出行服务产业的滴滴。

经济全球化给各国带来了竞争压力，容易导致一些国家为了迎合国际投资的需要，创造出过于宽松的金融监管环境，致使风险超出政府防控能力，经济大起大落。例如，在2008年全球金融危机中，英国、爱尔兰和冰岛等国受影响程度较大，原因就在于金融部门在国家经济中所占比重过高且监管过于宽松，经济较为脆弱。又如，1980—2014年，50多个新兴市场经济体共计遭遇约150次国际资本大举涌入的事件，这些事件中约有20%以金融危机收场，且许多伴随着大规模的产出减少。[①]

（四）劳动力流动正在加速

长期以来，资本的国际流动较为迅速，而劳动力的流动较为困难。然而目前，各国纷纷给科研人员、研发工程师等高端人才发放就业签证或永久居留证，以吸引人才。与此同时，得益于互联网的兴起，劳动力即使不出国，也可以进行跨国服务。

除了正式的移民以外，发展中国家还将劳务人员输出到北美、欧洲、中东和东北亚国家。外出务工人员中既有医术高超的医生和护士，也有从事体力劳动的建筑工人、运输工人，还有从事照顾和清洁等工作的家庭佣人。根据官方统计数据，2022年全球侨汇（劳务人员向其国内家庭汇入的资金）达到创纪录的6 470亿美元。[②] 实际的侨汇金额可能更大，因为部分务工人员是通过非正式渠道汇款的，不在官方统计数据之列。2022年，印度成为世界上第一个年侨汇收入超过1 000亿美元的国家。墨西哥、中国、菲律宾也都是侨汇收入大国。在塔吉克斯坦、黎巴嫩、尼泊尔、洪都拉斯、冈比亚和其他

---

① Ghosh A R, Ostry J D, & Qureshi M S. When do capital inflow surges end in tears?. American Economic Review, 2016, 106(5), 581—585.

② Ratha D. Back to basics: Resilient remittances. *IMF Finance & Development*, 2023, 60(3).

十几个国家，外出务工人员的侨汇总额超过了其本国 GDP 的 1/5。

(五)产业竞争出现新变化

自 20 世纪 80 年代特别是 90 年代以来，经济全球化趋势进一步增强，其形式和结构都发生了很大变化，基于全球价值链的大量零部件贸易在国际贸易中的占比越来越高。全球价值链分工弱化了传统分工的国家(地区)界限，分工主体由国家(地区)过渡到企业，跨国公司成为国际分工的主体，分工类型逐渐从产品和行业的国际分工转向生产过程的国际分工。在此过程中，发达国家借助游戏规则的制定权，利用资本和技术方面的优势以及庞大的市场规模，轻而易举地占据了全球价值链的高端；与之相比，一些发展中国家只能依附在全球价值链的低端，依靠本国的自然资源和廉价劳动力来参与国际分工，而有些欠发达国家甚至仿佛被世界所遗忘，根本没有参与到国际分工中。

(六)各国在经济发展中的相互依存度日益增强

随着国际分工的不断深化和经济全球化浪潮的兴起，生产要素的国际流动大大加快，跨国公司全球性的产业链布置将各个国家紧密联系在一起，给各国经济增长带来了极其深刻的影响。一国的经济繁荣或衰退将通过贸易、投资、金融等途径传递给周边国家，进而蔓延到世界范围。例如，一国尤其是经济大国经济繁荣，必定会增加对进口产品的需求，同时在资本市场上增加对外投资和资本输出。这将使得其他国家出口增长、就业增加、资本充足，从而促进经济的增长和繁荣。

(七)全球经济的不稳定性已不再是偶发现象，反而成为其结构性特征

美国经济学家卡门·莱因哈特(Carmen Reinhart)和肯尼斯·罗格夫(Kenneth Rogoff)指出，从 20 世纪 70—80 年代开始，由于大多数国家开始实行金融自由化政策，因而金融危机发生频率更加频繁。① 据国际货币基金组织(IMF)统计，20 世纪 70 年代至 2007 年，在全球范围内爆发了 124 次系统性银行危机、208 次货币危机和 63 次主权债务危机。② 由于各国间的经济联系紧密，一个国家的金融危机往往会在世界范围内产生冲击，并可能酿成一场全球性的经济危机。

(八)财团的高速发展抑制中小企业的创新

白手起家的中小企业一度是各国经济奇迹背后的主要动力。一些中小企业在竞争中快速崛起成大型企业后，在研发投入、资金和市场等方面占据优势，形成了新的不公平竞争。在全球化中，拥有高研发比重的企业获益最多。例如，苹果手机的研发成本高昂，但生产成本相对低廉。如果苹果手机只在一个国家销售，则销售利润无法支撑庞大的研发成本；而在全球范围销售，可观的利润就能够支持企业开发一代又一代的新型号

① Reinhart C M, Rogoff K S. Growth in a time of debt. *American Economic Review*, 2010, 100(2).

② Laeven L, Valencia F. *Systemic Banking Crises: A New Database* (IMF Working Paper 08224). International Monetary Fund, 2008.

手机。在全球金融危机爆发前的 2007 年，世界市值前十的公司中就有三家石油公司——埃克森美孚公司(Exxon Mobil)、皇家荷兰壳牌(Royal Dutch Shell)和中国石油(Petro China)，而到了 2021 年，世界市值前十的公司中只剩下一家资源类公司——沙特阿美(SAUDI ARAMCO)，再除去另外两家金融投资类公司外，其余都是高科技公司。如果说第二次世界大战前帝国主义开拓市场的主要手段还是用坚船利炮征服殖民地，那么如今获得超额利润的组织已经成了跨国高科技公司。身处高位、享受大型企业优厚待遇的上层管理人员没有创新的动力，有想法创新的普通人又得不到支持，整个国家的创新能力被大大削弱了。

二、全球化对个体间收入差距的影响

过去 30 年间，全球经济规模翻了两倍多，但财富分配也愈加悬殊。2022 年全球最富有的 1%的人拥有 38%的财富，最富有的 10%的人拥有 76%的财富，而全球最贫穷的一半人口几乎不拥有任何财富——他们的财产仅占全球财产的 2%。① 2015 年，全球最富有的 62 人所拥有的财富相当于相对贫困的那一半人口(即 36 亿人)的财富总和。在 2010 年时，这一比例还是 388 人∶36 亿人。自 2010 年至 2015 年，最富有的 62 位超级富豪的财富增长了 45%，即从 5 420 亿美元增加到 1.76 万亿美元。同期，相对贫困的那一半人口所拥有的财富反而减少了 1 万亿美元，下跌了 41%。②

全球化进程导致富人资产跨国分布，避税天堂又为富人提供了避税便利，因此，一国往往难以准确统计富人的财富与收入。

财富和收入如此大量地集中，反映出一个关键趋势：不断增长的资本回报率远高于劳动回报率。在几乎所有发达国家和大多数发展中国家中，劳动者享有的国民收入占比持续下降，这意味着劳动者自经济增长中的获益越来越少。与之相反，资本所有者则通过利息、股息或净利润等方式，使其资本持续以高于经济增长的速度不断累积。资本所有者避税以及政府减少资本收益征税都进一步提高了资本回报率。

导致资本与劳动回报率差异的一个重要原因是资本和劳动在跨国移动上的非对称性。得益于信息技术的发展，资本可以在各国间瞬息转移，而劳动的移动存在诸多物理上的制约、社会文化的适应等问题。因此，资本寻求低工资的移动，远比劳动力寻求高工资的移动简单得多。全球劳动力市场的形成要滞后于全球资本市场的形成。③

---

① Chancel L, Piketty T, Saez E, et al. *World Inequality Report 2022*. Cambridge: Harvard University Press, 2022.

② 乐施会:《财富:拥有全部,想要更多》,2015 年 1 月 22 日。

③ (日)武川正吾:《福利国家的社会学:全球化、个体化与社会政策》,李莲花、李永晶、朱珉译,商务印书馆 2011 年版。

三、全球化对国家之间收入差距的影响

(一)各国的收入水平绝对值普遍增长

经济全球化的确带来了很多积极的变化,它促成了贸易繁荣、投资便利、人员流动、技术发展、生活改善。在过去的几十年中,全球经济的显著开放和融合提高了世界各地的许多人的生活水平,特别是在那些比较穷困的国家。全球人口从 1965 年的 30 亿增长至 2020 年的 78 亿,而全球经济发展快于人口增长,于是实现了普通公民生活水平的提高。

(二)部分新兴市场国家经济快速增长的同时,部分低收入国家经济增长缓慢

在 20 世纪 80 年代末开始的全球化浪潮下,发展中国家表现不一,内部呈现明显的分化趋势。主要是亚洲的一些新兴经济体打破了全球分工体系的“天花板”,突破了全球价值链的低端锁定,顺利地推进了技术转移,并实现了产业升级,特别是中国和印度这两个发展中国家的快速上升大大降低了世界不平等程度。

与之相比,其他很多发展中国家则依然徘徊在全球价值链的低端,缺乏公平参与全球化的机会,经济增长缓慢,没有分享到全球化进程的应得红利。一些发展中国家一直是“被动全球化者”,它们一直充当原料供应者的角色,为积极参与全球化的国家提供提升制造业产量所需的原材料和自然资源,但自身发展并无起色。如果我们以平均收入为标准对所有国家按最穷到最富进行排名,然后将相对贫穷的国家(比最贫困国家水平高 1/4 的国家)与相对富裕的国家(比最富裕国家水平低 1/4 的国家)进行对比,就会发现,1960 年,相对富裕国家的平均收入约为相对贫穷国家的 7 倍,而到了 2009 年,它们之间的平均收入差距扩大到了 8.5 倍。[①] 更为极端的是,2012 年,有的国家和地区(撒哈拉以南的非洲、印度)人均月收入仅 150～250 欧元,而有的区域(西欧、北美和日本)人均月收入高达 2 500～3 000 欧元,两者相差 10～20 倍。[②]

四、全球化对一国内部收入差距的影响

(一)发达国家的内部收入差距

20 世纪 50 年代,诺贝尔经济学奖获得者西蒙·库兹涅茨提出倒“U”字形的“库兹涅茨曲线”(Kuznets curve):随着经济发展,市场力量会使经济上的不平等先增大后减少。在工业化过程初期,资本是最稀缺的要素,投资机会很多,企业所有者能够获得丰厚的利润;与此同时,大量的廉价乡村劳动力流入城市,劳动力市场竞争致使劳动者的

---

① (美)安格斯·迪顿:《逃离不平等:健康、财富及不平等的起源》,崔传刚译,中信出版社 2014 年版。

② (法)托马斯·皮凯蒂:《21 世纪资本论》,巴曙松、陈剑、余江等译,中信出版社 2014 年版。

收入处于较低的水平。然而，随着工业化进程的推进，一方面，资本日益充裕，促使利润率下降；另一方面，劳动力供给趋于紧张，工资开始上涨。此外，养老金、失业保险及其他形式的社会转移支付将会缩小收入差距。也就是说，收入不平等程度将经历一个先上升后下降的倒“U”形轨迹。

然而，最近50年的世界经济增长和收入分配情况似乎推翻了库兹涅茨假说。以OECD定义的最富裕国家来看，其收入差距起初符合库兹涅茨曲线的先升后降规律：在19世纪末的英国和20世纪20年代的美国，收入差距在扩大到极限后出现大幅度、持续缩小，并在20世纪70年代末触底。但从那时起，包括美国、英国等在内的大多数最发达经济体的社会财富显著增加，收入差距也迅速扩大。20世纪80年代前，即使未受过高等教育，欧美国家普通男性工人也能在制造业领域找到工作，过上中产阶级生活。80年代后，随着制造业就业机会的减少，对普通民众来说，向上流动的途径关闭了。过去形成美国中产阶级的工作条件——终身雇用、受到尊重的中级技能与按部就班的升迁制度——已不复存在。在中产阶级占大多数的社会崩溃后，劳动人口即朝向低收入阶层与高收入阶层上下两极移动，形成两端高峰、中间低谷的“M型社会”。[①] 例如，在2011年“占领华尔街”活动中抗议示威的并非传统意义上的“穷人”，他们很多都有着较高的学历，也曾有着体面的工作，属于典型的中产阶级，但是金融海啸使他们失去了自己的住房，失去了工作，不少人被迫露宿街头。

2010年，美国的实际人均收入比20世纪80年代增长65%，英国则增长77%。同期美国的国民收入差距却日益扩大，基尼系数从0.3上升至0.4，一度更高；英国则从0.3上升至0.37。总体而言，从20世纪80年代中期到2006年，OECD成员国的20个富裕国家中有16个国家的收入差距扩大。自2010年以来，美国收入最高的0.1%家庭的收入平均占美国总收入的10%以上，而20世纪70年代的这个数字不到3%。这种收入的暴涨集中于少数几个超级明星群体：企业高管（特别是首席执行官）、金融专业人士（特别是基金经理），以及上市公司的创始人。[②]

2021年，OECD成员国家庭可支配收入的基尼系数差异很大（见图3.2）。收入最不平等的哥斯达黎加，基尼系数为0.472，是斯洛伐克（0.217）的2.2倍。由于历史原因，欧洲中部国家（斯洛伐克、斯洛文尼亚、捷克、波兰、奥地利）保持了较低的基尼系数。北欧国家长期实施高福利制度，收入再分配力度大，丹麦、挪威、冰岛、芬兰、瑞典等的基尼系数均较小。拉丁美洲国家、土耳其和美国的不平等程度很高。

---

① （日）大前研一：《M型社会》，刘锦秀、江裕真译，中信出版社2010年版。

② （美）郭庚信：《被扭曲的经济学》，张亚光、吕昊天译，中信出版集团2022年版。

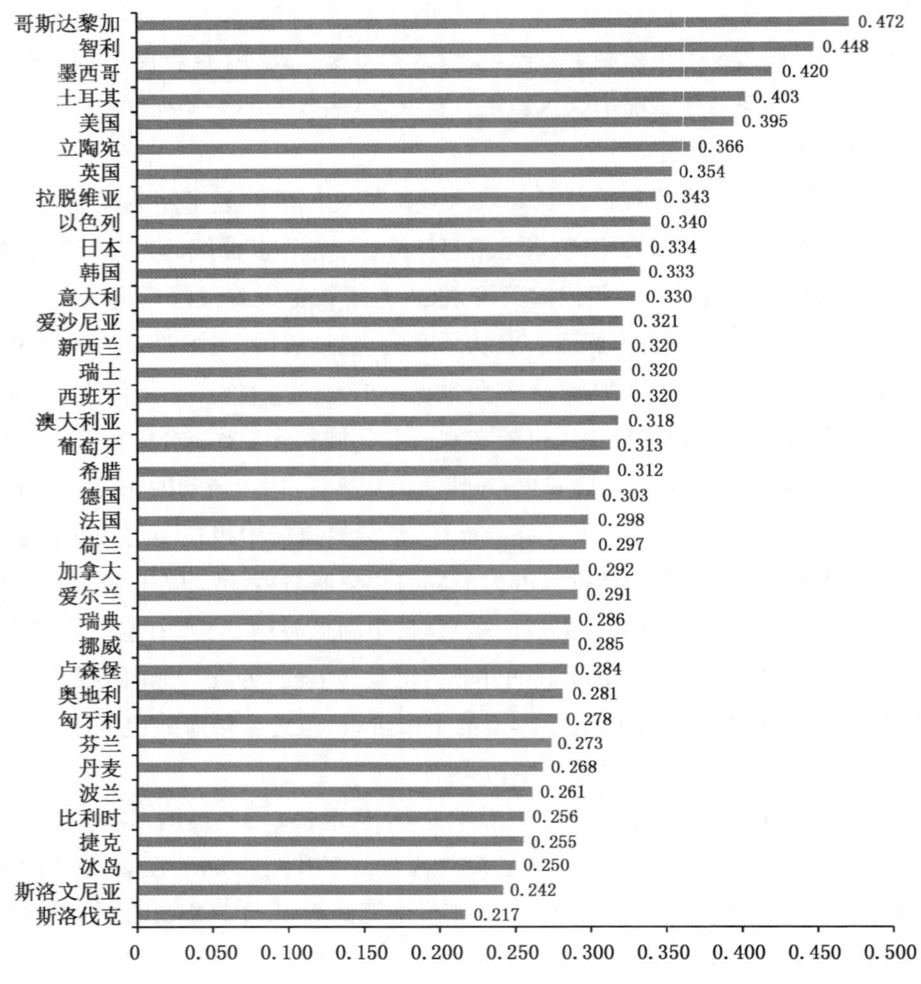

图 3.2 2021 年 OECD 成员国基尼系数

资料来源：OECD. *Society at a Glance 2024*：*OECD Social Indicators*. Paris：OECD Publishing，2024.

关于收入差距扩大的原因有许多，其中一个重要原因就是全球化的影响：

（1）发达国家制造业受到中国、印度及其他新兴经济体的冲击。新兴经济体提供的廉价低端进口产品和外包业务致使发达国家较低技能劳动者薪资水平下降甚至失业。加上新技术的应用，制造业的自动化率提升，也造成低端工作数量减少。在美国，从 1984 年至 2014 年，家庭收入中位数几乎停滞了 30 年（见图 3.3），劳动力市场持续疲软，制造业就业机会减少，许多人经历了生活水平的显著恶化。不过，新兴经济体为全球提供了价廉物美的商品和服务，也使发达国家低收入者的相对购买力有所提升，在一定程度上缩小了贫富悬殊。①

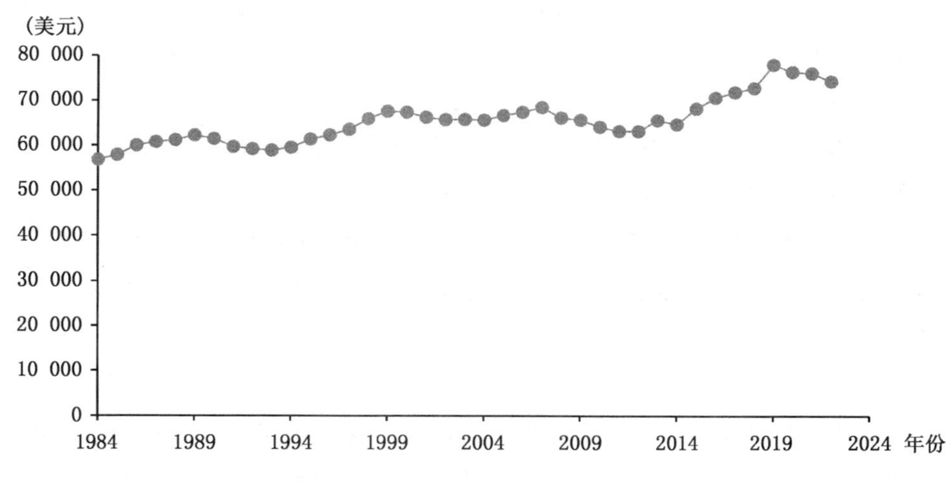

图 3.3　1984—2024 年美国的住户家庭中位年收入

注：数据根据 2022 年物价指数进行调整。

资料来源：U. S. Census Bureau. *Real Median Household Income in the United States*[MEHOINUSA672N]. Retrieved from FRED, Federal Reserve Bank of St. Louis. https://fred.stlouisfed.org/series/MEHOINUSA672N, February 21, 2020.

(2)雇员间的收入差距拉大，非正式就业增长。一些企业维持老员工的收入水平，增加了对兼职员工、临时性员工等低薪岗位的招聘力度。例如，日本非正式员工占总就业人口的比重从 1990 年的约 13%上升至 2018 年的近 30%。② 同时，一些国家僵化的劳动法规使得雇主解聘员工的成本高昂，导致雇主倾向以非正式雇佣方式或业务外包方式逃避管制，从而进一步推高了非正式员工的占比。由于劳动者处于雇佣的劣势地位，因而常常被迫无薪加班，工程师、医师和审计师等技术人员“过劳死”事件时有发生。职场压榨还可能导致劳动者缺乏安全感，自杀率上升；长时间的加班导致劳动者不愿意结婚，不愿意养儿育女，也没有时间照看小孩。③

(3)资本收入者在全球化进程中受益丰厚，拉大了与普通劳动者的差距。从市场的角度讲，劳动和资本在生产要素的分配中进行博弈。假如资本稀缺，那么资本在要素市场谈判中就占据优势；假如劳动力过剩，那么劳动力就不具备议价能力。发达国家经过两百多年积累以后，出现了资本高度过剩，此时劳工就有谈判余地。在全球化进程中，

① Fajgelbaum P, Khandelwal A. Measuring the unequal gains from trade. *The Quarterly Journal of Economics*, 2016, 131(3).

② (英)查尔斯·古德哈特、(英)马诺杰·普拉丹:《人口大逆转:老龄化、不平等与通胀》，廖岷、缪延亮译，中信出版集团 2021 年版。

③ (美)阿莉莎·夸特:《夹缝生存:不堪重负的中产家庭》，黄孟邻译，海南出版社 2021 年版。

一方面，发达国家的资本外流，造成本国的资本不再过剩；另一方面，国外商品输入，造成本国的劳动力不再稀缺。这两个过程显然会使得在各个要素持有者的博弈中出现不利于劳工阶层的博弈结果，基尼系数增加，不平等进一步扩大。

由于种种原因，欧美的中低收入者将全球化视为眼中钉。例如，2016 年特朗普在美国总统大选中胜出，原因之一就是随着新兴市场国家崛起而陷入困境的美国白人劳工阶层的不满情绪爆发。其实，反全球化的浪潮早在 20 年前就有了。1999 年 11 月 30 日至 12 月初，世界贸易组织（WTO）贸易部长会议在美国西雅图召开，旨在发起新一轮多边自由贸易谈判，但没有想到的是，会议内部南北国家分歧严重，会议外部发生举世震惊的反全球化示威。WTO 的会议无果而终，连一直在寻求取得国会赋予的谈判自由贸易协议权力的美国总统克林顿也不得不站在示威者一边说话，因为沉寂了很长时间的美国工会组织以及向来是民主党支持者的环境保护主义者是这次抗议活动的主角。这次抗议活动虽然让西雅图陷入一片混乱——麦当劳快餐店被砸，许多示威者和警察受伤，但把全球化带来的一系列社会与环境问题充分揭露出来了。

（二）发展中国家的内部收入差距

不少发展中国家的低端劳动力是全球化进程的受益者，因其用工成本低，故受到全球资本的青睐，在一定程度上改善了低端劳动力的收入状况。与此同时，一些发展中国家在经济全球化过程中由于持续发生战争与动乱、自然资源匮乏或简单依托自然资源出口、地理条件与地理位置较差、公共治理水平差等原因，一直未能走出贫困陷阱。[①]

几个发展中大国的基尼系数普遍高于发达国家，2016 年南非、印度、巴西、俄罗斯和中国的家庭可支配收入基尼系数分别为 0.623、0.495、0.470 和 0.376。[②]发展中国家的内部收入差距较大。原因如下：第一，发展中国家的经济水平有限，财政支出更多地用于建设基础设施，较少用于收入再分配；第二，发展中国家缺少长久发展所形成的中产阶层，受教育程度差别较大；第三，发展中国家的税收制度以及再分配制度不完善，没有对财富充分进行二次分配；第四，发展中国家在经济发展中的监管和运行等存在漏洞，并且没有如同发达国家那样充分发展各行业，往往是低级的和初始阶段的加工。

---

① （英）保罗·科利尔：《最底层的十亿人：贫穷国家为何失败？》，张羽译，上海三联书店 2022 年版。

② OECD. *Society at a Glance* 2019：*OECD Social Indicators*. Paris：OECD Publishing，2019.

专栏 3.1　“全球照顾链”(global care chain)

在“全球照顾链”的一端,是一个在发达国家工作的女性。这名女性拥有工作,从而无法担任全职妈妈。为此,她雇用了来自国外的保姆。而在这条链子的另一端,这些移民保姆或外籍劳工(也是一位母亲)只能雇用另一个价格更低的劳工,来照顾家乡的孩子。这条“照顾链”揭示了母亲们为了谋生而只能与未成年子女分开的痛苦经历。美国大学针对洛杉矶拉丁裔移民所做的调查发现,约有24%的女佣和82%的住家保姆都与自己的孩子分隔两地。这些来自国外的保姆有时甚至会将60%的薪水寄给家人。这些汇款不仅是她们家中重要的经济支柱来源,更是稳定她们国家经济的重要根基。这些钱能让孩子们接受教育,拥有更好的饮食条件和其他物质生活。

资料来源:Quart A. *Squeezed:Why Our Families Can't Afford America*. New York:Ecco,2018.

第二节　全球化对各国社会保障政策的影响

权力资源理论(Power Resources Theory)认为,第二次世界大战以后至20世纪80年代福利国家规模的扩张与社会公民权的逐步制度化,主要归因于劳工阶级权力的取得与有效动员。[①] 一方面,劳工阶级通过政治市场上与左翼政党的结盟取得对政治权力的影响,政府出台的政策能够保护劳动者的利益;另一方面,劳工阶级在劳动市场上依靠工会组织,增加其对资方的谈判议价能力,保证工资和职业福利的合理性,同时,工会承认雇主的企业管理权并承诺在集体协议有效期内不举行罢工。至此,劳资冲突的零和状况才逐渐变为互利的正和局面,在政治市场、劳动力市场这两个方面形成了劳资双方“历史性的妥协”,使得福利国家的扩张具有现实的可能性。

在这样的体制下,一方面,劳动者依靠工会的谈判权,获得了较高的工资薪金收入,有利于扩大整个社会的消费水平,促进经济发展;另一方面,战后各国在凯恩斯主义的影响下,实施了经济扩张和促进就业,有利于劳资双方关系的缓和。总之,第二次世界大战以后各国进入“黄金时代”,将原先相互矛盾的几个目标——经济增长与所得分配、经济效率与社会公平等——有效地平衡起来,建立起各方均能接受的发展框架。

---

① Korpi W. *The Democratic Class Struggle:Swedish Politics in a Comparative Perspective*. London:Routledge and Kegan Paul,1983.

随着经济全球化的深入发展，主权国家所面临的国际经济环境正发生深刻变化。原先劳方与资本方势均力敌的均衡局面，正逐渐被一种新的架构所取代：一个倾向于资本（特别是跨国资本）的霸权体系。

一、政府征税的能力下降，影响社会保障政策的实施空间

政府迫于国际竞争压力，逐步放松了对资本的课税管制。一方面，全球化的深入发展显著增强了资本方在与国家谈判中的议价能力。这种增强的议价能力使得资本方能够更有效地迫使国家实施减税政策、取消管制措施以及降低运营成本（包括降低工资水平和福利水平）。例如，2017 年，亚马逊公司在美国选址建设第二总部时，竟有 238 个地方政府提出了吸引该公司落户的优惠方案[①]，充分展现了资本方在区位选择中的强势地位。另一方面，在全球化背景下，各国为争夺流动性税基而展开的竞争，不可避免地导致了税率的“逐底竞争”（race to the bottom）。实证研究表明，自 20 世纪 80 年代中后期以来，全球范围内的税收结构发生了显著变化：无论是间接税还是直接税，其法定最高边际税率和平均税率水平都呈现普遍下降趋势。2017 年，美国联邦政府推出大规模减税计划，该计划的核心内容包括降低企业所得税和个人所得税，并对企业海外利润汇回实施大幅税收优惠。据专业机构预测，这些减税政策将在未来 10 年内使美国减少约 1.45 万亿美元的税收收入。值得注意的是，美国的减税改革很可能引发世界各国的新一轮减税浪潮，进一步加剧全球税收竞争。

政府管理个人所得税的难度增加。高收入群体往往具有高度的流动性，其收入来源也呈现多元化特征，包括但不限于工资薪酬、专利权使用费、咨询费、顾问费、股息红利等多种形式，对税务机关而言，监管难度较大。更为棘手的是，部分高收入者通过变更国籍等方式规避高税负。2016 年 9 月 26 日，美国共和党总统候选人唐纳德·特朗普在与民主党总统候选人希拉里·克林顿的总统大选首次公开辩论中坦承自己几乎没有缴纳个人所得税，并声称“不缴税显得我很聪明”。这一案例凸显了高收入群体税收征管的复杂性。

跨国公司通过全球化产业布局，将生产流程进行精细化分割，充分利用发展中国家的廉价劳动力以提升盈利能力。同时，它们还实施转移定价策略，通过将公司注册在低税负国家来规避高税负国家的税收。具体而言，跨国公司通常采取以下运营模式：在母国进行设计、研发和接单，在第二国完成生产制造，最终在第三国实现销售。这种“三位一体”的运营模式不仅优化了全球资源配置，也为税收筹划提供了操作空间。

互联网与移动支付的兴起为税收征管带来了新的挑战。随着数字经济的快速发

---

① Stevens L, Raice S. How Amazon picked HQ2 and jilted 236 Cities. *Wall Street Journal*, 2018(11).

展,劳动者提供劳务与服务的方式发生了根本性变革。音乐创作、文章撰写、教育辅导等传统服务领域均可通过互联网实现业务委托、外包与支付。这种新型劳动形态的交易次数与数额难以有效追踪和核实,大大增加了各国税务机关的征税难度。

此外,各国复杂的税收管理制度客观上形成了优惠大企业、歧视小企业的现象。[①] 例如,通用电气公司的税务部有 900 名雇员,通过复杂的税务筹划,2010 年该公司几乎未缴纳所得税。而小型企业需要额外支出聘请专业税务人员,且由于业务结构单一,避税空间有限。

二、各国税收收入出现结构性变化,加重了中低收入者的负担

各国为了争取外资的进入,纷纷采取降低税收负担的方式。这种方式对于发展中国家尤其重要,因为外资的进入不仅带来就业机会,更重要的是,它可能带来发展中国家发展所需要的技术。通常,各国降低的税负主要是公司所得税。

与此同时,普通工薪阶层由于跨国流动性低,往往成为税收制度结构性调整的受害者。有研究表明,1980—2007 年,在包含 OECD 成员国的 65 个样本国家中,企业所得税税率从 45%降至 30%以下,面向高收入群体的个人所得税税率从最高的 42%左右降至 32%左右,与此同时,针对中等收入群体的个人所得税税率却从 15%以下上调至 17%左右。[②]

专栏 3.2　"短命"的法国富人特别税政策

对富人征收重税是奥朗德竞选法国总统时的主要施政纲领之一。奥朗德曾经表示他"不喜欢"富人,与代表富人阶层的萨科齐界限分明。2012 年 10 月,在奥朗德上任 5 个月后,法国国民议会通过一项议案,向年收入超过 100 万欧元的个人征收税率为 75%的所得税(又称特富税,supertax)。两个月后,该议案被法国宪法委员会裁定违宪,称其违背了税收平等原则。但奥朗德并没有放弃这项主张。2013 年,他领导的政府提出了新的 75%富人税,将征收对象由个人变成企业,同时将缴纳税款总额的上限定为企业营业额的 5%。这项议案于当年 12 月得到了法国最高法院的通过,并从当年开始实施。

---

① (美)艾伦·格林斯潘、(美)阿德里安·伍尔德里奇:《繁荣与衰退:一部美国经济发展史》,束宇译,中信出版集团 2019 年版。

② Egger P H, Nigai S, Strecker N M. The taxing deed of globalization. *American Economic Review*, 2019, 109(2).

这项政策一经推出就招致了广泛的批评和反对。当时《经济学人》刊文表示，该议案实施后，没有哪一个欧洲国家征收的税率能与之匹敌，哪怕历史上以高税负闻名的瑞士（57%）也落后于法国近 20 个百分点。该政策出炉后，引发大量富人外流。例如，外号“大鼻子情圣”的法国著名演员杰拉尔·德帕迪约（Gerard Depardieu）先是去了比利时，后加入了俄罗斯国籍。在俄罗斯，个人所得税税率为单一税率（13%），不具有累进性。法国《回声报》2015 年公布的一份调查报告显示，法国富豪前 100 强中，有 20 人已在比利时安家，这些法国人起码持有 170 亿欧元资产。比利时之所以能够吸引法国富豪到本国安家或落户公司，是因为比利时对富人征收的所得税税率比法国低，特别是资本利得税很低。此外，这项政策也引发了法国足球运动员的抗议活动。2013 年初，法国本土俱乐部曾因此罢赛，抗议超高的税率导致足球俱乐部更加难以经营，部分顶级球员可能因此申请转会。

2015 年 1 月 1 日，法国政府终止这项政策。这项影响约 470 家企业及十多家足球俱乐部的政策，仅仅帮助法国政府增收了共计 4.2 亿欧元的收入，还不及法国财政赤字的 0.5%。政府表示，将采取对商业更为友好的手段来提振经济。

三、工会的谈判权下降

工会的主要职能在于代表劳动者与资方进行谈判，要求资方改善劳动条件，为劳动者争取更好的薪酬和福利待遇等。工会赋予劳动者“集体谈判”的优势，还会在谈判无法达成目的时组织集体行动（如罢工），并作为一股政治力量通过游说等方式影响法律和政策的制定。历史上，工会为劳动者权益保障做出了重大贡献。例如，现行的 8 小时工作制就是美国工会在 1886 年通过组织芝加哥工人大罢工争取而来的重要成果。

在传统的工业时代，工会通过以下机制有效维护劳动者权益：建立集体谈判制度，确保雇员薪酬福利的合理性；干预企业裁员决策，保障就业稳定；推动工作环境持续改善；促进职业培训发展等。在工会的影响下，即使在福利水平相对较低的美国，企业也不得不提供较为丰厚的职业福利。

一般而言，制造业中的大企业居多，企业雇员数量较多，雇员更倾向于加入工会，而在服务业中，企业更加小型化，雇员加入工会的意义不大。因此，随着各国制造业比重降低，加入工会的雇员比重越来越低。在美国，2020 年只有 10.8%的美国雇员参加工会，而且分布极不平衡：私人部门的会员比例已经降至 6.4%，而公共部门的会员比例仍有 33.9%。[①] OECD 成员国工会会员加入率的平均值从 1978 年的 38.9%降到 2019 年的 15.8%。[②] 由于工会的影响力式微，劳动者的工资谈判能力也受到较大影响。

与此同时，由于雇主能够以将工厂转移至其他国家为威胁，工会的谈判优势被进一步削弱，导致雇员的收入长期难以提高。过去 30 年间，几乎所有 OECD 成员国中，劳动力收入在国内生产总值(GDP)中的占比持续下降。同时，约 2/3 的中低收入国家在 1995—2007 年也经历了类似的下降趋势。在此期间，拉丁美洲成为唯一成功扭转这一下降趋势的地区，部分拉美国家的劳动力工资占比持续增长。宾夕法尼亚大学世界数据表(Penn World Table)的数据显示，127 个国家的平均劳动力工资占比从 1990 年的 55%下降至 2011 年的 51%。与此同时，工资并没有随着劳动生产率的提高而增长。劳动力工资占比的持续下降表明，生产力的提升和产量的增长并未转化为相应比例的劳动力收入增加。这种生产力与收益之间联系的断裂，其后果尤为严重。以美国为例，1973—2014 年，净生产率增长了 72.2%，但扣除通货膨胀因素后，普通工人的实际工资仅增长了 8.7%。

正如《21 世纪资本论》所指出的，21 世纪全球化面临的最大问题在于：仅有经济、市场与金融的全球化，却没有治理的全球化、征税的全球化、转移支付的全球化、对全球化输家的补偿(培训和救济)。这种不平衡的全球化模式难以持续，因为金融资本可以在全球范围内自由流动并寻找机会，而本地市场劳动力的议价能力却不断下降。这种不对称导致机会与财富分配日益不均，贫富差距持续扩大，进而割裂社会结构，助长民粹主义的抬头，最终可能葬送全球化的进程。

专栏 3.3　英国脱欧是穷人发出的呐喊

自欧盟成立以来，尤其是 2004 年东扩后，西欧国家的中下阶层利益受到了显著冲击。这一现象的主要原因在于新加入欧盟的 10 个东欧国家的劳工阶层大量涌入西欧。以英国为例，十年间该国接纳了超过 100 万东欧移民。在英国中下阶层看来，这些移民不仅抢走了他们的就业机会，还申请了大量的福利和津贴。然而，这些移民很少在英国消费，而是将收入寄回东欧老家。类似的情况在荷兰、德国、法国等国家也普遍存在。

---

① 美国劳工部数据库(U. S. Bureau of Labor Statistics: Union Members Summary, https://www.bls.gov/news.release/union2.nr0.htm)。

② OECD 数据库(https://data-explorer.oecd.org/vis?df[ds]=dsDisseminateFinalDMZ&df[id]=DSD_TUD_CBC%40DF_TUD&df[ag]=OECD.ELS.SAE&df[vs]=1.0&dq=..&pd=1960%2C2020&to[TIME_PERIOD]=false&vw=tb)。

与此同时，欧洲经济陷入了衰退。当经济处于增长阶段时，更多人分享蛋糕并不会引发太多矛盾；然而，当经济增长停滞甚至萎缩时，矛盾便逐渐显现。遗憾的是，西欧精英阶层对此有着不同的看法。企业家们认为，东欧移民增加了劳动力供应，降低了企业成本；政客们则认为，移民能够带来经济增量，有助于彰显政绩；此外，欧盟东扩还被视作挤压俄罗斯战略空间、增强欧洲安全的手段。

在这个欧盟东扩与欧洲一体化的进程中，富人变得更加富裕，而穷人则愈发贫困，甚至不得不与东欧移民竞争工作岗位。因此，中下阶层的愤怒情绪在所难免。

专栏 3.4　欲进全球采购网，先过劳工门槛关

“社会条款”(social clause)是发达国家如美国在贸易与投资协议中主张加入的保护劳工权利的条款。如果缔约方违反该条款，其他缔约方可以实施贸易制裁。其目的是通过贸易制裁确保社会基本权利的实现。与保护环境的“绿色条款”相对应，社会条款有时也被称为“蓝色条款”。社会条款主要是为了应对“社会倾销”(social dumping)而提出的。所谓“社会倾销”，指的是高工资的工业化国家进口价格低廉的外国产品，而这些产品的低价是由于出口国未能提供合理的工资、福利及对工人的其他保护。通过利用廉价且缺乏保护的劳动力，出口国能够以远低于市场价格的水平在工业化国家销售产品，从而将其社会问题“倾销”到进口国，表现为进口国就业机会的流失以及工资和福利的下降，以增强其价格竞争力。

沃尔玛、家乐福、乐购等跨国零售企业在介绍其采购网络时，都强调供应商必须遵守劳工标准。社会条款和劳工标准已成为欧美等发达国家在生态环境标准之后，对发展中国家实施贸易壁垒的新手段。与跨国零售商合作的企业也表示，这些零售商不仅关注产品本身，还关注产品的生产过程。它们通常会花费大量时间考察工厂的管理水平、产品质量及安全性能，经过严格评估合格后才会下订单。这种考察包括工厂的工资福利、是否雇用童工、工时工资及安全生产等方面。

近十年来，欧美国家的消费者运动越来越关注进口产品的生产过程是否符合国际劳工标准，他们通过“购买权力”要求跨国公司承担社会责任，并监督海外合约工厂的劳工问题。投资者也日益关注跨国公司的劳工问题，他们的“投资手段”影响跨国公司的决策和计划，要求其定期汇报劳工和社会责任业绩。劳工组织和大众媒体则通过舆论压力对跨国公司施加影响，甚至组织游行示威等抗议活动，抵制“血汗工厂”产品。一些国际组织还推出了SA8000、WRAP、FLA等工厂检查与认证制度以及社会标志计划，鼓励消费者购买符合劳工标准的产品。此外，欧美发达国家政府通过法律、行政和投资贸易等手段，鼓励跨国公司监督国外工厂遵守劳工标准，并对违反标准的公司和工厂实施制裁。例如，英国政府专门设立了一名负责企业社会责任的部长。

跨国公司也制定了相应的社会准则。一些进口商，特别是知名品牌公司和零售企业，出于维护企业利益和公众形象的考虑，纷纷制定供应商社会责任守则(code of conduct，COC)，并建立工厂监督检查体系。例如，德国进口商协会制定了《社会行为准则》，要求德国进口商通过SA8000社会责任国际组织的授权，对其供应商工厂的社会责任进行监督检查。SA8000标准类似于ISO9000，主要涵盖童工、强迫劳动、安全健康、工时工资等九个方面。

目前，我国出口到欧美国家的服装、玩具、鞋类、家具、运动器材及日用五金等产品都受到劳工标准的限制。一些大型跨国公司，如沃尔玛、家乐福、欧尚、翠丰、耐克、锐步、阿迪达斯、迪斯尼、美泰、雅芳、通用电气等，还在中国设有办事处，专门监督我国工厂的劳工问题。

第三节 社会保障政策的跨国协调

与社会保障政策有关的跨国协调，就形式而言，可以分为三大类：第一类是经济类国际组织，如IMF、世界银行和OECD，它们主要由新自由主义经济思想驱动，对各个国家的经济和社会保障政策施加影响。第二类是非经济类国际组织，主要是联合国及其附属机构，包括国际劳工组织(ILO)，通过提高劳工权利和社会保障权利来影响政策。它们关心的主要是人道主义方面，而不是经济方面。第三类是地区性、国家间的贸易协定，为跨国社会保障和劳工议题提供讨论平台，其中影响比较大的是欧盟、北美自由贸易区和世界贸易组织。

一、经济类国际组织

经济类国际组织在推动全球化进程和传播新自由主义理念中扮演着重要角色，如IMF、世界银行和OECD等，它们直接或间接地参与了推动经济活动开放化、商品化和私有化的进程，同时也在一定程度上推动了政府权力的削弱和社会保障的缩减。实际上，IMF和世界银行等机构在很大程度上受到美国的影响，因为美国是这些组织中最大的经济体和主要出资国。在这些机构中,成员国的投票权取决于其经济地位和出资份额。美国作为IMF的最大份额持有者,与欧洲国家达成了一种默契:美国人通常担任世界银行行长,欧洲人则长期占据IMF总裁的职位。

经济类国际组织在实施社会保障政策方面采取了不同的策略。IMF是新自由主义的坚定支持者,世界银行次之,OECD则非常欣赏欧洲社会保障制度中的有用部分。[①] 然而,总体而言,这些组织倾向于将社会保障机构视为一种“负担”,认为它们是经济发展和市场自由运作的障碍。它们的经济政策主张解除市场管制和扩大市场范围,视其为通往繁荣和增长的路径。因此,这些组织往往将社会政策视为经济政策的附属品,或仅仅是为了提供基本的社会安全网。

自20世纪70年代末以来,IMF和世界银行一直在对第三世界国家实施严格的政策,以提供或安排贷款为条件,要求这些国家进行结构性调整或其他改革。只有满足这些机构在经济和金融纪律方面的要求,这些国家才能获得贷款或其他形式的经济援助。这意味着,在这些国家中,经济政策的决策权实际上掌握在国际组织手中,而非本国人民或政府。

同时,IMF和OECD一直劝告欧洲福利国家转向美国和英国的新自由主义模式。他们认为,欧洲僵化的劳动力市场体制使其难以适应日益激烈的国际竞争。根据IMF的分析,美国劳动力市场的灵活性主要体现在以下几个方面:在福利救济、福利期限和福利确认方面的失业保险限制较少;收入差别范围更大;联合程度较低,薪金谈判机制更为分散;在薪金谈判中,政府的干涉更少;在员工雇用和解雇方面的限制更少;社会保险费用和其他非工资劳务费用较低,例如带薪年假的数量较少。[②]

二、非经济类国际组织

联合国及其附属机构(如国际劳工组织)是极为重要的非经济类国际组织,它们主要从人权的角度参与制定跨国社会保障政策。例如,联合国儿童基金会(UNICEF)以拯救儿童生命、捍卫儿童权利并帮助他们实现自身潜能为使命。联合国的关注范围涵盖广泛的经济和社会权利领域,而国际劳工组织更专注于工人的社会保障及其权利的提升。然而,联合国及其附属机构在运作中存在一些显著缺陷。它们推出的各类协定通常基于成员国的自愿参与,一些国家往往在达到一定条件后才选择加入,而未达到条件的国家可能选择不参与。此外,即使某些国家加入了协定,也常常出现未能遵守协定规定的情况。

---

① (加拿大)拉梅什·米什拉:《社会政策与福利政策:全球化的视角》,郑秉文译,中国劳动社会保障出版社2000年版。

② OECD. *The OECD Jobs Study*: *Facts*, *Analysis*, *Strategies*. Paris: OECD Publishing, 1994.

(一)联合国的社会保障相关政策

联合国的《经济、社会及文化权利国际公约》(The International Covenant on Economic,Social and Cultural Rights,ICESCR)于1966年被采用,它包含了一系列广泛的权利,如“工作权利、维持基本生活水平的权利、获得包括社会保险在内的社会保障的权利以及得到公正、良好的工作环境的权利等”,其中每一种权利都有充分、详细的论述。与其他国际人权公约相比,《经济、社会及文化权利国际公约》的最大特点是要求缔约国尽最大能力逐步实现公约规定的各项权利,而不强求一步到位。这有助于处于不同经济、社会发展阶段的国家在履行该公约义务时可依据各自国情,制定适合自身特点的具体计划。

1997年10月,时任中国常驻联合国代表秦华孙大使在美国纽约联合国总部代表中国政府正式签署《经济、社会及文化权利国际公约》。2001年2月,我国第九届全国人大常委会第二十次会议作出批准《经济、社会及文化权利国际公约》的决定。

(二)国际劳工组织的社会保障相关政策

1919年,国际劳工组织依据《凡尔赛和约》成立,作为国际联盟的附属机构。1946年12月14日,它成为联合国的一个专门机构。该组织总部位于瑞士日内瓦,训练中心设于意大利都灵,其秘书处被称为国际劳工局。国际劳工组织的主要宗旨是促进充分就业和劳资合作、改善劳动条件、扩大社会保障、保证劳动者权益以及维护社会公平。

国际劳工组织还支持发起了国际社会保障学会(International Social Security Association,ISSA)。国际劳工组织关注的核心问题涵盖工人的组织权、禁止童工、健康与工作场所安全,以及包括养老金和医疗护理在内的社会保障。

“社会保障”(social security)正是国际劳工组织自第二次世界大战结束以来极力推广的一个与公民社会权利密切相关的核心概念。1952年,国际劳工组织通过了《社会保障最低标准公约》(第102号),这一基本文件确立了应当把社会保障作为一种普遍性制度加以实行的原则。1967年,国际劳工组织出台了《残疾、老年和遗属津贴公约》(第128号)。然而,截至目前,在国际劳工组织的185个成员国中,仅有53个批准了第102号公约,而且绝大部分是已经具备较为完善的社会保障体系的发达国家。

2012年,国际劳工组织通过了《社会保障最低标准建议》(第202号),这一文件代表了全球185个不同发展水平国家的政府、雇主组织和工会在扩展社会保障方面的共识。同时,社会保障最低标准也得到了二十国集团(G20)成员国的支持,并纳入联合国2015年制定的可持续发展目标(SDG)。根据这一目标,所有国家承诺到2030年将社会保障制度扩展至覆盖全民,包括建立最低保障标准。

国际劳工组织长期以来一直倡导现收现付型的养老金体制,这一立场与一些发达国家的改革方向存在分歧。在20世纪80年代的福利削减时期以及90年代全球养老金私有化改革的浪潮中,国际劳工组织的政策主张被边缘化,其影响力相对有限。

作为一个由政府、雇主和劳工代表组成的三方机构，国际劳工组织始终坚持社会保障政策应由政府、劳工组织与雇主三方共同决定，反对“各国的财政部和国际机构在各自的密室里决定养老金和其他救济水平”①。

20 世纪 90 年代后，国际劳工组织的政策框架中新增了一个重要概念——“社会保护”(social protection)。早在 20 世纪 80 年代中期，国际劳工组织的专家组就集体撰写了题为“21 世纪社会保障展望”的报告。其中提到：社会保障的目标不止于防止或减轻贫困，而应更为广泛。它反映着一种广义的社会保障意愿。其根本宗旨是使个人和家庭相信他们的生活水平和生活质量会尽可能不因任何社会和经济上的不测事件而受很大影响。这意味着社会保障不仅要解决已经发生的困难，还要防患于未然，帮助个人和家庭在面对不可避免的伤残或损失时能够妥善应对。因此，社会保障不仅需要现金支持，而且需要广泛的医疗和社会服务。

2004 年，国际劳工组织重提建立普遍社会保障的议题，强调所有人都应享有包括获得基本社会服务在内的一系列基本的社会权利。这一倡议被称为“社会保护底线”(social protection floor)。2011 年 6 月，国际劳工组织决定以建议书的形式制定“社会保护底线”标准。这项工作受到当年在法国戛纳召开的二十国集团领导人峰会的支持。2012 年 6 月，国际劳工大会顺利通过了《关于国家社会保护底线的建议书》(第 202 号建议书)。此后，IMF 也同意与国际劳工组织合作，探索如何为各国实施社会保护底线创造财政空间。2015 年 6 月，世界银行集团更是在历史上首次明确将普遍社会保障作为一项发展优先事务，并与国际劳工组织共同发起了“普遍社会保障倡议”(Universal Social Security Initiative)。

近些年来，国际劳工组织在发展中国家大力推动建立非缴费型社会养老金、缴费和非缴费相结合的养老金、政府配比补贴的养老金、社会救助等制度，从而扩大养老金制度覆盖面。这是对之前过于依赖社会养老保险的做法的一种纠正。②

三、地区性、国家间的贸易协定

(一)国家之间的贸易协定

多数发达国家的工会通过长期努力，已在社会保障条款方面取得显著成果，并在与发展中国家缔结的贸易条约中规定了最低劳工和人权标准。这些工会主张本国在与发展中国家签订协议时，必须包含最低劳工权利的规定，此举主要是为了遏制不公平竞争

---

① (英)鲍勃·迪肯、(英)米歇尔·赫尔斯、(英)保罗·斯塔布斯：《全球社会政策——国际组织与未来福利》，苗正民译，商务印书馆 2013 年版。

② 李清宜：《养老金政策的演变历程：国际劳工组织和世界银行观点的对立与共识》，《社会保障评论》2019 年第 4 期。

和社会福利倾销，从而保护发达国家的工业、就业和生活标准。尽管这一做法也包含了对发展中国家劳工和社会保障权利改善的考量，但其中所蕴含的保护主义和利己主义色彩已使其成为全球南北关系中的一个争议焦点，甚至引发了分裂。

（二）地区性一体化联盟

关于地区性一体化联盟，典型代表就是欧盟。欧盟内部还设立了欧元区，欧元区也是迄今为止区域一体化联盟中极为彻底的一种形式。从政府角度看，加入欧元区的国家丧失了货币发行权，无法实施独立的利率、汇率等货币政策，在经济波动时较为被动；劳动者和商品的跨境无障碍流动，挑战了各国政府的管理能力。从劳动者角度看，来自欧盟区域内的各国劳动者平等竞争，加大了竞争的激烈程度。

欧盟在最初建立时，目标是促进各成员国间经济上的密切合作，推动欧洲经济的一体化。因此，社会政策几乎被排斥在欧盟政策议程之外。然而，随着一体化的推进，问题越来越多，也越来越复杂，单纯依靠经济手段已无法有效应对，需要从更基础的社会层面去思考问题的解决途径。于是，社会政策逐渐从先前的边缘领域走向中心。

至 20 世纪 90 年代，欧盟开始关注社会保障政策，提出要实现社会保障的趋同。随着社会保障政策被纳入欧盟发展议程中，“社会保障的现代化”成为欧盟政策议程中讨论最多的一个议题。[①]

1. 欧盟社会保障政策协调的重要性

首先，统一的社会保障政策有利于维护良好的市场竞争环境。[②] 一般而言，削减社会保障缴费与待遇水平，有利于降低企业的劳动力成本，从而使企业在竞争中获得优势。但如果各国竞相降低社会保障水平，就将形成无序竞争和不公平。因此，建立统一的制度性框架，既有利于规范各国社会保障制度，也有助于消除成员国在社会保障水平和标准方面的差异，从而保障内部统一市场竞争规则的有效实施。

其次，统一的社会保障政策有利于形成欧盟一体化的向心力与认同感。长期以来，欧盟一体化都是由政治精英和知识精英提出设计理念并付诸实施的，普通民众对欧盟的决策和整体运作较为陌生。积极推动欧盟社会保障政策的发展，例如，为劳动者的跨境流动提供便利，对其家庭和子女的相关问题做出安排等，有利于拉近欧洲民众与政治精英间的距离，也有助于提升欧洲经济与政治一体化的合法性。

2. 欧盟社会保障政策协调的主要进程

2000 年 3 月在里斯本召开的欧洲理事会会议，是社会保障政策在欧盟层面取得实质性进展的一次重要会议。会议提出了欧盟未来十年的发展战略——里斯本战略

---

① 陈振明、赵会：《由边缘到中心：欧盟社会保护政策的兴起》，《马克思主义与现实》2015 年第 1 期。

② 石晨霞：《欧盟社会政策在欧洲一体化发展中的地位和作用》，《理论月刊》2013 年第 10 期。

(Lisbon Strategy)。该战略指出，未来十年，欧盟要“成为世界上最具竞争力和活力的知识经济体，能够实现经济的可持续增长，同时提供更多更好的工作以及更大的社会凝聚”。战略首次将社会保障政策置于与宏观经济政策和就业政策同等重要的位置，通过三者间的协同来构建“欧洲社会模式”(European Social Model)。2005 年，欧盟对里斯本战略进行了调整，将战略目标聚焦于“增长和工作伙伴关系”。新里斯本战略重申了社会凝聚的目标，承诺继续推动贫困和社会排斥的实质性减少，并将社会包容、养老金、医疗保健和长期护理三大领域的工作整合为单一的一体化过程。这一调整旨在使社会保障政策与广泛的经济政策指导方针和欧洲就业战略保持一致，实现社会、经济和就业三者的相互促进。然而，随着 2008 年席卷欧盟大部分国家的债务危机持续恶化，欧洲经济社会发展遭遇严重挫折。至 2010 年，里斯本战略的十年发展目标大部分未能达成，从结果上看基本是失败的。

从 2010 年开始，欧盟社会保障政策的发展进入一个新阶段。欧盟委员会制定了“欧洲 2020”战略。鉴于里斯本战略中较弱的社会维度，加之全球金融危机给欧盟社会带来的消极影响，新战略突出强调“要更专注于欧盟的社会维度”，并采取了一系列实质性措施：其一，将促进智能型增长、可持续性增长和包容性增长共同作为“欧洲 2020”战略的三个优先目标；其二，将“至少要让 2 000 万人摆脱贫困和排斥风险”作为该战略的五大“总任务”(headline targets)之一；其三，创建了“欧洲反贫困平台”(EPAP)，作为实现“欧洲 2020”战略的七大“旗舰计划”(flagship initiatives)之一；其四，将“促进社会包容和消除贫困”纳入新提出的十大“增长和工作综合指南”中，强调了养老金、医疗保健和公共服务等在维持社会凝聚方面的重要性。

与里斯本战略相比，新战略不仅将社会保障视为生产性要素，而且将其作为消除贫困和社会排斥、实现包容性增长的重要手段。不过，2014 年的中期评估报告指出：“欧洲 2020”战略在前两个目标(灵活的、可持续的增长)方面取得了显著进展，但在包容性增长领域进展缓慢。截至 2012 年，欧盟贫困和受排斥人口非但没有减少，反而比 2009 年增加了 1 000 万。报告再次呼吁各成员国建立有效的社会保障体系，以实现减少贫困和社会排斥的目标，强调“通过降低不平等以及对弱势群体的支持，社会保障在促进人类资本投资、提升生产效率、促进社会政治稳定方面发挥着重要作用”。

然而，从近期来看，受各国经济发展水平与社会保障模式特征、排外与脱欧思潮蔓延等各种相关因素的影响，社会保障政策整合程度一时难以实现明显提升。而且，欧盟社会保障政策未来的发展恐怕难以催生一个“社会保障政策联盟”，“社会欧洲”仍将是一个长期愿景。对于欧盟社会保障政策而言，比较现实的前景是建立一个在社会层面逐渐强化合作与协调的低层次联合机制，这种机制显然有别于主权国家的社会政策，是介于民族国家社会保障政策与超国家社会保障政策之间的一种中间状态的特殊机制。

专栏 3.5 希腊的主权债务危机与社会保障政策调整

希腊的主权债务危机始于 2009 年 10 月的政权更替。为了解决希腊的主权债务危机，IMF、欧盟于 2010 年 5 月、2012 年 2 月相继实施了总额为 1 100 亿欧元、1 300 亿欧元的救援计划。作为交换条件，希腊政府被要求实施财政紧缩政策，并推进公共事业民营化，这导致了国民负担的加重。此后，希腊政府按照金融援助项目的交换条件实施改革，财政状况逐步改善，但经济持续下滑，国民生活日益艰难，罢工和暴动开始出现。

2015 年 1 月，以反紧缩为口号的激进左翼联盟党赢得大选，齐普拉斯上台组阁，并于 2 月与欧盟达成协议，将金融援助延长至 2015 年 6 月。

2015 年 6 月底，希腊宣布将于 7 月 5 日就是否通过财政紧缩政策举行全民公投，并请求将金融救援延长至此时。该提案遭到欧盟拒绝。7 月 1 日，希腊成为发达国家中首个违约国。出于对资金外流的担忧，希腊政府实施了资本管制，银行停止营业，并将每日取款额度限制在 60 欧元以内。全民公投结果显示，38.69%的选民赞成，61.31%反对，财政紧缩政策被否决。此后，希腊于 7 月 7 日的欧盟峰会上提出了新的金融援助申请，但欧元区要求希腊在 7 月 9 日前提交新的财政改革方案。这对希腊来讲无疑是最终通牒，也就是说，如果届时希腊不提交改革方案，欧盟很可能在峰会上讨论希腊退出欧元区的问题。7 月 9 日，希腊政府提交了新的财政改革方案，内容基本符合欧盟提出的条件，因此得到了欧盟的认可。然而，该方案与全民公投中被否决的财政紧缩政策内容相似，引发了国民与党内人士的不满。7 月 16 日，希腊议会通过了财政改革方案，实质上同意了财政紧缩政策。此后，欧盟同意提供过渡性融资。

2016 年 1 月 5 日，希腊政府完成养老金改革草案修订，出人意料地主动选择向国际债权人妥协，计划通过改革进一步削减养老金。希腊政府已于当日将这份草案提交国际债权人，并计划以此为基础与后者完成本阶段的救助谈判，以获得下一笔援助贷款。

若按照这份草案进行养老金改革，中等收入人群的养老金将减少 15%至约 750 欧元/月，而高收入人群的养老金削减幅度更是可能高达 30%。草案仅针对 2016 年及以后退休人群，此前已退休人群将继续按照现行标准领取养老金至 2018 年。同时，希腊政府也计划将现有的多个养老基金合而为一，并将不同收入人群的社保缴纳比例提高 0.5～1 个百分点。

自债务危机爆发以来，希腊按照国际债权人要求已将养老金削减近半，但由于制度建设不完善以及社会化程度不足，养老金占财政支出比例仍居高不下。欧盟统计局数据显示，希腊养老金支出占国内生产总值比例高达17.5%，远超欧盟成员国平均水平。此外，养老金发放条件过于宽松、监管不严导致的冒领现象泛滥等问题，也被国际债权人视为严重阻碍救助计划的顽疾。

若按照草案内容进一步削减养老金，必将对执政联盟产生更大的冲击，但拒绝国际债权人要求将导致新救助计划破产，给希腊经济带来毁灭性打击。国际债权人同样面临两难境地：他们虽然要求希腊政府削减养老金，但是并不希望看到希腊政府再次倒台，影响救助计划的实施。

资料来源：韩秉宸，《希腊主动推出削减养老金计划》，《人民日报》2016年1月6日。

拓展阅读

港澳台居民在内地（大陆）参加社会保险办法

2019年11月29日，人力资源和社会保障部、国家医疗保障局联合发布了《香港澳门台湾居民在内地（大陆）参加社会保险暂行办法》（人力资源和社会保障部、国家医保局令第41号），自2020年1月1日起正式施行。

41号令的颁布为港澳台居民在内地（大陆）参加社会保险提供了具有可行性的操作办法和指导性意见，进一步保障了在内地（大陆）工作、学习、生活的港澳台同胞的平等权益。

该暂行办法主要内容如下：

第一，被内地（大陆）各类用人单位聘用、招用的港澳台居民应当参加五项基本社会保险（城镇职工基本养老保险、职工基本医疗保险、工伤保险、失业保险和生育保险），并依法享有各类社会保险权益。

第二，在内地（大陆）从事个体工商经营和灵活就业的港澳台居民可以参加职工基本养老保险和职工基本医疗保险。

第三，在内地（大陆）居住且办理港澳台居民居住证的未就业港澳台居民，可以在居住地按照规定参加城乡居民基本养老保险和城乡居民基本医疗保险，由各级财政按照统筹地区城乡居民相同的标准给予补助。

第四，在内地（大陆）就读的港澳台大学生，与内地（大陆）大学生执行同等医疗保障政策，按规定参加高等教育机构所在地城乡居民基本医疗保险，由各级财政按照所在高等教育机构内地（大陆）大学生相同的标准给予补助。

为切实保护港澳台居民社会保险权益，同时充分考虑其实际情况和诉求，减轻企业和个人负担，该暂行办法规定，已在香港、澳门、台湾参加当地相关社会保险，并继续保留社会保险关系的港澳台居民，可持相关授权机构出具的证明，不在内地（大陆）参加养老保险和失业保险。对于医疗、工伤和生育保险，暂行办法规定在内地（大陆）就业的港澳台居民应当依法参加，主要考虑是上述三个险种均为应对即期风险事件的险种。

复习思考题

1. 由于欧盟不存在单一、统一的社会保险体系，各成员国养老保险制度差异很大，养老保险的缴费基准、待遇水平、最低缴费年限等大不相同，劳动者因跨国流动就业而导致的养老保险待遇的损失，成为阻碍欧盟建立统一、开放、灵活的劳动力市场的重要因素。为保障跨国流动就业劳动者的养老保险待遇，解决劳动者因流动就业未能达到某一国或几国养老保险的最低缴费年限，以及养老保险待遇明显低于一直在某一国就业所能获得的待遇问题，欧盟立法规定了各成员国养老保险转移接续的具体办法。

一是全面覆盖，即劳动者至少会被其中一个成员国的社会保障计划所覆盖，使其养老保险及其他的社会保险福利能够得以保障。根据有关法令，跨国流动就业的劳动者可以只执行一个成员国的养老保险政策。通常情况下，劳动者在就业地国家缴费，参加养老保险。但如果劳动者被派往其他国家工作，在预期不超过 12 个月的时间内，该劳动者将继续执行其调离前国家的社会保险政策。如果由于不可预期的情况导致工期超过 12 个月，还可延长不超过 12 个月。此外，为了个人或者一类人的利益，两国的社保部门也可达成一致，无论该劳动者工作时间长短，对其执行原所在国而不是就业所在国的社会保障制度。

二是保险记录连续累加，即劳动者在各成员国的缴费年限应当得到连续累计、全部计算。例如，德国规定养老保险累计缴费满 5 年才可享受养老保险待遇。即使某劳动者 10 年的缴费记录中只有 4 年是在德国完成，另外 6 年在其他国家缴费，该劳动者仍然被认为已达到享受德国养老保险待遇的最低缴费年限。

三是保险待遇分段计算，即各成员国分别按照劳动者在本国完成的缴费年限来分配对该劳动者的养老保险待遇，即劳动者所获得的养老保险待遇为在各成员国工作期间按其缴费年限所应得养老金之和。同时，法律规定，对流动劳动者计算的养老保险待遇不得低于同一时期一直在本国工作的劳动者的养老保险待遇。

请问欧盟这种分段式养老金缴费与给付方法与我国当前的养老金制度有何区别？各自的利弊是什么？

2. 2019 年 4 月 18 日，中华人民共和国人力资源和社会保障部与日本主管机关共同商定,《中华人民共和国政府和日本国政府社会保障协定》与《关于实施中华人民共和国政府和日本国政府社会保障协定的行政协议》于 2019 年 9 月 1 日正式生效。该协定是继德国、韩国、丹麦、芬兰、加拿大等国家之后与中国签署生效的第十个双边社会保障互免协定。这也是我国与国际惯例接轨,通过双边协定避免保险双重征收进程中迈出的重要一步。此举将有效降低中日跨国企业及个人的社会保障成本,进一步增强双边合作与投资关系,促进人员经贸往来。试分析该协定的主要内容及其影响。

3. 在一个国家内部,社会保险计划是全国性的,而社会福利是地方性的,由居住地政府提供。在此种制度安排下,是否会出现社会保险项目与社会福利项目竞争有限的资金,导致某个时期社会保险不断扩大,而社会福利不断被压缩?是否会出现地方政府为减轻压力,而将本应由社会福利项目承担的社会救济、低保等想方设法推向由中央政府承担的社会保险计划?

第四章　后工业化与社会保障

美国社会学家丹尼尔·贝尔在20世纪70年代提出了“后工业社会”(post-industrial society)的概念,那就是服务业在经济结构中占主导地位的发展阶段。① 在此阶段,工业产能增长缓慢,且劳动生产率有所提高,工业所能提供的就业岗位越来越少,一些工业部门劳动者不得不转向在服务业就业。② 2021年,我国全国就业人员年末人数在第一、第二和第三产业的占比分别为22.9%、29.1%和48.0%,第三产业的就业人数接近一半,我国在整体上已经进入后工业化社会。

当今世界,技术进步日新月异,机器人正在接手成千上万的重复性工作,许多低技能工作甚至一些中等技能工作即将消失。与此同时,技术也在创造新的工作岗位。几十年如一日从事一份工作或者就职于同一家企业的时代一去不复返。即使长期在一家企业工作,工作技能的要求也在持续的变化中。劳动者需要在技术进步的进程中不断完善自身的技能,只有保持终身学习,才能应对时代的挑战。

企业通过裁员、精简、重组来逐步减少其已有的全职岗位。它们还把之前的全职工作分解成小项目或小任务,然后用自动化、外包或承包的方式去完成,这种做法成本低、方式灵活、效率高。互联网平台的大规模发展,拉动了零工经济的快速扩张,同时也加速了企业的业务外包进程。这意味着经济的正式化程度有所下降,劳动者面临着新的社会风险。

第一节　技术革新对社会保障政策的影响

近年来,数字化、人工智能和机器学习正在吞噬那些乏味的、重复性的工作,并已逐渐进军智能化的工作领域。人工智能自20世纪70年代至今经历了计算智能、感知智能和认知智能三个重要的发展阶段,机器能够在越来越多的领域替代人类工作。自

① (美)丹尼尔·贝尔:《后工业社会的来临:对社会预测的一项探索》,高铦等译,江西人民出版社2018年版。

② (美)亚伦·贝纳纳夫:《后稀缺:自动化与未来工作》,谢欣译,中译出版社2022年版。

2016年阿尔法围棋机器人(Alpha Go)战胜人类世界围棋冠军李世石以来,“人工智能威胁论”就越来越流行了。连世界冠军这等智商极高的人都会被机器人打败,还有多少工作是机器人不能取代的呢?这些技术革新在影响某些岗位就业的同时,也带动了其他岗位的兴起,例如,自动化设备研发与生产岗位就属于新兴的技术型岗位,会因为技术的发展而得到繁荣。

技术革新的浪潮在很大程度上改变了已有的就业结构,可能导致就业市场的结构性过剩与缺口并存,也会导致雇佣关系的重塑,甚至使贫富分化更加严重。

一、技术革新对就业市场的影响

传统的经济学教科书认为,技术进步是一种帕累托改进(Pareto Improvement),即它假定机器在取代人们工作的同时,也会为每个人提供新的、工资更高的工作。然而实际上,技术进步的效应有两种类型:使能技术(enabling technology)和取代技术(replacing technology)。[①]

使能技术能增强工人的技能,让他们高效完成工作任务,既提高了生产率,又使他们的工资得以上涨。例如,计算机辅助设计软件(CAD)能提高设计人员的工作效率,Stata和Matlab等统计软件助力统计学家和社会科学家们更好地进行分析工作,这些技术在发挥积极效应的同时,却没有减少对这些人员的需求。不仅如此,使能技术还会为劳动者创造全新的工作机会。例如,打字机的发明创造了之前不存在的打字员的工作岗位。

取代技术的作用正好相反,新技术的实施使得传统工人的技能在完成工作任务的过程中变得多余,给他们带来了工资下行的压力。美国麻省理工学院达龙·阿西莫格鲁教授认为,政府应该出台产业政策,推动“科技向善”的目标,即促进技术创新不再过度关注(那些用机器取代人的)取代技术,而是更多转向可创造就业机会(特别是优质就业岗位)的“人类友好”型的使能技术,更多关注能为广大民众分享的经济繁荣。例如,在教育行业,人工智能可以综合新技术与优质名师,针对学生因材施教,以学生为中心进行教学;在医疗行业,护理人员可以借助人工智能和数字技术,使其资本和人力资源都得到提升。

(一)一些新技术的产生直接导致某些传统行业衰落以及工作岗位减少

新技术产生后,对一些传统行业产生了颠覆性的影响。例如,数字音乐兴起导致传统唱片的销售举步维艰;数码相机的出现致使胶卷厂商和传统相机厂商衰落,而智能手

---

① (英)卡尔·贝内迪克特·弗雷:《技术陷阱:从工业革命到AI时代,技术创新下的资本劳动与权力》,贺笑译,民主与建设出版社2021年版。

机的发展又导致数码相机行业衰落;电子手表的发明造成机械手表行业的极大萎缩。大龄劳动者在原有行业衰落以后,很难适应新的业态和新的工作岗位。

互联网的快速发展使工作方式发生许多变化:一是远程工作越来越流行。全球已有不少企业在设计混合远程办公模式,发达国家有20%～25%的劳动者每周可在家远程工作3～5天。二是商务差旅趋于减少。线上会议或将取代20%的商务差旅,这会对餐厅、酒店和航空公司产生连锁影响。三是电商和线上交易驶入新轨,例如,远程医疗、网上银行和流媒体娱乐均发展迅猛。如果通勤人数减少,城市中心区域的办公楼物业、公共交通、餐饮、零售等领域的岗位都将受到影响。

传统上,大多数劳动者一生只需要一套技能,就可赖以为生。如今,随着技术的迅速发展,对劳动者能力的要求越来越高,不仅要求能力更为多元化,而且要求不断更新技能,因为变革速度之快意味着技能的保质期越来越短。这种趋势要求对教育和培训进行根本性的变革。

(二)一些新技术的产生只是简单地以机器取代人类劳动

自助结账机或自助客服等多数自动化技术在全要素生产率增长方面的贡献微乎其微。换句话说,自动化技术本身并没有为人类带来生产率的红利,只是用机器替代了人类的就业。对于日本、韩国等劳动力较为匮乏的国家而言,自动化技术革新具有较强的现实意义;而对于一些就业岗位较少、劳动力较为充沛的国家,这种自动化技术革新就可能影响中低收入者就业。在2020年新冠疫情冲击下,许多企业大力应用自动化和人工智能。不少企业已通过采用自动化和人工智能技术来降低工作场所人员密度,应对需求激增。随着经济复苏,这一趋势还会加速。例如,制造企业通过部署机器人来降低加工厂的劳动力密度,呼叫中心启用聊天机器人。

机器对就业岗位的取代已经延续很多年了,但没有产生特别大的影响,原因是又有许多新的就业岗位被创造出来了。然而,目前机器对就业岗位的冲击是前所未有的,因为机器的智能化程度提升以后,不但能够替代大部分人类的体能劳动,还能替代部分人类的智能活动,其对就业岗位的冲击扩大到许多教育水平较高的人群。许多在过去被视为稳坐"中产阶级"的职业如新闻记者、律师、会计师、医学图像诊断医师、股票分析师等,如今也受到机器人的严重威胁。例如,2000年高盛证券公司在美国纽约的股票交易部门有600位交易员,由于技术更新,到2017年时只剩下两位员工。[①]

受技术革新的冲击,一些劳动密集型行业出现了大量裁员现象。例如,手机支付、互联网金融日益成熟,已取代了银行实体网点的部分职能,许多银行客户特别是年轻人

---

① Byrnes N. As Goldman embraces automation, even the masters of the universe are threatened. *MIT Technology Review*, 2017(2).

可以通过手机办理大多数业务，越来越少光顾银行网点了。线下客户少了，越来越多的线下银行网点开始被裁撤。中国银行业协会相关数据显示，2018—2020 年，国内银行网点数量连续三年下滑，减少了近 3 000 家。截至 2021 年 12 月底，商业银行机构中的网点已有 2 459 家终止了营业。尚存的银行网点也大多进行了智能化改造，用机具替代柜台成为大趋势。另据统计，从 2016 年起，四大国有银行的员工人数逐年下滑。以中国工商银行为例，2015—2020 年，该行柜面人员占比从 29.8%降至 18.1%，在岗员工人数从 15 万人减少至 8.3 万人，五年累计减少了 6.7 万人。

(三)技术革新浪潮下的女性存在较高的失业风险

布鲁塞维奇等人的研究表明，在所有行业和职业中，女性从事重复性工作的人数都更多。对于教育程度较低的女性、40 岁以上的女性以及从事低技能文员和销售岗位的女性而言，失业风险非常高。[①]

据统计，2000—2019 年，自动化革新已经在美国淘汰了大约 400 万个制造业工作机会。[②] 许多人并不是找到了新工作，而是离开劳动大军后再也没有回来。美国 2021 年劳动年龄阶段人群的劳动参与率仅为 62%(见图 4.1)。

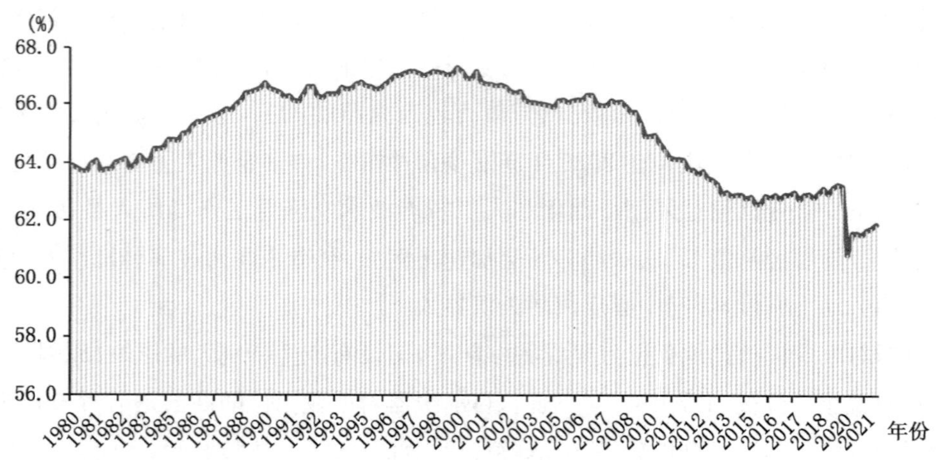

图 4.1　1980—2021 年美国劳动年龄人口的劳动参与率

资料来源：美国圣路易斯美联储银行网站(https://fred.stlouisfed.org/series/CIVPART)。

---

① Brussevich M, Dabla-Norris E, Kamunge C, et al. Gender, Technology and the Future of Work. *IMF Staff Discussion Note*. Washington DC, 2018.

② Yang A. *The War on Normal People: The Truth about America's Disappearing Jobs and Why Universal Basic Income Is Our Future*. London: Hachette UK, 2018.

二、税收制度激励、技术革新与社会保障筹资

(一)税收制度对于技术革新的激励与约束

基于资本的流动性高于劳动力,通常各国税法对资本的课税税率低于对劳动力的课税,这就引导企业通过自动化技术,以资本(机器)替代劳动力。然而,自动化带来的收益并未惠及广大劳动者,而是被资本方获取。

近年来,一些学者和政府官员提出对“机器人”征税的设想:

2017 年 1 月,法国前教育部长伯努瓦·阿蒙(Benoît Hamon)主张对雇主使用机器人创造的“增加值”征税,税额与雇用人力所需支付的“社会负担费用”相等,用于为所有人提供最低收入。

2017 年 3 月,微软公司联合创始人比尔·盖茨提出应对机器人课征“机器人税”(robot tax)。他认为,工人在工厂获得的收入都属于应税收入,应该根据法律规定缴纳所得税和社会保障税等,如果机器人取代人类从事这些工作,理应对机器人征收相同水平的税款。“机器人税”用于社会保障支出,优先用于失业工人的再培训。

2019 年 9 月,美国纽约市市长比尔·白思豪(Bill de Blasio)提出,来自机器人的税收收入将直接用于新一代劳动密集型、高就业率的基础设施项目,以及医疗保健和绿色能源等领域。这些领域将提供新的就业机会。

2017 年 8 月,韩国成为全球首个尝试“机器人税”的国家。韩国政府通过减少对投资自动化机械企业的税收优惠,变相对机器人征税。在此之前,韩国政府对投资工业自动化设备的企业提供税收减免,根据企业规模不同,减免幅度为 3%～7%。韩国推出“机器人税”的主要动因在于“机器换人”所导致的失业率上升。2017 年,韩国工业机器人密度为每万名工人 710 台,居世界首位,是全球平均水平的 9 倍左右。机器人密度高导致韩国失业率居高不下,2017 年失业人口突破 100 万人,失业率接近 4%,青年失业率更是高达 10%,创下有统计数据以来的历史新高。

(二)社会保险筹资面临的税基下滑风险

传统上,养老、医疗、工伤、失业等社会保险基金的收入来源于以工资薪金为税基的社会保险税(因此也被称为工薪税)。然而,随着自动化程度提高、人口老龄化等,劳动力数量出现下降,这必然导致社会保险税的税基缩小,只能依靠不断提高税率的方式来满足筹资要求。此外,在大多数国家,原本领取微薄政府津贴的人一旦转而从事低薪工作(这种工作可能是他们能找到的唯一就业机会),便可能面临超过 80%的边际“税”率,因为他们原本领取的津贴会因此被撤销,而这样的税率远比中高薪资收入者的税率高。

目前欧洲一些国家的社会保险税税率已经很高,如果继续提高,将可能影响就业

率，只能另寻筹资渠道。在此背景下，一些国家以消费税、增值税等作为筹资的补充渠道，同时，通过征收机器人税收来补充社会保险税的呼声也较为强烈。

三、自动化水平提升对资本流动的影响

长期以来，跨国公司倾向于在亚洲、南美洲等地投资建厂，以充分利用当地廉价的劳动力。但如果新一代机器人的成本比现有的制造成本更低（即劳动力在企业成本中的比重明显下降），那么这些跨国公司会倾向于将生产迁往更接近消费者市场的地方。近年来发达国家的制造业“回流”，已减少了发展中国家的大量就业机会。例如，2017年，德国的阿迪达斯公司使用3D打印技术在德国的安斯巴赫和美国的亚特兰大建立了两家专门制鞋的“速度工厂”，这一举措直接导致越南减少了1 000多个工作岗位。

四、技术革新对收入差距的影响

（一）技术革新拉大了行业间、雇员间的收入差距

一些产业的自动化程度提高以后，工作难度降低，工作岗位出现两极化趋势：难度大的工作待遇更高，门槛低的工作变得更多且待遇很低，中等难度和待遇的工作正在消失。[①] 1979—2019年，美国底层90%的工资收入年增长率为0.6%，而顶层5%的工资收入年增长率为2.0%，顶层0.1%的工资收入年增长率为3.8%。[②] 据《华盛顿邮报》报道，在亚利桑那州，2017年，亚马逊共有1 800名员工领取食品券或是与领取食品券的人员共同生活，占亚马逊该州员工总数的1/3。2022年彭博社报道称，全美9个州中，有超过4 000名亚马逊员工需要依靠食品券维持温饱，其中有70%是全职工作者。

技术进步导致部分中等技术技能的就业人员丧失了就业优势。例如，在卫星定位导航系统大规模应用之前，在伦敦这样的街道非常复杂的城市，出租车司机必须认真学习地图并通过考试才能拿到执照。然而现在，任何人都可以在没有此类资质的情况下当优步（Uber）司机。[③]

由于存在个性化、小型化等特点，服务业的劳动生产率提升较为缓慢。尽管科技进步对制造业、农业有很大帮助，但就目前的科技水平而言，它对于服务业的帮助可能相对有限。例如，老年人（事实上是所有病人）的医疗和护理需求是高度异质化的，而且同一位老年人的护理需求是不断变化的，因此，医疗保健行业的技术对于提高劳动生产率

---

① Harris M. *Kids These Days: Human Capital and the Making of Millennials*. New York: Little, Brown and Company, 2017.

② Gould E, Kandra J. Wage Inequality Fell in 2022 Because Stock Market Declines Brought Down Pay of the Highest Earners. Working Economics Blog (Economic Policy Institute), December 11, 2023.

③ （英）查尔斯·古德哈特、（英）马诺杰·普拉丹：《人口大逆转：老龄化、不平等与通胀》，廖岷、缪延亮译，中信出版集团2021年版。

的难度较大。以日本为例，自1970年至2018年，日本制造业的劳动生产率增长了约两倍，而非制造业的劳动生产率仅提高了25%。

随着制造业向服务业转型，世界各国未来对劳动力的需求会激增。然而，目前餐饮、旅游、老年护理、美容美发、零售便利等行业大多是中小企业和个体经营，规模小，抗风险能力较弱，进入门槛低，不需要太多的专业技术，员工收入普遍较低。

（二）技术革新拉大了国家之间的收入差距

部分发展中国家在数字基础设施建设方面较为落后，无法享受技术革新带来的红利。2020年，全世界仍有约17亿成年人没有银行账户，约34亿人无法上网。[①] 在数字鸿沟面前，收入不平等状况难以有效改善。

专栏4.1　麦当劳公司经营模式的转变

作为一家快餐公司，麦当劳在20世纪60年代对大量员工进行了系统的厨艺培训。娴熟的厨艺利于职位升迁。在基层员工与高层管理者中，有一大批具有中等技能的厨师。麦当劳前CEO埃德·伦西(Ed Rensi)于1966年以烧烤员的身份加入麦当劳，凭借其技能和经验在公司内部逐步晋升，最终于1991年成为CEO。

然而，技术进步改变了食品的加工方式。如今，送抵餐厅的食物几乎全是预先制作并包装妥当的，只需简单加热即可交给顾客。精密的食品加工技术与先进的烹饪设备极大地简化了食物加工流程，使得麦当劳连锁店所需员工数量比过去减少了一半。更重要的是，员工不再需要具备厨艺，只要拆开食品包装与按下加热按钮等简单操作即可。

由于技术进步，快餐行业的工作岗位成为只需要极低技术含量的底层工作，厨艺在快餐店里已毫无用武之地，因此，快餐店不再需要那些具有中等技能的厨师。如今，许多麦当劳员工只能拿到联邦最低工资。与此同时，少数高层管理者的薪酬则快速上涨。这些高层管理者不需要具备基层工作经验，也不需要掌握烹饪技术。20世纪60年代末，麦当劳公司总裁的年薪大约为17.5万美元，为当年全职最低收入员工工资的70倍；到20世纪90年代中期，这一比值上升至250倍；而到2010年后，这一比值更是飙升至500倍以上。

① Georgieva K. No going back. *IMF Finance & Development*, 2020, 57(4).

第二节 零工经济对社会保障政策的影响

发达国家的社会保障制度是在“终身就业”广泛存在的时代发展起来的，社会保险是建立在对工薪收入课征工薪税(或强制性的社保缴费)的基础上的。传统上，经济发展是正规化的同义词。这体现在社会保障制度和劳动法规的设计上。最普遍的做法依然是：要享受社会保险计划、最低工资以及遣散费等规定所提供的保障，就要以正式的工资雇佣合同为基础。这种传统的以工资为基础的社会保险制度正日益受到标准雇佣合同以外的工作安排的挑战。

一、零工经济的定义

“零工经济”(gig economy)是指由承担一系列零活儿的自由职业者构成的经济领域。零工是供需双方就短期的工作或项目而开展的合作，具有临时性、项目性等特点。互联网时代“零工经济”与传统零工、临时工作的主要区别在于，它依托互联网数字平台实现了供需的大规模、高效匹配。互联网产业本质上也是服务业的数字化和扁平化，它将商贸(直播带货)、租车、金融、通信、物流、招聘、房产中介、音像出版、婚介等服务不同程度地迁移到线上，利用互联网的信息优势，实现个性化的匹配或组合，提高服务交易的效率。此外，交易平台上的用户评价机制有效减少了交易双方的信息不对称，降低了沟通成本，提升了服务满意度。

数字化平台使企业能够利用未被充分利用的物质资本和人力资本。例如，叫车平台为个体提供了展示其富余时间和闲置车辆的机会，从而创造收入。这些闲置车辆可以是豪华车、电动自行车或者小型电动三轮车。互联网服务平台还能使世界上偏远地区失业的电脑程序员展示其专业技能，从而实现在国外的公司中远程就业。

在移动互联网时代，越来越多的人选择零工工作，取代了部分全职工作或者固定工作角色。汽车共享公司 Zipcar 创始人罗宾·蔡斯(Robin Chase)说过这样一句话：我父亲一生只做了一份工作，我的一生将做六份工作，而我的孩子们将同时做六份工作。

根据英国工会联盟(Trades Union Congress，TUC)发布的调查，2021 年有近 15%的成年劳动人口从事零工经济工作，较 2016 年的 6%、2019 年的 12%有显著提升。代表性的零工经济平台包括在线外卖配送公司“户户送”(Deliveroo)、网约车平台“优步”(Uber)以及亚马逊的快递服务部门(Flex)等。美国自由职业任务发布平台(Upwork)的统计显示，2020 年美国国内的自由职业者约为 5 900 万人，占全部就业者的比率近 40%。2021 年，日本国内的自由职业者达到约 1 670 万人，占适龄劳动人口的比率首次超过二成。

我国的在线工作平台发展同样迅速，从出租车服务平台"滴滴"到威客平台"猪八戒"，再到大学生兼职平台"e兼职"，这些平台为零工经济提供了大量的就业机会。根据宽口径统计，2021年我国灵活就业人员规模已超过2亿人。

二、年轻人选择零工工作的原因

(一)新生代的劳动者更加看重工作的自由程度，追求生活与工作的平衡

相对于越来越灵活的劳动力市场，传统朝九晚五的工作正逐渐失去原有的吸引力。许多年轻人宁愿选择做外卖配送员或快递员，也不愿意成为产业工人。原因很多，例如：有自己的兴趣爱好，希望能自主掌握工作时间与节奏，更好地平衡工作与生活；有家庭成员需要照料；工厂里上班时间较长，一些加班猝死的新闻报道令人对工厂望而生畏；工厂管理较为严格，不自由；工厂的劳动保障政策有时执行不到位，可能拖欠工资，相对而言，外卖配送员、滴滴司机等的报酬结算简单、透明，而且可以日结，多劳多得的效果十分明显。

(二)传统企业的双重用工标准让年轻人看不到升迁的希望

部分企业实行双重用工标准，老员工工资高、福利稳定且签订了长期劳动合同，而新员工多为临时性岗位或劳务派遣岗位，工资低、工作强度大，且一旦企业经营效益下降，裁员首当其冲的便是这些新员工，原因是他们没有签订正式的劳动合同，经济赔偿成本低。此外，新员工若想转成正式编制，必须熬上很多年，这让青年员工感到希望渺茫，从而丧失进取的动力，转而追求"一日一结"的外卖配送员生活。

(三)新生代劳动者的价值观和喜好更加多元化、个性化

一直以来，当人们讨论离职原因时，仿佛薪资待遇、晋升空间、职场关系等高频词汇就能解释一切。然而，在离职越来越普遍的当下，离职背后的原因也越来越个人化：同事讲粗话；同事爱抖腿；同事弄出的声响很大(比如咳痰和叹气)；办公室安装摄像头，感觉一直被监视；食堂伙食太差；要安排时间看世界杯足球赛。世界是多元的，价值观更是如此。在许多年轻人通过报考公务员追求工作稳定性的同时，也有大批年轻人选择更具自由度的灵活就业。

随着互联网的快速发展，许多高科技公司建立了微工作平台网站，允许承包商将项目任务分解成一个个小任务，分派给成千上万个互相不认识的工人来完成。曾经正常支付薪酬的工作被分割成低薪、不稳定的计件工作，同时脱离了对薪酬和员工福利提供法律保护的监管框架。[①]

---

① (英)菲尔·琼斯：《后工作时代：平台资本主义时代的劳动力》，陈广兴译，上海译文出版社2023年版。

三、零工经济兴起的负面影响

零工经济的低准入门槛创造了新的就业机会，同时也产生了新的风险。

（一）劳动者面临的社会风险增大

在劳动力市场中，以往的主要风险集中于短期失业。然而，现今个体与劳动力市场的互动方式已趋向多元化。职业转换变得愈加频繁，人们常在兼职、自雇、离职或正式工作之间游移。网络平台所提供的职位大多采取业务外包形式，缺乏固定的雇佣关系，劳动者的流动性增强，这一现象反而加剧了非正式经济的扩张，导致劳动者的薪资、劳动保护及社会保险等权益难以得到保障。由于缺乏企业和社会保障的双重庇护，劳动者的风险抵御能力显得薄弱。

随着劳动力市场关系的进一步多元化，拥有持续就业记录的工作者日益减少，这使得通过雇主组织缴纳社会保险费和职业养老金的方式已无法有效提供充足的覆盖率。技术革新带来的工作性质转变，正促使劳动者从向雇主要福利的模式直接转变为向国家要福利的模式。

（二）零工经济过度发展会影响经济的长远发展

大量零工岗位属于低质量工作，这不仅加剧了社会不平等，还浪费了生产潜力并抑制了总需求，这些因素均不利于经济的长期稳定发展。因此，各国政府应摒弃“有工作总比没工作好”的观念。尽管从贫困劳动者的角度来看，这一观点或许有其合理性，但从经济发展的角度来看，它并无实际意义。政府必须克制冲动，停止以“为企业利益”为借口不断削弱劳动法规。相反，制定合理的最低工资标准、完善社会保障体系以及实施积极的劳动力市场政策（包括求职援助和学徒计划等），将有助于提升生产率，并在经济困难时期稳定消费水平。

（三）零工经济下的劳动者缺乏职业成长空间

从长远来看，零工经济所创造的就业机会并未有效提升劳动者的职业技能，亦未能为劳动者开辟通往管理岗位晋升的通道。当前，不少大学生乃至硕士研究生投身于网络新平台，担任快递员等职位，这不仅是对其人力资本投资的一种浪费，还阻碍了他们向更高端人才学习的机会，导致其经验与知识的积累停滞不前，职业生涯的发展空间受限。

随着新科技的广泛应用，越来越多的平台型工作岗位将被机器所取代，这部分劳动者面临着较大的失业风险。一些就业者满足于“有钱就行”的现状，缺乏长远规划，未能树立危机意识。随着年龄的增长，他们容易陷入“非正规就业”与“人力资本低下”之间的恶性循环，面临越来越高的贫困风险。

四、零工经济对社会保障制度的影响

如果一国的社会保险制度具有收入再分配功能，那么缴费基数较低的参保人往往能够享受较高的参保收益，而缴费基数较高的参保人的参保收益率相对较低。由于自由职业者可能通过多个互联网平台获取收入，其实际收入水平往往具有一定的隐蔽性。在这种情况下，如果允许自由职业者自行确定缴费基数，那么他们从自身利益最大化的角度出发，很可能选择申报最低的缴费基数。如果自由职业者群体规模过大，这种行为将严重损害该国社会保险制度的可持续运行。

此外，如果雇主发现将雇员身份改为“独立承包商”(即业务外包形式)，便可以免除为雇员缴纳社会保险的义务，就为雇主提供了逃税的动机；而对于雇员而言，一旦其身份转变为“独立承包商”，也能够更容易地隐瞒实际收入并降低缴费基数。这种双重动机可能导致社会保险制度的缴费基础被进一步削弱，从而影响制度的公平性和稳定性。

第三节　劳务派遣制对社会保障政策的影响

劳务派遣，亦称“人力派遣”，是一种新型的雇佣模式。在此模式下，劳务派遣公司与劳动者签订劳动合同，并与用工单位(包括政府、非营利组织或企业)签订劳务派遣协议。根据劳务派遣协议，劳动者被派遣至用工单位工作，向用工单位提供劳务并接受其管理，用工单位则向劳务派遣公司支付相应的服务费用。

劳务派遣的核心理念在于劳动力的雇佣与使用相分离。用工单位实际使用劳动者提供的劳务，但并不与劳动者签订劳动合同，因此存在用工关系而非雇佣关系；劳务派遣公司虽不使用劳动者提供的劳务，但与之签订劳动合同，形成雇佣关系。简言之，劳务派遣单位是“用人不用工”，而用工单位是“用工不用人”。

通常，用人单位会将非核心岗位(如临时性、辅助性、服务性、后勤保障性等岗位)交由劳务派遣制员工担任。

一、劳务派遣制度的两大类型

(一)长期雇佣型

劳务派遣企业与员工签订劳动合同后，无论该员工是否被外派工作，劳务派遣企业均需按时支付工资并为其缴纳社会保险费。

(二)临时任务型

劳务派遣企业与员工并未预先签订劳动合同，而是仅登记其工作意向。当劳务派遣企业收到用工单位的人力需求后，会通知相关领域或专业的员工前往用工单位工作。

此时，劳务派遣企业才与员工正式签订劳动合同。当劳务派遣企业与用工单位之间的服务合同期满时，劳务派遣企业与员工签订的劳动合同也随之终止。

临时任务型的派遣员工多为具备专业技术能力的人士，例如软件工程师、翻译人员等。这些技术型人才通常是为了完成企业的临时性或应急性项目而被短期雇用的。例如，某企业为进行内部管理系统的升级改造，可能会临时聘用若干位软件工程师，而一旦项目完成，便不再需要继续聘用这些人员。

二、产生劳务派遣制度的原因

(一)劳务派遣制度有利于企业降低用工成本

几十年前，大型企业通常直接雇用包括前台接待员、清洁工、保安、餐饮服务人员或司机等蓝领雇员。这些员工不仅能够享受较为优厚的福利待遇，如补充养老保险、补充医疗保险以及参与员工持股计划等，而且在一些利润率较高的行业中，他们的薪酬水平甚至高于其他行业类似岗位的从业者。然而，随着企业战略的调整，这些蓝领岗位逐渐被视为非核心业务，企业认为这些岗位并不构成公司的核心竞争力，只需支付市场平均工资即可。

于是，企业开始将核心工作岗位保留为直接聘任，并为这些员工提供较高的薪酬和福利待遇，而将其他非核心工作以外包或劳务派遣的形式完成，以此有效降低薪酬成本。据统计，截至 2019 年 3 月，谷歌在全球范围内的劳务派遣制员工及临时工数量已超过 12 万人，超过了其当时的正式员工人数。根据谷歌的测算，采用劳务派遣模式后，每个岗位每年平均可节省 10 万美元的成本。

此外，劳务派遣模式也为小型企业提供了便利。例如，一些小型企业需要定期制作财务报表、申报纳税或更新网站等，劳务派遣公司可以每月派遣一两名员工到这些企业工作几天，即可高效完成任务。这种模式不仅满足了小型企业的临时性需求，还大大降低了它们的管理成本，成为灵活用工的重要方式之一。

(二)劳务派遣制度能够满足企业临时性的用工需求

企业面对快速变化的市场竞争环境，其业务结构和经营范围往往具有一定的不确定性。适当减少正式员工的数量，增加劳务派遣制员工的比例，有助于企业在管理上保持灵活性，从而提升竞争力。与此同时，许多企业认为，让专业人士从事专业工作是采用劳务派遣制度的重要原因之一。例如，某外商手机品牌计划在某一地区拓展市场，若直接招募 50 名门店人员，公司可能需要额外组建一个招聘团队，以确保在时效期限内完成招聘并让这些人员顺利上岗。然而，一旦这些人员入职，庞大的招聘团队便不再需要维持。此时，该手机公司可以选择委托一家劳务派遣公司来负责招聘团队的组建工作。劳务派遣公司能够在规定时间内完成招聘广告发布、人员筛选、入职前的人事流程办理，以及入职后的薪酬核定、职级评定和考核管理等一系列工作。

（三）劳务派遣制度有利于企业规避相关法律规定的约束

用工单位与劳务派遣制员工之间并不构成法律上的直接雇佣关系，这使得用工单位能够规避基于雇佣关系的相关法律规定。例如，正式员工通常有资格参与企业的补充养老保险计划和补充医疗保险计划；在解聘正式员工时，企业需要支付高额的遣散费；连续订立两次固定期限劳动合同后，如果雇员在第三次签订合同时要求订立无固定期限劳动合同，雇主不得拒绝，必须同意。

三、劳务派遣制度兴起对传统社会保障制度的挑战

大量企业在采用劳务派遣制度后，缩减了正式员工的招聘比例，从而催生了数量庞大的派遣制员工。这些派遣制员工的收入较低，就业不稳定，缺乏职业培训和升迁空间。

（一）劳务派遣制员工面临就业的不稳定性

在美国硅谷科技行业，大多数劳务派遣制员工每隔几个月就会更换到另一个办公园区的新公司工作。这是因为劳务派遣制员工在同一家公司的工作期限通常不得超过一年半。

在经济萧条时期，劳务派遣制员工往往首当其冲成为裁员对象，且很难获得遣散费。例如，2022 年 10 月，马斯克成功收购推特后实施了多轮大规模裁员。在 2022 年 11 月的裁员中，被解雇的员工主要是推特的外包员工，他们的工作内容包括内容审核等。此次裁员总数高达 4 400 人，约占外包员工总数的 80%。

劳务派遣制员工必须时刻面对不确定性和风险。例如，一位女性从事临时性的劳务派遣工作，她可以根据工资水平调整生活开支以维持正常生活。然而，当这份工作结束后，她只能依靠有限的储蓄生活，并不得不降低生活水准，等待下一次工作机会。如果一两个月内未能找到新工作，她的储蓄可能耗尽，而此时申请政府救助金又需要一定的等待期。在此期间，她可能因无力支付房租而流落街头。许多劳务派遣制员工不得不向亲戚、朋友或邻居借钱，甚至成为高利贷业者的目标，最终可能陷入家破人亡的困境。

（二）劳务派遣制员工在工作条件和待遇方面受到不平等对待

研究表明，劳务派遣制对劳动者的薪酬产生了下行压力。在美国，享受外包服务的公司中，门卫的工资下降了 4%～7%，保安的工资下降了 8%～24%。[①] 与正式员工相比，派遣制员工在工作中可能面临歧视，在岗级晋升、员工福利等方面难以享受与正式

---

① Dube A，Kaplan E. Does outsourcing reduce wages in the low-wage service occupations? Evidence from janitors and guards. *ILR Review*，2010，63(2).

员工同等的待遇。即使派遣制员工与正式员工的工作性质、任务和效率完全相同，前者的待遇往往显著低于后者，这种“同工不同酬”的现象可能引发用工单位内部的员工对立。例如，在科技类股票领涨股市的时期，硅谷科技公司的中层员工通过优先认股权在几年内实现了财富积累，派遣制员工则无权获得此类权益。

由于派遣制员工并非企业的正式员工，他们难以对企业产生归属感和认同感。他们无法享受企业提供的带薪假期、病假或生育假，也不能使用正式员工的食堂、健身房等设施，甚至不被邀请参加企业的节日派对。他们无法因作为一家大企业的一员而感到骄傲、有意义和希望。[①]

此外，派遣制员工只能加入劳务派遣公司的工会，而无法参与用工企业的工会，这进一步削弱了其权益保护的能力。劳务派遣公司将员工分散派遣到各行各业的众多企业中工作，这些员工分布广泛，面对不同的企业和工作环境，难以组织起来形成统一的意见，进而难以与雇主进行平等协商，争取更好的工资待遇和工作条件。

（三）劳务派遣制员工的职业生涯发展空间受到压制

用工单位通常不会对劳务派遣制员工进行职业培训，更不会将其作为未来管理层进行培养。因此，劳务派遣制员工的职业生涯发展空间非常有限。

与正式员工相比，外包员工能够获得的学习资源少得可怜。例如，在一些互联网巨头公司中，劳务派遣制员工往往没有权限进入内部技术交流群，导致他们无法接触到许多最先进的解决方案和技术资源。

在过去，基层员工通过个人努力晋升为大企业高管的励志故事并不罕见。例如，美国柯达公司首席信息官盖尔·埃文斯（Gail Evans）早年曾是公司的一名清洁工；中国平安集团董事长马明哲早年也曾是公司的一名司机。然而，在劳务派遣制度盛行的今天，清洁工、司机等岗位大多被外包或由派遣制员工担任，这种从基层走向高管的励志故事已难以重现。

（四）劳务派遣公司可能存在不规范经营

劳务派遣公司可能利用信息不对称的优势，压低员工工资，少缴社会保险费，甚至向劳动者收取高额的求职登记费、培训费等不合理费用。

近年来，一些国家开始通过政策法规限制劳务派遣制的滥用。例如，我国 2014 年施行的《劳务派遣暂行规定》明确规定，用工单位使用的被派遣劳动者数量不得超过其用工总量的 10%。然而，一些劳务派遣公司为了规避政策限制，采取了“假业务外包、真派遣”的经营方式。具体而言，由于业务外包能够在短期内快速降低劳务派遣工比例

---

① （美）安妮·凯斯、（美）安格斯·迪顿：《美国怎么了：绝望的死亡与资本主义的未来》，杨静娴译，中信出版集团 2020 年版。

且操作简便,因而一些企业将某项业务整体外包给第三方公司。而承接外包业务的单位往往是原来的劳务派遣公司,劳动者的工作场所和管理方式并未发生实质变化,仍然在原单位工作并接受原单位的管理。这种"假外包、真派遣"的方式,实质上仍然是劳务派遣用工,只是形式上规避了政策限制。

专栏 4.2　美国大学教师中的非常勤教员

"非常勤"教员指的是大学中所有不属于终身教职体系(tenure-track)但又在大学中开设课程的人员,包括访问教授、代课教授、兼职讲师、博士后研究人员、医学院的"门诊讲师",甚至主持讨论课的研究生助教。他们不受大学"终身教职"制度的保护,与学校之间仅存在短期合同关系,因此面临更高的解雇风险。非常勤教员的收入水平普遍低于终身教职员工,且往往无法享受全职员工的医疗保险等福利。自美国大学建立之初,"终身轨"与"非常勤"两种职位体系便一直并存。

从理论上讲,大学教师的主体应当是终身教职序列中的教授,而非常勤教师只是事急从权时的后备补充力量。然而,近年来,由于教职市场提供的终身轨岗位越来越少,美国大学中非常勤教师所占比例几近与终身教职员工持平。许多全职在某所大学工作的教师也只能签订非常勤合同。根据美国高校教授联合会(AAUP)的统计,2013 年,美国高校所有教学和研究型职位中,仅有 26.88%属于终身教职序列;即使不计兼职教研人员,在全职高校工作者中,拥有终身教职的比例也仅为 65.2%。这意味着有 1/3 的教研人员虽然全职在高校工作,却随时面临解雇的风险。如果进一步细究,考虑到不同职业阶段教授承担的课时量差异,那么在从事一线教学工作的教员中,非常勤的比例就更高了。

美国大学雇用"临时工"教授(contingent faculty)的现象已有很长历史。从 1975 年到 2011 年,美国高校雇员中终身教职序列员工(包括已获得终身教职和正在升职序列中的员工)的比例从 56.8%下降至 29.8%;而在教学类岗位中,这一比例从 45.1%下降至 24.1%,3/4 以上的教学工作由附属教授、兼职讲师和研究生助教在承担。非常勤教职在不同类型学校中的分布也不均衡。经费紧张的社区学院是最早开始大规模使用临时教师的,随后这一趋势蔓延至州立大学系统,而精英私立大学受到的影响相对较小。

为教师维权的教师工会本身的合法性就是个悬而未决的问题。20 世纪 60 年代加州州立大学教师工会成立之初，就曾被州劳动委员会质疑其不具有谈判代表权。尽管 20 世纪 70 年代后公立大学系统的教师工会逐个争取到了州级别的谈判代理权，但全国和州劳动委员会仍无权判定私立大学中教师工会的合法性。1980 年，最高法院在叶史瓦大学案中裁定，私立大学的教师属于学校管理层而非雇佣劳工，因而不应享有集体谈判的权利。只有在大学管理方主动承认工会地位的情况下，双方才能进行集体谈判。这一裁决使得私立大学的非常勤教师处于既不受终身教职保护，又无法参与集体谈判的双重困境。

更多讨论请参见(美)赫布·柴尔德里斯:《学历之死:美国博士消亡史》,杨益译,上海人民出版社 2023 年版。

拓展阅读

美国加州法案规定网约车司机不属于企业雇员

美国法律将劳务提供者分为雇员（employee）与独立承包人（independent contractor），形成了“二分法”的法律结构。如果劳务提供者是雇员，那么雇主要承担更多的责任，有每小时最低工资要求，要给雇员提供医疗保险、养老、病假、失业保险等多项福利。而如果劳务提供者被界定为独立承包人，雇主则无需给员工提供福利。因此，对于雇主来说，雇用独立承包商的劳动力成本低于雇用雇员。

随着全球零工经济的兴起，雇员与独立承包人之间的界限逐渐模糊，这给法律、经济和社会各方面带来了诸多挑战。在美国加州，零工经济发展尤为迅速，其用工关系成为争议的焦点。2020 年 11 月，加州通过了 22 号法案（Proposition 22），该法案将网约车司机归类为独立承包人而非雇员。然而，法案同时要求网络平台公司为网约车司机提供一系列福利待遇，包括：提供相当于当地或全州最低工资 120%的时薪，为每周至少工作 15 小时的从业者提供医疗保险补贴，为每周工作 25 小时的从业者提供更高的补贴，提供覆盖工伤的职业伤害保险等。

一、22 号法案公投之前的加州相关政策

（一）1989 年确立的博雷洛测试法（Borello Test）

1989 年，加利福尼亚州最高法院在 S. G. Borello & Sons，Inc. 诉 Dept. of Industrial Relations（1989）一案中确立的判断规则被以后的加州法院广泛遵守，最后演变成博雷洛测试法的 11 个因素标准，以判定某人是雇员还是独立承包商。博雷洛测试法在运用中不是仅考虑一个因素，而是考虑所有可能相关的事实，因而被称为“多因素”测试。

11 个因素包括：①从事的服务是否与用工方的业务有差异；②从事的服务是否为用工方日

常业务的一部分；③是否由用工方提供工具和工作场所；④工作内容是否要求提供服务的人购买相关设施或材料；⑤工作是否需要特殊的技能；⑥工作是否通常需要用工方或者专家进行指导；⑦收入的多寡是否取决于管理技能；⑧工作时间长短；⑨工作关系持续时间；⑩计算报酬的方式是基于时间还是工作内容；⑪各方是否相信他们之间存在雇佣关系（这个因素对关系的判断只有一定的影响，但不是重要的考量因素）。

（二）2019 年生效的 5 号法案

2019 年，加州众议院通过了 5 号法案（Assembly Bill No. 5）。该法案用以界定员工到底是独立承包人还是雇员。根据 5 号法案的规定，必须同时符合以下三项标准，才能被认定为独立承包人：A. 该员工来去自由，不受雇佣实体通过绩效考核来控制和指示；B. 该员工从事的工作不在雇佣实体的正常业务范围内；C. 该员工平日就从事此类工作，有独立运营和贸易、职业或业务。

5 号法案确立的方法又称为 ABC 测试法，与博雷洛测试法的多因素测试相比，两者的核心区别不在于因素的多少，而在于分析的起点不同。ABC 测试法预先假设争议的劳资双方是劳动关系，而博雷洛测试法预先假设双方不是劳动关系。

5 号法案列出了多个豁免行业，这些行业的从业者可以不适用该法案的规定，例如证券经纪、地产经纪、律师、会计、自由撰稿人、摄影师等。然而，网约车司机和快递员并未被列入豁免范围。5 号法案的实施直接导致 Uber、Lyft 等网约车公司以及 DoorDash、Instacart 等外卖和送货平台被法院裁定其员工为雇员。这意味着这些公司必须为员工缴纳社会保险并提供员工福利，从而导致公司运营成本上升，盈利能力下降。面对这一局面，Uber、Lyft 等公司甚至威胁要在加州停止运营。

更为严重的是，新法律迫使各家公司严格控制车队司机的数量，以节省雇用全职司机的各项开支。这一举措导致大量冗余司机失去工作机会，闲置资源无法有效利用以满足乘客需求，进而可能使共享经济模式在加州彻底崩塌。

2019 年底，Uber 和 Postmates 联合起诉加州政府，要求法院阻止 5 号法案生效。两家公司在诉状中指控 5 号法案违反美国宪法，并故意针对共享经济行业。然而，加州中区法院驳回了他们的申请，允许 5 号法案如期于 2020 年初正式生效。

随后，Uber 等共享经济公司采取了拖延战术，拒绝在诉讼期间执行新法律。针对这一行为，2021 年 5 月，加州政府与旧金山、洛杉矶、圣迭戈等主要城市联合起诉 Uber 和 Lyft，要求两家公司确保网约车司机享有加州法律规定的员工薪酬待遇、劳动保护和医疗福利等权益。

二、22 号法案公投的经过及其影响

为了规避加州 5 号法案的限制，Uber、Lyft 等公司积极推动加州 22 号法案进行公投。根据 22 号法案，网约车司机、外卖配送员等零工从业者被明确归类为独立承包人，而非雇员。为了确保 22 号法案通过，Uber、Lyft、Doordash、Instacart 和 Postmates 等网络平台公司共同投入至少 2.5 亿美元资金，用于广告宣传和拉票活动。这些公司通过多种渠道向公众传递信

息，强调22号法案能够保护零工从业者的灵活性，同时为其提供基本福利。

2020年11月5日，公投结果揭晓。在近1 00万张选票中，22号法案以57%的支持率获得通过，42%的选民表示反对，投票率接近77%。这一结果意味着Uber、Lyft等公司通过网络平台运营的模式将不受5号法案的约束，司机和配送员等零工从业者可以继续以独立承包人的身份通过平台接单，而无需被视为这些公司的正式雇员。这一结果既维护了零工从业者的工作灵活性，又为其提供了基本福利保障，同时也有助于加州通过零工经济降低失业率，零工经济发展模式依然可在加州境内维持并发展。

三、22号法案尚未解决的问题

22号法案算是对零工经济企业较为折衷的方案，有其进步之处，也存在一些未能解决的问题。

尽管22号法案不再强制要求零工经济企业完全执行5号法案的规定，但仍要求其为劳动者提供部分社会福利与员工福利。例如，法案规定将一小时乘车工资提高至120%，并为每周至少工作15小时的从业者提供医疗保险补贴，为每周工作25小时的从业者提供更高的补贴，提供覆盖工伤的职业伤害保险等。这些措施在一定程度上改善了零工劳动者的福利待遇。

对于Uber等网络平台公司而言，22号法案有助于降低人力成本。网络平台公司无需承担员工底薪、带薪休假、退休福利等传统雇主的义务，同时仍能通过佣金模式获取丰厚利润。这种安排对企业来说无疑是非常划算的。

尽管22号法案为劳动者提供了一定的福利保障，但零工经济劳动者仍然面临诸多挑战。虽然零工经济看似为劳动者提供了更多的工作渠道，并赋予他们时间安排的灵活性，但实际上，劳动者仍然受到企业或共享平台的严格控制。他们必须遵守平台的规则和算法，才能获得相应的报酬。这种模式并未真正改变劳动者在劳动关系中的弱势地位，反而可能加剧其不稳定性。

复习思考题

1. 在世界各国，政府开始在社会福利支付系统中加入人工智能与算法程序，以使社会救助更加精确，同时减少人工审核的工作量。例如，申请者的状况以及真实性进行判断，防止福利欺诈；根据大数据来确定申请者的资金需求等。政府通常会悄悄地进行这些改革，很少进行公开辩论或问责。事实上，这些改革影响了数百万人，造成了严重甚至致命的后果。2019年10月，英国《卫报》用整整一周时间讨论了“贫困自动化”(automation of poverty)问题，描述了世界各国政府使用技术密切监视福利领取者的做法以及产生的一些不良后果。例如，2009年印度政府推出了一个面向所有国民的生物识别数据库项目(Aadhaar)，旨在将每个印度公民的指纹、照片和虹膜等生物信息纳入一系列政府服务的数据库中，应用于教育、就医、金融服务等生活的方方面面。该数据库的身份识别卡能够减少国民领取补贴的中间环节，只要通过认证，补贴就能直接转账给个人，同时，这也遏制了官员从中贪污，看起来是一举两得。尽管政府要求各地不应因为指纹扫描失败而拒绝发放补助，但实际上很多地方并未执行该要求。据统计，仅在贾坎德邦，至少发生13起数据库故障导致民众无法领取补助而饿死的案例，其中一名受害者是11岁的女孩。又如，在欧洲一些国家，移动支付普及而形成的无现金社会影响了一大批穷人、老人和无家可归的露宿者等弱势群体的生计。因此，有人认为，这些技术进步旨在监管穷人的生活并惩罚他们，在这场技术革命中，福利国家的人性因素正在被淡化，纯粹由电脑系统进行评分和决定福利申请者的命运。你如何看待社会福利系统的自动化升级？

2. 近年来，我国互联网大病救助捐赠平台发展迅猛。截至2021年第三季度，某网络筹款平台累计帮助困难大病患者筹集到的医疗资金总额就突破457亿元。互联网大病救助捐赠平台已成为我国大病救助事业中不可或缺的社会力量。慈善机构要保持运转，收取管理费是极具可行性的方式之一。《中华人民共和国慈善法》明确规定："具备公开募捐资格的基金会开展慈善活动，年度管理费用不得超过当年总支出的10%，捐赠协议对单项捐赠财产的慈善活动支出和管理费用有约定的，按照其约定。"有多名网友爆料称，自己在"轻松筹"平台上捐款，却被收取3元费用，甚至捐款1元也被收取3元。记者调查发现，收取管理费的捐赠平台不止一家。请分析：互联网大病救助捐赠平台如要健康、可持续地发展下去，应如何平衡好平台的商业属性和社会公共属性，并形成良好的社会公信力。

3. 中共二十届三中全会决定指出，要"健全灵活就业人员、农民工、新就业形态人员社保制度，扩大失业、工伤、生育保险覆盖面，全面取消在就业地参保户籍限制，完善社保关系转移接续政策"。根据美团官方数据，2023年"在美团平台获得收入"的骑手有约745万名。2025年4月3日，美团公司发布公告称，即日起在福建泉州及江苏南通两地启动外卖骑手养老保险试点。据悉，两个试点区域总计覆盖超过2.2万名骑手。根据灵活就业人员参保政策，本次试点方案为：对当月收入达到就业地相关缴费基数下限且近6个月有3个月满足该条件的骑手，美团以相关缴费基数为基准，补贴50%的费用。以泉州为例，当地灵活就业人员参加养老保险的最低月缴费基数为4 433元，按缴费比例20%计算，金额为886.6元，美团补贴后骑手可获得443.3元现金。该试点方案"无前置资格限制、无参保地点限制、无时长单量限制、无跑单类型限制"，具体而言：无需签署任何合约或者等待邀约；支持骑手自主选择在户籍地或就业地参保缴费获补；无时长单量限制；面向所有类型骑手开放，不因骑手的熟练度、工作年限而有所区别。请跟踪美团公司这一政策的实施情况及其影响。

第五章　各国社会保障政策的分类

社会保障政策可以根据多种标准进行分类，例如待遇确定原则及水平高低、收入再分配的程度、社会服务的提供方式等。当今各国普遍采用混合式的社会保障模式，即一个国家的社会保障制度是多种模式的结合，而非单一模式的纯粹实施。

1949 年，英国著名社会学家 T. H. 马歇尔在其经典著作《公民权与社会阶级》（*Citizenship and Social Class*）中，基于对英国社会的历史考察，提出了公民权的三个基本维度或组成要素：公民民事权（civil rights）、政治权（political rights）和社会权（social rights）。[①] 公民民事权保障个人自由（如人身权、财产权、人格权），政治权保障参政自由（如选举权和被选举权），社会权保障基本社会福利和社会参与（如教育权和社会福利权）。马歇尔认为，只有当公民同时具备这三种权利时，才能称之为"完整的公民身份"（full citizenship）。然而，各国对公民权的理解与保障力度存在差异，这直接影响了其社会保障政策的类型与特点。

在英国，公民权的三个维度经历了三个世纪的逐步发展：首先确立的是公民民事权，随后是政治权，最后才是社会权。然而，其他国家的发展路径并不完全相同。例如：德国的社会保障制度早在 1883 年就已建立，但德国女性直到 1919 年才获得选举权；美国黑人虽然在法律上享有公民权，但直到 1965 年《投票权法案》通过后，才真正获得平等的选举权。

第一节　蒂特马斯的福利国家三种模式

英国著名的社会学家理查德・蒂特马斯（Richard Titmuss）提出福利国家可以分为三类：补缺福利模式（the residual welfare model）、工作成就模式（the industrial achievement-performance model）和制度性再分配模式（the institutional redistributive

① Marshall T H，Bottomore T. *Citizenship and Social Class*. New York：Cambridge，Press，1950.

model)。[①]

一、补缺福利模式

在这种模式下,政府对社会保障领域的介入应尽可能少,而尽量由市场机制与家庭、社会(雇主、慈善组织等)自主来实现社会保障功能。政府仅是最后一道防线,承担暂时与替代性任务。社会保障制度扮演补偿性供给的角色,当家庭和个人陷入困境或市场功能失灵时才介入,以满足个人的基本需求。

在此模式下,政府保障的对象主要是穷人,给付水平较低。此模式含有济贫、施舍以及慈善等意味,亦是社会福利发展起初的基调。

二、工作成就模式

在这种模式下,社会保障是经济发展的附属产品,社会政策依附于经济政策。福利的取得与分配原则是功绩式(merit)的,即视福利为一种报酬。主导的分配方式是论功行赏,按照各人的贡献、工作表现和生产力来满足其需要,个人在经济上的产出越高,所能获得的福利越多,两者之间成正比关系。

在此模式下,政府保障的对象主要是有工作的人群。家庭妇女通常被排除在社会保险的保障范围之外,或只能以配偶身份成为社会保险的给付对象。

三、制度性再分配模式

在这种模式下,政府在市场以外,按照"需要"的原则,提供普惠性服务(universalist services)。[②] 该模式主张社会平等原则,认为所有国民都享有基本生存的权利,而不论贫富、性别、种族或就业状况等。政府是主要的福利分配者,承担保障人民基本生活需求的责任,并在社会保障的运作和分配中发挥主导作用。

在此模式下,政府应主动规范全民式的社会保障政策,并调配资源。根据蒂特马斯的主张,资源调配应包含横向式与纵向式两种再分配。前者如向富人课税,以救济穷人;后者如建立社会保险体系,向老年人支付养老金,是一种代际间再分配。

蒂特马斯对制度性再分配模式高度认可。他主张全民福利,认为单独为穷人提供的差别化服务往往会沦为低质量服务。相反,如果让富裕人群也参与公共服务,不仅可以维持共同承担义务的社会意识,还能通过他们的参与保持对服务标准的压力,从而提升整体服务质量。

---

① Titmuss R M. *Social Policy*. London: Allen & Unwin, 1974.

② (英)理查德·蒂特马斯:《蒂特马斯社会政策十讲》,江绍康译,吉林出版集团2011年版。

蒂特马斯提出的“三分法”对后来的福利国家研究产生了深远影响。著名学者艾斯平-安德森(Esping-Andersen)在其福利体制分类研究中,高度评价了蒂特马斯的理论。在许多学者的研究中,包括艾斯平-安德森在内,都可以看到蒂特马斯“三分法”的影子。

第二节　俾斯麦模式与贝弗里奇模式

回溯养老保险制度的历史起源,各国基于政策目标的差异而发展出两种截然不同的制度模式——俾斯麦模式与贝弗里奇模式。

一、俾斯麦模式与贝弗里奇模式的概念与特点

(一)俾斯麦模式

俾斯麦模式(Bismarckian Model)是一种以社会保险参保缴费为主要融资渠道的社会保险制度,强调多缴多得,对制度的收入再分配功能关注较少。该模式基于社会保险原则,以“就业为本”为导向。

俾斯麦模式可追溯至德意志帝国首任宰相奥托·冯·俾斯麦(Otto von Bismarck),他于1883年在德国引入了法定健康保险,为实施全面的社会保险体系奠定了基础。俾斯麦的目标是应对社会动荡和社会主义思潮,并在经济上削弱工会和教堂等举办的互助式自愿保险。

俾斯麦模式的特点包括:

(1)参保人主要是雇员或从事有酬工作的人,通常采用对称原则,雇主与雇员平摊缴费额。

(2)缴费额根据工资薪金计算,收入高者多缴费。

(3)给付额与缴费额、缴费年限等挂钩。

(4)社会保险制度与资金的管理由雇主和雇员双方共同参与并管理。基金收支管理通常委托给专门的独立机构。

(二)贝弗里奇模式

贝弗里奇模式(Beveridgean Model)是一种通过税收融资的社会保障制度,实施全社会均一的给付待遇,具有较强的收入再分配功能。贝弗里奇模式源自《济贫法》(Poor Law)的传统,最初建立的公共年金是在达到法定退休年龄或失能标准,并经资产调查后均一给付,后来逐渐发展成为基于公民权的普惠式基础年金、医疗保健服务等。

贝弗里奇模式以英国著名学者威廉·亨利·贝弗里奇(William Henry Beveridge)命名,他对当时的国家社会保险方案及相关服务进行调查,并就战后重建社会保障计划

进行构思设计，于1942年提出具体方案和建议。这份报告名为《社会保险和相关服务》(*Social Insurance and Allied Services*)，即著名的贝弗里奇报告。1942年12月1日，在这本书出版的前一天晚上，人们排起长队购买，第一版6万册迅速售罄。它在一个月内售出了10万册，而一个更便宜的缩略版售出了近50万册。

贝弗里奇报告对英国、欧洲乃至整个世界的社会保障制度建设和发展进程产生了重要影响。1945年，英国工党在大选中击败了以温斯顿·丘吉尔为首的保守党并大获全胜，为实施贝弗里奇报告形成了良好的政治基础。此后，贝弗里奇模式在欧洲各国开始广泛传播与应用，成为福利国家的“样板”。可以说，当今世界欧洲福利国家的发展多少都受到了贝弗里奇报告的影响：斯堪的纳维亚的挪威、瑞典、芬兰、丹麦和爱尔兰等于20世纪50年代开始效法，70年代加拿大采纳，80年代希腊、意大利、西班牙、葡萄牙等国家也开始部分借鉴贝弗里奇模式。①

不过，后人归纳的贝弗里奇模式实际上与贝弗里奇本人的主张有所区别。例如，贝弗里奇主张通过缴费来实现社会保险筹资，而后来的贝弗里奇模式被解读为主要通过税收来实现社会保险筹资。

贝弗里奇模式的特点包括：

(1)普惠性(universality)，即“统一资格”的原则或称国民待遇标准。给付对象包含全部人口，领取条件主要依据公民资格，消除了不同群体、不同资格条件的碎片化管理以及“社会排斥”现象。参保人可能不需要缴费也可能获得社保待遇，即使缴费也是统一的定额缴费。

(2)一体性(unity)，即管理上的大一统性质，在缴费渠道、营运管理、待遇发放等各个环节由国家一个机构统一管理，资金主要来源于国家财政预算。

(3)一致性(uniform)，即全国的缴费比例和待遇水平遵循一个比例原则，无论居民的工作性质和收入水平如何，福利制度为每个国民提供的待遇给付比例都是一致的，不存在由于职业与行业不同而导致的待遇差距。这个“统一待遇”原则体现的是社会团结，彻底摒弃了俾斯麦模式的行业职业间待遇差和特权问题。

二、俾斯麦模式与贝弗里奇模式的主要差异

从定位来看(见表5.1)，俾斯麦模式旨在维持收入水平，即确保人们达到一定的生活标准(a standard of living)，其待遇相对较为慷慨；而贝弗里奇模式旨在防止贫困，致力于确保人们达到基本的生活保障水平(a subsistence level)。贝弗里奇模式主张政府的社会保障政策保持在最低限度，为家庭和个人的自主安排留出空间，不应干预个人自

① 郑秉文：《法国社保制度模式分析：与英德模式的比较》，《世界社科交流》2004年第41期(总1113期)。

由,也不应抑制个人的积极性、机会和责任。

表 5.1　　　　俾斯麦模式与贝弗里奇模式的差异

特　点	俾斯麦模式	贝弗里奇模式
目标	收入维持	防止贫困
待遇计发办法	与收入挂钩的给付额	均一给付额
待遇水平	高	低
领取资格	根据缴费记录确定	根据居民身份或按需领取
覆盖面	雇员及其家庭成员	全部人口
融资来源	缴费	税收

资料来源:Bonoli G. Classifying welfare states: A two-dimension approach. *Journal of Social Policy*,1997,26(3).笔者在引用时作了少量增补。

在贝弗里奇模式下,养老金的领取资格主要基于公民权,这使得更多女性无需通过婚姻即可获得养老金,老年女性因此拥有了独立的养老金收入。而在俾斯麦模式下,女性通常可以通过其丈夫的缴费记录获得养老金,这影响了她们的就业意愿。据统计,实施贝弗里奇模式的国家的女性劳动参与率更高。①

在实施贝弗里奇模式的国家中,公共养老金水平较低,职业养老金则起到了保障收入的作用。在这些国家,职业养老金通常并非完全由国家管理,但就业者享有(强制性或半强制性)职业养老金的权利是由法律明文规定的。

尽管英国因其发达的职业养老金体系和较低的公共养老金水平而被归为贝弗里奇模式,但它却在一定程度上游离于该模式之外。首先,英国的公共养老金水平低于其他贝弗里奇模式国家。在北欧国家、瑞士及荷兰,自 20 世纪 60 年代以来,法定养老金至少与经过家计调查所确定的社会救济金水平持平或更高。而在英国,养老金领取者如果没有职业养老金,就只能依赖社会救济。其次,在实施贝弗里奇模式的国家中,只有英国允许企业自行决定是否为员工提供职业养老金,其结果是只有约一半的就业人口,即公共部门员工和大型私营企业员工享有职业养老金。截至 20 世纪 90 年代末,英国的职业养老金主要由所谓的“待遇确定型养老金”构成。在这种与收入挂钩的给付方式下,金额由雇主担保,财务风险由员工转移至雇主。此外,此类职业养老金水平在欧洲名列前茅,领取者被视为特权阶层。②

---

① Meyer T. *Beveridge Not Bismarck! European Lessons for Men's and Women's Pensions in Germany*. Friedrich Ebert Foundation,2014.

② Bridgen P,Meyer T,Riedmuller B. Private pensions versus social inclusion? Three patterns of provision and their impact. In Bridgen P,Meyer T,Riedmuller B. *Private Pensions versus Social Inclusion? Non-state Provision for Citizens at Risk in Europe*. Cheltenham:Edward Elgar,2007.

三、俾斯麦模式与贝弗里奇模式的细分

根据社会保障支出占 GDP 比重的高低、社会保障支出通过缴费融资比重的高低，可以把欧洲各国分成四种类型(如图 5.1 所示)。

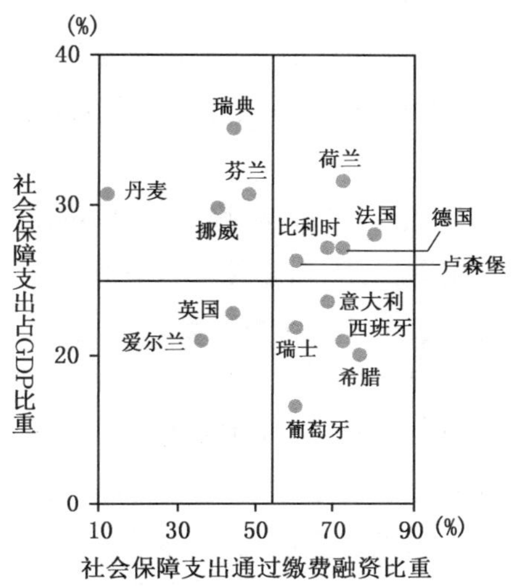

图 5.1　欧洲国家的社会保障制度类型

注：根据上述国家 1989—1992 年的数据进行计算。

资料来源：Bonoli G. Classifying welfare states：A two-dimension approach. *Journal of Social Policy*，1997，26(3).

类型一：社会保障支出占 GDP 比重较高的贝弗里奇模式国家，包括瑞典、丹麦、芬兰和挪威等。这些国家的收入再分配力度较大。

类型二：社会保障支出占 GDP 比重较低的贝弗里奇模式国家，包括英国和爱尔兰等。这些国家的收入再分配力度相对较小。

类型三：社会保障支出占 GDP 比重较高的俾斯麦模式国家，包括荷兰、比利时、法国、德国和卢森堡等。这些国家的社会保险的参保者与不参保者之间的福利待遇差距较大。

类型四：社会保障支出占 GDP 比重较低的俾斯麦模式国家，包括意大利、希腊、西班牙和葡萄牙等。这些国家的社会保险的参保者与不参保者之间的福利待遇差距较小。

四、两种模式的发展趋势

严格来说，没有哪个欧洲国家完全属于某一种社会保障模式，因为没有一个国家以

纯粹的形式遵循这两种模式中的任何一种。大多数国家的社会保障模式都是上述两种模式的混合体。随着时间的推移,一些国家的社会保障模式也会发生变化和转型。

(一)两种模式面临的挑战

通常北欧国家与贝弗里奇模式有着紧密联系,而欧洲大陆中部的国家以俾斯麦模式为主导。然而,随着时间的推移,欧洲国家之间的这些差异逐渐减弱。例如,在过去十年中,税收融资比重较低的国家(如法国、意大利和葡萄牙)开始增加政府的财政投入,税收融资比重较高的国家(如斯洛伐克)则开始注重缴费筹资的作用。这反映出两种模式都面临一些挑战。

对于俾斯麦模式而言,制度的可持续性依赖于源源不断的新参保人加入。然而,生育率的下降和平均预期寿命的增加导致新参保人数量和占比下降,人口金字塔已经倒置,在职参保人难以负担越来越多的养老金领取者。

对于贝弗里奇模式而言,制度同样面临人口压力。在医疗保健方面,人口结构的变化(老年人和易患疾病人群的增加)以及医疗服务和技术成本的上升,导致税收负担日益加重。然而,政府财政资金的增长幅度有限,这使得越来越多的财政预算需要投入医疗保健领域,从而影响了其他领域的资金投入。

(二)两种模式的改革趋势

总的来说,近年来欧洲地区的公共养老金改革趋势显示,无论是采用俾斯麦模式还是采用贝弗里奇模式的国家,都在持续调降公共养老金的给付水平,但与此同时,也在积极通过税收优惠或推动立法发展职业年金与个人年金,以弥补因削减公共养老金而产生的收入落差。

从宏观趋势来看,国家的职能更多地转向反贫困与保障基本生活,而将收入维持的职能转移给雇主、工会及个人。

1. 俾斯麦模式的改革

第二次世界大战后,随着经济成长与工资上涨,就业收入与养老金之间的差距逐渐拉大。南欧国家如西班牙和希腊在 20 世纪 60 年代晚期提高了养老金的替代率。与此同时,一些劳动者因缴费年限不足或工资收入太低而丧失养老金领取资格。为此,德国为这些人群建立了最低收入保障制度,奥地利和法国等则建立了最低养老金制度,弥补了俾斯麦模式覆盖率较低的缺点。

2. 贝弗里奇模式的改革

20 世纪 60 年代,瑞典、芬兰、挪威及加拿大等国家在基本公共养老金的基础上,加入了第二层养老金——缴费式、现收现付型、与缴费基数挂钩的补充公共养老金,以满足老年生活需要。这种双层型的养老金制度实际上导致了这些国家的贝弗里奇模式向俾斯麦模式转型。

与此同时，荷兰、英国与丹麦等国家从20世纪70年代开始，通过建立私有化、完全积累制的职业年金制度来弥补公共养老金的不足。

当然，还有第三类国家，如新西兰与爱尔兰，没有出现养老金加层的改革。

第三节　选择性社会福利与普惠性社会福利

1968年，英国著名社会学家理查德·蒂特马斯提出了选择性社会福利与普惠性社会福利的分类与抉择问题。[①] 例如，对于70岁及以上的老人，国内有的城市规定可以在非高峰时段免费乘车。这里就存在一个争议：优惠乘车的对象是针对所有70岁及以上的老人，还是仅针对少数经济状况较差的老人。争论背后实际上体现了理念的分歧。

一、选择性社会福利

选择性社会福利（selective benefit）是以申请人的家庭或个人资产多寡、收入高低等作为领取津贴或提供服务的前提条件。社会福利的给付对象仅限于经过资产或收入调查、符合条件且被认为有需求的人群。与选择性社会福利相对应的福利体制是补缺福利模式，即在个人福利需求满足中，国家扮演的只是“补缺”角色。

1.选择性社会福利的优点

（1）效果较好。服务提供聚焦在有需求的人身上，能够精准扶贫、扶弱。

（2）成本较低。不需要服务的人均被排除在外，在财政资金有限时，较能符合节约成本的原则。

2.选择性社会福利的缺点

（1）不能满足全体民众的需求。

（2）对于领取者而言，需要申请、认定，甚至公示，存在一定的耻辱感。

（3）对于政府而言，由于待遇领取条件需要甄别和调整，因而管理成本较高。

（4）缺少激励工作的机制，容易形成“福利陷阱”，一些低收入阶层不愿意“摘帽”。同时，由于存在给付认定标准，因而可能引发“悬崖效应”，贫困户与非贫困户之间存在较大的待遇差异。

二、普惠性社会福利

普惠性社会福利（universal benefit）是以需求的类属、群体、地区作为提供服务的

---

① Titmuss R M. Universal and selective social services. In Titmuss R M. *Commitment to Welfare*. New York: Pantheon, 1968.

基础，只要属于同一类属（如经济安全、就业）、同一群体（如儿童、老人、残疾人员）或同一地区（如教育优先区），即可获得相同的服务。[①] 这种模式假设所有国民都有可能面对各种风险，接受服务是一种权利，旨在满足每个人的基本需求，让社会的每一个成员都能得到基本的生活保障。其背后的理念是公民权的政治思想，即赋予公民普遍的社会权利。与普惠性社会福利对应的福利体制被称为制度性再分配模式。

蒂特马斯本人是普惠性社会福利的拥护者。

1. 普惠性社会福利的优点

（1）较能响应不同人群的基本社会需求。例如，儿童与少年普遍需要教育与照顾，老人普遍需要健康照顾、经济安全等。普惠性福利不需要进行家计调查，就能确认其个人需求。

（2）较能关注人的尊严与社会凝聚。因为每个人均能公平地获得福利，所以不会有人被标签化、羞辱或污名化。

（3）较能响应人们的即时需求。家计调查通常是定期办理的，人们若有急迫需求（如失业、单亲、疾病、未成年怀孕、家庭暴力等），无法等待家计调查后才认定。普惠性福利不需要进行家计调查，就能确认其即时需求。

（4）政治上有利。福利对象基于包容原则，照顾到全体国民，自然较容易获得民众的支持。

（5）管理成本较低。政府可节约在家计调查方面的管理成本。

2. 普惠性社会福利的缺点

富人同时也享受社会福利，导致资金使用效率不高。

专栏 5.1　全民基本收入方案

全民基本收入（universal basic income，UBI），又称无条件基本收入（unconditional basic income），是指没有条件、资格限制，每个国民皆可定期领取的用以满足其基本生活需求（包括食物、居住、教育、医疗和公用事业等支出）的一定金额的津贴。全民基本收入方案最早可追溯至16世纪英国空想社会主义学者托马斯·莫尔（Thomas More）在其著作《乌托邦》中提出的设想。

当前，各国的社会保障制度普遍存在诸多问题，例如：各类社会保障制度交叉重复且可能存在覆盖空白；制度运行管理成本高昂；容易引发“贫穷陷阱”效应；申请流程复杂或信息不透明，导致真正需要帮助的人无法获得救助，甚至出

① 潘屹：《普遍主义福利思想和福利模式的相互作用及演变》，《社会科学》2011年第12期。

现福利诈骗、行政官僚主义和贪腐等问题；受补助群体还可能面临歧视和标签化；部分劳动者因经济压力而被迫从事不适合或劳动条件恶劣的工作。

全民基本收入方案通常具备以下五个标准：

(1)定期发放：例如每月发放，而非一次性支付。

(2)现金形式：以现金形式支付，让个人根据自身需求自由支配，而非提供特定用途的物资或券。

(3)以个人为单位：发放对象为个人，而非家庭、组织或单位。

(4)普遍性：覆盖全体国民，无需资格审查。

(5)无条件：不与工作劳务或工作意愿挂钩，完全无条件发放。

全民基本收入能够帮助人们从迫于生计的劳动中解放出来，使其有机会从事真正感兴趣的活动，从而推动社会进步。许多学者指出，在科技高度发达、人工智能与自动化日益普及的今天，只需少量人力即可满足全人类的基本生活需求。通过平衡资源分配，全民基本收入方案有望缩小贫富差距、保障生存权，并为人们提供更多时间追求个人兴趣。

全民基本收入方案的支持者包括多位诺贝尔奖得主，如詹姆斯·布坎南(James Buchanan)、赫伯特·西蒙(Herbert Simon)、安格斯·迪顿(Angus Deaton)、克里斯多弗·皮萨里德斯(Christopher Pissarides)和约瑟夫·斯蒂格里茨(Joseph Stiglitz)等。商界也有许多支持者，例如，特斯拉首席执行官埃隆·马斯克(Elon Musk)和 Facebook(现为 Meta)创始人马克·扎克伯格(Mark Zuckerberg)均公开表示支持这一方案。

然而，全民基本收入在实践中面临诸多挑战。2016 年，瑞士曾举办公投，决定是否将全民基本收入方案纳入宪法，结果 76.9%的民众投了反对票。反对理由包括税收不足以支撑基本收入、担心就业率下降以及可能引发大量移民涌入。2017 年，加拿大安大略省启动了一项针对低收入者的实验，但因次年政党轮替而中止，新政府以“成本过高”为由终止了实验。芬兰在 2017—2019 年进行了为期两年的实验，对象为失业者。实验结果显示，获得基本收入者的平均工作天数略有增加，经济安全感和心理健康水平有所提升。然而，芬兰政府最终决定停止实验，转向其他福利计划。

在 2020 年美国总统大选中，华裔候选人杨安泽(Andrew Yang)提出“每人每月无条件获得 1 000 美元”的全民基本收入政见，旨在通过社会制度改革应对自动化带来的就业挑战。同年，受新冠疫情影响，全球失业率激增，底层劳动者收入锐减，全民基本收入再次成为多国关注的焦点。

更多介绍可参见(英)盖伊·斯坦丁：《基本收入》，陈仪译，上海文艺出版社 2020 年版。

第四节　福利体制的“三个世界”

世界社会保障制度可以有许多分类方式，其中最具影响力的分类是丹麦学者艾斯平-安德森提出的福利国家的“三个世界”。他将18个发达资本主义国家划分为“三个世界”或称“三种体制”。[①]

需要指出的是，艾斯平-安德森的分类是基于20世纪80年代和90年代主要发达国家的社会保障制度进行考察的。然而，随着时间的推移，各国的社会保障制度也在不断调整和改革，因此，有些国家的社会保障制度模式可能与30年前的情况不完全一致。

一、福利体制“三个世界”的分类方法

正如艾斯平-安德森自己所指出的，他的理论与蒂特马斯的学说有着密切的联系。然而，蒂特马斯的研究更侧重于福利国家的传统目标，如保护收入损失、防止贫困以及限制社会不平等。艾斯平-安德森与蒂特马斯的显著区别在于，他的研究重点并非传统的福利国家保障功能，而是聚焦于福利国家的社会政治关系与劳动力市场政策。[②]

艾斯平-安德森认为，传统的“福利国家”(welfare state)概念过于狭隘，仅指传统的社会保障体制及其改革。因此，他提出了“福利体制”(welfare regimes)的概念框架，对资本主义国家的福利制度进行比较。这一比较不仅基于公共支出的规模、范围或福利资格权，更注重决策模式、过程、阶层形成的潜在模式以及政治结构。[③] 他的研究关注福利国家作为一种支持社会公民权的概念，并将其延伸为两个部分。

(一) 去商品化

去商品化(de-commodification)是指社会保障服务的提供并非基于等价交换商品的逻辑，而是基于公民权利。在这一框架下，个人的生活不依赖于市场，而是通过政府福利来维持基本生活需求，不强调由市场竞争来决定福利分配。[④] 去商品化能够衡量一国福利供给依赖市场的程度，以及一国福利的保障程度。

去商品化的分析指标主要分为两大类：

(1)养老金指标。它具体包括：①最低养老金的替代率；②标准养老金的替代率；③达到养老金领取资格所需要的缴费年限；④个人缴费在养老金计划融资中的比例；⑤达

---

① (丹麦)考斯塔·艾斯平-安德森：《福利资本主义的三个世界》，郑秉文译，法律出版社2003年版。

② 郑秉文：《“福利模式”比较研究与福利改革实证分析——政治经济学的角度》，《学术界》2005年第3期。

③ 根据艾斯平-安德森的理解，“福利体制”不同于“福利模式”，但本书为了行文方便，没有作严格区分，存在两词混用。

④ (丹麦)考斯塔·艾斯平-安德森：《福利资本主义的三个世界》，郑秉文译，法律出版社2003年版。

到养老金领取年龄人口中申领到养老金的人口占比。

(2)疾病和失业现金给付指标。它具体包括:①工人在患病或失业的最初26周内得到给付待遇的替代率;②赋予资格所必需的事前就业周数;③享受给付待遇之前的等待期天数;④给付待遇的持续周数。

(二)福利的阶层化(Stratification)

福利的阶层化分析从制度层面探讨福利是否公平分配给全体人民。其核心在于研究福利制度如何影响社会分层和阶级结构。福利制度不仅是对失衡的社会结构进行干预或矫正的机制,而且就其本义而言,亦是一个分层化体系,是规范社会关系的重要力量。不同福利体制下的社会公民权结构存在差异,因而对社会成员的阶级分化和身份地位的影响也有所不同。

阶层化分析的指标包括:①按职业区分的公共养老金计划的数量;②政府雇员养老金支出占GDP的比重;③家计调查式贫困救助占社会保障支出的比重;④私人养老金支出占全部养老金支出的比重;⑤私人医疗保健支出占全部医疗支出的比重;⑥社会保障计划的人口覆盖率;⑦最高给付额与最低给付额的差距情况。

不同福利体制下的社会分层化程度存在显著差异。一般来说,去商品化程度与阶层化程度呈逆向对应关系:去商品化程度最低的国家,其社会分层化程度最高;去商品化程度最高的国家,其社会分层化程度最低。

根据上述理论,福利国家可分类为自由主义福利国家、法团主义福利国家和社会民主主义福利国家,如表5.2所示。

表5.2　　福利国家的类型及相应的特征

分类	自由主义福利国家	法团主义福利国家	社会民主主义福利国家
去商品化程度	低	中	高
社会分层化	高	中	低
个人所得税的税率	低	中等	高
社会保险税的税率	低	高	中等和低
社会保险资金的主要来源	一般税收	社会保险税	一般税收
基本理念	补缺原则	以工作和个人贡献为主导的原则	普遍原则
核心	市场	家庭	政府
代表国家(艾斯平-安德森的分类)	澳大利亚、美国、新西兰、加拿大、爱尔兰、英国	意大利、日本、法国、德国、芬兰、瑞士	奥地利、比利时、荷兰、丹麦、挪威、瑞典

注:与艾斯平-安德森的分类略有不同,本书借鉴大多数学者的观点,将芬兰归属于社会民主主义

福利国家，而将奥地利、比利时等国归属于法团主义福利国家。

资料来源：Esping-Andersen G. *Social Foundations of Postindustrial Economies*. New York：Oxford University Press，1999. 笔者在引用时作了补充。

二、三类福利体制及其特点

这三类福利体制在社会保障制度的起源初期也显示出一定的差异性。美国选择了市场解决方案，即雇主通过私人养老基金、私人医疗保险计划等方式与员工签订合同，为其购买保险；英国（始于 1911 年《国民保险法》）和北欧国家则选择了国家解决方案，建立了国民保险制度；而欧洲大陆国家倾向于依赖集体职业社会保险基金（如德国的 Kassen 和法国的 Caisses），这些基金并非以私营公司的形式运营，而是由雇员和雇主代表（后来称为"社会伙伴"）领导的非营利机构。

（一）自由主义福利体制

自由主义福利体制（liberal welfare regime）的基本主张是个人应对自己负责，政府的福利责任被限制在边缘地位。该体制认为，福利制度对就业形成负面激励，阻碍经济发展；福利制度导致政府福利机构及其人员膨胀，浪费经济资源；政府垄断福利提供，可能挤压市场保险和福利服务的发展，剥夺民众对社会保障的自由选择权；尽管福利制度消耗大量财政资源，却仍无法消除贫困。

在这个模式中，工会的作用受到遏制，精英主义得到崇尚，市场原则至高无上；自由市场制度下的货币交易关系在社会各阶层的福利关系中发挥着主导的作用，社会分层的结构也几乎是按照市场化和货币化的原则形成的。[①]

在社会分层化的残酷竞争过程中，为解决"市场失灵"下出现的弱势群体问题，国家采取的贫困救助政策表现为典型的补缺型福利国家（residual welfare state）。在这种福利体制中，居支配地位的是不同程度地运用家计调查式的社会救助，辅以少量的"普救式"转移支付或作用有限的社会保险计划。这种源于"济贫法"传统的社会保障制度，主要面向收入较低、依靠国家救助的工薪阶层，旨在避免劳动者选择领取福利而不工作。因此，这种体制的非商品化效应最低。采用此模式的国家倾向于消极地保证最低社会保障给付标准，并积极通过税收优惠政策补贴民间福利方案，以鼓励市场机制。这一模式的典型代表是美国、加拿大和澳大利亚等国家。

（二）法团主义福利体制

法团主义福利体制又称为保守主义福利体制（conservative regime）[②]，起源于德国

---

① 郑秉文：《社会权利：现代福利国家模式的起源与诠释》，《山东大学学报》2005 年第 2 期。

② "Corporatism"一词在国内有法团主义、组合主义、统合主义、合作主义等译法，本书统一为法团主义。

并得到长期发展,随后扩展到整个欧洲大陆。目前,法国、德国、意大利等许多国家均采用这一类型的福利体制。该制度类型具有以下特点:

(1)社会保障经办机构以法人自治的原则提供主要的社会福利。社会保障制度维护社会阶级和地位的差异,保护既有的阶级分化现状,再分配对社会权利的阶级归属和社会分层几乎没有什么影响。①

(2)以社会保险为社会保障的主体,社会保障权利的资格以工作业绩为评定基础,即以参与劳动力市场和社保缴费记录为前提条件,具有保险精算性质。社会保险计划的缴费与计发规则缺乏收入再分配功能,从而保持了社会阶层的分化现状。就业人群以男性为主,凭借社会保险获得各项社会保障权利。非就业人群以女性为主,通常被排除在社会保险的保障之外,或只能以家属身份成为社会保险的给付对象,而非基于个人的社会公民权身份。这种性别差异化的福利分配模式形成了"性别差异化的福利国家"(gendering welfare state)。

(3)基于合作、共识与平衡,强调国家、雇主与雇员之间的伙伴关系,是一种具有法律效力的制度化合作关系。工会在其中扮演重要角色,雇员之间通过职业协会或工会会员身份进行互帮互助。

(4)有利于实现阶级统治。以德国为例,俾斯麦设计社会保险制度的目的是实现社会整合、维持权威并对抗工人运动,试图将劳工与君主制度的家长式权威直接绑定。通过按不同职业设立不同的社会保险计划,将个人整合到特定的职业实体中,同时分化工人队伍;公务员和一些高收入行业员工的利益在社会保险制度中得到优先保护,作为对其忠诚与服从的奖励。此外,社会保险制度有效缓和了阶级矛盾,为德国作为后起国家实现对英国、法国的经济超越提供了社会稳定的基础。

艾斯平-安德森认为,工人在经济中的地位犹如士兵在军队中的地位。在这一福利体制下,工人以企业和行业为基础组织起来(如同士兵以连队为基础组织起来),受管理者直接指挥(如同士兵受军队领导),个体的忠诚直接系于中央政府的权威,并进而听命于国家。②

(三)社会民主主义福利体制

实行社会民主主义福利体制(social-democratic regime)的国家数量较少,主要存在于斯堪的纳维亚地区,如瑞典、挪威、丹麦和芬兰等国家。该体制的主要特征包括:

(1)强调普遍公民权原则③,社会保障给付资格的认定几乎与个人需求程度或工作表现无关,而是主要基于公民身份或长期居住资格。

---

① (丹麦)考斯塔·艾斯平-安德森:《福利资本主义的三个世界》,郑秉文译,法律出版社 2003 年版。

② (丹麦)考斯塔·艾斯平-安德森:《福利资本主义的三个世界》,郑秉文译,法律出版社 2003 年版。

③ 普遍的公民权原则是由英国学者贝弗里奇提出的,见本章第二节。

(2)福利给付标准较高。该体制以普遍主义原则为基础,将非商品化的社会权利扩展至包括新中产阶级在内的全体公民。定额式给付是其福利津贴给付的基本原则之一,因而这种体制也被称为"人民福利"模式。与其他福利体制相比,社会民主主义福利体制追求更高水平的甚至能够满足新中产阶级需求的平等标准的服务和给付,而不仅仅是满足最低生活需求。因此,其非商品化程度最强,福利给付最为慷慨。

(3)将所有社会阶层纳入一个统一的保障体系中,避免了国家与市场之间、劳工阶级与中产阶级之间的二分对立,以实现最大程度的社会平等,构建高度包容的福利国家。

(4)重视就业,推崇积极就业政策。为了维持福利的普遍性和去商品化,社会民主主义福利体制需要庞大的财政支持。其最佳实现方式是通过最大化就业率来创造税收收入,同时最小化依赖社会转移支付的人口比例。为此,这些国家通常推行积极的就业政策来扩大就业,如提高劳动者就业竞争力,扩大公共部门就业岗位等。

三、对艾斯平-安德森的"三个世界"理论的批评

"三个世界"的福利体制理论在受到广泛认可的同时,也受到了一些质疑。

(一)忽略对规制(regulation)的研究

日本学者武川正吾指出:以往的福利国家研究主要聚焦于社会性支出的规模、功能与效果,对社会保障制度的研究局限于与给付相关的制度;然而,社会性规制所需的财政支出较少,因而与社会性给付相比,可以用相同的成本实现更大的效果。[①] 当今各国都面临着削减社会保障支出的压力,为了实现福利国家的目标,不得不依赖社会性规制这一手段。例如,政府调高最低工资标准,可能在雇主和雇员之间产生收入再分配,但这一政策不涉及政府收支,不会体现在政府的财政预算中。

(二)性别的观点未被纳入分析

女性主义者批评艾斯平-安德森的"三个世界"理论存在"性别盲区",并开始探索新的分类方法。[②] 例如,赛恩斯巴瑞将社会保障政策分为两大模式:(男性)养家模式(male breadwinner model)和个人模式(individual model)。在男性养家模式中,丈夫在外工作,妻子负责家务、照顾孩子和老人,照护被视为私人领域的无偿劳动。而在个人模式(又称双职工模式,即 dual-breadwinner model)中,夫妇二人都既工作又照顾家人,社会保障缴费、给付以及课税均以个人为单位,男女平等,照护被视为公共领域的有偿

① (日)武川正吾:《福利国家的社会学:全球化、个体化与社会政策》,李莲花、李永晶、朱珉译,商务印书馆2011年版。

② (日)武川正吾:《福利国家的社会学:全球化、个体化与社会政策》,李莲花、李永晶、朱珉译,商务印书馆2011年版。

劳动。又如，刘易斯根据性别角色，将社会保障政策区分为三种模式：爱尔兰和英国等国家的“强大的男性养家糊口”模式、法国的“改良的男性养家糊口”模式，以及瑞典的“弱男性养家糊口”模式。①

四、其他模式

艾斯平-安德森的“三个世界”福利体制理论框架主要基于对 18 个发达资本主义国家的分析，其本人也承认这一理论无法充分解释其他地区的社会保障制度，如中东欧转轨国家的社会保障制度以及东亚国家的社会保障制度，同时，他也未对南欧及拉美福利模式进行分析。② 为了更全面地理解全球范围内的福利体制多样性，本书后半部分拟以五章的篇幅，除了介绍上述三大模式，还将介绍南欧福利模式和拉美福利模式。下面先简要介绍中东欧转轨国家的福利模式和东亚福利模式。

（一）中东欧转轨国家的福利模式

20 世纪 80 年代末 90 年代初，原东欧社会主义国家——波兰、匈牙利、民主德国、捷克斯洛伐克、保加利亚、罗马尼亚、南斯拉夫联邦和阿尔巴尼亚发生剧变，在国体层面上向资本主义转轨，同时开始了政体层面上向西方民主政体的转轨。③ 剧变后，民主德国与联邦德国合并，捷克斯洛伐克分裂为两个国家，南斯拉夫联邦先后解体为 6 个国家（斯洛文尼亚、克罗地亚、波黑、黑山、塞尔维亚、北马其顿）。由此，东欧 8 国演变为中东欧 13 国。除上述 13 国外，通常定义的中东欧国家还包括从苏联独立出来的立陶宛、拉脱维亚和爱沙尼亚等波罗的海 3 国，这样中东欧国家总数达到 16 个。鉴于其中 11 个国家的资料和数据可获得性较好，大多数社会保障研究仅聚焦于这 11 个国家。这些国家在 20 世纪 90 年代之前均为社会主义国家，曾拥有极高的男性和女性就业率以及相对的收入平等。就 2023 年人均 GDP 指标而言，这 11 个国家在欧洲总体处于较低水平（欧元区人均 GDP 为 45 130.1 美元）；各国经济发展水平差异显著，其中爱沙尼亚、斯洛文尼亚和捷克超过 3 万美元，而保加利亚、罗马尼亚不足 2 万美元。

2021 年，11 个国家社会保障支出占 GDP 比例为 17.6%～24.5%，斯洛文尼亚最高（24.5%），罗马尼亚最低（17.6%），其他国家的差异不大，略低于 OECD 平均水平（22.1%）。总体上讲，中东欧各国的社会保障制度覆盖率较高，但待遇水平较低。④ 例

① Lewis J. Gender and the development of welfare regimes. *Journal of European Social Policy*, 1992, 2(3): 159－173.

② Esping-Andersen G. Hybrid or unique? The Japanese welfare state between Europe and America. *Journal of European Social Policy*, 1997, 7(3).

③ 高歌：《中东欧政治转轨 30 年——对转轨进展的观察与思考》，《俄罗斯东欧中亚研究》2020 年第 2 期。

④ Castles F, Obinger H. World, families, regimes: Country clusters in European and OECD area public policy. *West European Politics*, 2008, 31(1/2).

如,21 世纪初,大多数中东欧国家在养老金改革中受"华盛顿共识"的影响,引入了私人积累制养老金,政府的养老保障角色较弱。受各国历史传统、政治和经济发展状况以及是否加入欧盟等的影响,目前各国的社会保障模式出现了分化趋势,形成了多种模式,例如,Tendera-Waszczuk 和 Szymanski 认为,捷克是北欧模式的代表,匈牙利和斯洛伐克实行的是欧洲大陆模式,波兰则属于地中海(南欧)模式。①

从衡量收入不平等程度的基尼系数来看(见表 5.3),保加利亚、立陶宛、拉脱维亚等国较高,与实行自由主义福利体制的美国和英国差不多;而斯洛伐克、斯洛文尼亚和捷克等国较为公平,基尼系数低于高福利的北欧国家。

表 5.3　　11 个中东欧国家的经济与社会指标

国家	欧元区成员国	OECD 成员国	欧盟成员国	2023 年人均 GDP(美元)	2021 年社会保障支出占 GDP 比例(%)	2021 年基尼系数
爱沙尼亚	√	√	√	30 133.3	19.0	0.321
拉脱维亚	√	√	√	22 502.8	21.7	0.343
立陶宛	√	√	√	27 786.0	19.3	0.366
斯洛伐克	√	√	√	24 491.4	19.0	0.217
斯洛文尼亚	√	√	√	32 610.1	24.5	0.242
克罗地亚	√		√	21 865.5	22.5	0.288
保加利亚			√	15 885.5	20.5	0.383
罗马尼亚			√	18 404.3	17.6	0.317
匈牙利		√	√	22 141.9	18.4	0.278
捷克		√	√	31 591.2	22.2	0.255
波兰		√	√	22 056.7	22.2	0.261

资料来源:OECD. *Society at a Glance 2024: OECD Social Indicators*. Paris: OECD Publishing, 2024.

自 20 世纪 90 年代开始,这些国家的生育率持续下降,导致人口结构急剧变化,同时大量年轻劳动力从东欧向西欧迁移,加剧了人口流失,波兰、罗马尼亚和立陶宛等国尤为明显。劳动力短缺促使部分国家出台了较为激进的、优厚的生育政策。

(二)东亚福利模式

东亚福利国家的现代化过程是被"压缩"的。② 第二次世界大战以后,东亚国家在

① Tendera-Wlaszczuk H, Szmanski M. Implementation of the welfare state in the Visegrád countries. *Economics & Sociology*, 2015, 8(2).

② Whittaker D H, Zhu T, Sturgeon T, et al. Compressed development. *Studies in Comparative International Development*, 2010, 45(4).

收入水平、技术发展和产业结构等方面与发达国家存在较大差距。在后发追赶过程中，东亚国家的主要任务是建立促进劳动商品化的政策体系，以实现工业化和经济追赶目标。[①] 因此，在工业化初期，东亚国家并未建立广泛的社会保障体系，而是将政策重点放在教育和健康领域。[②] 然而，自20世纪80年代中后期以来，东亚国家同时面临多重挑战，包括政治民主化、经济全球化、后工业化和人口结构转型。民主政治的压力迫使政府更加积极地回应社会需求，同时建构所得保障政策和积极性社会政策，以应对新旧社会风险。[③] 这一发展路径与欧洲福利国家的历史经验存在显著差异。

长期以来，东亚国家的社会保障模式被称为"第四种福利国家模式"——生产型福利体制(productivist welfare regime)。这一模式的核心特征是：以经济增长为导向，相对于经济政策，社会政策只处于从属地位。例如，我国香港学者霍利迪指出，东亚福利制度的独特性在于其以经济增长为核心目标，社会政策的存在本质上是为了辅助经济发展。[④]

不过，韩国学者黄圭振认为，近几十年来，东亚国家的社会保障制度在保障程度和性质上发生的变化，却证明这些经济体并没有经历苛刻的福利紧缩，这与发展型或生产型范式的主要论调相悖，因为假如东亚各国真的是生产型，那么按逻辑来讲，它们应该对社会保障不太关注，而不是更加关注。[⑤]

拓展阅读

医疗保障的五种模式

大多数人会对本国医疗服务系统不满意。正如一句广泛流传的话："富人不喜欢排队等待，穷人不愿意自付医疗费用，中产阶级既抱怨排队又抱怨自付费用太高。"一个国家的医疗保障制度很难在公平与效率之间保持平衡，医疗体制的"不可能三角"客观存在：健康、廉价、公平难以兼顾。促进公平的政策，要么导致成本增加，要么迫使人们花更多时间排队等待；而提高医疗效率的政策，要么导致人们税负增加，要么牺牲公平性。

---

① Gough I. East Asia：The Limits of Productivist Regimes. In Gough I，Wood G. *Insecurity and Welfare Regimes in Asia，Africa and Latin America：Social Policy in Development Contexts*. Combridge：Cambridge University Press，2004.

② Rudra N. *Globalization and the Race to the Bottom in Developing Countries：Who Really Gets Hurt?* Cambridge：Cambridge University Press，2008.

③ 叶崇扬、古允文：《从生产性福利体制到社会投资福利国家：中国台湾与韩国的比较》，《社会政策与社会工作学刊》(中国台湾)，2017年第21卷第1期。

④ Holliday I. Productivist Welfare Capitalism：Social Policy in East Asia. *Political Studies*，2000，48.

⑤ 黄圭振：《东亚福利资本主义的发展：以日本、韩国与中国台湾为例》，《公共行政评论》2010年第6期。

一、俾斯麦模式

俾斯麦模式以德意志帝国首任宰相奥托·冯·俾斯麦的名字命名。在该模式下，医疗服务提供者和付款人都是私人实体。该模式使用私人健康保险计划，通常由雇主和雇员通过工资扣除共同出资，医疗保障基本覆盖所有国民。

医疗保障计划的管理者通常是非营利组织。虽然这是一种多付款人模式（例如，2022年，德国的医疗保险基金由97个经办机构管理），但对医疗服务和费用的严格监管使得该系统具有单一付款人的贝弗里奇模式（见下文）所提供的大部分成本控制影响力。

采用俾斯麦模式的国家有德国、日本、法国、比利时、瑞士、日本以及多个拉丁美洲国家。

二、贝弗里奇模式

贝弗里奇模式以英国经济学家威廉·贝弗里奇的名字命名。在该模式下，医疗保健由政府通过税收筹集资金来提供和资助。医疗是一种公共服务，就像消防部门或公共图书馆一样，因此，没有医疗账单。在贝弗里奇系统中，医院和诊所通常为政府所有，医生可能是政府雇员或私人执业者（从政府收取费用）。政府作为单一付款人，通过控制医疗服务价格和范围来降低人均成本。

采用贝弗里奇模式的国家有英国、意大利、西班牙和大部分北欧国家。

三、国家健康保险模式

国家健康保险模式（the National Health Insurance Model）结合了俾斯麦模式和贝弗里奇模式的一些特点。在该模式下，医疗服务由私营机构提供，付款人为政府保险计划，每个公民都要缴纳保费。中央政府或省级保险计划每月收取保费并支付医疗费用。由于不需要营销，没有昂贵的承保机构拒绝索赔，也不追求利润，因而这些全民保险计划往往比美国式的私人保险更便宜，管理也更简单。作为覆盖所有人的单一付款人，政府保险计划往往具有强大的市场议价能力，能够通过限制拟支付的医疗服务范围或延长患者等待治疗的时间来控制成本。

采用国家健康保险模式的国家有加拿大、韩国等。

四、自付费用模式

自付费用模式（the Out-of-Pocket Model）主要存在于发展中国家，它们大多还未建成面向大多数国民的医疗保障制度。在这些国家，富人能够获得医疗服务，而穷人往往无法负担。一些国家虽然有医疗保险制度，但患者自付费用的比例过高。一般来说，世界上最贫穷的国家的医疗自付费用比例最高。根据世界卫生组织的统计，2022年，在全世界194个国家和地区中，有27个国家和地区的患者自付费用占医疗总支出的比例超过50%，有7个国家甚至超过70%。

五、美国模式

美国模式（the American Model）为美国独有的“大杂烩”模式。其主要特点包括：私人市场占据主导地位，保险市场和医院市场都由私营企业主导；缺乏全民保险，有部分人群未被医疗保险所覆盖；不同的人群适用不同的医疗保险模式。

（1）对于大多数 65 岁以下的劳动者，适用俾斯麦模式。雇主和雇员共同承担保险费用。保险公司承担大部分治疗费用。

（2）对于美国原住民、军人和退伍军人，适用贝弗里奇模式，政府免费提供医疗服务。

（3）对于 65 岁以上的老年人，适用国家健康保险模式，具有低管理成本和高覆盖率的特点。

（4）对于未参保人群，在医疗时需要自掏腰包支付费用。尽管 2014 年《患者保护与平价医疗法案》开始生效后，美国无医保覆盖的人数由 2013 年的 4 430 万人降至 2016 年的 2 820 万人，但此后又开始反弹，到 2019 年仍有 3 280 万人未参保。

资料来源：(美)杰伊·巴塔查里亚、(美)蒂莫西·海德、(美)彼得·杜：《健康经济学》，曹乾译，广西师范大学出版社 2019 年版；Reid T R. *The Healing of America*：*A Global Quest for Better*，*Cheaper*，*and Fairer Health Care*. London：Penguin，2010.

复习思考题

1. 1986 年，德国社会学家乌尔里希·贝克（Ulrich Beck）在《风险社会：新的现代性之路》一书中提出，劳动时间与劳动空间同时出现“去标准化”过程，促使工业社会原有的“一元化、终身全日劳动”的全职就业模式转化过渡到“弹性、多元、去核心化、充满风险的低度就业”的“风险社会”。社会变迁带来新的社会不平等和社会风险。试分析目前“新社会风险”与“旧社会风险”的主要区别，并就相应的社会保障制度改革进行探讨。

2. 阅读王绍光所著《中国仍然是低福利国家吗？——比较视角下的中国社会保护“新跃进”》（发表于《人民论坛·学术前沿》2013 年第 22 期）、王列军所著《我国民生支出的规模、特征及变化趋势》（发表于《管理世界》2023 年第 3 期），并查找相关资料，试分析我国当前的社会福利政策属于何种类型。

3. 关于我国社会保障体系建设的方针，20 世纪 90 年代政策文件的提法是“广覆盖、低水平、多层次”，进入 21 世纪后改为“广覆盖、保基本、多层次、可持续”，党的十八大报告则提出“全覆盖、保基本、多层次、可持续”。试结合本章所学知识，分析我国社会保障基本方针的调整及其必要性。

4. 东亚国家有许多共同的文化，例如，“养儿方知父母恩”等对长辈的尊重与报恩，处事的中庸之道，对事业和生活的责任感，耻辱文化与自我约束，未雨绸缪的储蓄积极性，“士不可以不弘毅，任重而道远”等极强的集体荣誉感以及为集体献身的精神，等等。试分析东亚国家的文化对社会保障制度模式的影响。

5. 英国社会学家理查德·蒂特马斯（Richard Timuss）在其 1970 年出版的著作

《礼物关系：从人血到社会政策》(*The Gift Relationship*: *From Human Blood to Social Policy*)中，对献血和卖血制度进行了分析。医疗中的血液供给究竟应该市场化，还是应该依赖国家管理的无偿献血制度？他以英国、美国和日本为例展开了论述，其中英国采用的是自愿无偿献血制度，美国是有偿与无偿并存，日本在第二次世界大战前是自愿无偿献血，战后变为有偿供血。在书中，蒂特马斯指出，美国对于血液供应的市场化，使得献血者和供血者主要由非主流人群构成，其中大部分是失业人员。因此，美国的血液制度实则加剧了社会不平等：穷人供血为富人服务，血液的再分配逐渐从社会底层流向社会上层。在比较之后，蒂特马斯发现，从收集血液的成本、血液质量和安全性等方方面面出发，无偿献血制度都更胜一筹。你是如何看待这一问题的？

第六章　各国社会保障概况

"社会保障"一词源自英语"social security",意为社会安全。作为一个专用术语,它最初出现于1935年美国国会通过的《社会保障法案》(Social Security Act),该法案在美国建立了一套较完整的社会保障制度。[①] 从名称上看,"社会保障"是由"社会保险"(social insurance)和"经济保障"(economic security)两个词语结合而成的一个新术语。

1941年,第二次世界大战硝烟正浓,美英两国首脑在大西洋的一艘军舰上会晤,并发表了著名的《大西洋宪章》,这个文件在论及社会问题时两次使用"社会保障"这个概念,"社会保障"一词引起全世界的关注。1942年,英国经济学家威廉·贝弗里奇受政府委托,撰写了《社会保险和相关服务》报告(即"贝弗里奇报告"),报告也广泛使用了"社会保障"一词。1944年,国际劳工组织举行第26届国际劳工大会,会议发表了《费城宣言》,宣言接受并使用了"社会保障"的概念。1952年,国际劳工组织在日内瓦举行第35届国际劳工大会,会议通过了著名的第102号公约——《社会保障最低标准公约》(Social Security Minimum Standards Convention),"社会保障"一词开始被国际社会广泛运用。

需要说明的是,虽然"社会保障"一词已被广泛使用,但在不同历史时期、不同国家,其内涵并不完全相同。

第一节　社会保障的定义与构成

目前,在全球225个国家和地区中,有172个建立了社会保障制度。各国对社会保障的定义多种多样。1989年,国际劳工组织在其编著的《社会保障导论》中对"社会保

① 美国社会保障总署网站有一篇资料,专门考证"社会保障"一词的起源,认为这个词是由美国激进主义者亚伯拉罕·爱泼斯坦(Abraham Epstein)首创的,他是一个名为"美国社会保障协会"组织的领导者。参见:http://www.ssa.gov/policy/docs/ssb/v55n1/v55n1p63.pdf。

障"进行了概括:"社会通过采取一系列的公共措施来向其成员提供保护,以应对由于疾病、生育、工伤、失业、伤残、年老和死亡等原因造成停薪或大幅度减少工资而引起的经济和社会贫困,并提供医疗和对有子女的家庭实行补贴。"①这一定义揭示了社会保障的三大基本特征:第一,社会保障是由社会提供的援助,不同于家庭成员之间的相互帮助;第二,社会保障援助来源于公共措施,通常由政府主导,不同于私人的慈善行为;第三,社会保障提供的是经济援助,一般不包括精神抚慰等社会援助。

根据社会保障概念的内涵,OECD 在 20 世纪 90 年代发展了一套社会保障支出的统计方法,并建立了社会性支出数据库(SOCX)。该数据库包含各类社会保障项目的详细支出数据,是国际上较为成熟的衡量社会领域支出的方法体系。OECD 将社会保障支出(social expenditure)的内涵界定为"公共(或私人机构)向家庭和个人提供的福利待遇及资助。这些支出的目的是在家庭和个人福利受到不利影响时向他们提供支持"②。这一界定强调相关支出对家庭和个人的直接支持,主要是收入维持性支持,不包括长期的社会性投资支出和改善外部环境的支出。在外延上,OECD 界定的政府和私人社会保障支出包括九个领域的支出③:

(1)老年福利(养老金、老年服务等);

(2)遗属福利(养老金和丧葬费);

(3)失能待遇(残障者待遇、工伤待遇、病休待遇等);

(4)医疗卫生(门诊和住院、医疗用品、预防费用);

(5)家庭福利(儿童津贴、儿童看护、家长休假期间的收入支持、单亲补贴等);

(6)积极的劳动力市场政策(就业服务、培训青年的补贴性就业、残疾人就业支持);

(7)失业待遇(失业补偿、解职补偿等);

(8)住房(住房津贴和租房补贴);

(9)其他社会支出(面向低收入家庭的现金支出与服务,例如食品补助)。

根据社会性支出内涵的界定,OECD 社会性支出没有包括教育支出,因为教育支出属于长期的社会性投资④,当然也没有包括社区发展、环境保护等不直接针对家庭和个人的支出。

根据 OECD 的分类,社会保障支出可以分为现金支出和实物支出(见图 6.1)。

---

① 国际劳工局社会保障司:《社会保障导论》,管静和、张鲁译,劳动人事出版社 1989 年版。

② OECD 关于社会支出定义的原文是"Social expenditure is the provision by public (and private) institutions of benefits to, and financial contributions targeted at, households and individuals in order to provide support during circumstances which adversely affect their welfare"。详见 *An Interpretative Guide to the OECD Social Expenditure Database* (*SOCX*), OECD, p. 10.

③ OECD. *The Social Expenditure Database*: *An Interpretive Guide*. Paris: OECD Publishing, 2007.

④ 王列军:《社会性支出:民生支出的替代性衡量方法》,《国研视点》2012 年 5 月 22 日。

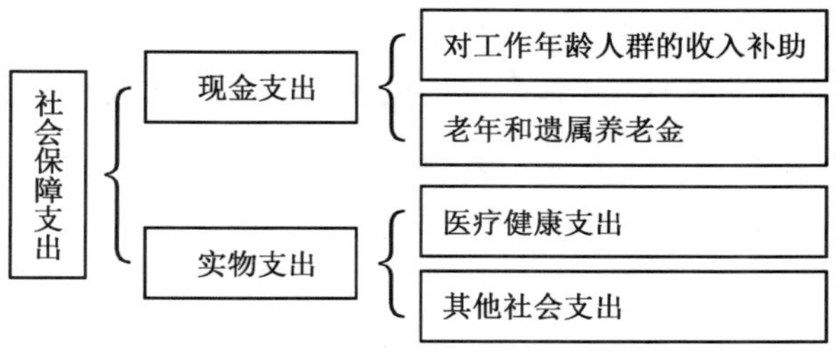

图 6.1　社会保障支出的分类

专栏 6.1　什么是"Social Security"

1935 年，美国第一部《社会保障法》(Social Security Act)诞生，标志着美国社会保障制度(Social Security System)的正式确立。由于制度设计的特殊性，美国人所讲的"社会保障"与其他国家或地区的概念存在显著差异。其特殊性主要体现在以下三个方面：

(1)美国"社会保障"的两个英文单词的首字母在任何场合总是大写的，即 Social Security。

(2)在美国，"Social Security"通常仅指联邦政府的老年、遗属和残疾保险计划(Old-Age，Survivors，Disability Insurance，OASDI)。这一计划大体相当于其他国家所说的"养老保险"，但并不完全相同。

(3)美国的"Social Security"仅指联邦政府负责的 OASDI 计划，不包括州和地方政府的社会保障项目。

美国的社会保险之所以不称为"社会保险"，而称为"社会保障"，有其历史背景。在 1935 年建立联邦社会保障制度前夕，美国正经历前所未有的经济大萧条，人们迫切需要经济保障的承诺和希望。相比之下，"社会保险"一词意味着参保者必须缴费才能获得保障，不缴费则无法享受，这不符合当时人们对全面保障的期望。

我国有的学者直接将"Social Security"翻译成"社会保障"。例如，在斯蒂格里茨的《公共部门经济学》、哈维·S. 罗森的《财政学》以及海曼的《财政学》中，译者均采用了这一译法。

有的学者则将"Social Security"翻译成"社会保险"。例如，美国学者林羿在 2002 年出版的中文版专著《美国的私有退休金制度》中，将美国联邦政府的"Social Security"译为"社会保险"，并将"社会保障法"译为"社会保险法"。

> 除了美国以外，大多数国家在使用“Social Security”一词时，通常指的是社会保障制度，都包含社会保险（养老、医疗、失业、生育、工伤保险等）、社会救济、社会福利和军人保障制度。考虑到美国“Social Security”的真实含义，我们认为将其翻译为“美国联邦社会保险”，较为贴切。

第二节 各国社会保障支出总量

社会保障制度是各国进行收入再分配的重要政策工具之一。从收入端来看，社会保险税（工薪税）已成为各国的第一大税种；从支出端来看，社会保障支出已超过教育支出、国防支出等，成为各国财政支出中最大的项目。

面对在不断加速的老龄化进程、跌宕起伏的经济形势以及复杂的社会转型，各国社会保障计划的实施效果和可持续性都将经历巨大的考验。

一、各国社会保障支出的变化

从 1980 年开始计算，40 多年来，多数发达国家的社会保障支出占 GDP 比重已经翻了一番。多年前，曾有一个广为认可的观点：全球化导致资本和人力资本加速流动，国际竞争使得各国不断减税，而税收减少又导致社会保障项目将不断削减。[①] 然而，实际情况却与这一观点相反。在这 40 多年间，社会保障支出占 GDP 比重不仅没有下降，反而呈现较为稳定的增长趋势（见图 6.2）。其间，世界各国经历了数次全球经济危机，各国的社会保障支出比重在经济危机时期会略有上升[②]，在经济危机过去以后，社会保障支出比重也很难再降至危机前的水平。即使在新自由主义盛行的 1980—1990 年，社会保障支出仍然显示出刚性增长的趋势。

2008 年全球金融危机爆发后，各国的社会保障支出显著增长，占 GDP 比重也有所上升，OECD 成员国平均社会保障支出比重由 2007 年的 17.7%上升至 2009 年的 20.6%，之后趋于稳定并略有下降，但在 2020 年新冠疫情的冲击下，社会保障支出比重再次出现波动（见图 6.2）。一般而言，养老金支出比重随着老龄化程度加深而缓慢提高，但在经济危机期间，尽管养老金支出额基本不变，但由于 GDP 下降，养老金支出比重呈现上升态势；失业金支出、最低收入保障支出等在经济萧条时期会大幅增加，但随

① Pierson P. *Dismantling the Welfare State?: Reagan, Thatcher and the Politics of Retrenchment*. Cambridge: Cambridge University Press, 1994.

② 社会保障支出比重上升的主要原因是经济危机时期失业、陷入贫困的人口数量激增。有时，社会保障支出的比重上升是因为经济危机导致 GDP 下降，即使社会保障支出总量不发生变化，其比重也会上升。

着经济复苏，支出额、支出比重都会有所下降。

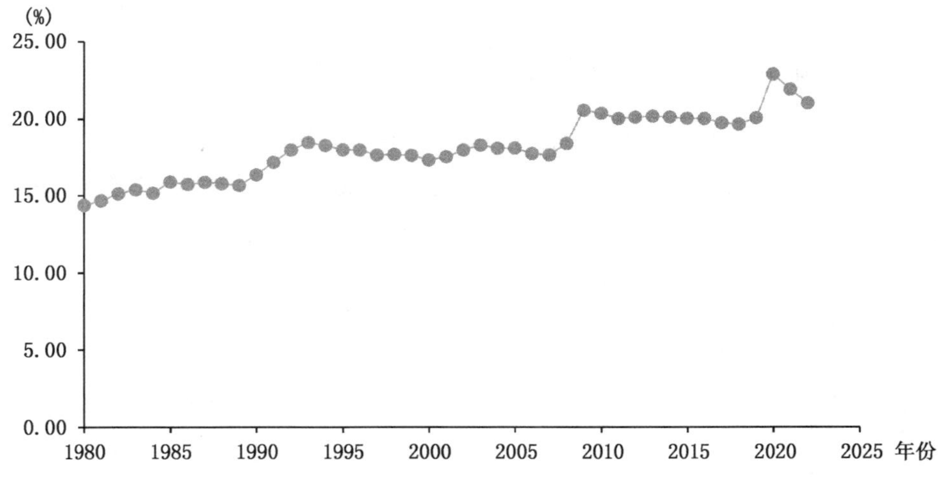

图 6.2 1980—2025 年 OECD 成员国平均社会保障支出占 GDP 的比重

资料来源：OECD. OECD Social Expenditure Database(https://data.oecd.org/socialexp/social-spending.htm),2023.

事实表明，完善的社会保障制度能够有效应对金融危机的冲击。在 2008—2009 年的全球金融危机中，在一些有着完善的就业保障和社会安全网的国家中，劳动者得到了较好的保护。例如，在 2007—2009 年，欧盟国家的雇员工资仅下降了 1.2%，同期的资本回报则下降了 8.5%；与欧盟类似，美国、日本的雇员工资分别下降了 0.6%和 4.5%，同期的资本回报则分别下降 2.4%和 11.4%。

2018 年，OECD 36 个成员国的平均社会保障支出占 GDP 比重为 20.12%。其中，占比超过 25%的国家包括：法国(31.20%)、比利时(28.91%)、芬兰(28.71%)、丹麦(27.99%)、意大利(27.91%)、奥地利(26.60%)、瑞典(26.06%)和德国(25.14%)。占比排在后几位的大多不是欧洲国家，它们是爱尔兰(14.38%)、土耳其(12.52%)、韩国(11.13%)、智利(10.95%)、墨西哥(7.52%)。

尽管 OECD 成员国平均社会保障支出占比呈现上升趋势，但各国变化情况不一。自 1990 年以来，韩国和土耳其的社会保障支出占比增长了两倍多。韩国的养老保障制度建立较晚，随着制度日趋成熟，社会保障支出增速很快，但目前由于养老金水平较低，老年人不得不继续工作。2023 年，韩国 65 岁以上高龄司机占出租车司机总人数的 45%，其中最年长的司机年龄为 92 岁。同时，韩国 65 岁以上驾驶员造成的事故占比约 20%，创历史新高，引发公众高度关注。

在少数 OECD 成员国(如加拿大、以色列、新西兰、斯洛伐克、斯洛文尼亚和瑞典)，社会保障支出占比则与1990年相同,甚至更低。荷兰是跌幅最大的国家:2006年的医疗改革导致社会保障支出发生变化,从那时起,强制性基本医疗保险由私人提供资金。

二、各国的财政支出比重与社会保障支出比重

从国际视角来看,财政支出比重高的国家,其社会保障支出比重通常也较高(见图6.3)。例如,2017年法国的财政支出占GDP比重为56.47%,其社会保障支出占GDP比重也高达32.37%,社会保障支出占财政支出比重为57.32%。

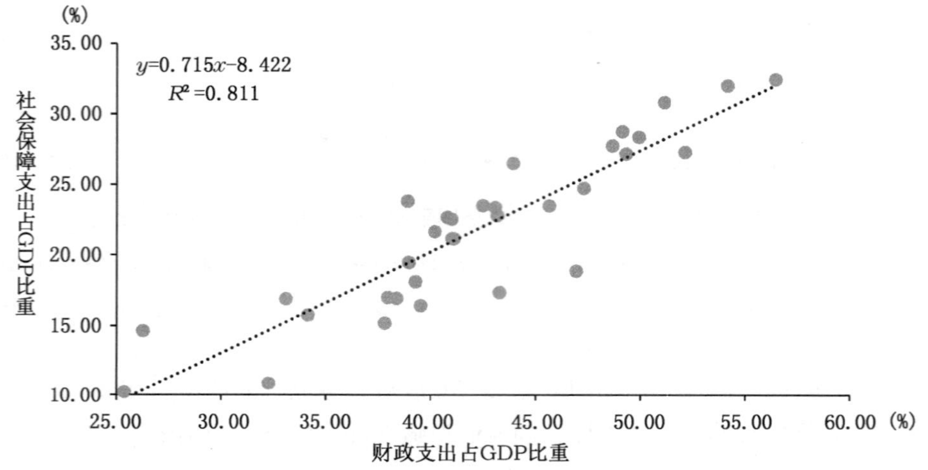

图6.3 2017年OECD成员国的社会保障支出比重与财政支出比重

资料来源:OECD. *Pensions at a Glance* 2019:*OECD and G20 Indicators*. Paris:OECD Publishing,2019.

财政支出与社会保障支出之间的关系可以从以下两个方面进行分析:

第一,财政支出比重高的国家通常追求"大政府"理念,强调政府在资源配置和收入再分配中的主导作用。在这种理念下,社会保障支出作为再分配的重要手段,其比重自然较高。例如,北欧国家(如瑞典、挪威、丹麦等)除了国防支出较低外,公共服务、教育、医疗等领域的支出占比较高,社会保障支出也相应较高。

第二,在一些国家,社会保障支出由于制度安排而呈现刚性增长趋势,这迫使财政支出比重也随之提高。在财政支出总量有限的情况下,不断增长的社会保障支出可能挤占教育、科技、文化、卫生等其他领域的财政支出。[①] 财政支出应覆盖全社会的各个阶层、各个年龄层人群。如果财政支出中的社会保障支出过高,则财政支出结构将严重

① Starke P, Obinger H, Castles F G. Convergence towards where: In what ways, if any, are welfare states becoming more similar?. *Journal of European Public Policy*, 2008, 15(7).

变形,会形成新的社会不公。

当财政资金有限时,政府往往会大力削减社会保障支出,这就是 2010—2013 年南欧国家(希腊、西班牙、意大利等国)的真实写照。一方面,经济危机造成失业率居高不下,陷入贫困的人们期待政府实施救助;另一方面,政府自身陷入债务危机的深渊,不遗余力地削减包括社会保障支出在内的财政支出。在经济危机与政府削减福利支出双重压力之下,社会公众苦不堪言,社会骚乱接连爆发。

三、各国社会保障支出比重与基尼系数

图 6.4 显示,从 1982 年至 2007 年,大多数国家的社会保障支出比重有所增加,但同期基尼系数反而增加了,这说明社会保障支出的增加未能有效阻挡社会贫富差距的扩大。可能的原因为:一方面,社会保障支出存在"商品化"趋向——多缴纳者多领取,支出比重高也未必有缩小贫富差距的政策效果;另一方面,经济增长以及生产要素初次分配加剧了贫富悬殊,社会保障政策只是部分抵消了贫富悬殊,但未能改变贫富悬殊持续扩大的趋势。

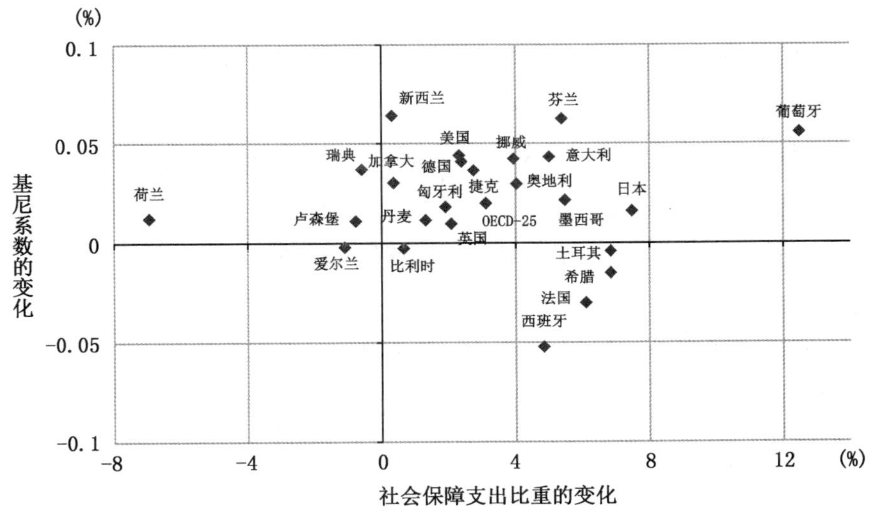

图 6.4 1982—2007 年社会保障支出比重的变化与基尼系数的变化

资料来源:OECD. Social Expenditure Database(www.oecd.org/els/social/expenditure),2010.

需要特别说明的是,简单地、直线性地将各国社会保障支出比重进行排名,可能存在一定的误导。上一章有关福利国家分类方法的内容提到,社会保障支出比重大,只是说明该国用于社会保障支出的资金量较大,不一定反映该国的"慷慨"程度,也不意味着

该国的收入再分配力度大。例如,有的国家社会保障支出向公共部门人员倾斜,无助于改善全社会的收入再分配状况,甚至加剧了贫富悬殊;有的国家社会保障支出的主要手段是税收优惠政策,其实受益最大的中高收入阶层,因为低收入阶层往往不用缴纳个人所得税,从而很难从中获益;有的国家的社会保障支出增长,是由于反经济周期的自动稳定器功能(counter-cyclical macroeconomic stabilisers)形成的——失业率增长了,失业金支出自然增长,但政府的社会保障政策并没有调整。

第三节　各国社会保障支出结构

社会保障支出的分类方法有很多。本节主要介绍两种:一是按照提供模式,分为现金支出与实物支出。二是根据图 6.1 中关于社会保障支出的分类方法,在现金支出与实物支出的基础上,再进行细分。

一、现金支出与实物支出的优缺点及占比情况

社会保障支出可以分为两大类:一是现金支出,包括养老金、失业金以及最低生活保障等;二是实物支出(即社会服务支出),包括医疗卫生支出、儿童照顾、老年护理等。

(一)现金给付与实物给付的优缺点

现金给付的优点是手续简便。对于政府而言,无需投入大量资源建设福利院、托儿所等社会服务机构,从而显著降低了行政成本。对于领取者而言,政府的补助金直接汇入个人银行账户,领取者可以根据自身需求和偏好自由支配。

现金给付的缺点包括:部分领取者可能缺乏理性消费观念,将补助金用于非必要的支出,如烟酒等,甚至挥霍一空;由于知识文化水平的限制,一些领取者可能难以购买到合适的消费品,或在购物过程中上当受骗;现金给付还可能对劳动者的就业激励和储蓄意愿产生负面影响;此外,某些现金补助可能难以真正惠及被补助者,例如,房租补助在某些情况下可能转化为房东的额外收益。

实物给付的优点包括:公共部门直接生产或大批量订购,能够实现规模效应,从而有效降低成本。例如,政府设立中央厨房,统一生产营养午餐并直接配送给学生,既发挥了规模经济的优势,又因减少了中间环节,确保了食品的卫生安全。此外,在一些偏远地区,由于人口稀少、市场发育不足,民间资本往往不愿进入,导致现金难以购买到养老、护理、托幼等基本服务。在这种情况下,政府提供实物服务显得尤为必要。

实物给付的缺点包括:公共部门的管理效率通常较低,如果缺乏有效的监督和竞争机制,形成垄断,则可能导致服务质量下降,甚至滋生贪污受贿等腐败现象。

（二）现金支出与实物支出的占比情况

2017 年，OECD 成员国的现金支出、实物支出占社会保障总支出比重平均分别约为 60%、40%（见图 6.5）。

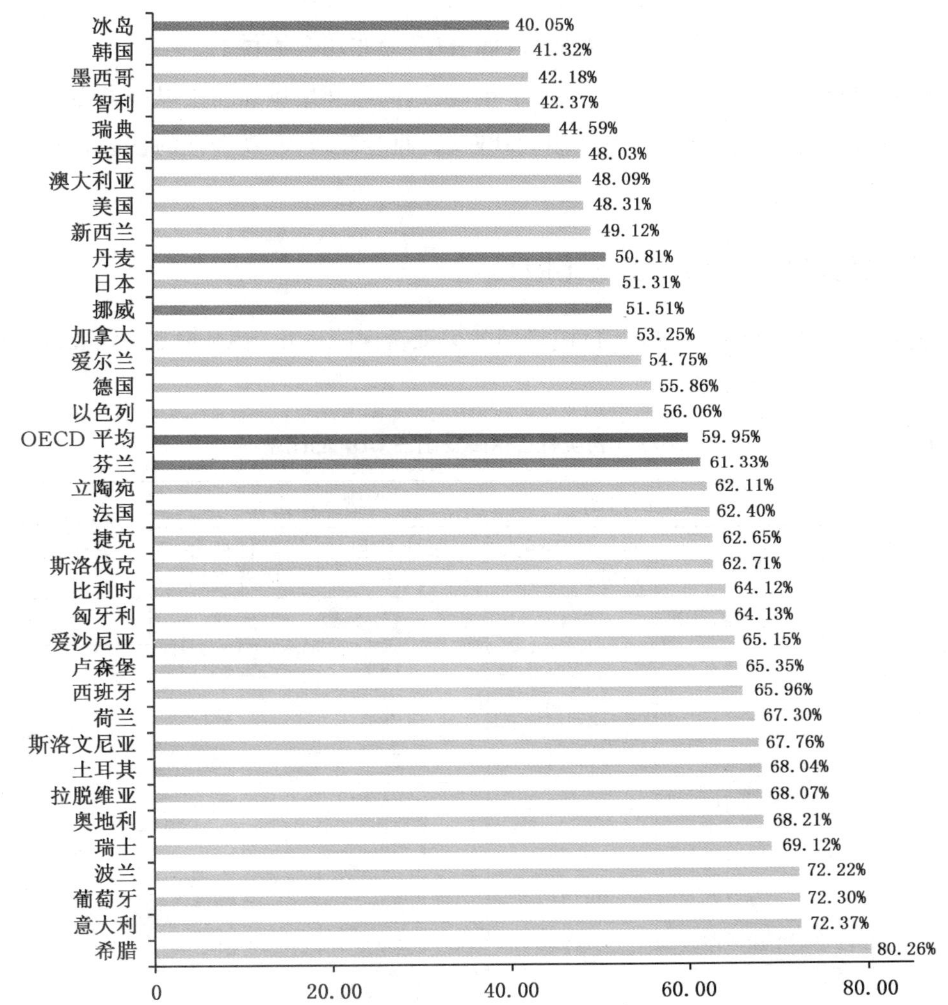

图 6.5 2017 年 OECD 成员国社会保障支出中的现金支出占比情况

资料来源：OECD. OECD Social Expenditure Database（www.oecd.org/social/expenditure.htm），2019.

欧洲大陆国家普遍更注重现金形式的收入再分配。例如，希腊、意大利和葡萄牙等国的社会保障支出中现金支出占比分别高达 80.26%、72.37%和 72.30%。

相比之下，北欧国家则更倾向于以服务为导向的社会保障项目。以冰岛为例，其社会保障支出中现金支出占比仅为 40.05%，是 OECD 成员国中最低的。这种支出结构被认为更能有效应对后工业时代的社会风险[①]，如就业形式多样化、家庭结构变化、出生率下降以及对长期护理服务的需求增加等。通过提供丰富的社会基础设施，北欧国家能够更好地适应社会变迁，提升居民的生活质量。

此外，墨西哥、韩国等国家由于老龄化程度相对较轻，其社会保障支出比重也较低，社会保障支出的重心更多放在社会服务(如医疗)而非现金给付上。

从发展趋势来看，自 1990 年至 2007 年，发达国家开始更加注重以服务为导向的社会保障项目。在许多西欧国家以及澳大利亚、新西兰等地，非现金性的社会服务支出比重均呈现明显上升趋势。[②]

二、各类社会保障支出占比情况

表 6.1 给出了 2017 年 OECD 成员国各类社会保障支出占 GDP 的比重，各国社会保障支出结构差异较大。

表 6.1　　2017 年各类社会保障支出占 GDP 的比重　　单位：%

国家	现金支出占比		实物支出占比		社会保障总支出占比
	养老金	对工作年龄人口的收入支持	医疗卫生支出	其他社会服务支出	
法国	13.91	5.42	8.81	2.84	31.98
芬兰	11.42	6.60	5.74	5.63	30.39
比利时	10.71	7.55	7.92	2.29	29.19
丹麦	8.13	5.56	6.67	6.58	28.99
意大利	16.18	4.06	6.70	1.03	28.48
奥地利	13.30	5.09	6.52	2.06	27.70
瑞典	7.17	4.01	6.29	7.61	26.34
希腊	16.86	3.34	4.78	0.19	25.43
德国	10.08	3.45	8.05	2.64	24.86
挪威	6.57	5.89	6.42	5.31	24.70
西班牙	11.02	4.86	6.50	1.69	24.66
葡萄牙	13.34	3.64	5.94	0.57	24.04
斯洛文尼亚	11.14	4.04	6.08	1.14	22.64

① Armingeon K, Bonoli G. *The Politics of Post-industrial Welfare States: Adapting Post-war Social Policies to New Social Risks*. London: Routledge, 2007.

② Morel N, Palier B, Palme J. *Towards a Social Investment Welfare State?: Ideas, Policies and Challenges*. London: Policy Press, 2012.

续表

国家	现金支出占比		实物支出占比		社会保障总支出占比
	养老金	对工作年龄人口的收入支持	医疗卫生支出	其他社会服务支出	
卢森堡	8.36	5.65	5.10	2.33	22.10
日本	9.37	1.78	7.71	2.87	21.88
英国	6.24	4.05	7.70	3.43	21.61
匈牙利	9.20	3.63	4.76	2.41	20.89
OECD 平均	8.04	3.97	5.68	2.34	20.50
波兰	11.14	3.20	4.39	1.13	20.35
捷克	8.08	3.80	5.97	1.12	19.39
新西兰	4.93	4.22	7.25	2.23	18.92
美国	7.16	1.92	8.45	1.27	18.91
澳大利亚	4.18	4.27	6.32	2.80	17.81
斯洛伐克	7.34	3.70	5.47	1.09	17.80
荷兰	5.37	6.05	2.70	2.85	17.73
爱沙尼亚	7.00	4.39	4.84	1.26	17.70
加拿大	4.70	4.56	7.28	0.85	17.63
以色列	4.78	4.12	4.63	2.34	16.03
瑞士	6.49	4.09	2.99	1.74	15.89
立陶宛	6.68	2.95	4.35	1.53	15.82
拉脱维亚	7.02	3.57	3.26	1.71	15.70
爱尔兰	3.59	4.59	5.30	1.46	15.51
冰岛	2.07	4.11	5.01	4.24	15.48
土耳其	7.72	0.79	3.38	0.61	12.52
智利	2.82	1.76	4.18	2.05	10.95
韩国	3.01	1.23	4.29	1.73	10.63
墨西哥	2.31	0.86	2.86	1.48	7.52

注:阴影部分表示该比重在此类别中排名前三,说明该国较为重视此类别的社会保障支出。

资料来源:OECD. OECD Social Expenditure Database(www.oecd.org/social/expenditure.htm),2019.

(1)在所有的社会保障支出中,养老金支出占比最高。OECD 成员国养老金支出占 GDP 的比重平均高达 8.04%,占社会保障总支出的比重平均接近 40%。不过,各国的具体情况差异较大。影响养老金支出的因素很多,包括一国的人口老龄化程度、养老保险制度的覆盖面以及养老保险制度类型等。例如，墨西哥的人口结构相对年轻，加上养老保险制度覆盖面较窄，只覆盖了一半的老年人口，因而养老金支出比重就较低，只有2.31%。又如，荷兰和意大利的人口老龄化程度类似，但荷兰实施的是福利型公共养老金与私人养老金相结合的制度体系，而意大利更多地依靠公共养老金制度，这导致两国的养老金支出比重分别是5.37%和16.18%，差异较大。

(2)医疗卫生支出是支出占比第二高的项目。OECD成员国医疗卫生支出占GDP的比重平均高达5.68%，占社会保障总支出的比重平均为28%。医疗卫生支出比重较高的国家有法国、美国和德国，分别为8.81%、8.45%和8.05%。美国、英国、新西兰、澳大利亚、加拿大、爱尔兰、冰岛、智利、韩国和墨西哥等国的医疗卫生支出占比超过了养老金支出占比。医疗卫生支出占比较高，有可能是因为该国对医疗卫生政策较为重视，也可能是因为该国在医疗卫生政策方面存在缺陷，导致医疗卫生支出规模失控。

(3)在所有OECD成员国中，对工作年龄人口的收入支持项目支出占GDP的比重平均高达3.97%，占社会保障总支出的比重平均接近20%。这部分支出包括失业金支出(占GDP的比重为0.7%)、残障福利支出(占GDP的比重为1.7%)、对家庭的现金支出(占GDP的比重为1.2%)以及其他支出(占GDP的比重为0.4%)。

(4)其他社会服务支出主要是对儿童和老人的服务。在所有OECD成员国中，其支出占GDP的比重平均为2.34%。瑞典、丹麦、芬兰、挪威、冰岛等北欧国家的该项支出比重较高。

第四节　新的社会福利核算方法及其内涵

用全部政府社会保障支出占GDP的比例来说明一国的福利水平虽然是一种简单且普遍的方法，但并不是唯一的方法。实际上，近十年来，越来越多的研究证据显示，这种社会福利计算标准存在重大缺陷，严重扭曲了国家对社会福利贡献的真实情况。

一、影响社会保障支出统计准确性的一些因素

在研究国家的福利慷慨程度时，除了直接计算政府提供的社会保障支出数据外，也应该纳入其他提升个人和家庭福利的政府相关资源。例如，假设艾丽斯(Alice)和比尔(Bill)分别是美国和北欧国家的公民，在上年年底他们都缴纳给政府9 000美元的个人所得税。艾丽斯所在的美国政府给予她1 000美元额度的儿童照顾抵扣(税收免征额)，可在个人所得税税前扣除；比尔缴税后又从本国政府获得1 000美元的育儿补贴。那么，哪个国家的社会福利慷慨程度更高呢？从常规的直接支出来计算福利水平，北欧国家的福利水平远高于美国，但若考虑其他因素，则差距可能不大。

首先,考虑个人所得税因素。在北欧,比尔得到的 1 000 美元育儿津贴如果也属于其本年度个人所得,则在缴纳 30%的个人所得税后,他实际只取得 700 美元的税后所得;艾丽斯的税收抵扣则无需作为收入再次纳税,从而为她节约了 300 美元的个人所得税(税前列支 1 000 美元,按 30%的税率计算,可以少缴纳 300 美元个人所得税)。因此,两种补助模式可能产生类似的效果,很难从福利直接支出分清各国的福利慷慨程度。

其次,除个人所得税外,增值税、销售税等商品和服务税收也会影响福利支出的净水平。如果一个国家的商品税税率较高,那么社会保障受益人在购买商品和服务时要缴纳较高比例的税收,其社会保障津贴的购买力将显著降低。通过这样的方式,许多国家的政府将社会福利支出的一部分偷偷"回流"到政府手中。

再次,政府还会通过立法权创造和管理社会福利支出,即通过管制手段实现社会政策目标。例如,如果艾丽斯未接受现金津贴或儿童照顾税收抵免,但法律要求其所在企业每年向她提供价值 1 500 美元的儿童照顾服务,那么她所接受的儿童照顾津贴的市场价值就是比尔的税后津贴的两倍还多。然而,北欧国家的福利慷慨程度看起来仍然较高,因为法定的私有化福利价值并不会出现在传统的政府支出账本上。许多福利国家如比利时、丹麦、荷兰、德国、瑞典、挪威、英国以及美国等,已经开始将私有福利法制化。这些非国家直接社会福利支出的社会保障通常包括企业为员工提供的病假、产假以及养老金等费用。相对于政府的现金给付,社会保障规制手段的成本较低。例如,保障残疾人的就业机会比发放残疾人津贴更节约财政资金,而且两种方法具有近似的政策效果。政府在面临福利支出削减时,可能将社会性规制作为社会保障减支的替代或补偿措施。

最后,完整的社会保障支出核算应该包含私人部门对个人的社会转移支付。自愿的私人部门社会福利支出也是社会保障支出的一部分。倘若政府无强制规定,企业也很可能为雇员提供儿童照顾福利。对于雇员而言,无论是政府强制企业提供的福利,还是企业自愿提供的福利,都是完全一样的。而对于企业而言,政府的税收优惠政策往往能降低其提供福利的成本,因而更倾向于提供福利而不是发放工资现金。

二、OECD 的新型"社会账户"统计

由于上述原因,OECD 成员国在 20 世纪 90 年代中期提出统计更为全面的"社会账户"(social accounting)。这样,在传统的社会保障支出(主要是政府的社会保障支出)的基础上,"净社会支出"(net total social expenditure)还包含税收优惠支出(即因实施税收优惠政策导致的税收流失,视同财政对社会保障的补助支出)、私人部门的强制性福利支出、自愿性福利支出。

表 6.2 展示了两种统计方法下的 2001 年 OECD 成员国社会保障支出占比排名情况。正如武川正吾所指出的,若以社会保障支出比重来衡量福利国家,则美国与欧洲各

国相比，就是一个欠发达的福利国家。然而，从社会性规则这一观点来看，又是另一番景象，美国也可以说是最发达的福利国家之一。① 欧洲国家和美国在社会福利的资源分配方面比例是大致相同的，但提供的方式有所差异。

表 6.2　　两种统计方法下的 2001 年 OECD 成员国社会保障支出占 GDP 的比重

国家	传统社会保障支出占比(%)	排名	新型"社会账户"统计下的社会保障支出占比(%)	排名
瑞典	29.8	1	26.0	3
丹麦	29.2	2	22.5	7
法国	28.5	3	27.0	2
德国	27.4	4	27.6	1
奥地利	26.0	5	21.8	10
芬兰	24.8	6	20.0	15
比利时	24.7	7	23.2	5
意大利	24.4	8	21.9	9
挪威	23.9	9	20.9	12
英国	21.8	10	23.3	4
荷兰	21.4	11	22.1	8
捷克	20.1	12	18.5	16
冰岛	19.8	13	18.4	17
西班牙	19.6	14	17.0	18
新西兰	18.5	15	15.9	20
澳大利亚	18.0	16	21.1	11
斯洛伐克	17.9	17	16.7	19
加拿大	17.8	18	20.3	13
日本	16.9	19	20.2	14
美国	14.7	20	23.1	6
爱尔兰	13.8	21	12.5	21
韩国	6.1	22	10.0	22
墨西哥	5.1	23	6.2	23

资料来源：Adema W，Ladaique M. Net social expenditure，2005 edition. *OECD Social，Employment and Migration Working Papers ＃ 29*，Annex 3. Paris：OECD Publishing，2005.

① （日）武川正吾：《福利国家的社会学：全球化、个体化与社会政策》，李莲花、李永晶、朱珉译，商务印书馆 2011 年版。

三、采用比例法比较社会保障支出存在的一些偏差

按照社会保障支出占 GDP 比重对各国进行排名，分析各国对社会保障的重视程度，存在一定的偏差：忽略了人口规模与富裕程度。换句话讲，就是只关注了分蛋糕的方法，并没有关注蛋糕本身的大小。例如，A 国和 B 国的人口数量相同，但 A 国 GDP 是 B 国的 3 倍，A 国的社会保障支出额是 B 国的两倍。此时我们就会发现，A 国的人均社会保障支出金额是 B 国的两倍，但社会保障支出占 GDP 比重却低于 B 国。从这个角度来看，我们无法简单判断哪个国家更重视社会保障。

于是，另一种统计口径也可以作为国际比较的参考，就是按购买力平价计算的人均社会保障支出。图 6.6 显示，按照人均社会保障支出进行排名，总体上看，北欧各国仍稳居前列，排名提升较多的国家主要有美国（排名第 1）、挪威（排名第 2）、英国（排名第 6）、荷兰（排名第 9）、加拿大（排名第 11）、日本（排名第 14）。排名下降较多的国家有丹麦、奥地利、芬兰、意大利、捷克等国。

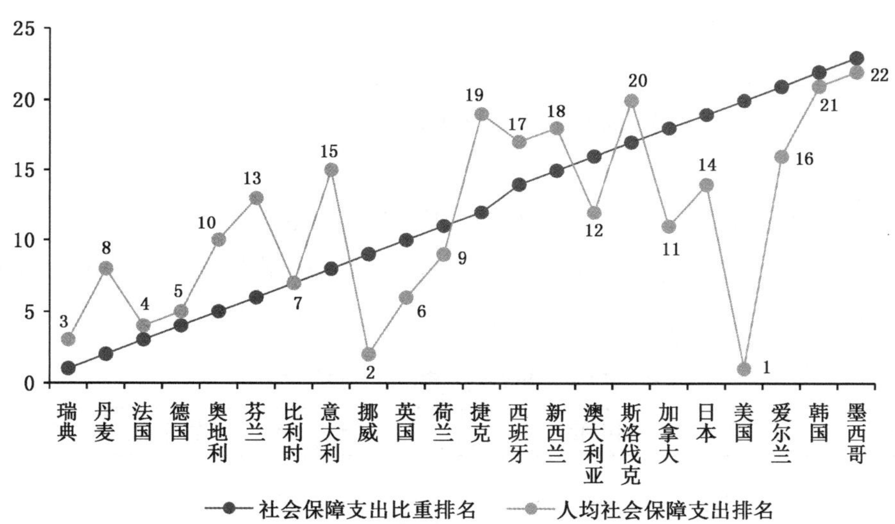

图 6.6　2001 年各国社会保障支出比重排名与人均社会保障支出排名

资料来源：Gilbert N，Terrell P. *Dimensions of Social Welfare Policy*. London：Pearson，2013.

此外，社会保障支出是应对养老、医疗、失业、工伤、生育以及贫困等社会风险的支出，其本身是辅助性的，并非越大越好。例如，一个国家的人口老龄化程度较低，其养老金支出占比较低，也具有合理性；一个国家的失业率较低，其失业保险金支出占比较低，也具有合理性。

四、美国私营企业雇员的薪酬结构

下面分析美国私营企业雇员的薪酬结构。从总体上看，2019 年工资薪金支出占企业总薪酬支出的 70.1%，福利支出占企业总薪酬支出的 29.9%。

(1)在福利支出领域，受税收优惠政策的影响，相较于直接发放工资，以寿险、健康险等形式提供福利，可在税前扣除，免征企业所得税和个人所得税。因此，商业保险支出比重呈现增加的趋势。此外，雇主通过统一购买团体保险，可享受更大幅度的优惠折扣。保险公司亦倾向于团体保险，因其能在一定程度上规避"逆向选择"风险。

(2)当医疗保险成本上升时，雇主将减少相应的工资支出，以维持总支出不变。美国劳工部统计局(BLS)数据显示，2004 年 6 月至 2014 年 6 月，美国劳动者的总薪酬增长了 28%，其中，医疗保险成本增长 51%，平均工资仅增长 24%。医疗保险成本的上升往往导致雇主调整工资支出，以维持总体支出不变。

(3)政府的社会保障支出与企业的福利支出具有一定的互补性。从表 6.3 可以看出，政府的强制社会保险中未包含医疗保险支出，而企业健康保险支出占比相对较高，达到了薪酬的 7.5%。

(4)薪酬管理理论指出，通过职业年金等延期支付方式，企业能更有效地保留关键岗位员工，减少员工流失率。

(5)尽管表 6.3 显示企业福利支出数额庞大，但需注意，该表反映的是平均值。由于多数企业福利并非法律强制，因而其覆盖范围有限，公平性亦存疑，有些福利未覆盖到所有雇员，有些福利在雇员之间的待遇差异较大。

表 6.3　美国私营企业雇员的福利支出构成及占比

科　目	占企业薪酬的比重(%)
工资、薪金支出	70.1
福利总支出	29.9
1. 有偿休假(paid leave)	7.2
带薪假期(vacation)	3.7
节假日(holiday)	2.2
病假(sick)	0.9
事假(personal)	0.4
2. 附加收入(supplemental pay)	3.2
加班(overtime and premium)	0.9
夜班(shift differentials)	0.2

续表

科　目	占企业薪酬的比重(%)
与经营业绩无关的奖励(nonproduction bonuses)	2.1
3. 商业保险(insurance)	8.0
人寿保险(life)	0.1
健康保险(health)	7.5
短期伤残保险(short-term disability)	0.2
长期伤残保险(long-term disability)	0.1
4. 养老金福利(retirement and savings)	3.8
待遇确定型(defined benefit)	1.5
缴费确定型(defined contribution)	2.3
5. 法律强制的福利(legally required benefits)	7.7
养老的工薪税(social security)	4.7
医疗的工薪税(medicare)	1.2
联邦政府失业保险税(federal unemployment insurance)	0.1
州政府失业保险税(state unemployment insurance)	0.4
工伤保险(workers' compensation)	1.3

注:本表数据为2019年第三季度(9月)的统计数据。美国劳工部每季度发布一次数据。

资料来源:Bureau of Labor Statistics, U. S. Department of Labor. Employer Costs for Employee Compensation-September 2019. News Release. December 18, 2019.

拓展阅读

资源诅咒与“荷兰病”

资源诅咒是一个经济学假说，即丰富的自然资源可能是经济发展的诅咒而非祝福，大多数自然资源丰富的国家比那些资源稀缺的国家增长更慢。1959年，荷兰在北海发现了丰富的天然气资源，成为以天然气出口为主的国家。然而，到了20世纪70年代，荷兰却得了“荷兰病”。这是因为天然气出口导致荷兰国内生产要素向该产业集中，抑制了制造业的发展；加之天然气出口收入增加引起汇率变化，荷兰货币升值，削弱了制造业的出口竞争力。特别是荷兰并未将天然气收入用于产业结构调整和人力资源开发，而是用于弥补福利支出。当国际能源市场波动时，荷兰经济就失去了增长动力和后劲。一般来说，“荷兰病”指称一些单纯依赖自然资源出口但缺乏经济长期增长动力的国家所面临的问题。

在荷兰，劳资关系具有合作主义传统，与他国相比，荷兰的劳资双方较易达成合作。然而，荷兰的雇主不能随意裁员，裁员成本高且程序烦琐。在这种情况下，劳资双方合谋钻福利制度的空子——让健康的在职劳动者领取残疾金从而退出劳动力市场。

1967 年，荷兰颁布《残疾法》，最初仅适用于工人，雇员生病后可申请一年疾病津贴，之后可申请残疾津贴，领取最后收入 80%的残疾金。1976 年《无劳动能力法》出台后，领取范围扩大到所有因残疾而无法谋生的人，且职业风险与社会风险享受同等待遇。在认定残疾资格时，一些受教育程度低的健康人也被包括在其中。残疾人的定义模糊、资格认定宽松，加上残疾金补助水平高，容易引发道德风险。20 世纪 80 年代后期，雇主将这种方法作为解雇员工的替代方案。

荷兰僵化的劳动力市场政策保护固定工利益，这些人属于传统意义上的“挣钱养家的人”，裁员因此受到严格控制。雇主通过让年龄偏大的低技能劳动者领取残疾金而体面地退出劳动力市场，既解决了劳资纠纷，又提高了劳动生产率。对于劳动者来说，残疾金福利高于失业救济金，且可领至退休，无需寻找工作，导致部分在职者转为残疾人而不计入失业。一时间，荷兰残疾人数骤增，从最初不超过 20 万人增至 1980 年的 66 万人，1989 年达到 100 万人，占就业者的 1/6。与其他西欧国家相比，荷兰残疾人数高得惊人。1987 年，在 1 万名 55～64 岁的雇员中，荷兰领取残疾金的人数达 980 人，远超比利时的 434 人和西德的 262 人。

高福利制度带来了许多弊端：

一是高失业率。1983 年，荷兰失业率达 12%，超过欧共体其他成员的失业率。1984 年，荷兰失业人数达 80 万人，几乎占其劳动力的 14%，与此同时，还有很多劳动者通过领残疾金和提前退休退出了劳动力市场，其广义失业率达到 27%。

二是经济低增长率。高福利支出需要雄厚的财力支持，由此税赋增加，企业负担加重，抑制了企业投资。20 世纪 70 年代中期，荷兰的 GDP 增长率低于 OECD 成员国平均水平。

三是财政入不敷出。为了实施高福利政策，荷兰建立了庞大的公共部门。20 世纪 80 年代初，荷兰的公共部门开支占 GDP 的 70%。1982 年，荷兰政府为国债还本付息支出占财政支出的比重高达 10.7%，已经超过可以容忍的 4%～5%的上限。从 1982 年至 1991 年，荷兰的国债余额又翻了一番。

自 1982 年 11 月起担任荷兰首相的吕贝尔斯（Ruud Lubbers），曾在拉德堡德大学的一场演讲中称荷兰为“病人国家”。此后，荷兰耗费近 20 年时间才逐渐摆脱“荷兰病”，并在 21 世纪前后创造了受到国际瞩目的“荷兰奇迹”（Dutch miracle）。改革的措施包括：收紧残障人士的资格申请条件，减少福利，并要求单身母亲在子女年满 5 岁后回到劳动力市场。2004 年，荷兰进一步改革残疾金计划，要求雇主承担伤残雇员两年的病假工资，之后雇员方可申领公共残疾福利金。1985 年，荷兰每千名工人的伤残率是美国的 3 倍；到 2009 年，这一数字降至美国之下。

资料来源：①钱箭星，《从“荷兰病”到“荷兰奇迹”——一个全球化时代调适劳资关系和福利制度的案例》，《中共天津市委党校学报》2011 年第 5 期。②Gilbert N，Terrell P. *Dimensions of*

Social Welfare Policy. London:Pearson,2013.

复习思考题

1. 家庭、政府、雇主、市场、社会组织及宗教团体这六个社会部门具有一定程度的社会保障职能,它们共同构成了福利混合经济(the mixed economy of welfare)。请以社会保障的一个项目(养老、医疗、失业、生育、工伤等)为例,谈谈这六大部门在社会福利供给领域所扮演的不同角色。

2. 随着我国老龄人口日益增多,针对老年人的福利也越来越多。长期以来,免费乘坐公共交通是上海70岁以上老人的"基本福利"。2016年4月,上海市政府发布《上海市关于建立老年综合津贴制度的通知》,规定从2016年4月25日起,上海将不再实行70岁以上户籍老年人免费乘坐公共交通制度,原本用于公共交通的敬老服务卡停止使用。取而代之的是老龄津贴,年龄门槛也从70周岁降至65周岁。根据新的综合津贴制度,具有上海市户籍且年满65周岁的老年人,可以享受老年综合津贴,标准按照年龄段分为五档,从65周岁一直到100周岁以上,每人每月可享受75～600元不等的补贴。同时,其他老年优待政策,如公园和公共文化设施免费开放或优惠等,均保持不变。第六章介绍了现金福利与实物福利的概念,请结合两种福利方式的区别,谈谈上海推行此项改革的必要性。

3. 我国养老机构目前有五种模式:民办民营、民办公助、公办公营、公办民营、公建民营。在一些地区,公办养老机构因性价比高而出现"一床难求"的问题;而在另一些地区,公办养老机构由于规划过于超前,加上选址偏僻,导致床位的空置率很高。同时,民办养老机构又存在"运营难、融资难、盈利难、招人难"等问题,此外,一些民办养老机构的养老服务质量标准良莠不齐。试分析如何将社会资本引入养老服务业,增加服务供给,创新服务模式。

4. 在实物补贴与现金补贴之外,还有第三种方式,就是政府购买公共服务+服务券的形式。1955年,美国芝加哥货币经济学派代表人物弗里德曼发表了《政府在教育中的作用》一文。在文章中,弗里德曼首次提出了教育券(school voucher)理论。他认为,应该改变目前对公立学校的直接补助的教育投入方式,由政府向学生家庭直接发放教育券。也就是说,政府把本该投入教育的资金经过折算后发给每一位学生,学生凭券可以自行选择任何一所政府认可的学校,包括公立学校或私立学校就读,学校凭券到政府兑换相应的公用经费。政府可以通过发放教育券保持对教育的投入;学校之间也会因为学生掌握充分的选择权而增强竞争,竞争的结果是各学校教育教学质量的整体提高。在实践中,一些国家和地区的政府也推出了服务券的项目。例如,我国香港推出长者小区照顾服务券试验计划、长者院舍住宿照顾服务券试验计划;我国台湾推出幼儿教育券;北京市政府曾发放过居家养老助残券。试分析这种服务券的社会服务方式的利弊所在。

5. 整理中国财政支出中用于社会保障支出的相关数据,与 OECD 成员国数据进行比较。

6. 了解中国机关事业单位职业年金、企业年金等的制度规定及参保率情况,试分析如何进一步优化中国城镇职工基本养老保险制度与职业年金制度的互补性。

第七章　各国社会保障制度面临的挑战

自2008年全球金融危机爆发以来，已过去十多年，尽管各国经济有所复苏，但面临的形势却更加复杂：政府债务高企，财政资金紧张，社会保障支出面临削减压力；经济增长未能有效提升就业率，贫困人口激增，社会矛盾有加剧的趋势；经济波动频繁，产业跨国流动加速，盈利模式快速变化，企业面临多变的宏观环境；非正式就业比例增加。这些新变化给各国的社会保障制度带来了诸多挑战。

在风险社会中，社会结构日益复杂，专业分工更加细化，个人难以应对的突发状况或风险越来越多，如传染病大规模暴发、食品安全问题、个人信息泄露、环境安全威胁等。公民暴露在多重的系统性风险中，自然会增加突发事件的发生概率。由于现代社会的复杂性，一个突发事件往往可能引发连锁反应，导致其他风险加剧，灾害的规模和破坏力远超传统社会，使得个人或家庭被迫承受更高的经济不安全感。例如，全球经济与金融体系的紧密联系，使得一场原本可能是区域性的金融风暴，在不到一个月的时间内就迅速演变为全球性的经济危机。经济不安全感已不再是贫困家庭的专属问题，而会波及大多数中产阶级。

第一节　分裂的福利政策理念

21世纪以来，全球经济增长趋缓，原本被经济高速增长掩盖的社会不平等问题逐渐凸显，包括贫富之间的纵向不平等以及不同社会群体之间的横向不平等。横向不平等包括男性和女性、老年人和年轻人、原住民和移民、残疾人和其他群体之间的不平等。当个体同时属于多个弱势群体时，就会出现不平等的叠加。例如，城乡、种族和性别不平等的交叉，往往使农村地区的少数民族妇女处于特别脆弱的境地。

社会不公平问题再叠加经济危机和财政紧缩，极大地冲击了社会凝聚力。而社会凝聚力长期以来被视为达成社会政策共识的基础。英国学者泰勒-顾柏等人通过对10个欧盟成员国的研究指出，在全球化、技术变革和人口老龄化的推动下，欧洲福利国家正在发生深刻的变化——经济衰退的后果和前所未有的移民水平带来了额外压力。研究发现，各国确实都或多或少地作出了基于新自由主义的紧缩反应，塑造福利国家发展的阶级凝聚力已经不再强大。[①] 男性和女性、老年人和年轻人、原住民和移民之间的分歧在扩大。在一个新的、更具竞争性的世界中，赢家和那些感到被遗忘的人之间的分歧变得越来越显著。欧洲国家已进入政治不稳定时期。尽管紧缩政策在几乎所有国家中都占据着主导地位，但各国的应对策略各不相同：有的国家转向社会投资模式，有的走向保护主义，还有的采取新凯恩斯主义模式。

要实现民主决策和凝聚共识，社会大众需要更多地站在他人的角度看待问题。然而，欧美国家的社交媒体平台（如脸书）和搜索引擎（如谷歌）为了追求点击率，往往通过算法推送符合用户偏好的内容。这种现象使用户容易陷入"同温层"（filter bubble）和"信息茧房"中，被自己熟悉的想法和信息所包围，难以接触到多元化的观点。此外，搜索引擎的排名结果往往无法反映信息的可靠性，而只能反映其流行程度。这种信息筛选机制加剧了社会的认知分化。当社会公众对事实缺乏共同认知时，寻找建设性讨论的共同基础变得更加困难。这不仅阻碍了理性的政治决策，还使得跨越政治分歧的对话难以实现。

一、社会保障制度逆向转型与代际冲突日益加深

（一）一些国家的社会保障制度出现逆向转型——社会保障支出呈现"短期化"趋向

深陷债务危机的国家在财政资金短缺的情况下，往往只能优先解决眼前问题，而无暇顾及长远。为了应对财政压力，这些国家通常会尽可能地削减预算。在这种情况下，家庭友好型的、以服务为导向的社会保障项目往往首当其冲，成为被削减的支出项目；而传统的医疗保险、养老金由于具有较强的"法定权利"属性而难以削减（例如，遇到经济萧条时期，养老金可能停止增长，但不会被直接削减）。这种被动应付型的社会保障支出结构偏重事后保障，忽视事前预防。从长远来看，这种社会保障体制无助于提升劳动者的技能和素质，因而也无助于有效降低失业率。

（二）代际财富悬殊现象较为明显

OECD 的研究显示，婴儿潮一代（大多出生于 20 世纪 50 年代）积累的财富（房产、股票和其他积蓄）远超过 X 一代（主要出生于 20 世纪 70 年代）和千禧一代（出生于 20 世纪 80 年代及以后）。2023 年，美国婴儿潮一代的人口总量占比只有 20%，但净财富的占比高达 52%。

---

① Taylor-Gooby P. *New Risks, New Welfare: The Transformation of the European Welfare State*. Oxford: Oxford University Press, 2004.

在英国，保守党国会议员戴维·威利茨(David Willetts)于2010年出版《挤压：婴儿潮一代如何夺走了他们儿女的未来》(*The Pinch*：*How the Baby Boomers Took their Children's Future*)。他在书中指出，英国社会的主要矛盾已经由阶级冲突演变为世代冲突。英国40岁以下人口占总人口的一半，他们却仅拥有英国全体国民金融资产及住房的15%。在1995—2005年的十年间，24～34岁年龄层的英国人平均财富持续下降，而55～64岁年龄层的英国人平均财富却增长了3倍。根据戴维·威利茨的分析，英国婴儿潮一代在过去十年中普遍利用其房产进行贷款消费、度假和投资，这成为英国金融泡沫化的重要原因。随着泡沫破灭，英国政府为拯救银行以及增加社会安全和福利支出而导致的大幅增长的财政赤字，进一步加重了年轻一代的负担，恶化了代际间的分配正义问题，导致年轻一代的未来前景更加黯淡。

(三)代际冲突日益加深

在劳动市场上，中老年人通常签订长期合同，年轻人则更多地持有临时合同。与此同时，资产泡沫的膨胀扩大了代际财富差距，使得年轻一代对不得不承担更多养老责任而感到不满，尤其是因为他们认为上几代人生活得更为轻松。这种不公平的社会保障政策进一步加剧了代际冲突。例如，在意大利，年轻人对年长的一代(而非他们的父母)产生了强烈的反感。他们敌视主流政党、工会以及一个模糊定义的“统治阶级”，并将自己在收入、就业前景和养老金方面与长辈之间的巨大差距归咎于这些群体。

社会保障制度的逆向转型，实际上是许多西方国家政治领导人基于“理性选择”的结果。当财政资金捉襟见肘时，这些领导人倾向于削减那些不会激怒多数选民的社会保障项目。从选民结构来看，随着人口老龄化的加速，中位选民的年龄逐渐上升，他们显然更关注养老金项目。因此，政府削减针对儿童和青年的社会保障项目，往往不会引发社会的强烈反对。OECD的数据显示，中位选民的年龄每增加一岁，养老金相关的公共开支占GDP的比例就会上升0.5%。① 与此同时，高收入群体和老年人的投票率较高，对政策制定者的影响也更为显著。以英国为例，在2010年的大选中，收入最高阶层的投票率为76%，而收入最低阶层的投票率仅为57%；65岁以上老年人的投票率为76%，而18～24岁年轻人的投票率低至44%。② 显而易见，低收入群体和年轻人的社会保障权益往往因其较低的投票率而得不到政府领导人的重视，他们很可能成为政府福利削减计划的主要牺牲品。然而，事实上，这部分群体恰恰是社会保障计划最需要加

---

① Ebbinghaus B, Naumann E. The popularity of pension and unemployment policies revisited: The erosion of public support in Britain and Germany. In Ebbinghaus B, Naumann E. *Welfare State Reforms Seen from Below*. Basingstoke: Palgrave Macmillan, 2018.

② Diamond P, Lodge G. Welfare states after the crisis: Changing public attitudes. Policy Network Paper, www.policy-network.net, 2013.

强保护的对象。

二、民粹主义抬头

民粹主义(populism)并非一种严格意义上的政治理论或制度,而是一种对经济状况的不满情绪、对精英的不信任态度,并时常伴随着有个人魅力的专制领导者和本土(优先)主义盛行共同出现。民粹主义往往拒斥多元性和自由化,崇尚简单政治,反对已有法律制度,聚焦于短期利益,不考虑长期成本,有损政治自由的价值。

2008年金融危机爆发后,以反精英、反全球化(反对欧洲一体化)、反对移民与难民政策为特征的民粹主义如野火般在全球蔓延。尽管民粹主义在亚洲、拉丁美洲等地有所发展,但并未产生广泛的影响力;然而,在欧美地区,其发展势头却异常迅猛。

从2011年的"占领华尔街"运动,到2016年英国全民公投脱欧,以及毫无执政经验的商人特朗普击败传统政治精英代表希拉里当选美国总统,民粹主义的影响力逐渐显现。2018年,欧洲三大核心国家"英法德"的政坛均出现了民粹主义政党割据一方的局面。同年3月,意大利民粹主义政党五星运动(Five Star Movement)与极右翼联盟党(北方联盟党)在议会选举中取得多数席位,标志着西欧首个民粹主义政府的诞生。至此,民粹主义已席卷全球,在世界政治舞台上占据了一席之地。

值得注意的是,欧洲的左翼民粹主义与右翼民粹主义存在差异。左翼民粹主义自称代表穷人,其话语体系突出穷人与富人之间的对立;而右翼民粹主义强调身份与文化差异,其核心观点是排外主义与民族主义。

(一)民粹主义兴起的主要原因

第一,社会发展、科技进步、全球化进程加快以及劳动份额在国民经济中占比下降等因素,共同导致了各国贫富分化的加剧,这是民粹主义兴起的主要原因。一部分中低阶层劳动者感到自己被忽视、被遗忘,工资增长停滞,失业风险上升,而每当经济危机来临时,他们往往又是最"受伤"的群体。因此,这些饱受苦难的平民很容易将一切归咎于"精英阶层"的过错。

第二,受利比亚战争和叙利亚战争的影响,2014年大量中东难民涌入欧洲,最终引发了2015年的难民危机——约150万难民进入欧洲大陆。到2016年,仅有部分难民被遣返。难民危机给欧洲带来了严重的社会矛盾:财政赤字增加,社会治安恶化,甚至恐怖袭击事件频发。

第三,2008年全球金融危机爆发后,为应对政府债务危机,各国纷纷削减或冻结社会保障支出,导致民众的归属感逐渐丧失。于是,下层社会的民众开始转向更激进的政治选择,形成了新的政治力量。

民粹主义还擅长蛊惑人心,利用民众的仇外情绪,让他们相信自己的"厄运"不仅源于国内问题，还受到外部力量的操控，例如国际资本、外来移民以及全球主义者的支配。

（二）民粹主义对社会保障政策的影响

1. 福利沙文主义抬头

在民粹主义盛行的国家，反对自由贸易和移民的声浪日益高涨。欧盟国家实施的极度紧缩政策带来了深远的政治影响，使社会底层的“本地人”感到被政府抛弃——就业机会要么被转移到发展中国家，要么被外国人抢占。这些异议导致了福利沙文主义的抬头[①]。福利沙文主义是一种政治概念，主张福利应仅限于特定群体，尤其是一个国家的本地人，而非移民。例如，在2016年英国“脱欧”公投中，脱欧派的口号便是：“英国的工作机会和福利都应留给英国人！”

然而，民粹主义所主张的解决方案往往适得其反。例如，增收贸易关税表面上有利于本国制造业的增长，但实际上真正受益的是那些采用自动化机器人进行生产的公司，而非低技术工人。

2. 政府承诺或提出不切实际的高福利政策

例如，意大利民粹主义政党五星运动在2018年竞选中提出了“无条件基本收入”的竞选纲领。该党执政后，于2019年开始尝试实施这一政策。与此同时，一些拉美国家在处理经济增长与分配问题时，走上了民粹主义道路，向穷人承诺不切实际的高水平福利和教育，但政府实际上缺乏足够的财力支持。这些国家的政策重点并未放在扩大就业、改善教育和公共服务等基本领域，而是以民粹主义的态度迎合短期社会舆论，导致社会两极分化加剧，最终陷入恶性的政治周期。

个别拉美国家难以摆脱福利民粹主义陷阱的原因在于，每当新领导人上台，民众便要求其立即兑现竞选承诺。一旦政府缩减福利或未能满足民众期望，民众便会转而支持新的领导人。因此，执政者往往优先考虑赢得选举，随后向民众输送利益，甚至直接“发钱”。当政府财政枯竭时，便向世界银行等机构借款，从而陷入恶性循环。从军政府到民选政府的频繁更迭，加上无节制的货币印刷，引发了超级通货膨胀（super inflation），导致资本外逃和经济长期剧烈波动。

三、劳动力在跨境流动中无法享受完整的社会保障权利

从福利制度的角度来看，跨境流动的其他国家公民往往因未获得移入国国籍，而无法享有同等的社会公民权。以欧洲为例，拥有“主流”话语权和选举权的本国公民可以通过影响本国政治，排斥欧盟内其他国家的公民，这给劳动力的自由流动带来了严重的社会风险。没有移入国福利公民权的人在面对失业和经济困境时，只能返回母国才能

---

① 李秉勤：《风险社会视角的福利以及经济危机的影响》，《社会建设》2018年第4期。

享受相应的福利待遇，否则便会陷入困境。然而，由于他们并非移入国公民，无法对移入国的社会政策享有发言权，因而只能依赖移入国公民的“同情”来取得权益。

第二节 持续削减的社会保障支出

长期以来，社会保障计划被视为经济的“自动稳定器”：当经济萧条时，社会保障支出自动增加，为失业者、贫困者等群体提供收入保障。这一自动稳定器的良好运行依赖于稳健的财政政策。换言之，自动稳定器自身要稳定，需要“以丰补歉”——在经济繁荣时期，社会保障项目应积累足够的资金储备，以便在经济萧条时有足够的财力应对各种保障需求。然而，这一机制的基础早已被破坏：多数国家长期处于财政赤字状态，即使在经济繁荣时期也不例外。与此同时，全球经济增长形势也不容乐观。2013 年，在国际货币基金组织（IMF）年会上，美国前财政部长劳伦斯・H. 萨默斯（Lawrence H. Summers）提出了“长期性经济停滞”（secular stagnation）假说。如果经济增长持续乏力，社会不平等程度通常会加剧，而政府却因财力不足而无法强化收入再分配。

一、持续攀升的政府债务比重，造成社会保障政策实施余地不断缩小

长期以来，全球化竞争加剧，发达国家面临资本外流和产业空心化的不利局面，税收课征日益困难。无论是经济繁荣还是萧条，财政赤字几乎成为常态，政府债务水平如滚雪球般不断膨胀。例如，1980 年，七国集团（G7）的政府债务余额占 GDP 比重平均为 40%，到 2009 年突破 100%，到 2023 年更是达到了 127%（见图 7.1）。自全球金融危机爆发以来，各国面临主权债务危机、对金融部门的救助以及税收下滑等多重财政压力，政府在社会保障支出方面只能被动应对，无力进行大规模政策调整。因此，可以预见，未来数年，财政紧缩将成为各国宏观政策的主基调之一，社会保障资金的政府投入也可能缩水。缺乏资金支持，再好的社会保障政策也只会沦为一句空话。

二、受经济形势和社会保障减支政策影响，不少国家的卫生和健康状况有所恶化

欧洲多国政府为应对严重的债务问题而大幅削减开支（austerity），这不仅使欧洲陷入经济衰退，还引发了罕见疾病的爆发、自杀率激增以及医疗体系应急能力的进一步削弱。以下略举数例：

（一）希腊的医疗经费削减及其影响

2008 年金融危机后，希腊政府在所谓的“三驾马车”——国际货币基金组织（IMF）、欧盟委员会和欧洲央行共同设置的减赤要求下，必须在 3 年内削减 230 亿欧元

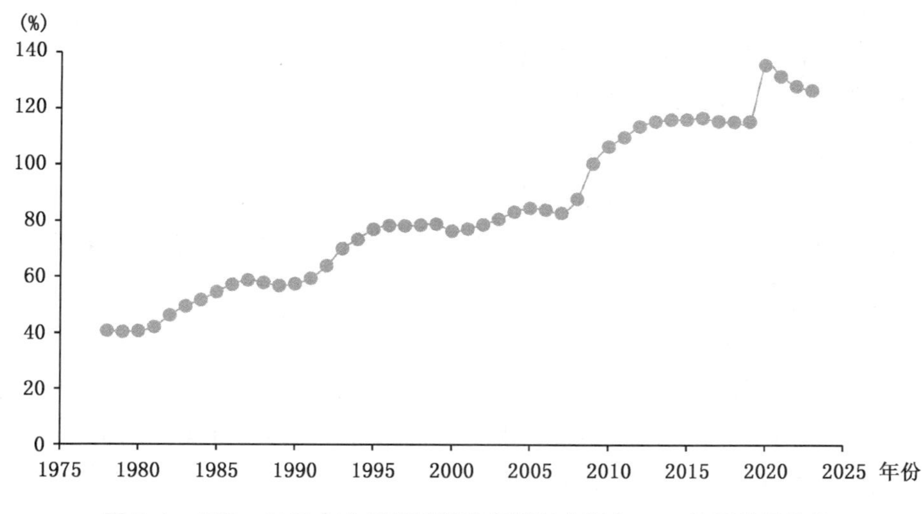

图 7.1　1978—2023 年七国集团的政府债务余额占 GDP 比重的平均值

资料来源：IMF 数据库（https://www.imf.org/external/datamapper/GG_DEBT_GDP@GDD/CAN/FRA/DEU/ITA/JPN/GBR/USA）。

的债务。此外，这些国际组织还要求希腊将公共卫生支出控制在 GDP 的 6%以下。为达成目标，希腊大幅削减公共卫生预算。[①]

1. 绝迹传染病卷土重来

一些曾在欧洲绝迹的传染病重新出现在希腊。例如，2011 年疟疾在希腊南部再次暴发，这是自 1974 年以来的首次大规模病例报告。这一现象与希腊削减卫生开支密切相关——由于经费缩减，农田未能喷洒杀虫剂，导致蚊虫肆虐，病菌传播。

2. 医务人员待遇削减，医疗质量下降

为应对政府债务危机，希腊实施了持续紧缩政策，在 2009—2013 年公共卫生实际支出下降了 32%。大量医生离开希腊，前往德国、瑞典和沙特阿拉伯等国就业。2019 年，希腊每 10 万人仅有 420 张病床，远低于欧盟平均水平（530 张）；2020 年，希腊全国重症监护室床位仅 560 张，是欧盟人均重症监护室床位比例最低的国家。

由于无法获得及时治疗，越来越多的希腊人向非政府组织（NGO）搭建的临时医疗单位寻求帮助。这些单位原本是为移民和难民提供服务的，例如无国界医生组织（Medecins Sans Frontieres）和世界医师联盟组织（Medecins du Monde）。讽刺的是，这些曾受欧洲和西方国家资助的非政府医疗组织，如今却成为希腊民众的主要依靠。

① Stuckler D, Basu S. *The Body Economic: Why Austerity Kills*. New York: Basic Books, 2013.

3.经济危机导致疾病和自杀率上升

经济低迷、长期失业和政府削减支出的多重影响,导致许多疾病的发病率大幅上升。由于等待时间过长和药品价格上涨,希腊人减少了常规治疗和预防性治疗,导致入院人数急剧增加。

一项研究通过对希腊大型公立医院卡拉迈总医院(Kalamata's General Hospital)的22 093名患者进行长期跟踪,发现2008—2012年记录在案的心脏病发患者有1 084人,而在债务危机爆发前的4年间,这一数字仅为841人。[①] 此外,卫生支出削减政策还间接导致雅典2011年的艾滋病感染率同比增加1 500%。

近年来,希腊的自杀率也急剧上升,甚至波及青年人。希腊是一个东正教传统国家(东正教拒绝为自杀者主持葬礼),而且大家庭聚居的文化传统和家庭结构能够在物质和精神上为陷入危机的个人提供支持,因此,其自杀率曾长期处于欧洲最低水平。然而,债务危机改变了一切,希腊的自杀率大幅上涨(见图7.2)。2012年6月,仅首都雅典就发生了350起自杀案件,其中50人死亡。许多人选择在公共场所自杀,似乎是对社会的抗议。尽管希腊人平均寿命从1990年的77.2岁上升至2016年的81.5岁,但在欧盟国家长寿榜上的排名从第3位跌至第12位。

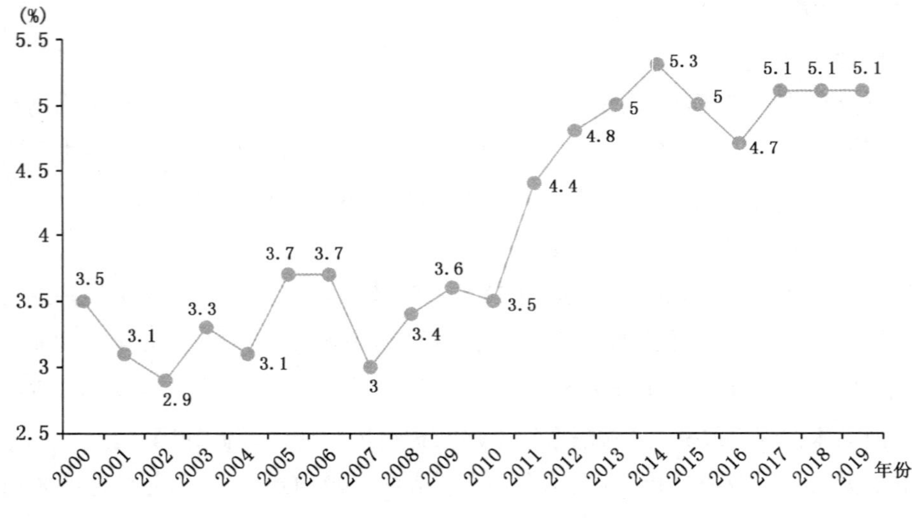

图7.2　希腊的自杀率(每万人)

资料来源:https://www.macrotrends.net/global-metrics/countries/GRC/greece/suicide-rate。

① Beth Casteel. Heart attack rates rise with plunging GDP in Greece's financial crisis. March 7,2013. http://www.cardiosource.org/News-Media/Media-Center/News-Releases/2013/03/Greece-Crisis.aspx.

(二)意大利的医疗经费削减及其影响

从2010年到2019年，意大利政府持续压缩卫生资源。在这十年间，政府削减了约370亿欧元的医疗经费，累计裁员4.3万人。2007年，意大利平均每10万人拥有390张病床；到2017年，这一数字降至318张，仅为德国的四成、韩国的1/4。

在新冠疫情暴发前，意大利大型公共医疗机构的等候时间可能长达数月。例如，在伦巴第大区的公立医院，静脉造影检查的平均等待时间为98天。根据意大利医疗仲裁法院的数据，2018年约有1 100万人因公立医院排期过长而选择延期治疗或转向私立医院。考虑到意大利总人口刚过6 000万，这意味着在常态下，已有约1/6的人无法及时享受公共医疗服务。由于医疗资源匮乏，富裕阶层更多地选择私立医院就诊。

意大利65岁以上人口占总人口的22.8%，老龄化程度仅次于日本(27%)，高于德国(21%)。2020年，新型冠状病毒的暴发给意大利脆弱的公共卫生体系带来了致命打击。从2020年2月21日确认首例本土感染病例至当年4月底，死亡病例超过2.5万例，并有150多名医生殉职。

第三节　日益恶化的贫富差距与就业形势

社会保障制度建立的初衷在于通过调控贫困和贫富悬殊现象，发挥缓解社会矛盾的“社会安全网”作用。社会保障制度要有效发挥作用，需满足若干前提条件。首先，如果社会贫富差距过大，那么仅依赖社会保障制度进行调节是难以奏效的，更需要通过初次分配调节和税收制度(如开征遗产与赠与税)等手段来综合施策。其次，社会保障制度本身是一项辅助性政策，若失业率过高，则表明整个经济体系存在问题。高失业率不仅会导致失业金支出大幅增加，还会加重就业人群的社会保障缴费负担，进而抑制企业的雇佣积极性，形成恶性循环。

一、初次分配形成的贫富差距不断拉大

在第二章第一节中，我们探讨了经济全球化在推动全球经济整体发展的同时，也带来了一系列负面效应：“库兹涅茨曲线”失效，发达国家与发展中国家的内部贫富差距均呈现扩大趋势；资本回报率远高于劳动回报率，劳动者享有的国民收入占GDP的比重持续下降；科技进步造成了高技能工人与低技能工人之间的收入鸿沟；中老年产业工人难以适应经济转型的挑战；各国经济联系日益紧密，宏观调控手段受到制约，经济波动性加剧。

持续扩大的社会贫富差距对社会保障政策提出了严峻挑战：一方面，政府无法对日益加剧的贫富差距视而不见；另一方面，政府面对高流动性的生产要素(如资本和劳动力)难以实施高税率政策，也无法大规模发行债券。因此，如何利用有限的财政预算和

社会保障基金来有效缩小贫富差距，成为非常考验各国政府智慧的难题。

收入不平等的扩大会导致疾病发生率上升和预期寿命缩短。这是因为收入不平等驱使人们去冒更高的风险，不确定的未来导致人们倾向于选择"快生早死"的生活方式——追求眼前的享乐而忽视长期健康。例如，在贫富差距极端悬殊的地区，滥用毒品和酒精、不安全性行为等现象更为普遍。研究表明，在美国，生活在不平等程度较高的州，人们吸烟、暴饮暴食和缺乏锻炼的概率增加。[①] 经济学家安妮·凯斯和安格斯·迪顿发现，尽管过去几十年美国的总体死亡率呈下降趋势，但自 20 世纪 90 年代以来，中年白人的死亡率上升。死亡率上升的部分主要集中于未接受大学教育的白人男性群体。[②] 这一群体受到的伤害在很大程度上是自虐造成的。他们死于心脏病和癌症的概率并不高，却往往死于肝硬化、自杀、慢性病以及麻醉剂和止痛药的过度使用。这种趋势本身就值得注意，因为它涉及主观上的社会攀比。尽管受过高中教育的白人的平均收入高于同等教育水平的黑人，但出于历史形成的优越感，他们的期望值更高，而现实与期望的落差导致了自虐行为的增加。

专栏 7.1 "涓滴经济学"理论的破产

"涓滴经济学"(trickle-down economics)常被用来形容里根经济学。20 世纪 80 年代，美国里根政府推行的经济政策认为，政府救济并非帮助穷人的最佳方式，而应通过经济增长使社会总财富增加，让优先发展起来的群体或地区以消费、就业等方式惠及贫困阶层或地区，从而带动其发展和富裕。为此，里根政府实施了为富人大幅减税的政策，同时大幅削减了针对穷人的福利。

这一术语起源于美国幽默作家威尔·罗杰斯(Will Rogers)。在经济大萧条时期，他曾说："把钱都给上层富人，希望它可以一滴一滴流到穷人手里。"(Money was all appropriated for the top in hopes that it would trickle down to the needy.)

在全球化尚未兴起的年代，这种理论或许有一定的作用。然而，在当今全球化的背景下，随着低端产业链已转移到美国以外的发展中国家，"涓滴经济学"已几近失效。数据显示，1980—2019 年，美国劳动收入占国民收入的份额从 75%下降至 60%，40 年间下降了 15 个百分点；与此同时，收入最高的 1%人群所占的收入份额增加了 1 倍以上，而最顶层的 0.1%人群的收入份额更是增长了约 4 倍。

---

① (美)基思·佩恩:《断裂的阶梯:不平等如何影响你的人生》，李大白译，中信出版集团 2019 年版。

② Case A, Deaton A. Rising morbidity and mortality in midlife among white non-Hispanic Americans in the 21st century. *Proceedings of the National Academy of Sciences*, 2015, 112(49).

二、非典型就业与“工作贫穷”现象越来越常见

在战后的工业时代，各国社会保障政策所关注的贫困对象主要是少数缺乏就业能力的老弱残疾等弱势人口，也就是所谓的“旧贫”。至于因失业而陷入贫困的人群，只是小规模、短暂性的周期性失业人口，可以通过失业保险或社会救助体制来加以保障。①

进入20世纪80年代后，在发达国家，充分就业不再，劳动市场出现结构性变化，失业者以及非典型就业者大量出现，同时冲击着个人与家庭的安全，“新贫”风险因此成为社会关注的焦点。非典型就业包括自雇人员、短期聘用人员、季节性雇员、劳务派遣人员以及订单式外包工作承接者等。

非典型就业的兴起有多方面原因。例如，互联网的发展和服务业的崛起为非典型就业提供了便利条件；又如，大型制造业企业为了削减人力成本，减少了正规职位的数量。以日本为例，从20世纪90年代起，日本企业难以继续维持传统的终身雇佣制度和年功序列薪酬制度（即在一家企业工作年限越长，工资和地位越高）。这是因为要顺利推行这两项制度，以下两个条件缺一不可：一是企业具备稳定的成长性；二是社会整体人口结构呈现标准的金字塔型，从而能够从源源不断的新入职员工身上腾挪部分工资，用于支付中高龄员工的薪酬，实现世代间的所得转移。②

“新贫”与“旧贫”之间存在显著差异，其根源在于劳动市场的工作形态发生变迁，已经从过去稳定、全时为主的工作转变为高度不稳定且非典型的工作。加之全球化背景下产业外移，导致低技能劳动者被淘汰而成为长期失业的结构性失业者。这与“旧贫”所强调的因失业而导致的贫穷者只是小规模短暂性的周期性失业人口，存在明显的不同。

非典型就业最突出的问题有以下三个：

一是就业不稳定。劳动者在从事非典型工作时，工作何时会中断并非自己能够决定，而是取决于雇主；工作中断后过渡至找到下一份工作的期间究竟有多久，也不是劳动者本人能够确知。

二是收入难以维持基本生活需求。非典型就业者无法受到工会的保护，工资收入常常被雇主压到极低的水平。此外，这些劳动者由于文化水平有限（很难获得就业信息）、搬迁不便以及缺乏自备车，在就业市场中处于劣势地位，一辈子都拿着最低工资。③ 例如，第二次世界大战后，美国经济创造了大量中产阶层工作岗位。这些工作报

---

① （日）山田仓弘：《社会为什么对年轻人冷酷无情》，李燕译，上海教育出版社2023年版。

② （日）门仓贵史：《穷忙族：新贫阶级时代的来临》，袁森译，中国台湾联经事业公司2008年版。

③ （美）芭芭拉·艾伦瑞克：《我在底层的生活：当专栏作家化身女服务生》，林家瑄译，北京联合出版公司2014年版。

酬不菲，并且具有内在的稳定性，因此，全职工人陷入贫困的情况很少见。而如今，事实上，美国的穷人工作非常努力，一周工作时间经常超过 40 个小时，有时还身兼数职，但到头来他们和家人仍过着贫困潦倒的生活。有 1/4 的美国工人即使全年从事全职工作，他们的收入也不足以让一个四口之家的生活水平高于联邦政府所定义的贫困线。[①]根据美国联邦政府统计局的定义，穷忙族(the working poor)是指每周工作 27 小时及以上且其收入仍低于联邦政府贫困线的劳动者。2018 年，美国穷忙族的数量高达 700 万人。[②]

三是社会保障制度覆盖不完整。有些自雇人员未参加社会保险计划。有些企业的临时聘用人员因不属于企业的正式职工或工作年限较短，未被纳入企业补充福利计划。

三、部分国家失业率居高不下

失业的负面影响是多重的，除了给家庭和公共财政带来压力之外，还对个人的情绪造成打击，并削弱其职业发展前景。

2008 年全球金融危机爆发以后，欧洲多国的政府债务水平持续走高。为减轻债务，欧洲多国纷纷采取增税等一系列财政紧缩措施，但随之而来的是经济萎缩、需求不振，就业形势一直非常低迷。欧元区成员国由于缺乏货币发行权，宏观调控的工具相对较为匮乏，因而成为金融危机以后的失业重灾区。

北欧国家与南欧国家在就业形势上呈现出显著差异。那些深陷主权债务危机的南欧国家的就业形势尤为严峻。2009 年，欧洲债务危机首先在希腊爆发，随后西班牙、意大利、葡萄牙等国也相继陷入政府债务危机。经济低迷与政府削减赤字的双重压力，进一步加剧了失业问题。以 2013 年 4 月的数据为例，奥地利、德国和卢森堡的失业率最低，分别为 4.9%、5.4%和 5.6%；而希腊、西班牙和葡萄牙的失业率则分别高达 27%、26.8%和 17.8%。

金融危机爆发 10 年后的 2018 年，OECD 多数成员国的失业率已降至危机前的水平，但各国平均失业率仍维持在 5.3%，依然不容忽视。各国失业率情况迥异，苦乐不均。如表 7.1 所示，捷克、冰岛和日本的失业率低至 3%以下，美国、英国和德国的失业率分别为 3.9%、4.4%和 3.4%，形势较好。与此同时，受危机打击最严重的南欧国家的失业率仍然高得惊人，如希腊(21.5%)、西班牙(15.3%)、土耳其(10.9%)、意大利(10.6%)和法国(9.1%)。与失业率高峰期的 2013 年相比，绝大多数国家的失业率都

---

① (美)罗伯特・赖克:《拯救资本主义:重建服务于多数人而非少数人的新经济》，曾鑫、熊跃根译，中信出版集团 2019 年版。

② 数据来自美国联邦政府统计局网站(https://www.bls.gov/opub/reports/working-poor/2018/home.htm#tableA)。

出现明显的下降，只有土耳其、智利等少数国家的失业率有所上升。与金融危机爆发前的 2007 年相比，有 15 个国家的失业率是下降的，其中降幅较大的国家有波兰、德国、斯洛伐克、以色列、匈牙利和捷克，降幅基本上达到了一半；同时，有 20 个国家的失业率是上升的，其中升幅较大的国家有希腊、西班牙和意大利。

表 7.1　　2007 年、2013 年和 2018 年 OECD 成员国的失业率

国家	2007 年	2013 年	2018 年	国家	2007 年	2013 年	2018 年
希腊	8.4	27.5	21.5	澳大利亚	4.4	5.7	5.3
西班牙	8.2	26.1	15.3	丹麦	3.8	7	5
土耳其	8.8	8.7	10.9	奥地利	4.9	5.4	4.9
意大利	6.1	12.1	10.6	瑞士	—	4.7	4.7
法国	8	10.3	9.1	英国	5.3	7.6	4.4
芬兰	6.9	8.2	7.4	新西兰	3.6	5.8	4.3
拉脱维亚	6.1	11.9	7.4	匈牙利	7.4	10.1	4.2
葡萄牙	9.1	16.5	7.1	挪威	2.6	3.8	4.2
智利	7.1	5.9	7	以色列	7.3	6.2	4
斯洛伐克	11.2	14.2	6.6	美国	4.6	7.4	3.9
立陶宛	4.3	11.8	6.4	波兰	9.6	10.3	3.8
瑞典	6.1	8	6.3	韩国	3.3	3.1	3.8
比利时	7.5	8.5	5.9	荷兰	4.2	7.2	3.8
爱沙尼亚	4.6	8.6	5.8	德国	8.5	5.2	3.4
加拿大	6.1	7.1	5.8	墨西哥	3.7	4.9	3.3
爱尔兰	5	13.8	5.7	冰岛	2.3	5.4	2.7
斯洛文尼亚	4.9	10.1	5.4	日本	3.8	4	2.4
卢森堡	4.2	5.9	5.3	捷克	5.3	7	2.3

注：阴影部分的数据为超过 10%的失业率，表示失业率较为严重。

资料来源：OECD Short-Term Indicators Database.

四、长期失业现象难以消除

长期失业是指失业时间已经达到或超过一年，在过去 4 周仍然在积极寻找工作，并且可以在 2 周内上班。

如表 7.2 所示，2018 年，OECD 成员国的平均长期失业率为 2.07%。长期失业率比较高的国家有希腊（13.57%）、西班牙（6.37%）、意大利（6.26%）。对照表 7.1 的失业率数据，我们可以发现，希腊、西班牙、意大利这三个国家长期失业人数占失业人数的比例分别达到63.12%、41.63%和59.06%，在OECD成员国中是最高的。相对于欧洲各国，美国劳动者的地区流动性较高，有助于以更快的速度获得就业，从而减少长期失业。与2010年相比，OECD成员国的平均长期失业率下降了约1个百分点。波罗的海国家和爱尔兰的下降幅度最大(在4～8个百分点之间)，希腊和意大利则出现了恶化趋势，分别上升了约8个百分点和约2个百分点。

表7.2　2010年、2018年OECD成员国的长期失业率

国　家	2010年	2018年	国　家	2010年	2018年
希腊	5.67	13.57	卢森堡	1.28	1.38
西班牙	7.27	6.37	爱沙尼亚	7.54	1.33
意大利	4.05	6.26	英国	2.53	1.09
斯洛伐克	8.52	3.79	波兰	2.46	1.03
法国	3.55	3.53	澳大利亚	1.00	1.03
葡萄牙	6.13	3.39	哥伦比亚	1.41	0.98
拉脱维亚	8.77	3.09	瑞典	1.48	0.98
比利时	4.04	2.90	丹麦	1.51	0.93
爱尔兰	7.17	2.46	日本	1.89	0.78
土耳其	3.40	2.45	捷克	3.16	0.71
斯洛文尼亚	3.13	2.19	加拿大	0.97	0.59
立陶宛	7.42	1.98	新西兰	0.72	0.57
瑞士	1.70	1.86	挪威	0.34	0.56
芬兰	1.98	1.66	美国	2.79	0.52
匈牙利	5.62	1.46	冰岛	1.61	0.30
荷兰	1.38	1.45	以色列	0.91	0.28
奥地利	1.23	1.40	韩国	0.01	0.05
德国	2.79	1.40	墨西哥	0.10	0.05
OECD平均	3.21	2.07			

资料来源：OECD. *How's Life? 2020: Measuring Well-being*. Paris: OECD Publishing, 2020.

(一)长期失业现象长期存在的主要原因

第一，失业保险机制设计存在问题。例如，失业金待遇过高、领取期限过长等，造成失业者的求职意愿不强。

第二，就业保护法规过严，抑制了雇主招聘的意愿。一些西欧国家出台的就业保护法规限制了雇主随意裁员的权利，或要求雇主在裁员时支付大额遣散费。由于雇主担心“请神容易，送神难”，因而除非经济长期向好，否则雇主们对于扩大招聘是十分谨慎的。这也导致长期失业现象难以根治。

第三，一些欧洲国家的劳动力市场存在“二元性”的结构性矛盾。欧洲国家的高工会化率形成了分割的劳动力市场：工会会员在工会就业保护下获得巨大的利益，获得了高于市场水平的工作收入，而“外人”——那些不幸失去了工作的人，则无法就业。[①]

第四，社会保险缴费负担过重，导致企业薪酬成本增加，影响了雇主扩大雇佣的积极性。工薪所得者的税收负担通常用“税楔”(tax wedge)来衡量。税楔就是雇主支付的劳动成本和雇员获得的可支配收入之间的差额，也就是雇员支付的个人所得税和社会保险税、雇主支付的社会保险税。税楔以总劳动成本的一定比例来表示，公式如下：

税楔=(个人所得税+雇员支付的社会保险税+雇主支付的社会保险税)/总劳动成本

其中，总劳动成本=工资总额+雇主支付的社会保险税。

对于劳动力市场来说，个人所得税与社会保险税等税收的存在一方面减少了雇员实际得到的工资收入，另一方面也增加了雇主的雇佣成本。表7.3显示，欧洲国家的税楔排名前列，这是导致长期失业存在的原因之一。

表7.3　2018年OECD成员国个人所得税与社会保险税占总劳动成本的比重　单位：%

国家	税楔	个人所得税	雇员缴纳的社会保险税	雇主缴纳的社会保险税
比利时	52.7	20.3	11.0	21.3
德国	49.5	16.0	17.3	16.2
意大利	47.9	16.7	7.2	24.0
法国	47.6	12.3	8.8	26.5
奥地利	47.6	11.6	14.0	22.1
匈牙利	45.0	12.4	15.3	17.4
捷克	43.7	10.2	8.2	25.4
斯洛文尼亚	43.3	10.3	19.0	13.9
瑞典	43.1	13.8	5.3	23.9
拉脱维亚	42.3	14.0	8.9	19.4
芬兰	42.3	16.6	8.1	17.6
斯洛伐克	41.7	8.0	10.3	23.5
希腊	40.9	8.1	12.8	20.0
葡萄牙	40.7	12.6	8.9	19.2
立陶宛	40.6	10.0	6.9	23.8

① (美)乔治·J.鲍尔斯：《劳动经济学》(第七版)，沈凯玲译，中国人民大学出版社2018年版。

续表

国家	税楔	个人所得税	雇员缴纳的社会保险税	雇主缴纳的社会保险税
西班牙	39.4	11.5	4.9	23.0
土耳其	38.9	11.2	12.8	14.9
卢森堡	38.2	15.1	10.8	12.3
荷兰	37.7	15.6	11.6	10.4
爱沙尼亚	36.5	10.0	1.2	25.3
挪威	35.8	17.1	7.3	11.5
波兰	35.8	6.3	15.3	14.1
丹麦	35.7	35.8	0.0	0.0
冰岛	33.2	26.6	0.3	6.3
爱尔兰	32.7	19.3	3.6	9.8
日本	32.6	6.8	12.5	13.3
英国	30.9	12.6	8.5	9.8
加拿大	30.7	14.1	6.6	10.0
美国	29.6	14.9	7.1	7.6
澳大利亚	28.9	23.3	0.0	5.6
韩国	23.0	5.8	7.7	9.5
以色列	22.4	9.5	7.6	5.3
瑞士	22.2	10.5	5.9	5.9
墨西哥	19.7	7.9	1.2	10.5
新西兰	18.4	18.4	0.0	0.0
智利	7.0	0.0	7.0	0.0
OECD平均	36.1	13.5	8.2	14.4

注：本表以一位领取社会平均工资、单身、无小孩的劳动者作为典型代表进行计算。阴影部分显示丹麦、澳大利亚和新西兰没有社会保险税。

资料来源：OECD. *Taxing Wages 2017—2018*，2019.

（二）长期失业的不良影响

长期失业现象的预防至关重要，因为一旦发生，治理难度将显著增加。

其一，长期失业可能导致劳动者技能的退化，从而影响其再就业能力。有一种失业现象称为“结构性失业”，指的是由于工作空缺的地理分布或类型与失业工人的技能不匹配而导致的失业。即使有工作机会，失业工人也可能因为缺乏必要的技能而无法就业。长期失业的工人随着时间的推移，其技能会逐渐退化，这使得他们找到新工作的机会进一步减少。

其二，雇主可能会将失业经历视为一个“信号”，用以判断求职者是否能够胜任工作，这对长期失业者尤为不利。在招聘过程中，雇主往往倾向于选择那些有稳定工作记录的候选人，而长期失业者的简历可能会被视为缺乏竞争力，从而在求职市场中处于不利地位。

专栏 7.2　我国国家统计局首次公布调查失业率数据

2018 年 4 月，我国国家统计局在发布的中国第一季度宏观经济数据中，首次正式公布调查失业率数据。在公布调查失业率之前，我国一直采用登记失业率这个指标。自 2018 年 4 月起，国家统计局将调查失业率纳入主要统计信息发布计划中，按月定期发布全国城镇调查失业率和 31 个大城市城镇调查失业率。

调查失业率是指通过劳动力调查或相关抽样调查推算得到的失业人口占全部劳动力（就业人口和失业人口之和）的百分比。

城镇调查失业率统计范围是城镇常住人口，既包括城镇本地人口，也包括外来的常住人口，如从农村转移至城镇的人口，它不要求失业登记，也不限定户籍、工作经历等条件。从调查方法来看，与通过行政记录获取登记失业率的方法不同，调查失业率是通过对住户抽样调查的方法获得失业率数据。

2020 年 4 月至 2022 年 3 月我国城镇调查失业率如图 7.3 所示。

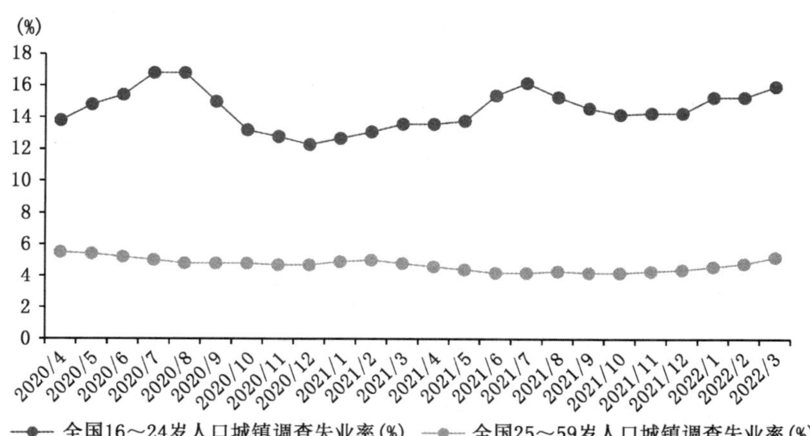

图 7.3　我国各月城镇调查失业率

资料来源：国家统计局网站。

五、较高的青年失业率可能产生诸多影响

（一）一些欧洲国家严重的青年失业问题

青年人普遍缺乏工作经验，在经济不景气时期，他们往往成为最容易失业的群体。即使是已经就业的青年，也常常处于不稳定、不安全的就业状态中。欧洲青年失业率长期以来一直高于其他发达国家和地区，而2008年全球金融危机和2010年欧债危机的爆发，使得外部经济环境急剧恶化，最终导致长期被忽视的青年就业问题全面爆发。如图7.4所示，在过去十多年中，欧元区19个国家的青年失业率平均值始终高于15%。青年失业率为成年人失业率的两倍左右，其中一些国家的青年失业率甚至接近50%。

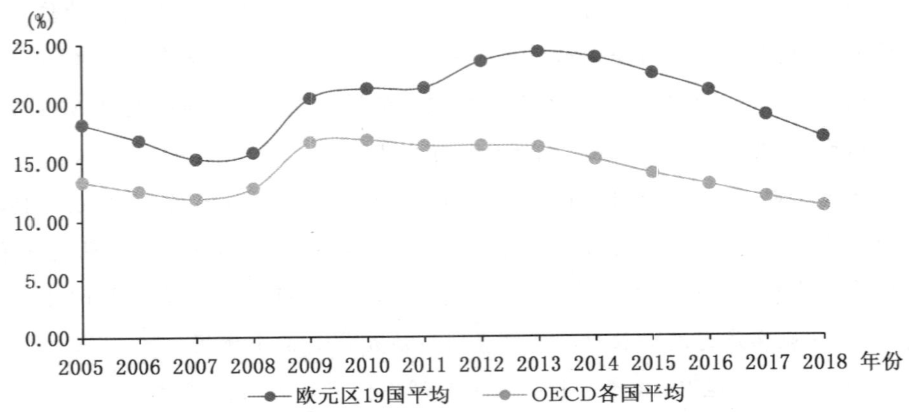

图7.4　2005—2018年欧元区国家、OECD成员国的青年失业率

资料来源：OECD Online Employment Database 2019.

有部分青年长期未就业，可能沦为“尼特族”（Not currently engaged in Employment，Education or Training，NEET）。这个概念最早由英国人提出，之后渐渐地流传到其他国家。尼特族是指一些不升学、不就业、不进修或不参加就业辅导，而终日无所事事的族群。在美国，这类人群被称为“归巢族”（boomerang kids），意指毕业后回到家庭，继续依靠父母照顾及经济支持的年轻人。在我国，尼特族又称“啃老族”，有一句顺口溜形象地描述了他们的生活状态：“一直无业、二老啃光、三餐饱食、四肢无力、五官端正、六亲不认、七分任性、八方逍遥、九（久）坐不动、十分无用。”这类人在大部分国家不受失业保险的保障。

此外，在高失业率的背景下，高等教育已不再是一条确保成功就业的坦途。英国国家统计局于2013年3月发布的一项调查显示，大学毕业生从事低门槛、低技术工作的比例已从十年前的不足27%上升至36%。

与此同时，青年人的教育与培训机会也在减少。欧洲多国开始削减对高等教育的财政支持，各类高校在提高学费的同时，大幅缩减了学生补助金的发放额度。此外，黯淡的就业前景也推高了欧洲高校的辍学率。由于担心未来经济形势可能更加严峻，许多学生选择提前离开校园，步入社会寻找工作机会。

（二）青年失业率居高不下的主要原因

1. 最低工资法规定的最低工资水平过高，可能导致青年的工作机会减少

领取最低工资的劳动者通常是低学历、低技能的群体，其中青年占相当大的比例。当最低工资水平过高时，雇主雇用青年劳动者的成本与雇用成年劳动者相比显得过于昂贵。青年劳动者初入职场，劳动技能相对较低，生产效率有限，同时可能因跳槽、婚假、产假等原因给雇主带来额外的管理成本和负担。因此，当最低工资法导致雇主压缩用工成本时，青年劳动者往往首当其冲，成为被削减或放弃雇佣的对象。

2. 劳动法过分强调就业保护，可能降低雇主的雇佣意愿

在大部分西欧地区，劳动法过于强调就业保护，极大地限制了雇主解雇员工的能力，并提高了解雇的成本。这种政策导致企业在需要裁员时，往往优先选择通过退休等自然减员的方式来减少员工数量，同时在招聘新员工时表现得极为谨慎，因为一旦与员工签订长期雇佣合同，企业便较难解雇他。于是，青年自然就被挡在了就业市场外面。

以西班牙为例，僵化的福利和劳动市场政策导致该国在 20 世纪 80 年代的失业率高达 20%。政府意识到严格的劳动法规使企业不敢轻易雇用员工，但并未纠正此前的政策失误，而是试图通过新法规“鼓励”企业雇用年轻人。例如，允许企业在签订长期雇佣合同前设置长达三年的试用期。这一政策起初似乎取得了一定成效，几年内将失业率降低了 4～5 个百分点。然而，很快问题显现：新增的雇员大多是临时工，企业普遍用临时工替代长期雇员，试用期满后便更换人员。到 21 世纪初，临时工已占西班牙劳动力市场的 1/3，而试用期满后获得长期合同的比例仅为 6%。20 岁以下的劳动者中，80%是临时工，甚至 30 岁员工的临时工比例也高达 1/3。到 2010 年，西班牙失业率再次逼近 25%，青年失业率更是超过 50%。这些政策最显著的后果是导致劳动力市场两极分化（劳动力市场的二元性）：拥有长期工作合同的人受到工会保护，成为“自己人”，几乎不会被解雇，获得长期职位成为一道极难逾越的门槛，一旦越过就体面光鲜、终身无忧，但大部分年轻人都要在门槛外苦苦等待、拼搏、煎熬多年，禀赋稍差者便陷于绝望，许多人因此索性绝了上进念头，干脆安心打临工或吃低保福利。①

3. 在经济低迷或企业需要裁员时，青年员工往往成为牺牲品

雇主通常对青年员工的工作培训和其他支持投入较少，且青年员工尚未成为企业

① 周飙：《欧洲青年失业率高企乃政策恶果》，《21 世纪经济报道》2012 年 5 月 31 日。

的核心骨干，因此，解雇他们给企业带来的损失相对较小。此外，解雇员工的遣散费用与员工的工作年限密切相关，而青年员工刚入职不久，通常尚未签订长期劳动合同，这使得解雇年轻人的成本较低。

在经济衰退期间，企业在裁员之前往往会先停止招聘新员工。由于青年人在求职者中占比较高，因而他们更容易受到经济波动的影响。此外，青年人的家庭负担相对较轻，且更倾向于在安定下来之前尝试不同的工作，这使得他们在做辞职决策时可能更加草率，容易导致职业生涯的中断。

4. 经济发展水平低，就业岗位不足以接纳大量的青年就业者

在巴西、菲律宾等出生率较高的发展中国家，经济增长幅度不足以吸收每年加入就业大军的大批年轻人。庞大的青年就业者往往只能寻求非正式就业，甚至长期在失业的边缘徘徊。

（三）青年失业的影响效应

1. 青年失业危机拖得愈久，对经济发展愈不利

在趋向老年化的社会，年轻人的就业不充分是巨大的人力资源浪费。如果没有年轻人工作和纳税，则根本无法解决社会保障的资金来源，负债累累的国家也将因此负担更重，形成经济运行的恶性循环。

年轻人的高质量就业是一个国家竞争力的体现，是国家可持续发展的重要保证。年轻人就业不仅仅是为了满足基本的生活需求，更是通过职场积累经验、提升技能，为未来承担更大责任奠定基础，从而推动经济持续增长。

2. 青年失业的影响不是暂时的，而是终身的

在许多情况下，年轻时在就业市场上落后的人可能永远无法完全恢复过来。由于在职业生涯初期未能获得必要的技能和经验，因而他们在未来的工作中很难竞争到优质的工作岗位。美国北卡罗来纳大学的两位学者的研究发现，一名男性如果在 22 岁时经历过 6 个月的失业，那么他在 23 岁时的收入将比未失业者低 8%，到 26 岁时收入仍低 6%。虽然随着年龄增长，22 岁时的失业经历对其收入的影响逐渐减弱，但这种影响始终存在。① 基于英国数据的研究也显示，青年在 22 岁时经历一年的失业期，将导致其在 20 年后的收入减少 13%至 21%。② 此外，另一项研究发现，如果一名美国男性在经济萧条时期大学毕业，那么当时的失业率每增加 1 个百分点，他的当期收入将降低

---

① Mroz T A，Savage T H. The long-term effects of youth unemployment. *Journal of Human Resources*，2006，41(2).

② Gregg P，Tominey E. The wage scar from male youth unemployment. *Labor Economics*，2005，12(4)，487－509.

6%～7%，未来 15 年的工资将降低 2.5%。①

3. 青年失业影响社会稳定

青年期是个人寻找竞争舞台、确立社会位置以及形成自我人格的关键阶段。将青年排斥在职业市场之外，不仅剥夺了他们的发展机会，还可能对他们的心理和社会认同产生深远的负面影响，进而威胁社会的稳定与和谐。如果年轻人无法在职场中找到自己的位置，他们可能会转向其他途径寻求归属感和认同感，例如加入街头帮派、参与足球流氓活动、涉足黑社会，甚至被极端组织吸引。

专栏 7.3　"了不起的盖茨比曲线"

"了不起的盖茨比曲线"(Great Gatsby Curve)是指收入不平等与代际收入流动性之间的正向关系，即在收入不平等程度较高的国家，子女超越父母收入水平的可能性更小，实现阶层向上流动更难。曲线的名称源自美国作家弗朗西斯·斯科特·菲茨杰拉德的经典小说《了不起的盖茨比》(1925 年)。这部小说通过描绘底层青年盖茨比对"美国梦"的追求及其最终的幻灭，揭示了美国社会的深层次悲剧与不平等现象。该曲线的横轴表示一个国家的不平等程度，通常以一个国家的基尼系数来衡量；纵轴表示收入流动性，通常以收入的代际弹性(intergenerational elasticity of income)来衡量。代际弹性越低，该国的收入流动性就越高，即子女比父母获得更高收入的机会更大。

该曲线基于加拿大经济学家迈尔斯·克拉克(Miles Corak)的研究，他统计了 21 个国家的数据，得出"社会不公平程度"与"代际收入弹性"基本正相关的结论。这说明一个国家的不平等程度越高，父辈的收入水平对下一代收入水平的影响就越大，子女处于父辈的经济阶层的可能性就越高。

收入不平等对代际收入流动性的影响是多方面的。例如，父母的收入高，子女身体更健康，可以住在更好的学区，有机会接受更好的教育；富裕家庭的子女有信息优势、社交优势等社会资本，有更多机会被推荐到顶尖大学或著名企业；富裕家庭"门当户对"式的联姻，巩固了财富的优势地位。

第四节　锐减的就业人群工作时间

羊毛出在羊身上。一个国家的福利制度依赖于工作年龄人口的辛勤劳动：首先，工

① Kahn L B. The long-term labor market consequences of graduating from college in a bad economy. *Labor Economics*, 2010, 17(2).

作年龄人口的数量至关重要；其次，这些人口的劳动参与率和工作小时数也是关键因素；最后，劳动效率或单位时间的劳动产出同样不可忽视。在本节中，我们将重点探讨就业人群的工作时间变化趋势。当前，一些国家面临工作年龄人口的工作小时数减少的问题，而退休年龄并未相应提高，这使得应对福利支出增长的压力愈发艰巨。

一、大部分欧洲国家逐年锐减的工作小时数量

经济学中的收入效应理论指出，收入增长使劳动者偏好更多的闲暇。随着工资水平的长期稳步上升，劳动者的每周工作时间持续减少。例如，1960 年，法国人和美国人的年工作时间分别为 2 188 小时和 1 952 小时，法国人比美国人多工作了一个多月。然而，时至 2018 年，情况发生了逆转：两国的劳动者年工作时间分别降至 1 520 小时和 1 786 小时（参见图 7.5）。如今，美国人每年比法国人多工作 1 个月。

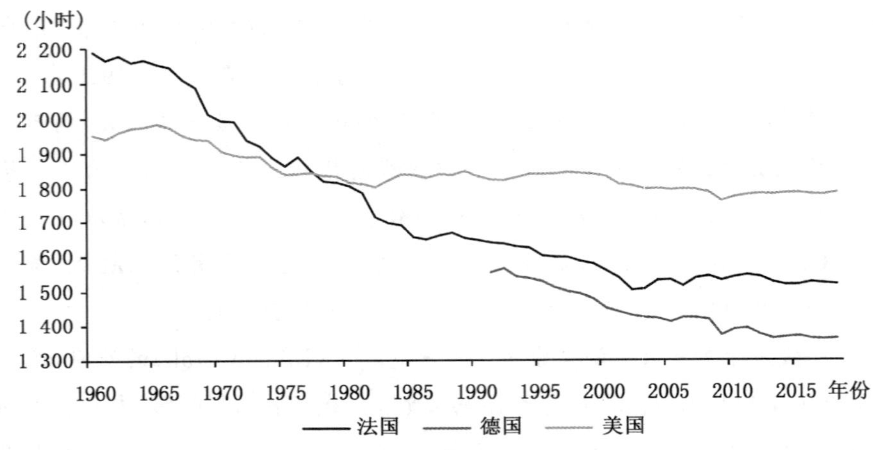

图 7.5　法国、德国和美国劳动者的每年工作小时数

资料来源：OECD Online Employment Database 2019.

二、导致欧洲国家工作小时数量减少的原因

第一，高福利政策可能导致劳动者倾向于更加安逸的生活，从而减少劳动供给。数据显示，2004—2009 年，36 个欧洲国家在社会保障支出上的投入超过了世界其他国家的总和，占全球社会保障总支出的 58%。[①] 这种高福利制度使得劳动者对未来有较为稳定的预期，许多人因此选择提前退休或减少工作时间。

---

① Gill I, Raiser M. *Restoring the Lustre of the European Economic Model*. Washington: The World Bank, 2012.

第二，欧洲国家对劳动收入的课税税率普遍较高。[①] 以中等收入者为例，比利时、德国、意大利和法国的劳动收入平均税率（包括社会保险税和个人所得税）均在 50%左右，而边际税率甚至可能高达 60%～70%。相比之下，美国的平均税率约为 30%，显著低于欧洲国家。这种高边际税率导致工作与休闲之间的替代效应增强，劳动者的工作动机减弱，兼职就业现象因此增多，特别是荷兰、瑞士、德国、奥地利、英国的兼职就业占总就业人数的比例超过了 20%（见表 7.4）。

表 7.4　　2023 年 OECD 成员国的兼职就业占比情况　　单位：%

国家	所有人群	男性	女性	国家	所有人群	男性	女性
荷兰	34.16	18.34	51.53	哥斯达黎加	13.54	7.83	22.99
瑞士	23.52	9.50	39.31	法国	12.60	6.72	18.69
澳大利亚	22.22	13.41	31.77	韩国	12.49	7.96	18.38
德国	21.13	8.95	34.81	哥伦比亚	11.95	6.72	19.19
日本	20.98	9.95	34.34	西班牙	11.73	6.04	18.25
奥地利	20.70	8.54	34.25	卢森堡	11.63	6.24	17.82
英国	20.22	10.13	31.14	美国	10.92	7.16	14.99
挪威	19.50	13.22	26.39	瑞典	10.09	7.50	12.94
爱尔兰	19.33	8.80	30.86	爱沙尼亚	9.86	6.49	13.29
新西兰	17.64	9.24	26.88	土耳其	8.78	6.03	14.38
丹麦	17.26	12.31	22.70	希腊	7.80	4.09	12.73
比利时	17.07	8.43	26.65	斯洛文尼亚	6.44	4.33	8.95
加拿大	16.75	11.38	22.58	拉脱维亚	4.97	3.35	6.56
墨西哥	16.57	10.70	24.93	捷克	4.91	2.60	7.84
意大利	16.29	6.68	29.19	葡萄牙	4.76	1.93	7.54
冰岛	15.57	9.75	22.34	波兰	4.40	2.30	6.78
芬兰	15.52	11.46	19.75	立陶宛	3.81	2.26	5.37
智利	15.17	10.85	20.76	匈牙利	3.25	2.08	4.54
以色列	14.15	8.28	20.12	斯洛伐克	2.76	1.57	4.09
OECD 平均	14.74	8.23	22.54				

资料来源：OECD 数据库（https://www.oecd.org/en/data/indicators/part-time-employment-rate.html? oecdcontrol-96565bc25e-var3=2023）。

第三，欧洲劳动力市场的各种法规，特别是工会所倡导的在欧洲夕阳产业进行的

① （美）乔治·J. 鲍尔斯：《劳动经济学》（第七版），沈凯玲译，中国人民大学出版社 2018 年版。

"工作分享"政策,是导致欧美间劳动力供给差异的主要原因。尽管这些政策名义上旨在让更多人分享有限的工作机会,但实际上并未增加就业。[①] 相反,这些政策提高了休闲的回报,以至于更多人开始享受更多的假期。

第四,工会推动标准工时立法改革,强制性减少工时。例如,在德国,通过集体协议,标准工作周在1984—1994年从40小时减少至36小时。[②]

三、工作小时数量下降形成的挑战

如前所述,福利给付在收入端取决于三大要素:更多的就业人口、更高的劳动参与率或更长的工作时间,以及更高的劳动生产率。然而,当前面临的困境不容乐观:

其一,人口老龄化趋势难以逆转,只能勉强通过提高退休年龄来增加就业年龄人口的数量。然而,并非所有国家都能顺利实施这一改革。以法国为例,与1965年相比,如今法国男性的退休年龄提前了9年,寿命却增加了6年。这意味着与近50年前相比,法国男性平均可以多领取15年的退休金。[③]

其二,劳动参与率的表现喜忧参半。一些国家的劳动参与率正在提高,另一些国家却呈现下降趋势。

此外,如前所述,多数欧洲国家的劳动时间呈下降趋势。如此慷慨的社会福利制度造成了"生之者寡,食之者众"的局面。尽管各国通过提高税收和增加赤字的方式暂时兑现了对社会保障待遇的承诺,但如果不对劳动法和社会福利体系进行改革,那么未来的财政体系必然崩溃。

第五节 部分国家相对滞后的养老保障改革

养老保障改革不同于其他政策调整,这是因为:

第一,养老保障体系改革涉及几代人的利益调整,如"行进中的大象"——制度臃肿,腾挪不便,也因此需要长时间的筹划。一旦政策确定,几十年内基本不再调整。养老保障政策作为代际契约之一,保持稳定性有利于维护政府的公信力。若养老保障政策频繁变动,不仅会动摇年轻参保人的参保信心,还可能增加社保缴费的难度。

第二,对参保人而言,政府的养老保障政策直接影响其养老规划。若政策发生调

---

① 原因有很多:第一,劳动者的工时被削减以后,工资往往难以有效削减;第二,劳动者的工时虽然削减了,但许多工作福利是按人头支付的,不是按工作小时支付的,因此,雇主不愿意增加用工。

② (意大利)提托·博埃里、(荷兰)扬·范·乌尔斯:《劳动经济学:不完全竞争市场的视角》(第二版),张德远等译,格致出版社2017年版。

③ Gill I,Raiser M. *Restoring the Lustre of the European Economic Model*. Washington:The World Bank,2012.

整,则会影响其晚年生活。因此,政府在推进养老保障改革时,需预留足够的提前期,以便参保人有时间重新规划其晚年生活安排。

第三,政府的养老保障政策涉及其对自身财政能力的预测,若政策制定过于乐观,则在实施时可能入不敷出,导致养老保险基金需要大量财政补贴才能维持平衡,从而给未来的经济和财政带来过多的负担。因此,各国应持续评估养老保险基金的长期收支状况,并及时调整政策。

然而,养老保障政策的改革面临诸多挑战。制度研究表明,养老金紧缩以及对养老金承诺的调整往往不受民众欢迎,改革者必定会在下一轮选举中受到惩罚,于是许多政治领导人倾向于回避养老金改革这一话题,导致改革贻误时机。[①]

一、OECD 成员国的情况

(一)至 2050 年公共养老金支出占比的变化

到 2050 年,所有 OECD 成员国的养老金支出占 GDP 的比重预计将从 2015 年的 8.8%增长到 9.4%。大多数国家均已预见到老龄化趋势,并提高退休年龄、修改养老金计发办法,在一定程度上遏制了未来养老金支出的过快增长。例如,爱沙尼亚已经引入强制性的缴费确定型的养老金计划来取代政府出资的、与收入挂钩的养老金计划。

图 7.6 显示,到 2050 年,预计 24 个 OECD 成员国的公共养老金支出比重将增加或持平。公共养老金支出比重增长幅度较大的国家有斯洛文尼亚、卢森堡、韩国、捷克、比利时、新西兰、爱尔兰、德国。就增长速度而言,韩国是最高的。到 2050 年,韩国养老金支出将增加一倍以上,尽管这一高增长率与其基数较低密切相关。养老金支出的快速增长既反映了老龄化进程,也反映了养老金体系逐渐成熟之后支出水平的快速增长。斯洛文尼亚的增速排第二位,公共养老金支出预计从 2015 年的 10.94%上升到 2050 年的 15.58%。芬兰、丹麦、瑞典、挪威、冰岛等国虽然是传统的高福利国家,但养老金支出占比预计将得到有效控制,基本不会上涨。

图 7.6 显示,到 2050 年,预计 12 个 OECD 成员国的公共养老金支出比重出现下降。按下降幅度排列,依次是:希腊(−4.76%)、丹麦(−2.18%)、土耳其(−1.60%)、瑞典(−1.57%)、法国(−1.29%)、拉脱维亚(−1.26%)、爱沙尼亚(−1.06%)、智利(−0.90%)、日本(−0.70%)、立陶宛(−0.37%)、澳大利亚(−0.30%)、芬兰(−0.16%)。其中,希腊由于主权债务危机而受到欧盟、IMF 等的外部压力,因而改革力度较大。

① Pierson P. *Dismantling the Welfare State?: Reagan, Thatcher and the Politics of Retrenchment*. Cambridge: Cambridge University Press, 1994.

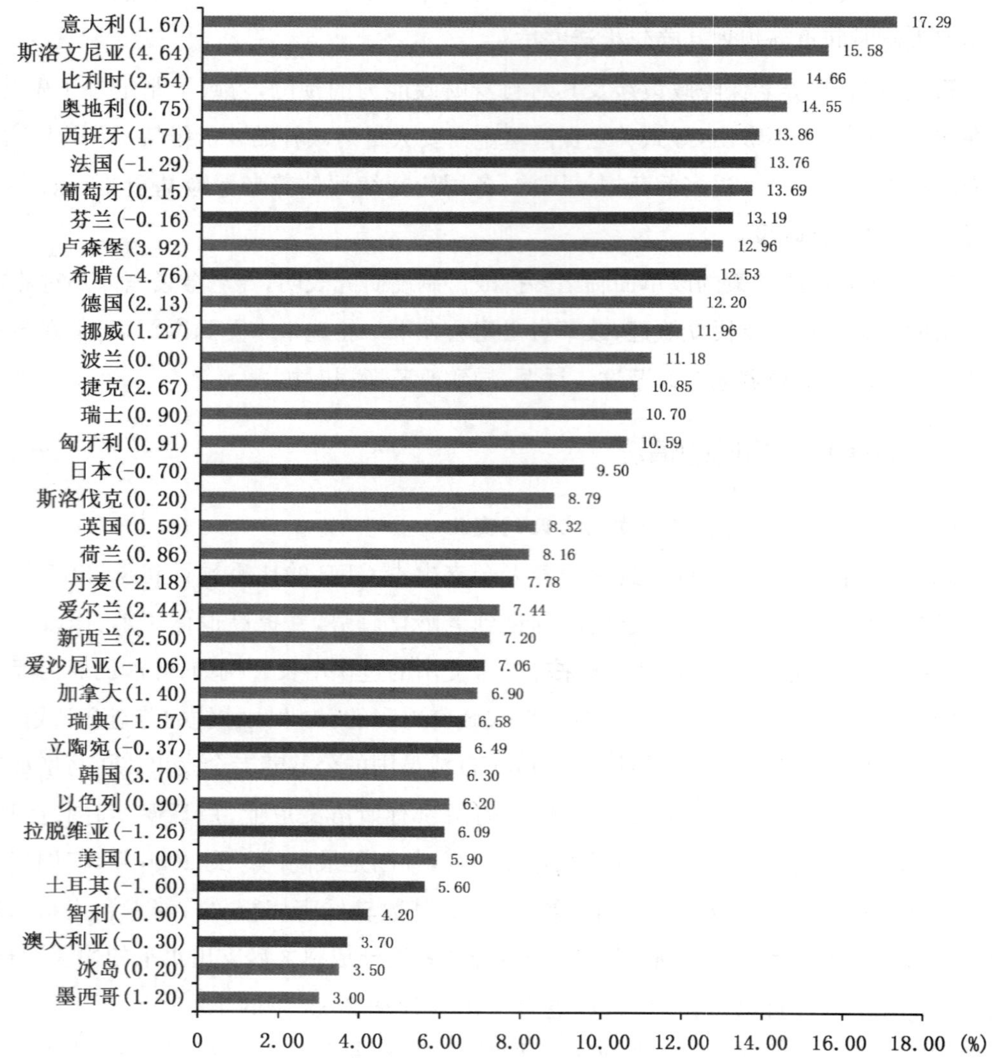

图 7.6　2050 年 OECD 成员国公共养老金支出占 GDP 的比重

注:国家名称后面括号内的数字表示 2015—2050 年公共养老金支出占 GDP 比重的变化情况。例如,美国 2015 年公共养老金支出比重为 4.9%,到 2050 年支出比重上升为 5.9%,括号内的数字就为 1.00。

资料来源:OECD. *Pensions at a Glance 2019*:*OECD and G20 Indicators*. Paris:OECD Publishing,2019.

(二)部分公共养老金支出占比较高的国家尚未启动改革

2015 年,公共养老金支出比重排名前五的国家分别是希腊、意大利、法国、奥地利和葡萄牙。这些国家的社会保障支出结构存在明显不合理之处,养老金支出占比过高。

展望 2050 年，公共养老金支出比重排名前七的国家预计为意大利、斯洛文尼亚、比利时、奥地利、西班牙、法国和葡萄牙。对比 2015 年和 2050 年的排名可以看出，意大利、法国、奥地利和葡萄牙等国始终位列前茅，养老金支出比重居高不下，仅有希腊通过大刀阔斧的改革降低了这一比重。此外，2050 年的榜单上新增了两个南欧国家：斯洛文尼亚和西班牙。

目前，几个南欧国家的养老金体制存在诸多问题，但改革步履维艰，迟迟未能取得实质性进展。以法国为例，其养老金支出占比长期居高不下，而法国的养老金最低领取年龄为 62 岁，是发达国家中领取年龄最低的几个国家之一。此外，法国的养老金体系复杂，共有 42 种不同的养老金计划，因职业差异而设计，部分行业从业人员享受待遇高、退休早、缴税少等优惠政策，导致这些行业的退休人员长期享受远高于平均水平的薪资待遇。法国在推行养老金制度改革时屡屡遭遇阻力，每一次改革尝试都会引发大规模罢工。尽管改革养老金制度是法国历届政府的共同目标，但由于社会阻力巨大，改革屡屡受挫，难以取得实质性突破。

二、部分发展中国家的情况

图 7.7 显示，除印度外，其他几个发展中国家的公共养老金支出比重在 2050 年都将增加。其中，巴西的养老金支出比重增长最为迅速，预计将从目前的 9.10%上升至 2050 年的 16.8%；紧随其后的是沙特阿拉伯和中国。

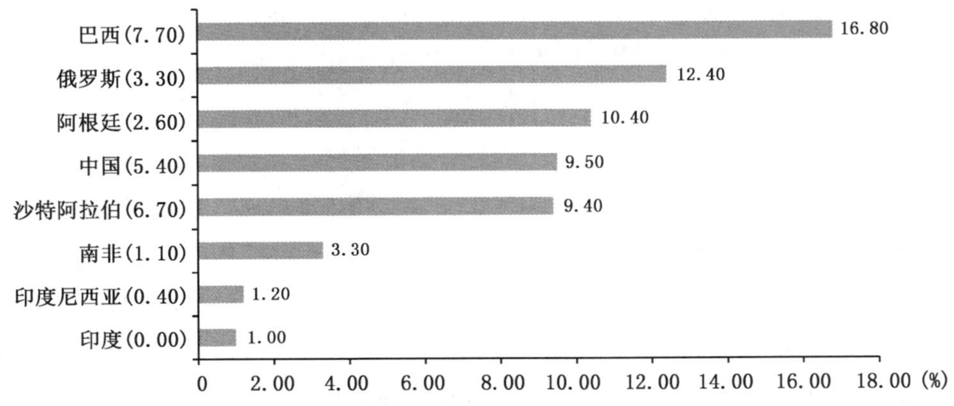

图 7.7　2050 年部分发展中国家公共养老金支出占 GDP 的比重

注：国家名称后面括号内的数字表示 2015—2050 年公共养老金支出占 GDP 比重的变化情况。例如，巴西 2015 年公共养老金支出比重为 9.10%，到 2050 年支出比重上升为 16.80%，括号内的数字就为 7.70。

资料来源：OECD. *Pensions at a Glance 2019：OECD and G20 Indicators*. Paris：OECD Publishing，2019.

到2050年，巴西、俄罗斯、阿根廷、中国和沙特阿拉伯这五个国家的养老金支出比重预计将达到或超过9.4%，而同期OECD成员国的平均值也仅为9.4%。这意味着这几个国家在经济发展水平相对较低的情况下，仍要按照与发达国家同等的“蛋糕”比例进行养老金支出，这无疑是一个巨大的挑战。为了应对这一挑战，这些国家需要提前实施养老金制度改革，以抑制养老金支出比重的过快增长。

相比之下，印度的公共养老金支出比重一直保持在1%左右，这一低比重反映了其养老金体系的覆盖率较低。

历史上，每一次经济危机都深刻考验了各国的社会保障体系及财政负担能力，同时也成为社会保障政策的重要转折点。首先，经济危机促使各国政府主动反思并调整以往的社会保障政策。例如，1929—1933年的全球经济危机推动了美国社会保障政策的出台；1975—1976年的石油危机则对英美两国在20世纪80年代实施的福利削减计划产生了深远影响。其次，经济危机催生了新的理论和学派。在经济危机期间，一些国家凭借稳健的社会保障政策，成功抵御了经济萧条的冲击，成为社会保障新模式的典范。这些国家的政策理念因其有效性而得到其他国家和社会公众的广泛认可，并可能迅速被推广和借鉴。

第六节　有限的女性劳动参与率提升空间

在许多发达国家，女性劳动参与率在结婚和生育年龄期间下降，而在育儿繁忙期过后再次上升，这种“M型曲线”现象广为人知。以20世纪60年代的日本为例，女性劳动市场呈现典型的M型结构：女性劳动参与率在接近20岁时高达70%以上，但在25～29岁年龄层时下降至46%，随后在45～49岁年龄层再次上升至64%。相比之下，南欧国家的女性劳动参与率在婚前达到峰值，之后持续下降，呈现“L型曲线”。①

面对人口老龄化加速的趋势，各国政府普遍希望通过提高女性劳动参与率来缓解劳动力短缺问题，在实际中也已取得显著进展。1990—2020年，OECD成员国的女性平均劳动参与率从64.49%上升至76.44%（见图7.8）。此外，国家间的女性劳动参与率差距逐渐缩小，原本参与率较低的国家开始追赶参与率更加均衡的国家。同时，M型曲线的谷底部分逐渐变浅，表明即使在育儿繁忙期，女性的劳动参与率也有显著提升。

女性劳动参与率在经过长期的缓慢提升后，未来的增长空间已经相对有限。这一

① Losa F B, Origoni P. The socio-cultural dimension of women's labor force participation choices in Switzerland. *International Labor Review*, 2005, 144(4).

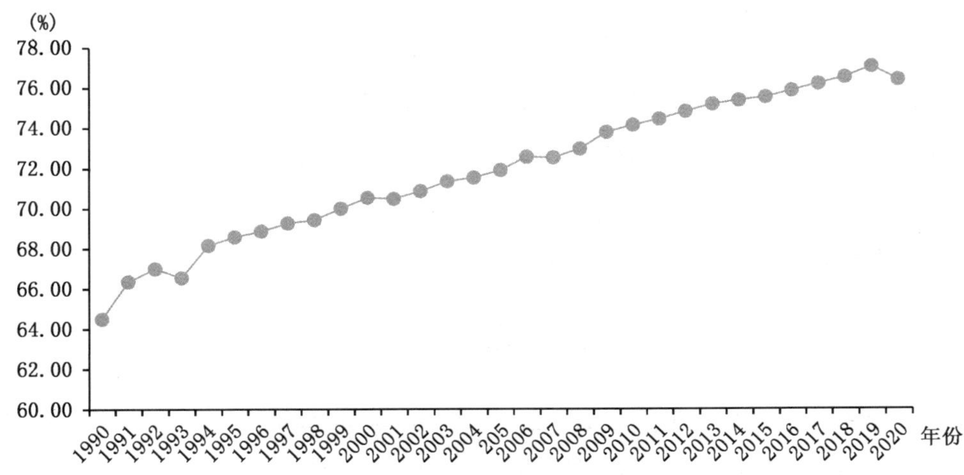

图 7.8　1990—2020 年 OECD 成员国劳动参与率的性别差距

注：表中数据为女性劳动参与率/男性劳动参与率。

资料来源：https://data.worldbank.org.cn/indicator/SL.TLF.CACT.FM.NE.ZS? locations=OE.

现象的背后有多重原因：

第一，随着家庭收入的增长，一些家庭会更加重视家人的照料质量。在这种情况下，女性可能选择减少劳动参与，将更多时间投入家庭照料中，从而导致女性劳动参与率随收入增长出现一定下降。

第二，在一些国家，大龄劳动年龄人口常常承担着照料处于婴幼儿阶段的孙辈的责任。然而，如果强制延长退休年龄，尽管短期内可能增加大龄劳动者的就业率，但从长期来看，出生人口将会减少。这是因为年轻夫妇会因缺乏父母对婴幼儿照料的帮助，而选择不生育或减少生育数量，从而进一步降低总和生育率，并减少未来的劳动力供给。

第三，女性就业率的上升和“M 型曲线”的消失，可能是女性不婚和晚婚的结果。如果政府希望大幅提高生育率，可能就要接受女性就业率一定程度的下降，因为女性在平衡工作和家庭责任时面临更大的压力。

第四，单身母亲往往在照料孩子和赚钱养家之间倾向于选择前者，从而导致她们的劳动参与率较低。如果政府不能为单亲家庭提供足够的婴幼儿看护支持，这一群体的劳动参与率将难以提升。

第五，女性更多集中在服务业的低薪酬岗位、临时性和季节性的非正式就业岗位，这些岗位更容易受到经济危机的冲击，就业稳定性较差。特别是在新冠疫情期间，女性处于比男性更为不利的地位。这是因为女性主要从事照护、社会护理和家务工作，这些工作不仅增加了她们被感染的风险，还使她们在学校和儿童保育机构关闭时承担了更多的育儿责任。

对于政府而言，要想提高女性的市场参与率，就需要在家务劳动社会化方面增加供给并改进质量，实现对家庭内劳动的有效替代，包括提供更长的带薪产假、增加婴幼儿照料和老人护理等方面的社会服务。

拓展阅读

美国乐龄会

美国乐龄会（AARP）的前身是美国退休人员协会（American Association of Retired Persons），是一家非营利组织，拥有近 3 800 万会员，其中大部分为 50 岁以上人士。 1999 年，该组织决定放弃使用其英文全称，仅保留英文缩写“AARP”作为正式官方名称。 这一变化源于协会对服务对象的重新定位：AARP 不再要求会员必须是退休人员，而是将服务对象扩展至 50 岁及以上的中老年人。 此外，正式会员的加入也不再设有年龄限制。

通常，人们在 50 岁生日后不久便会收到 AARP 寄来的信函，祝贺他们迈入 50 岁大关并邀请其成为会员。 然而，许多人最初的反应是直接将信函丢弃，因为他们难以接受自己已步入“知天命之年”的事实。 这种状况通常会持续两三年，直到某一天，他们再次打开信函，发现其中包含诸多优惠，例如旅游行程折扣、平价医疗保险等。 渐渐地，他们开始接受甚至享受成为 AARP 会员所带来的种种福利。

2022 年，AARP 的收入达到 18. 9 亿美元，来源于多种业务，包括出版物广告收入、授权使用其名称和标志的特许权费等。 会员费是其最重要的收入来源。 AARP 为会员提供多种福利，涵盖商品折扣、医疗与保险产品、旅游相关服务以及教育和学习资源等。

自成立以来，AARP 一直致力于为退休人士争取医疗保障和提供理财教育，并逐渐发展成为为中高龄人士争取权益并解决实际问题的组织。 如今，AARP 已成为美国极具影响力的游说团体之一。 凭借其 3 800 万会员的强大基础，AARP 在华盛顿特区和各州首府的政策制定中发挥着重要作用。 此外，其非营利业务每年还从联邦政府获得数百万美元的拨款。

根据美国政治捐款数据库（OpenSecrets）的统计，2023 年，AARP 的政治捐款总额为 1 652 万美元，位列全美机构第 11 名，是美国政策制定过程中极具影响力的利益集团之一。

复习思考题

1. 根据本章关于“税楔”的定义，试计算 2025 年一位上海市平均工资所得者的“税楔”。

2. 近年来，许多发达国家和发展中国家掀起了公共部门的数字革命。通过运用生物识别技术和数字支付系统，政府提高了税收缴纳和社会保障补贴发放的便利性与精准性，同时降低了社会成本。借助大数据分析，政府还能掌握企业和劳动者的收入是多少、有多少人处于失业状态、谁有资格享受政府福利等信息。指纹、虹膜扫描等生物特征识别技术使得个人身份鉴定更加准确且成本更低，从而确保福利能够精准发放至目标人群。例如，在肯尼亚，人们可以通过手机缴纳税款；在印度，政府将补贴和福利直接发放至个人的银行账户；在我国，新冠疫情暴发后，政府与企业合作，迅速推出了行程码、健康码等数据平台，极大地提升了管理效率。然而，数字化也带来了一些负面影响：它加剧了人们对隐私、保密和网络安全的担忧，同时也引发了部分弱势群体对无法融入数字经济的忧虑（例如缺乏智能手机、不会操作智能手机或没有电子银行账户等）。试分析在大数据时代，应如何进行有效管理，使得科技进步能更好地应用于社会保障政策执行。

3. 许多国家都存在世代间财富分配不均的现象。婴儿潮一代由于住宅拥有率高，加之房价上涨，其财富增值显著；同时，工业时代的稳定就业环境为他们带来了相对丰厚的基本养老金及职业年金待遇。然而，后续世代的人群则未能享有同等的幸运。鉴于此，有观点提出应根据各世代的财富状况，适时调整养老金政策。你认为是否正确？为什么？

4. 在美国，婴儿潮世代伴随着性解放、毒品和摇滚乐等叛逆文化成长，他们更加追求享乐主义，至今仍是美国社会中的“异类”。随着这一代人逐渐步入退休年龄，他们的生活方式和行为习惯为退休人群带来了新的变化和挑战。例如，民意调查机构盖洛普（Gallup）的数据显示，在截至2023年的20年间，美国18～34岁人群中“曾饮用过酒精饮料”的比例从72%下降至62%。然而，55岁以上人群的饮酒率却从49%上升至59%。又如，根据美国联邦调查局的数据，从1992年到2022年，在被捕的男性中，50岁以上的比例增加了两倍，从5%上升至15%。从绝对值来看，这一年龄段的被捕人数增加了近40%，其他年龄段的被捕人数则有所下降。试分析不同世代人群各自的特点及其对养老保障模式选择的影响。

第八章　社会民主主义福利模式

长期以来，瑞典、丹麦、挪威和芬兰四个北欧国家在社会保障制度的构建上独树一帜，形成了被称为“北欧模式”的独特体系。[①] 在艾斯平-安德森的福利国家分类中，瑞典、丹麦、挪威和芬兰被归入社会民主主义福利国家。这一模式以普遍主义和社会平等观念为核心价值，具有高税收和高再分配效应等制度特征。

在2008年金融危机中，北欧国家的经济和社会表现令人瞩目，成为世界各国羡慕的对象，北欧模式也因此被视为社会保障制度的“新标杆”。根据联合国发布的《2019年人类发展指数报告》，挪威、瑞典、丹麦和芬兰的人类发展指数在189个有得分的国家和地区中分别位列第1、8、11和12名。

第一节　社会民主主义福利国家的经济与财政

2013年2月，英国《经济学家》杂志刊登了一篇题为“北欧国家可能是世界上管理最好的国家”的文章，其中指出：北欧国家不仅几乎避开了冲击地中海地区的经济困境，还几乎避开了困扰美国的社会问题。从任何方面衡量社会健康状况，包括生产力和创新等经济指标，以及不平等和犯罪等社会指标，北欧国家都名列前茅。那么，这些地理位置偏远、人口稀少、冬季严寒且拥有广阔无人区的地方，为何能取得如此显著的成功呢？

一、强大的经济实力是实施高福利政策的基础

如表8.1所示，北欧四国无论是在人口还是在领土上都具有小国特征。四国经济发达，2023年人均GDP均超过OECD成员国的平均值（46 724.0美元）和七国集团（G7）的平均值（51 066.9美元）。

① 有时，北欧模式除了涵盖瑞典、挪威、丹麦和芬兰这四国之外，也将冰岛纳入其中。然而，由于冰岛的人口总数仅为33万，因而通常不将其作为主要讨论对象。

表 8.1　　2023 年四个北欧国家的基本情况

国家	领土面积（万平方公里）	人口（万人）	人均 GDP（美元）	备　注
瑞典	45.0	1055.1	55 516.8	已加入欧盟
芬兰	33.8	560.1	52 925.7	已加入欧盟、欧元区国家
挪威	38.6	551.9	87 925.1	
丹麦	4.3	594.8	68 453.9	已加入欧盟

注：人均 GDP 数据为世界银行公布的 2023 年以现价美元计算的数值。

资料来源：世界银行网站（https://data.worldbank.org/）。

（一）自然资源较为丰富

尽管北欧地区纬度较高、气候寒冷，但其拥有丰富的自然资源，包括森林、铁矿、水力、石油、地热和渔业资源。在北欧四国中，只有丹麦国土面积较小，且原材料和资源相对匮乏。

挪威是世界第五大石油出口国和第三大天然气出口国。凭借石油收益，挪威建立了全球养老基金。截至目前，该基金的资产规模已超过 1 万亿美元，成为世界上最大的主权财富基金（详见本节专栏 8.1）。

铁矿、森林和水力是瑞典的三大核心资源。在工业革命初期，这三类资源意味着瑞典同时拥有原材料和动力的双重优势，这极大地降低了机械加工行业的综合成本，也使瑞典长期以来在全球机械制造领域占据重要地位。

（二）经济具有较强竞争力

在北欧四国中，除挪威拥有相对较多的国有企业外，其他三国的私有化程度较高。瑞典和挪威以大企业为主导，丹麦则以中小企业为主。除了挪威，其他三国都是以工业制成品出口为主导的经济体。挪威的支柱产业是石油和天然气，海洋工程和渔业也相当发达。尽管北欧四国的经济规模较小，但它们通过融入欧盟的产业配套体系，并凭借一两个核心产业的强劲发展，成功支撑了整体经济。

北欧四国几乎都经历了长期稳定的发展时期，孕育了许多历史悠久且在各自领域占据全球领先地位的知名企业。例如，嘉士伯（1847 年）、诺基亚（1865 年）、爱立信（1876 年）、ABB（1883 年）、马士基（1904 年）、阿斯利康（1913 年）、伊莱克斯（1919 年）、沃尔沃（1921 年）、利乐（1929 年）、乐高（1934 年）、萨博（1937 年）、宜家（1943 年）和 H&M（1947 年）等企业，不仅“长寿”，而且在全球产业链中处于上游地位，积累了巨大的价值和财富。近年来，北欧还涌现出 Spotify（全球最大的音乐流媒体公司）、Klarna（分期付款服务公司）以及“愤怒的小鸟”“部落冲突”等风靡全球的游戏。截至 2024 年，北欧公司在 MSCI 欧洲指数（欧洲最有价值公司指数）中的占比约为 13%，高于五年前的10%，与德国公司大致相当。

耐心资本在北欧企业的发展中发挥了重要作用。根据麦肯锡公司的研究，北欧4/5的大公司拥有长期股权，而欧洲和美国的这一比例分别仅为3/5和1/5。[①] 例如，马士基和乐高的控股权仍分别由创始家族穆勒和克里斯蒂安森掌握；瑞典瓦伦堡家族则持有阿特拉斯·科普柯集团、爱立信等多家公司的大量股权。此外，嘉士伯、诺和诺德等大公司由非营利基金会长期控制。这种股权结构不仅有效阻止了外国公司的收购，还为企业提供了更大的研发自由度和长期规划的稳定性，从而推动了北欧企业的持续创新和全球竞争力。

（三）政府公正廉洁，管理高效

根据全球反腐监督组织“透明国际”（Transparency International）发布的《2019年全球清廉指数》（Corruption Perceptions Index），北欧国家在180个国家和地区的廉洁程度排名中均名列前茅。其中，丹麦位居第1名，芬兰、瑞典和挪威分别位列第3、4和7名。廉洁透明的营商环境和高度自由开放的经济体制为北欧国家的发展提供了有利条件。资本可以自由流动，私有财产和知识产权也得到严格保护。这些国家几乎从未传出贪污或腐败的新闻。

（四）实施对外开放，但保持经济政策的独立性

北欧国家国土面积不大，人口密度低，国内经济需求有限，因此，大多数企业倾向于跨国发展。这种外向型经济模式也成为推动北欧国家提升竞争力的重要动力。

在四个北欧国家中，挪威并未加入欧盟。1972年和1994年，挪威曾两次举行公投，均否决了加入欧盟的提议。瑞典和丹麦虽然加入了欧盟，但并未成为欧元区成员国。丹麦和瑞典分别在2000年和2003年举行全民公投，多数民众投票反对加入欧元区。北欧国家对欧盟和欧元区的排斥，主要源于对经济、社会、外交和社会福利等领域可能丧失部分主权的担忧。

从历史上看，地缘优势使北欧国家远离战乱纷争。第二次世界大战期间，瑞典保持中立，未参与战争；而芬兰、挪威和丹麦虽然参战，但并未成为大国角逐的主要战场，受战争影响相对较小。在2022年之前，瑞典和芬兰均未加入北约。战后几十年间，这些国家的国防预算支出较低，这在一定程度上减轻了财政负担。

（五）政府注重科教投入

第一，北欧国家对教育均高度重视，政府投入力度大，教育质量高。2017年，瑞典、丹麦、芬兰和挪威的公共教育经费占GDP的比重分别为6.8%、6.5%、5.7%和5.6%，均高于OECD成员国的平均值（5.1%）。其中，丹麦、芬兰和挪威还对大学教育实施了

---

① Why are Nordic companies so successful?. *The Economist*, January 2, 2025.

免费政策。在 QS(Quacquarelli Symond)2020 年世界大学排行榜上，人口仅 2 500 万的北欧四国共有 12 所大学跻身世界 200 强，充分体现了其高等教育的卓越水平。

第二，全民教育体系是北欧福利模式顺利推行的重要保障。通过普及教育，北欧国家培养了高素质的劳动力，这些人才能够进入高附加值领域创造价值并贡献税收。

第三，北欧各国重视科技创新。2022 年，瑞典、芬兰和丹麦的研发投入占 GDP 的比重分别为 3.41%、2.96%和 2.89%，高于 OECD 平均水平(2.73%)。[①] 挪威的研发投入占比为 1.56%，虽然政府投入规模较大，但由于其经济较多依赖自然资源且大型企业相对较少，因而研发投入占比相对较低。北欧企业长期以来始终积极采用新技术。根据欧洲统计局的数据，欧盟雇员超过 10 人的公司中有 45%为云计算服务付费，而北欧国家的平均比例高达 73%。

二、高福利形成的高财政负担在经济承受范围之内

(一)为适应经济增长而不断调整的福利模式

作为高福利国家的典型代表，北欧国家也在不断改革，其制度模式已偏离人们传统观念中的“高福利”。在历史上，北欧模式曾遭遇两次危机。

1. 第一次危机

20 世纪 70 年代初，随着石油危机的爆发，北欧各国与其他发达国家同时陷入经济危机。在瑞典，社会民主党试图通过赤字预算来维持生产和就业，但这一政策并未奏效，反而导致该党在 1976 年的大选中失利，结束了其连续 44 年的执政地位。这场危机最终通过 20 世纪 80 年代的新自由主义市场自由化改革得以解决。

2. 第二次危机

20 世纪 90 年代初，北欧国家经历了一场严重的经济危机，这场危机终结了它们对高福利模式的美好幻想。尽管在 20 世纪七八十年代，北欧各国通过高税收和高支出政策成为世界上最慷慨的福利国家，但一系列内外因素的冲击使这些国家陷入了困境。

芬兰的危机尤为严重，主要原因在于苏联解体对其出口市场形成巨大冲击。

瑞典在 20 世纪 90 年代遭遇了多重经济问题的集中爆发：市场准入门槛高，限制了竞争；国内市场小，难以支撑经济增长；工资水平过高，削弱了企业的竞争力；汇率贬值和通货膨胀率上升进一步加剧了经济困境。1993 年，瑞典的财政支出占 GDP 的比重高达 67%，但高税收和高支出并未带来预期的经济改善。瑞典从 1970 年全球第四富有的国家跌至 1993 年的第 14 位。

---

① OECD. OECD Main Science and Technology Indicators. R&D and related highlights in the March 2024 Publication. OECD Directorate for Science, Technology and Innovation, 2024.

挪威同样面临严重的金融危机，所幸其有庞大的石油收入，政府的财政压力相对较小。

危机迫使北欧国家重新审视其经济模式，并采取了一系列改革措施：削减过高的社会福利，放松市场管制，等等。这些调整迅速见效。以瑞典为例，1995 年其人均 GDP 与欧元区 19 国的平均水平几乎持平，但随后的经济增长率远高于欧元区国家。到 2018 年，瑞典的人均 GDP 达到 50 569.0 美元，而欧元区 19 国的平均值仅为 43 435.4 美元（见图 8.1）。

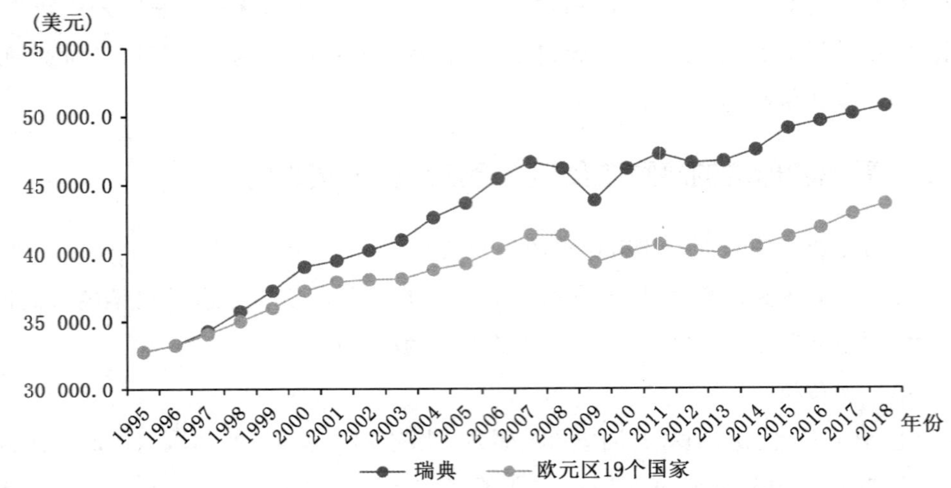

图 8.1 1995—2018 年瑞典与欧元区 19 国的人均 GDP

注：人均 GDP 按照 2015 年美国不变价格购买力平价计算。

资料来源：OECD. *OECD Economic Outlook No. 105* (Edition 2019/1).

尽管经历了以上两次危机，北欧国家在 20 世纪 80 年代至 21 世纪初的经济表现仍然优于大部分欧洲国家。

（二）财政支出占比、社会保障支出占比情况

为应对 20 世纪 90 年代的经济危机，北欧国家采取的首要措施是减少财政支出（包括社会保障支出），取得了显著成效（见图 8.2）。瑞典的财政支出占 GDP 的比重从 1995 年的 64.9%下降至 2007 年的 51%，已低于法国。在 2008 年全球金融危机爆发前，丹麦、芬兰和瑞典的财政支出比重仅略高于欧元区国家的平均水平，挪威的财政支出比重则远低于欧元区国家的平均水平。

在北欧国家的财政支出削减计划中，社会保障支出是主要的削减对象之一。例如，1998 年，瑞典进行了有史以来最全面的养老金改革，建立了养老保险名义账户（notional defined contribution, NDC）和基金制个人账户（financial defined contribution,

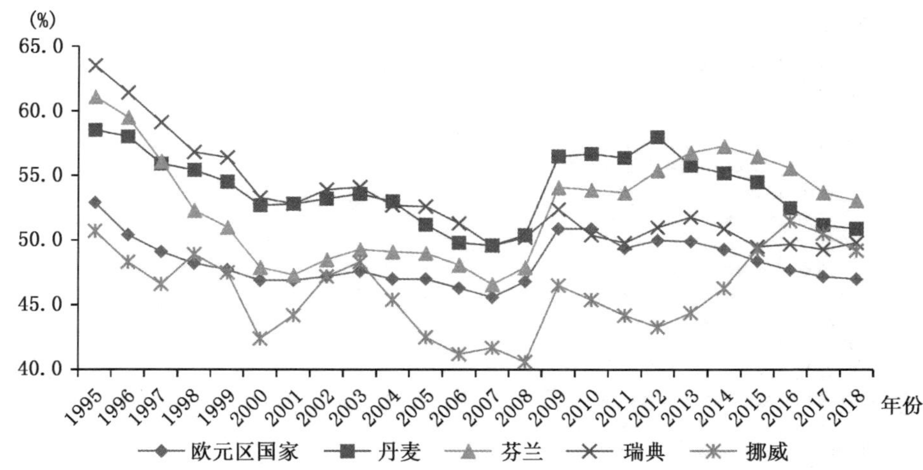

图 8.2　1995—2018 年北欧四国财政支出比重的变化情况

资料来源：Eurostat，Database.

FDC)，用缴费确定制取代了待遇确定制，使养老金与个人终生收入更加协调一致。

本书第六章表 6.1 给出了 2017 年各类社会保障支出占 GDP 的比重情况，社会保障总支出占比从高到低排序位列前 10 名的国家是：法国（31.98%）、芬兰（30.39%）、比利时（29.19%）、丹麦（28.99%）、意大利（28.48%）、奥地利（27.70%）、瑞典（26.34%）、希腊（25.43%）、德国（24.86%）、挪威（24.70%）。从中我们可以看出，北欧国家在资源配置上表现出一定的"节制"，并未将过多的资源用于社会保障。这表明北欧国家在社会保障制度建设上并非单纯依赖投入"多"，而是注重效率和优化，体现了"巧"的一面。

此外，本书在第六章第四节"新的社会福利核算方法及其内涵"中分析指出，如果综合考虑税收优惠支出、私人部门的强制性福利支出以及自愿性福利支出等因素，那么北欧国家的社会保障支出远比想象的低（如表 6.2 所示）。这表明北欧福利模式并非一种非常"昂贵"的福利模式。

（三）政府债务余额占比情况

北欧国家还专注于平衡财政预算，强调量力而行。与南欧国家完全不同，北欧国家的高福利政策并非建立在庞大的债务基础之上。在图 8.3 中，我们看到，2022 年芬兰、瑞典、挪威和丹麦的政府债务余额占 GDP 的比重分别为 74.5%、43.66%、41.37%和 34.68%。除芬兰略高外，其他三国的债务水平均低于欧盟大多数国家，也低于英美等实施自由主义福利体制的国家。从财政稳健角度来看，北欧国家的高福利政策更具有可持续性。

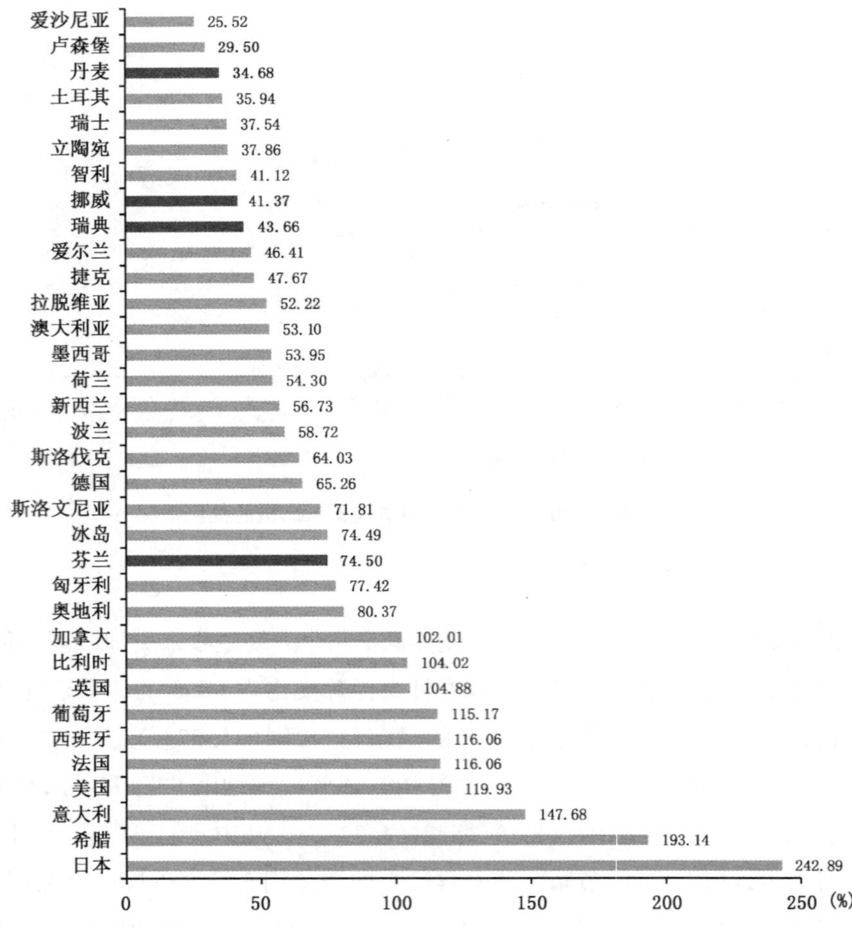

图 8.3 2022 年 OECD 成员国政府债务余额占 GDP 的比重

资料来源：OECD Database(http://stats.oecd.org/Index.aspx? DataSetCode=GOV_DEBT).

专栏 8.1 公共养老储备基金的两大类型以及挪威全球养老基金

目前，全球现有的公共养老储备基金主要分为两种形式：社会保障储备基金(social security reserve funds, SSRF)和主权养老储备基金(sovereign pension reserve funds, SPRF)。

社会保障储备基金的资金来源于税款以及一部分保费收入。加拿大养老基金(CPPIB)、日本社会保障基金(GPIF)和丹麦劳动力市场补充养老金(ATP)均属于此类。

主权养老储备基金作为独立于社会保障体系之外建立的储备基金，其资金主要通过出售国有资产获得。爱尔兰国家养老储备基金（NPRF）、法国退休储备基金（FRR）和挪威政府全球养老基金（GPFG）均属于此类。

从管理模式看，社会保障储备基金偏保守，通常更多或全部投资于境内；主权养老储备基金偏灵活，通常更多或全部投资于境外，且股票资产配置比例相对较高。

挪威全球养老基金（Government Pension Fund Global）的前身是石油基金。为了缓冲油价波动对经济的影响，并应对石油资源的不可再生性及人口老龄化带来的挑战，挪威政府于1990年以石油收入为来源建立了石油基金。2006年，根据《挪威养老基金法》，石油基金改组为挪威全球养老基金。该基金是挪威为应对未来养老金缺口而建立的储备基金，目前尚未对其使用时间和方式做出具体规定。根据议会规定，每年可提取不超过基金总额的4%用于财政开支。挪威全球养老基金是目前全球最大的主权财富基金。截至2019年底，该基金的资产规模约为1.1万亿美元，相当于挪威当年GDP的2.5倍。

第二节　社会民主主义福利国家的税收特点

北欧国家的高福利制度需要庞大的税收收入作为支撑。然而，高税收可能对工作积极性产生负面影响。本节将通过比较北欧国家与美国的税收累进性，分析北欧国家税收制度的特点。

一、北欧国家税基广，税负并未集中在富人身上

由于认识到高税率可能对创新发展、企业竞争力以及工作激励等方面造成负面影响，北欧国家对个人和企业的所得税税率自20世纪70年代和80年代的高峰期以来已下降了20%～30%。[①] 尽管北欧国家的税率普遍高于美国，但其税制被认为“更公平”。分析结果表明，北欧的税制体系更多依赖于扩大税基，对中产阶级甚至低收入群体征税，且对中产家庭课征的税率比美国高出不少。

北欧和美国税收制度的一个重要区别在于，北欧的征税范围（税基）更广泛，而美国的税率更高且更强调累进税。例如，北欧的所得税税率门槛较低，最高边际税率适用于

① Stenkula M, Johansson D, Rietz G D. Marginal taxation on labor income in Sweden from 1862 to 2010. *Scandinavian Economic History Review*, 2014, 62(2).

收入略高于平均水平的纳税人。这意味着低收入和中等收入的纳税人在北欧国家的平均税率显著高于美国。如表 8.2 所示，2016 财年，美国个人所得税的纳税主体是高收入群体。在 1 409 万纳税人中，收入最高的 140.9 万人(占纳税人总数的 10%)贡献了总收入的 46.56%，并缴纳了 69.47%的税收；而收入最低的 50%纳税人，其收入仅占纳税人总收入的 11.59%，贡献的税收占比仅为 3.04%。

表 8.2　　2016 财年美国联邦政府个人所得税的收入分布

类别	最高的 1%	最高的 10%	最高的 25%	最低的 50%	所有纳税人
纳税者人数	1 408 88	14 088 879	35 222 196	70 444 393	140 888 785
本部分纳税者收入占纳税者总收入的比例	19.72%	46.56%	68.43%	11.59%	100.00%
本部分纳税者个人所得税税额占纳税者个人所得税总税额的比例	37.32%	69.47%	85.97%	3.04%	100.00%
平均税率	26.87%	21.19%	17.84%	3.73%	14.20%

资料来源：Bellafiore R. Summary of the latest federal income tax data，2018 update. *Fiscal Fact*，No. 622，November 2018.

此外，北欧国家更多依赖增值税或消费税，而非累进税。增值税或消费税的税收负担由全体消费者(国民)承担，且具有一定的累退性(即相对于富人的收入水平，富人缴纳的增值税与消费税占比较低)。因此，北欧经济体中较高的税收收入主要来源于更广泛的税基，而非外界普遍认为的“对富人征税”。换句话说，北欧的税收模式并不严重依赖对高收入家庭的惩罚性税率，而是更多地依靠对中等收入家庭征收较高的税率。

(一)对资本所得课税

2015—2018 年美国与北欧国家税收政策(对资本所得课征)对比如表 8.3 所示。

表 8.3　　2015—2018 年美国与北欧国家税收政策(对资本所得课征)对比　　单位：%

税率	丹麦	芬兰	冰岛	挪威	瑞典	美国	北欧国家平均税率减去美国税率
企业所得税税率	22	20	20	23	22	26	−4
股息的个人所得税最高税率	42	29	22	31	30	29	1
资本利得的个人所得税最高税率	42	33	20	27	30	29	1
遗产税的最高税率	15	19	10	0	0	43	−35

资料来源：Executive Office of the President of United States. *Economic Report of the President Together with the Annual Report of the Council of Economic Advisors*，March 2019.

(1)企业所得税。如表 8.3 所示,北欧国家的企业所得税税率在 20%~23%之间。在 2018 年税制改革前,美国联邦政府的企业所得税税率是 35%,位列 OECD 成员国之首,如果再将州和地方政府的企业所得税包含在内,这一比率将上升至近 39%。2018 年税制改革以后,美国联邦政府的企业所得税税率降低至 21%,加上州和地方政府的企业所得税,总税率为 26%,仍高于北欧国家。

(2)股息的个人所得税。美国的个人所得税最高税率是 29%,比北欧五国的平均税率低 1 个百分点。

(3)瑞典和挪威没有遗产税,其他三个北欧国家的遗产税最高税率在 10%~19%之间,而美国为 43%,远高于北欧各国。

(二)对劳动所得课税

从对劳动所得的课税(包括工薪税和个人所得税)来看,北欧国家的平均税率略高于美国。然而,北欧国家存在较大规模的"工作福利"机制,高税率对工作的负面激励可能比美国更小。这是因为许多福利待遇与缴纳的工薪税挂钩,缴税时间越长,未来可享受的病假工资、育儿津贴和养老金等福利待遇就越高。

相比之下,美国采用的是自由主义福利模式,社会保障中的一些项目(如食品券、廉租房等)属于社会救助性质。这意味着当工作收入增加时,福利待遇反而可能减少甚至取消。

(三)对商品课税

2015—2018 年美国与北欧国家税收政策(对劳动所得和消费课征)对比如表 8.4 所示。

表 8.4　2015—2018 年美国与北欧国家税收政策(对劳动所得和消费课征)对比　单位:%

税率	丹麦	芬兰	冰岛	挪威	瑞典	美国	北欧国家平均税率减去美国税率
雇主和雇员缴纳的工薪税(占雇主成本的比重)	0	26	6	19	29	14	2
个人所得税最高税率	56	49	44	39	60	46	3
销售税/增值税	25	24	24	25	25	6	19
特定货物和服务的消费税	4	4	3	3	2	1	2

资料来源:Executive Office of the President of United States. *Economic Report of the President Together with the Annual Report of the Council of Economic Advisors*, March 2019.

如表 8.4 所示,北欧国家更依赖于商品税。商品税具有一定的累退性,通常由消费者承担,因此,北欧国家比美国更倾向于向中低收入者征税。

北欧国家普遍开征全国性的增值税,税率在 24%~25%之间。而美国联邦政府未开征增值税或消费税，部分州开征销售税，税率均在10%以下，全国平均销售税率约为6%。

在碳税以及特定产品（如汽油、烟草制品、酒精饮料和汽车）的消费税方面，北欧国家的税率高于美国。

总结如下：

（1）在资本所得课税方面，美国的企业所得税、遗产税等高于北欧国家，而股息的个人所得税水平基本相同。

（2）在劳动所得课税方面，北欧国家的个人所得税累进税率略高于美国，但总体税率并不高。

（3）北欧国家更依赖于商品税。

二、北欧国家与美国关于缴税门槛、中等收入家庭税率的比较

（一）最高边际税率的缴税门槛的比较

个人所得税累进性的一个分析指标是最高边际税率的缴税门槛（threshold）——适用于最高边际税率的收入是平均工资的倍数。如图8.4所示，在美国，最高边际税率仅适用于平均工资8倍以上的收入。而在北欧国家，平均而言，最高边际税率适用于平均工资1.5倍以上的收入。以丹麦为例，仅达到平均工资1.3倍的收入就已经按最高边际税率缴税。换个角度看，如果美国的税法与丹麦的税法持平，那么年收入仅为7万美元的申报人（大约位于家庭收入分配的中间水平）将面临46.3%的最高边际个人所得税税率。而根据美国现行税法，申报者在支付最高税率之前的收入门槛为423 904美元。

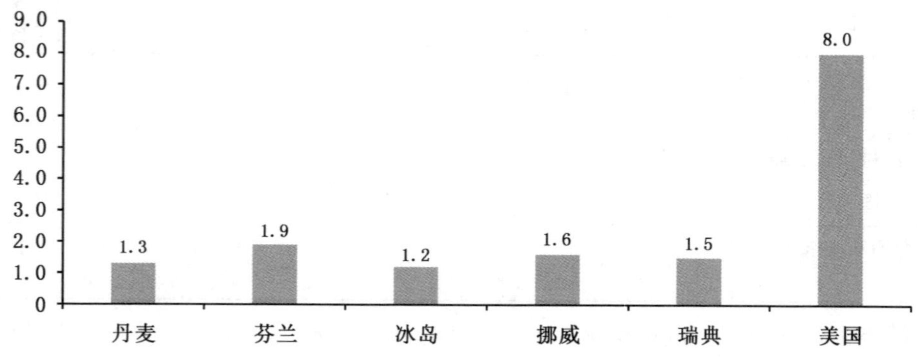

图8.4　2017年各国个人所得税最高边际税率的收入门槛是平均工资的倍数

资料来源：Executive Office of the President of United States. *Economic Report of the President Together with the Annual Report of the Council of Economic Advisors*, March 2019.

（二）中等收入家庭的个人所得税税率比较

表 8.5 显示，对平均收入家庭而言，北欧国家的个人所得税税率更高。即使将转移支付纳入计算（将政府转移支付视为负所得税），一对拥有两个孩子的平均收入夫妇在北欧国家的平均个人所得税税率也介于 18.6%～25.3%，在美国则为 14.2%。

表 8.5　　北欧以及美国平均收入家庭的个人所得税税率对比　　单位：%

国家	平均收入家庭的个人所得税税率（单身，抚养两个孩子）	平均收入家庭的个人所得税税（夫妻，一人工作，抚养两个孩子）
丹麦	16.5	25.3
芬兰	21.8	24.7
冰岛	24.8	18.6
挪威	19.4	22.5
瑞典	18.8	18.8
美国	17.1	14.2

资料来源：Executive Office of the President of United States. *Economic Report of the President Together with the Annual Report of the Council of Economic Advisors*, March 2019.

通过对不同家庭类型的比较分析，结果表明，如果美国实施现行的北欧政策，那么平均工资收入的美国家庭每年需额外缴纳 2 000～5 000 美元的税费（扣除转移支付后）。

上述比较与分析表明，在北欧国家，收入的较低水平就已达到个人所得税的最高边际税率。这一特征意味着北欧税收模式的核心在于对达到或接近平均收入的劳动者及其家庭课征较高税率。换言之，北欧的税收模式并非主要依赖对高收入家庭的惩罚性税率，而是对中等收入家庭施加高税率。

第三节　社会民主主义福利模式的特点及其影响

北欧福利模式的核心理念在本书第四章第四节“福利体制的三个世界”中已有介绍，在此不再重复。本节主要介绍北欧福利模式的特点及其影响。

一、雇员加入工会的比例较高，集体协商效果好

（一）北欧国家的工会密度较高

在过去 30 年中，OECD 成员国的平均工会密度（即工会会员数量占社会总雇员的比例）几乎减少了一半，从 1985 年的 30%下降至 2016 年的 16%。截至 2016 年，在

爱沙尼亚、法国和土耳其等国家，只有不到10%的雇员加入工会；而冰岛、丹麦、瑞典、芬兰和挪威等北欧国家的工会密度分别为90.41%、67.20%、66.73%、64.58%和52.49%（见图8.5）。相比之下，美国、日本、韩国以及德国的工会密度均不足20%。

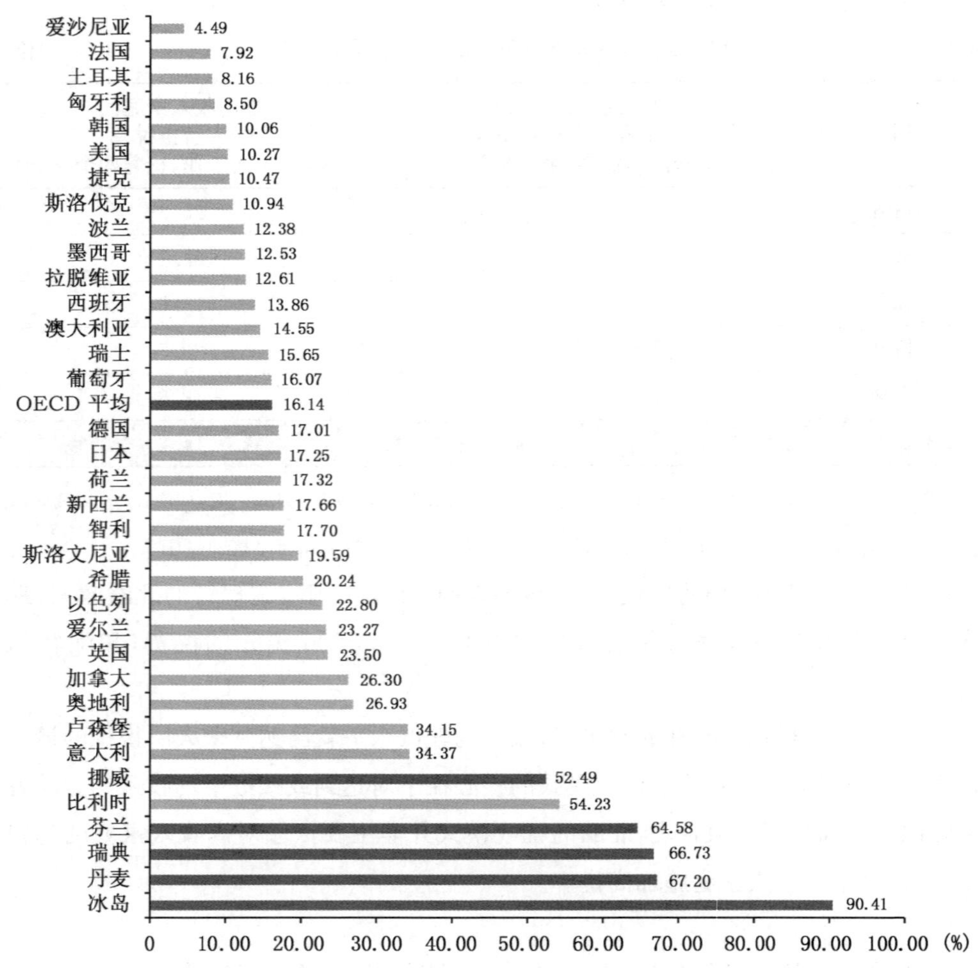

图8.5 2016年OECD成员国的工会密度

资料来源：OECD. *Good Jobs for All in a Changing World of Work*. Paris：OECD Publishing，2018.

（二）政府、工会和雇主的三方协商合作机制顺畅

1. 多层次、制度性劳资协商机制

北欧劳动关系的处理基于政府、工会和雇主三方合作的架构运作。长期以来，北欧的劳资关系和谐，大规模劳资冲突极为罕见，这得益于工会在多层次、制度化的劳资协商机制中发挥了重要作用。在工会的积极参与下，北欧国家普遍在劳动环境、就业保

障、休假、劳动争议、职工参与管理等方面颁布了有利于劳工的法律。

国家通过税收促进社会公平，充分保障劳动力就业。当经济发生结构性变化时，失业者可以通过保险获得收入补偿，并在失业期间得到帮助以重新就业。这些措施使得个人更愿意从事风险较高的工作，企业也更敢于创新和扩大雇佣规模。

以瑞典为例，其劳动市场主要通过“协议”来规范，因为工会和雇主双方能够相互尊重和理解。瑞典劳动市场的特点在于，协议各方始终寻求共识和共同点。尽管瑞典曾是罢工非常多的国家之一，但在集体谈判权确立后，工会和雇主都倾向于通过谈判达成共同解决方案。因此，即使瑞典多年来未就最低工资等劳工权益立法，该国仍被认为是劳工保障极为完善的国家之一。

2. 团结工资政策

北欧的工会并非简单地要求企业为员工加薪，而是通过协商，使盈利较多的产业控制加薪幅度，同时为盈利较少的产业工人争取更高的加薪，从而让全社会工薪阶层整体受益。这种做法被称为“团结工资政策”(solidaristic wage policy)。这种特有的团结工资政策，不仅使经济发展成果分配更加均等，还促进了各产业的均衡发展，避免了社会资源过度集中于高利润、高竞争性产业，从而为国民创造了更多的就业机会。高利润产业会将剩余利润投入机器设备、扩大投资以及研发中，进一步增强产业竞争力并扩大就业机会。而低薪、低利润产业在提高加薪幅度后，劳动成本上升，自然会因缺乏竞争力而被市场淘汰。

二、在育婴假期制度设计中坚持男女平等原则

在传统社会中，只有女性可以休产假(育婴假)[①]，而男性没有相应的假期。这导致女性在生育后不得不长时间离开职场，其收入和晋升机会均受到严重影响，这种现象被称为“母职惩罚”。由于育儿辛苦且得不到伴侣的充分支持，因而女性往往被迫选择那些提供更慷慨育婴假的部门，从而导致了职业性别隔离，限制了女性的事业发展。

在男性育婴假方面，北欧国家无疑走在世界前列。1974 年，瑞典成为全球首个实施中性带薪产假的国家。当时的法律规定，父母可以共享 6 个月的育婴假。然而，许多父亲对此并不感兴趣，第一年仅有 0.5%的男性申请，后续增长也非常缓慢。为了鼓励更多男性休育婴假，政府采取了多种措施，例如经济激励，规定如果父母双方分别休了

---

① 产假(maternity leave)是指工作的女性及其配偶在女性怀孕后期和分娩之后所享有的申请休假的一项员工福利，包括产假和陪产假(paternity leave)。育婴假(parental leave)则是指育有低龄子女的父母为照顾子女而申请长期休假并享有留职停薪或带薪的福利。在某些国家(如美国、德国)，育婴假是产假与育婴假的总和；而在另一些国家或地区，产假和育婴假则是分开计算的。

一个月的育婴假，就会获得额外一个月的薪金。[1] 从1995年开始，政府进一步加大了激励力度，实施“爸爸配额”政策，即为新生儿的父亲设定30天的专属育婴假，且不可转让（2016年增加到90天）。

为什么要强制父亲休假呢？第一，在通常情况下，家庭中男性的收入远高于女性，导致父亲如果选择育婴就会造成较大的经济损失。因此，由母亲育婴成为自然的选择。然而，这种做法虽然避免了短期的经济损失，却让女性在职业生涯发展和未来养老金待遇方面承受了长期的负面影响，进一步加深了女性对家庭的经济依赖。第二，如果女性拥有长期休假权利而男性没有，雇主会更倾向于雇用男性，从而增强了男性在就业市场上的竞争力，进一步压缩了女性的发展空间。

三、大力推行照顾服务的社会化与去家庭化

（一）北欧国家普惠性的照顾服务由政府出资提供

在照顾服务的提供上，北欧和南欧国家采取了截然不同的方式，实施效果也完全不同（见表8.6）。

表8.6　北欧和南欧国家在照顾服务提供上的差异

比较项目	北欧国家	南欧国家
模式	社会服务“去家庭化”	社会服务“家庭化”
家庭的角色	边缘化	核心
国家的角色	核心	辅助性
市场的角色	边缘化	边缘化
适用对象	夫妇均出外工作	丈夫外出工作，妻子在家照顾老人和小孩
女性的劳动参与率	高	低

资料来源：改编自 Esping-Andersen G. *Social Foundations of Postindustrial Economies*. Oxford: Oxford University Press，1999.

北欧的社会保障体系将原本存在于个别家庭中的家务劳动与照护工作“有薪化”，使家庭劳动转变为社会劳动。政府通过组织和提供统一且无差异化的公共服务，推动社会更加平等。

北欧国家普遍强调普惠性（universalism）和去家庭化（defamilialization）的社会服务，将一般财政预算资金用于为儿童、身心障碍人士及老年人提供服务。政府在社会服务的规划与供给中处于核心地位。政府通过社区护理院、日托所、咨询中心等设施，为

---

[1] 陈亚亚：《各国如何鼓励男性休育儿假》，《中国妇女报》2017年8月9日。

老人、儿童、青少年、身心残障者、受虐待者、药物滥用者、贫困者及其他普通人群提供服务，帮助人们处理和应付日常生活[①]，以减轻个人对亲属网络的依赖，还使女性从家庭责任中得以解放。

南欧普遍采取家庭主义（familialism）模式，由家庭（主要是妇女）承担原本在北欧由福利国家提供的服务。因此，政府不鼓励妇女外出就业，而是重视她们在照顾儿童、老人等方面的角色。同时，政府认为社会福利与服务的削减可以通过妇女的家庭劳动来替代承担。

（二）照顾服务由政府提供，具有诸多优点

1. 有利于充分开发女性的人力资源

在南欧的福利体制下，女性因承担家庭照顾责任而失去了就业机会，这导致了人力资源的巨大浪费。艾斯平-安德森指出，现代女性相较于以往拥有更高的教育水平，并且越来越多的女性追求经济独立和全面融入职业生活。因此，女性成为家庭主妇的社会成本是失去其人力资本、生产潜力和工作。[②] 相比之下，在北欧的福利体制中，公共部门提供了幼儿抚育、老人照料等服务，可以将女性从家务中解放出来，从而释放了劳动生产率。

2. 有利于提高女性的收入水平，降低整个家庭的贫困风险

在南欧的福利体制下，女性面临更大的贫困风险。在许多国家，劳动者的社会保障资格通常与工作年限紧密相关，那些未曾就业的女性的社会保障则依赖于她们的婚姻和家庭地位。一旦婚姻关系破裂，她们所依赖的社会保障资格也随之消失。由于女性未参与就业，家庭承受的风险因此增加。“男主外，女主内”的传统模式实际上将家庭的就业风险全部压在了丈夫的肩上。在当今社会，就业形势愈发不稳定，一旦作为家庭唯一经济支柱的男性遭遇失业或疾病，整个家庭便容易陷入贫困的境地。

相比之下，在北欧的福利体制中，公共服务部门大量招聘照料机构的服务人员，从而为女性创造了更多的就业机会。对于一些女性来说，原本在家中照顾孩子，现在则转而在公共部门工作，尽管同样是照顾孩子，但工作效率得到了提升，而且原本无薪的家庭劳动转变为了有薪工作，从而增强了她们的经济独立性。

因此，正如艾斯平-安德森所指出的：为家庭提供社会服务是消除贫困和福利依赖症的最有效的政策，同时它也是一种对人力资本的投资。总之，为家庭提供服务不应被单纯地视为“被动消费”，而应被视为将在长期内带来回报的投资。

---

① Anttonen A，Sipilä J. European social care services：Is it possible to identify models?. *Journal of European Social Policy*，1996，6(2).

② Esping-Andersen G. *Social Foundations of Postindustrial Economies*. Oxford：Oxford University Press，1999.

3. 有利于形成照料服务的规模效应

幼儿抚育、老人照料等服务性工作集中在机构，由更专业熟练的人员来进行，有利于形成规模效应和专业化分工，提高工作效率，促进整体社会生产率的提升。

4. 政府提供无差异的公共服务，有利于促进社会公平

通过政府重新分配社会福利相关的工作和资源，所有女性和家庭都能够获得相对平等的资源和高品质的服务，这有助于缓解市场化福利服务（如私立幼儿园）可能引发的贫富差距问题。这种分配方式确保了来自中下层家庭的儿童能够与中上阶层家庭的儿童一样，享受到高质量的托育服务，从而为孩子们未来的教育和职业成功奠定基础，有效防止了贫困的代际传递。以单身母亲为例，她们往往需要在照顾孩子和赚钱养家之间艰难平衡，容易陷入贫困。在北欧模式下，卓越的儿童照顾体系极大地减轻了单身母亲的育儿负担，使她们能够专注于工作。此外，儿童照顾体系作为一项社会服务，而非现金补助，有效避免了“福利陷阱”现象，即人们为了获取福利金而生育子女或因为担心失去儿童福利金而不愿意就业的情况。

5. 有利于提高生育率

北欧国家通过金钱（儿童津贴制度）、时间（育婴假）以及服务（托育体系）三个维度，构建了完整的儿童照顾政策体系。这一体系成功化解了劳动者在家庭与工作之间的冲突，使女性能够更好地平衡职业与家庭生活。得益于这一政策，北欧国家的生育率和就业率均位居世界前列，打破了传统观念中生育会阻碍就业的固有认知。同时，相对较高的生育率也缓解了人口老龄化的压力，为社会的可持续发展提供了有力支持。

（三）公共部门雇员数量庞大

北欧国家具有发达的公共福利服务机制，幼儿抚育、病残帮扶、洗衣清洁等“家务活动”中的相当一部分已经转移到了医院、社区、学校等社会机构中。这些机构为大量无业人员尤其是家庭妇女提供了就业岗位。除了中央政府，各地方政府也为这些机构提供了大量的资金与政策支持，逐渐构建起了以国家为主导的社会服务体系。这一体系形成了一个规模庞大的公共服务部门，其雇员占就业总人数的1/3，而OECD成员国的平均水平仅为18%（见图8.6）。

公共部门的工资体系更加注重收入的公平性。通常，蓝领公务员的收入高于私人部门同类工作的收入，而白领公务员，尤其是行政领导的工资相对较低。这种工资结构使得公务员的个人收入分配比私人部门更加公平，从而有助于减少整个社会的收入分配不平等程度。然而，也有研究者指出，公共服务部门聘用了大量女性，实际上形成了

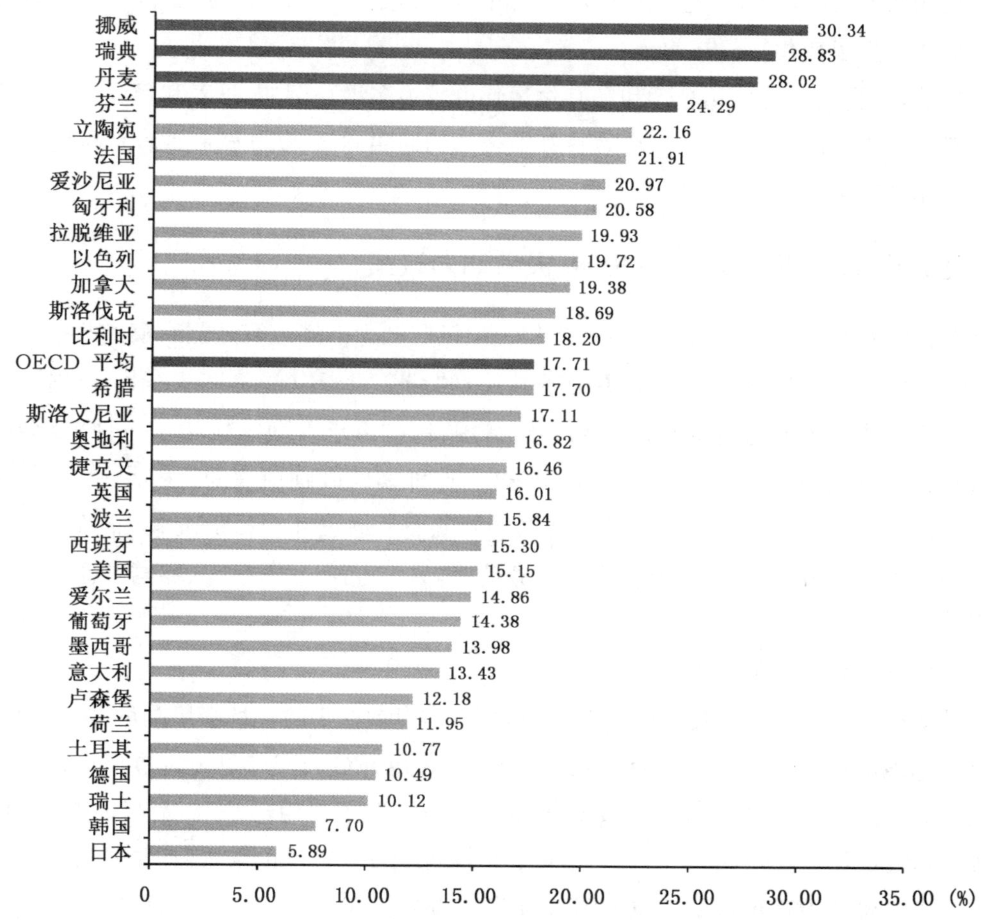

图 8.6　2017 年 OECD 成员国政府雇员占社会就业人员总数的比重

资料来源：OECD. *Pensions at a Glance* 2019：*OECD and G20 Indicators*. Paris：OECD Publishing，2019.

高度性别隔离的劳动力市场，从而拉大了性别工资差距。[①]

（四）公共服务的运营与监管相分离

北欧政府的再分配基本理念是为公民提供基本且平等的公共服务，但这并不意味着政府会包揽一切。北欧国家坚持通过代理机构为公民提供公共服务，而政府的核心职责是监督这些代理机构的运作。代理机构是斯堪的纳维亚模式的特点，在北欧已有160多年的历史。这些代理机构是在法律管制下承担公共服务职能的公营单位，其运作模式具有高效性和低负面效应的特点。实践证明，政府将公共服务职能交给自治的

① Teigen M，Skjeie H. The Nordic gender equality model. In Knutsen O. *The Nordic Models in Political Science*. *Challenged*，*but Still Viable*?. Bergen：Fagbokforlaget，2017.

代理机构执行，自身专注于建立秩序和监管市场，并没有削弱政府的权力，只是政府权力的形式发生了变化。

目前，社会服务的公私合营和私有化运营也较为多见。例如，丹麦和挪威允许私营企业经营公立医院；瑞典拥有一个教育补助金券的通用体系，私立营利性教育机构与公立学校相互竞争。

四、实施以社会投资为主的积极劳动力政策

高福利水平是高比例人群就业的产物。积极劳动力市场政策是北欧模式的核心亮点，被誉为“皇冠上的宝石”，其主要实践方式是“社会投资”(social investment)政策。北欧国家并非简单地通过福利体制来补偿贫困者的“需求”，而是构建了一种“社会投资”模式，利用福利体制推动人力资本的提升。这种模式鼓励更高的营养水平、身体素质和知识能力水平，从而实现高质量、高水平的就业。通过社会投资政策，北欧国家一方面提升了劳动者的竞争力，努力实现充分就业，另一方面也强调个人参与工作的责任和义务。①

(一)社会投资政策的主要理念

社会投资政策有别于传统的社会保障政策，前者旨在为防范社会风险做准备，而后者是被动地应对社会风险。社会投资政策的概念由 OECD、安东尼・吉登斯以及艾斯平-安德森等提出并发展。② 社会投资的理念重新定义了自由经济与福利国家之间的界限，被视为“第三条道路”——福利不再被单纯视为反生产性的政策，而是具有生产性的。社会投资政策不再被单纯视为所得再分配的工具，而是推动经济结构转型与促进经济增长的制度媒介。

社会投资政策主张将过去追求平等目标的导向转向创造平等的机会，强调通过更多的协调和改革来创造更多的就业机会，鼓励工作自立，减少对社会福利的依赖，实现以“工作福利”替代“社会福利”。

许多学者认为，北欧国家的社会投资政策与凯恩斯主义刚好相反。③ 凯恩斯主义侧重于对总需求的管理，通过转移支付和规范社会保障形式来提高劳动者的收入及购买力；而社会投资政策侧重于供给管理，旨在创造就业和促进经济增长，例如，通过提供

---

① (挪威)斯坦恩・库恩勒、陈寅章、(丹麦)克劳斯・彼得森、(芬兰)保利・基杜伦：《北欧福利国家》，许烨芳、金莹译，复旦大学出版社 2010 年版。

② OECD. *Beyond 2000: The New Social Policy Agenda*. Paris: OECD, 1996; Giddens A. *The Third Way: The Renewal of Social Democracy*. Cambridge: Polity Press, 1998; Esping-Andersen G, Gallie D, Heerijck A, et al. *Why We Need a New Welfare State*. Oxford: Oxford University Press, 2002.

③ Kristensen P H, Lilja K. *Nordic Capitalisms and Globalization: New forms of Economic Organization and Welfare Institutions*. Oxford: Oxford University Press, 2012.

社会服务解决劳动者照顾家庭的后顾之忧，增加培训以提高劳动者的竞争力，鼓励劳动力流动使雇主更容易雇用和解雇员工。一般认为，北欧国家是社会投资政策的主要代表，其政策与新自由主义和凯恩斯主义有显著不同。我们以对失业的判断及政策为例进行对比，详见表 8.7。

表 8.7　　不同理念下的社会保障政策

比较项目	凯恩斯主义的做法	新自由主义的做法	社会投资政策的做法
对失业的判断	失业和经济低增长是由需求不足造成的	失业和通货膨胀是由供给约束造成的（过高的劳动力成本、过多的就业市场管制、社会保障对工作的负激励）	失业是由劳动者未掌握劳动所需技能造成的
社会保障政策与经济	强化社会保障政策：提供社会保险计划，确保未来，促使社会公众大胆消费	削弱社会保障政策：社会福利增加税收成本，打击就业	形成新型的社会保障政策：对人力资本进行投资，提高其就业能力。社会保障政策是增长经济和创造就业的前提条件
核心价值	社会平等 人人有工作 去商品化	强调个人责任 只要工作即可 强调工作激励	社会包容 有质量的工作 以“能力方法”作为分析框架
核心原则	大政府 中央集权计划经济 发展福利国家体制	精简政府职能 解除管制 拆散社会保障政策	赋权国家 投资 重塑社会保障体制
核心政策工具	有效拉动需求 发展社会保险计划 扩大公共部门 完善失业保险	采用货币主义政策来抑制通货膨胀 解除劳动力市场的管制 将社会和医疗服务私有化，发展完全积累型的私有化养老金计划 实施工作激励和工作福利制度	通过人力资本投资政策来提高劳动力的竞争力和创造就业 发展社会服务来扶持就业市场：婴幼儿的看护和教育、高等教育、终身教育，以及促进妇女就业的各种措施 形成灵活且又有保障的体制

资料来源：Morel N，Palier B，Palme J. *Towards a Social Investment Welfare State? Ideas，Policies and Challenges*. Bristol：Policy Press，2012.

（二）社会投资政策的实施效果

1. 有利于最大程度地扩大就业率

艾斯平-安德森认为，北欧的福利与就业政策属于“生产主义”(productivism)，即旨在实现劳动者的最大生产潜能。[①] 从表面上看，这一理念似乎与英美国家所倡导的“工作福利”(workfare)相呼应，但其实这两者是有差异的。工作福利强调只有接受工作才能获得社会福利，而北欧的“生产主义”则主张福利国家必须确保所有人具备参与工作

---

① Esping-Andersen G. *Social Foundations of Postindustrial Economies*. Oxford：Oxford University Press，1999.

的必要资源和动机(当然也需要有工作机会)。因此,开放的教育体系、职业培训计划以及终身学习的机会,都是确保人人就业所不可或缺的要素。

2. 能较好地应对产业转型

近年来,随着中国、印度等发展中国家的崛起,劳动密集型制造业逐渐从发达国家转移至这些新兴经济体,导致发达国家低技能劳动力面临大规模失业问题。北欧国家同样遭受了就业冲击,但它们将劳动力失业视为再培训的契机,通过提升低技能劳动力的能力,使其适应新兴产业的需求。相比之下,实施自由主义社会保障体制的国家(如英国、美国、加拿大、澳大利亚和新西兰)采取了经济自由化策略,通过劳动市场和工资的弹性化来应对经济衰退和失业问题。例如,英国取消了最低工资标准,导致大量低薪和非全日制工作岗位的出现。虽然这些措施在一定程度上缓解了就业压力,但也加剧了收入不平等,并且未能有效提升劳动者的技能水平。因此,这些低技能劳动者及相关产业难以应对来自中国等发展中国家的竞争,使得失业问题成为这些国家产业转型过程中难以根治的顽疾。

3. 有利于低收入阶层向上流动

艾斯平-安德森指出①,在美国,当一位女性进入低技术、低工资的服务业就业后,可能一生都从事这项工作。这是因为美国政府很少为就业者提供再培训机会,即使雇主可能提供培训,这种培训也主要基于企业盈利最大化的目标,而非员工的职业生涯发展。相比之下,如果这位女性在北欧国家,则她可能获得更好的发展机会,从而脱离低技术、低工资的服务业就业。这主要得益于以下两点:第一,北欧福利国家为低收入者提供“社会工资”(social wage),这是一种由国家补贴的工资,其水平高于美国由市场决定的工资。由于某些职业的市场工资极低,难以维持生计,因而政府通过“社会工资”来弥补市场工资的不足,同时还提供住房等实物补贴,以避免“穷忙族”现象的出现。第二,北欧国家开放的终身学习教育体系以及职业培训体系,有助于缩短个人在低层次服务业的就业时间。在北欧,低层次服务业的就业通常只是个人的第一份职业,而非终身职业,这意味着个人有更多向上流动的机会。而在英美国家,尽管政府强调充分就业,但这一目标与平等发展的目标不再兼容。

4. 为劳动者免去后顾之忧,也使企业裁员更加容易

在就业政策方面,丹麦堪称弹性工作制度的先驱。丹麦建立了一套“灵活安全”系统(flexicurity,即 flexibility + security),这一系统使雇主更容易裁员,但同时也为失业者提供支持和培训(参见本章拓展阅读《丹麦的就业培训政策》)。企业几乎可以像美国雇主

① Esping-Andersen G. *Changing Classes Stratification and Mobility in Post-industrial Societies*. New York: Sage Publications, 1993.

那样轻易地解雇员工，但政府会为失业者提供慷慨的援助，并帮助他们重新就业。大多数雇主非常青睐这种制度，因为它使他们能够避开困扰欧洲大陆的极为严重的问题之一：受高度保护的就业人员和境况惨淡的失业人员所导致的劳动力市场的二元结构。

专栏 8.2 公民资本

公民资本(civic capital)泛指促进人际合作的价值观和信仰。一般来说，公民资本越高，人们越容易合作。

美国芝加哥大学经济学家路易吉·津盖尔斯(Luigi Zingales)在《繁荣的真谛》一书中，通过分析驻美国纽约的联合国外交官的行为，揭示了各国公民资本的差异。在 2002 年修订法律前，来自其他国家的驻联合国外交官无需支付违章停车罚款。尽管纽约市警察局会给他们开罚单，但这些罚单长期无人支付。因此，是否乱停车的唯一约束是外交官们的公民责任感。这项研究发现，在 5 年时间里，意大利外交官平均每人收到 15 张罚单，德国人平均 1 张，瑞典人和加拿大人均为零。而巴西外交官平均每人收到 30 张罚单，科威特外交官则以平均每人 246 张罚单垫底。为什么面临相同激励的人会有如此悬殊的表现？这一现象明显违背了我们通常持有的经济观念，即所有理性的个人对激励会有相似的反应。那么，瑞典外交官比科威特人更缺乏理性吗？并非如此。瑞典外交官在决策时考虑了自己的公民价值观，至少在代价不大的情况下，他们愿意牺牲一点个人利益。津盖尔斯认为，这并不是经济规律在瑞典不起作用，恰恰相反，正是因为瑞典人更值得信赖，那里的市场才能比意大利运转得更好，更不用说巴西或科威特了。这种公民资本是与实物资本和人力资本同样重要的生产要素。在公民资本水平较高的国家或地区，腐败现象更少，公共安全度更高，政府行政更有效率，私人企业也就能更快地成长。

美国圣路易斯华盛顿大学的一项研究表明，在公民资本较高的社区，人们会做一些不会立即让自己受益的事情，例如投票、志愿服务或献血。此外，他们通常更加信任自己的同胞。在新冠疫情初期(2020 年)，公民资本较高的地区以及表现出较高公民责任感的个人，无论其政治立场如何，自愿保持社交距离的程度都更大，使用防护口罩的概率也更高。

资料来源：①(美)路易吉·津加莱斯：《繁荣的真谛》，余江译，中信出版社 2015 年版。②Barrios J M, Benmelech E, Hochberg Y V, et al. Civic capital and social distancing during the Covid-19 pandemic. *Journal of Public Economics*, 2021, 193.

第四节　社会民主主义福利模式的环境条件

一、北欧福利模式顺利实施的独特环境

(一)北欧国家拥有较高的社会信任

在北欧,较多的公民信赖政府和政治体制,且公民与公民之间的信任度高,这是北欧社会保障体制成功的重要基础。OECD的一份调查显示,北欧人在社会信任方面处于领先位置(见图8.7)。①

1.雇主与雇员间的相互信任

在高信任感的文化氛围中,雇主普遍强调工作舒适和倡导自由,劳动者则保持高度自律的工作状态,由此形成良性循环。在高福利的制度保障下,北欧人大多展现出积极的工作态度,许多人视工作为乐趣而非负担。劳动者鲜有懈怠,反而在工作时间内极为注重提升工作效率。同时,劳动者的自律性也相当强。这种既闲适又自律的工作状态,为北欧经济的创新发展提供了空间。

在高度社会信任感的支撑下,社会管理系统不依赖于繁复的证明材料,而是更多地依赖于人与人之间的信任。例如,在芬兰,如果员工因病需要休息,三天以内的病假无需向公司提供任何证明,只需简单通知即可。在丹麦,员工若因病需要请假,仅需一通电话告知雇主。相比之下,在德国,无论是雇员还是学生,请病假都必须提供医生的病假证明。尽管丹麦和德国在社会管理政策和架构上都表现出严谨性,但德国通常要求一切有记录为证。

2.社会公众对政府的高度信任

高税率能够在北欧国家长期存在,主要原因是社会公众对政府高度信任,并且他们看到政府将税收收入用于教育、社会福利、人力资源投资等领域,这些投资将在未来造福全社会,实现民众共享。这种良性循环的形成,使得高税率得以持续。

高信任水平带来诸多益处:降低社会交易成本,促进经济增长;提高公民纳税的遵从度,减少偷漏税现象;使政府决策能被广泛认可,得到较好的执行。② 高社会信任度与高社会福利制度之间构成良好的循环:社会信任度高,税收筹集阻力小,社会福利金冒领现象少,社会保障制度运行良好;社会保障制度运行良好,政府信守承诺,社会公众

---

① OECD. *Society at a Glance: OECD Social Indicators*-2011 *Edition*. Organization for Economic Cooperation and Development, 2011.

② Morrone A, Tontoranelli N, Ranuzzi G. How good is trust? Measuring trust and its role for the progress of societies. *OECD Statistics Working Paper*. Paris: OECD Publishing, 2009.

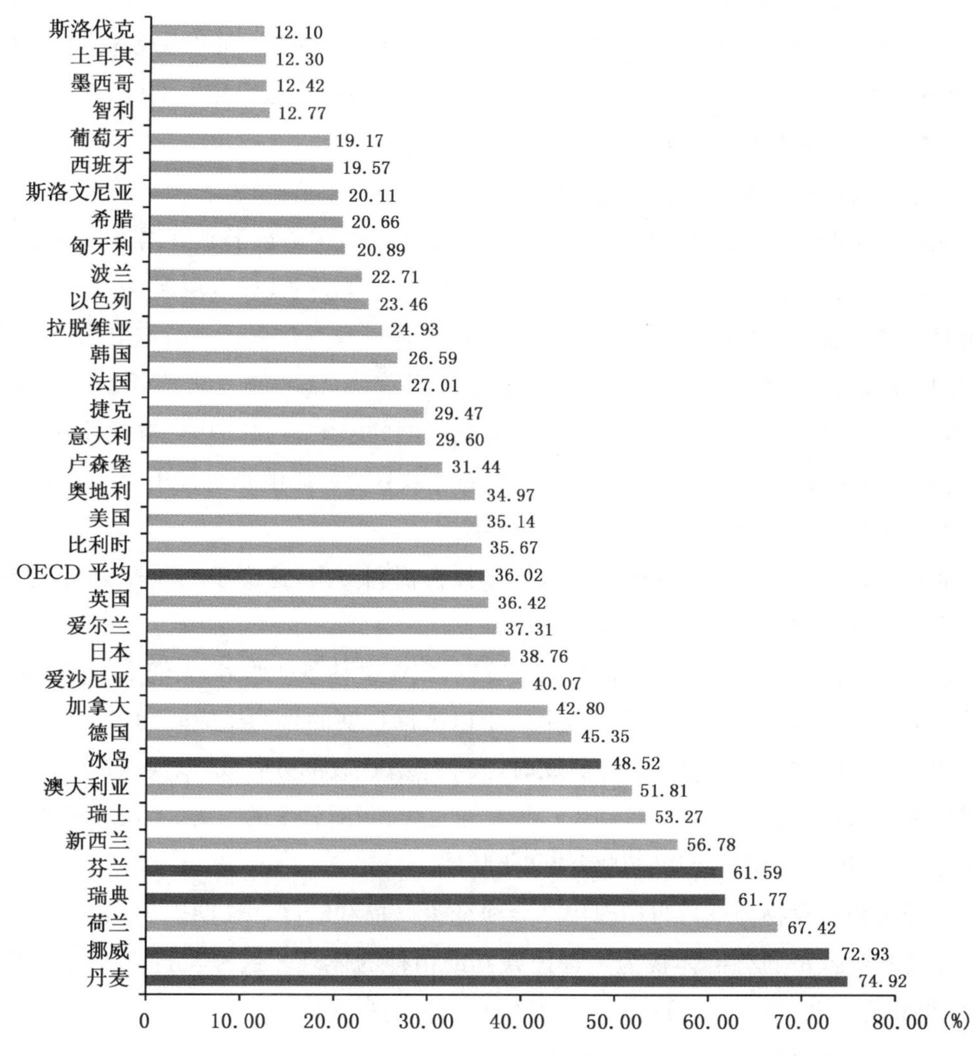

图 8.7　2014 年 OECD 成员国的社会信任排名

注：社会信任得分由高度信任他人的人口数量占被调查人口总数的比例乘以 100 计算得到。

资料来源：OECD. *Society at a Glance* 2016：*OECD Social Indicators*. Paris：OECD Publishing，2016.

的社会信任度进一步提高提升。

需要注意的是，一般而言，税负越高，逃税的动机越强烈，对政府管理水平的挑战也越大。在这方面，北欧国家表现出色：首先，北欧国家的政府管理能力较高。例如，联合国经济和社会事务部每两年对 193 个成员国的电子政务发展情况进行调查评估。根据《2018 联合国电子政务调查报告》，丹麦、瑞典、芬兰、挪威分别排名第 1、第 5、第 6 和第

14 位。其次,北欧政府掌握了非常完备的信息,在收入、就业等方面的检查较为便利。例如,自 2014 年起,16 周岁以上的挪威居民登录税务局网站后,可以实名查询纳税记录,每月限查 500 人,而被查询者也能看到是谁查看了自己最近一年的纳税数据。

(二)全社会在价值观上对高福利政策充分认同

1. 单一民族的社会结构更容易形成共识

无数的民调表明,北欧公众普遍支持高福利政策[①],这得益于北欧国家民族单一、语言相近、社会融合度高的特点。从民族构成来看,除了芬兰以外,瑞典、挪威、丹麦主要由日耳曼分支——"维京人"构成。从语言来看,除了芬兰语属于乌拉尔语系外,其他北欧国家的语言都属于日耳曼语族。历史上,冰岛在 1944 年独立之前长期受丹麦统治,而芬兰和挪威长期受瑞典统治。此外,北欧诸国的宗教信仰以基督教新教(路德教派)为主流教派,旧教的特权思想和等级观念对北欧社会的影响相对较小。

2. 对平等主义的追求有着悠久的历史传统

北欧人民支持国家将约四成的收入用于社会福利支出,这源于北欧社会长期以来对平等主义的追求以及对政府的高度信任。

历史上,北欧地区气候寒冷,极端天气频发,农业耕种条件恶劣,人们主要依靠狩猎和采集为生,这导致食物来源不稳定,个体难以确保长期的食物供应。为了生存,北欧人形成了强烈的群体互助意识。在收获时,人们愿意让渡部分收成,以换取在他人狩猎或采集成功时得以分享食物的权利。这种互通有无、共同分享的行为,不仅保障了群体的生存,还奠定了北欧社会互助共济的文化基础。

这种传统的食物分享行为在现代社会演变为高福利制度。长期以来,北欧人民将缴税支持政府救济弱势群体视为一种民族互助精神的体现。这种发自内心的互助文化,使得高税收和高福利政策得到了广泛的社会认同和支持。

(三)廉洁透明的政府有利于保障高福利政策的实施

在社会保障制度的执行过程中,高税收并未导致政府贪污腐败,也未引发社会福利政策的滥用。根据透明国际组织发布的 2021 年全球清廉指数(Corruption Perceptions Index),在 180 个国家和地区中,丹麦、芬兰和新西兰并列第一,挪威、瑞典和新加坡并列第四。这六个国家被公认为全球腐败程度最低的国家。北欧国家政府的廉洁性一方面得益于各级政府机关的分权制衡和健全的问责机制,另一方面则归功于政府运作相对透明,使得社会监督能够有效发挥作用。这种透明和问责机制确保了政府资金的使用效率,使得用于民生福祉的每一分钱都能发挥最大效用。

---

① Andersen J G, Pettersen P A, Svallfors S, et al. The legitimacy of the Nordic welfare states. In Kautto M, Matti H, Bjorn H, et al. *Nordic social policy: Changing welfare states*. London: Routledge, 1999.

二、北欧福利政策的实施效果

(一)社会贫富差距小

在北欧福利模式下，收入再分配的力度较大，取得了较好的调控效果。2016 年，芬兰、挪威、丹麦和瑞典四个国家的家庭可支配收入基尼系数分别为 0.259、0.262、0.263 和 0.282，远低于 OECD 成员国的平均水平(0.315)。这使得北欧四国居于全球贫富差距最小、社会最公平的国家之列。

北欧四国的经济高度开放，在全球化进程中不可避免地受到冲击。全球化既创造了成功者，也产生了失败者，通常更有利于资本所有者而非劳动者。面对这一挑战，北欧国家通过强有力的社会再分配机制和完善的社会保障政策，将全球化的冲击在成功者与失败者之间进行合理分担，从而有效减少了社会贫富分化。例如，北欧国家建立了较为完善的工资协商制度、积极的劳动力市场政策以及相对优厚的失业救济金制度，这些都是实现风险分担和社会公平的重要手段。

(二)高福利没有“养懒汉”

传统上，人们普遍认为北欧国家的高福利体制可能导致“养懒汉”现象，即工作和不工作的待遇相似，从而削弱了人们的工作积极性。然而，实际情况却与此相反，北欧国家的就业率非常高。以临近退休年龄的人群(55～64 岁)为例，表 8.8 显示，与 2000 年相比，2017 年北欧四国在男性和女性临近退休时的就业率均有所提升。除芬兰略低于平均水平外[①]，其他三个北欧国家的男性在临近退休时的就业率均高于 OECD 成员国的平均值。

从长期趋势来看，女性就业率是检验“福利”与“懒惰”关系的重要指标。因为在福利国家中，女性往往享有更多的福利待遇，例如，生育和抚养孩子时可以领取相应的福利补贴。如果女性倾向于“懒惰”，她们完全可以选择不工作。然而，数据显示，2017 年北欧四国临近退休年龄的女性(55～64 岁)就业率均超过 60%，远高于 OECD 成员国的平均水平。可以说，女性就业率的提升是 20 世纪北欧国家社会福利改革的主要成就之一。这表明高福利制度并未导致人们的工作积极性下降，北欧人并不“懒惰”。

北欧国家高就业率的一个重要原因是政府实施了积极的劳动力市场政策(active labor market policies，ALMPs)，将社会保障与劳动力市场政策有效结合，针对失业人员、残障人士等弱势群体进行大量投资，为他们创造工作岗位，并提供教育和培训，以提高其就业竞争力。此外，北欧社会相对平等，劳动者能够更多地追求自身兴趣，专注于

---

① 芬兰的退休年龄相对较低。在 2017 年之前，芬兰领取养老金的年龄是 63 岁。从 2017 年开站，芬兰领取养老金的年龄每年延迟 3 个月，直至提高到 65 岁。

工作本身，而非单纯追逐财富或承受压力。这种环境为创新发展提供了原动力。

表 8.8　　部分 OECD 成员国的就业率　　单位：%

国家	55～64 岁男性			55～64 岁女性		
	2000 年	2007 年	2017 年	2000 年	2007 年	2017 年
冰岛	94.24	89.64	88.39	74.38	80.03	78.40
瑞典	62.38	67.72	67.16	73.07	74.55	78.55
新西兰	67.93	80.66	84.36	46.07	63.23	72.45
爱沙尼亚	50.99	58.08	66.31	36.49	60.46	69.23
挪威	61.19	73.06	64.02	73.87	68.74	74.97
瑞士	76.97	76.37	78.59	50.10	58.06	65.75
德国	46.40	59.42	75.03	28.96	43.41	65.38
丹麦	46.56	64.15	52.94	64.94	65.18	72.75
芬兰	40.93	43.66	54.84	55.07	63.39	61.65
日本	78.40	81.49	84.99	47.92	51.25	61.87
英国	60.04	65.99	69.59	41.85	48.82	58.69
美国	65.67	67.41	68.37	50.57	56.60	57.10
法国	38.54	40.50	52.80	30.29	36.04	50.10
西班牙	55.23	59.63	57.78	20.08	30.19	43.55
意大利	40.88	45.02	62.81	15.31	22.95	42.29
希腊	55.22	59.09	49.58	24.30	27.00	28.01
OECD 平均	59.46	63.80	69.05	36.86	43.68	52.23

资料来源：OECD. *OECD Employment Outlook 2018*. Paris：OECD Publishing，2018.

北欧国家的失业保险金待遇丰厚，但并没有引致失业率的上升。2009 年，挪威、瑞典、丹麦和芬兰的失业金替代率分别是 67%、60%、55%和 54%，均高于 OECD 成员国的平均替代率（53%），但这四个国家 2010 年失业率分别为 3.575%、8.367%、7.450%和 8.383%，在 OECD 成员国中属于中低水平（见图 8.8）。反之，西班牙、希腊、爱尔兰等一些国家的失业金替代率较低，但失业率反而居于各国前列。可见，失业保险金待遇高，不一定会引致高失业率。

（三）社会保障政策的有序运行，可以促进社会公众消费，从而促进经济长期增长

有些人担心，社会保障政策具有消费性质，过度增加社会保障支出，过分强调公平，可能导致高税收、高负债和低储蓄，同时造成社会资源的严重浪费，削弱国民的积极进

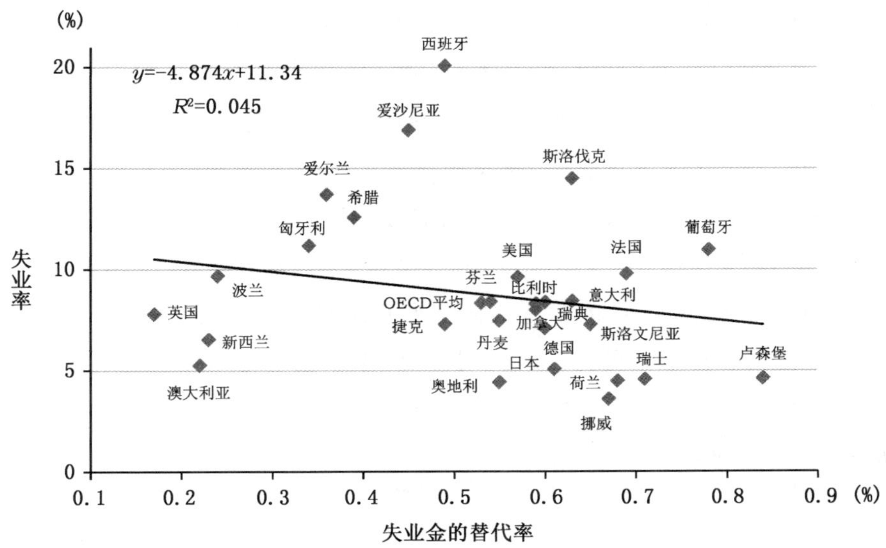

图 8.8　失业金替代率与失业率的相关性

资料来源：OECD. *OECD Employment Outlook* 2012. Paris：OECD Publishing，2012.

取精神，不利于效率提升，从而影响投资和经济增长。[①] 然而，事实表明，社会保障政策与经济增长是可以兼容的。巴奈特(Barnett)和布鲁克斯(Brooks)[②]、鲍尔达奇(Baldacci)等[③]的研究指出，增加养老和医疗卫生领域的公共支出对提升居民消费具有显著作用：第一，用于医疗卫生事业的公共支出每增加 1 元，城镇居民消费就会增加 2 元；第二，医疗卫生、教育和养老等领域的平均社会支出占 GDP 的比例每提高 1 个百分点，居民消费占 GDP 的比例就会上升 1.25 个百分点。

专栏 8.3　瑞典半数老年人感到孤独焦虑

2016 年 10 月，瑞典国家社会事务委员会发布了瑞典老年人年度社会调查报告。共有 135 085 名目前接受家庭护理或住在养老院的老人参与此项调查。大多数老年人对调查问卷的问题给予了正面的回答，但孤独和焦虑仍然是困扰老年人的主要问题。

① 李义平：《过高福利是经济发展的陷阱》，《人民日报》2015 年 8 月 11 日。

② Barnett S，Brooks R. China：Does government health and education spending boost consumption?. *IMF Working Paper* 10/16. Washington DC，2010.

③ Baldacci E，Callegari G，Coady D，et al. Public expenditures on social programs and household consumption in China. *IMF Working Paper* 10/69. Washington DC，2010.

瑞典国家社会事务委员会是隶属于瑞典社会事务部的国家行政机构，负责定期开展老年人护理相关的民意调查并发布报告。本年度的调查结果与往年基本一致，大多数老年人对护理服务表示满意。具体数据显示，在接受家庭护理的老年人中，78%的人表示能够轻松获得护理人员的帮助，82%的人认为护理人员能够始终完成护理工作，73%的人认为护理人员在大多数情况下都能胜任工作。此外，86%的老年人表示生活有安全感，仅有4%的人表示缺乏安全感。

然而，52%的老年人表示有不同程度的焦虑，其中43%为轻度焦虑，9%为严重焦虑。同时，58%的老年人感到孤独，其中15%的人经常感到孤独。瑞典国家社会事务委员会表示，这些调查结果将用于分析全国老年护理工作的现状，并为进一步改善护理服务提供依据。

第五节　社会民主主义福利模式面临的挑战

由于北欧福利模式被认为比欧洲其他福利模式更具普遍性和慷慨性，因而许多人担心其可持续性较差，会更早、更快地走向消亡。然而，事实不断证明，北欧福利模式也在积极调整和完善，努力适应经济发展和社会转型中的各种挑战。可以说，北欧福利模式在每个历史阶段的运作方式并不相同。近年来，北欧福利模式经历了一些转型，被批评"福利国家不再是目标，而是增强经济表现的手段"，偏离了"为福利而增长"的目标。①

展望未来，北欧福利模式仍面临许多新的挑战。

一、社会服务部门的劳动生产率较低，将占据越来越多的经济资源

从经济学的角度来看，社会服务部门劳动生产率的增长率通常低于物质生产部门。由于对社会服务的需求持续增长，而社会服务生产的相对成本总量趋于上升，因此，社会服务支出的增长率往往会超过GDP的增长率。这意味着政府的财政负担将逐渐加重。这一现象在经济学中被称为"鲍莫尔成本病"(Baumol's Cost Disease)，具体分析可参见专栏8.4《人工智能能够根治鲍莫尔病吗》。②

① （丹麦）克劳斯·彼得森：《为福利而增长还是为增长而福利？北欧国家经济发展和社会保障之间的动态关系》，陶冶译，《社会保障评论》2019年第3期。

② （丹麦）托本·M.安德森、（芬兰）本特·霍尔姆斯特朗、（芬兰）塞波·洪卡波希亚：《北欧模式：迎接全球化与共担风险》，陈振声、权达、解放译，社会科学文献出版社2014年版。

二、部分劳动者在各国间流动，进行福利“套利”

在北欧高福利国家，接受免费高等教育的人士在年轻时前往其他国家工作并在当地缴纳税收，退休后可以在当地领取养老金，同时还可以返回北欧国家，凭借其公民身份享受免费（或廉价）的医疗保健和老年看护福利。

三、大量移民进入以后，对福利体制形成新挑战

北欧社会以其高度的互信度和单一民族的凝聚力而著称，这种社会结构为社会保障制度的实施提供了坚实的基础。然而，自 20 世纪初以来，随着以难民和劳工为主的移民潮涌入，北欧国家面临着新的社会挑战。这些移民大多来自叙利亚、索马里、阿富汗、土耳其等饱受战乱之苦的国家。以瑞典为例，这个人口约 1 000 万的国家在 2012—2018 年接收了约 40 万名难民，其中 2015 年一年就接纳了 16.3 万名，成为欧洲人均接收难民最多的国家。

这些以难民为主的移民群体往往具有强烈的民族认同感，他们坚持自己的文化特色，通过民族聚居的方式保留着原有的生活习惯和方式，这使得他们难以融入北欧当地社会。多数移民生活在社会底层，由于教育、文化和习俗的差异，他们在就业市场上遭遇重重困难，面临着失业和贫困的威胁，不得不依赖政府的福利维持生计。这种状况不仅对国家经济造成了压力，还引发了部分极右翼分子的不满。

近年来，北欧国家开始实施一种二元制的移民政策[①]：一个非常严苛的系统试图让难民和非技术移民离开北欧国家，另一个非常友好的系统（低税率、快速通道等）试图吸引高技术移民。这种政策的实施，实际上导致了福利普遍主义原则的显著削弱。

四、北欧国家的就业率提升空间极为有限

北欧国家在过去半个世纪里，尽管面临人口老龄化的严峻挑战，却通过扩展公共部门的社会服务，显著提升了女性的劳动参与率，从而巧妙地缓解了劳动力短缺的问题，使得经济增长与高福利的双重目标的实现成为可能。然而，展望未来，由于劳动参与率已经处于较高水平，进一步提升的空间极为有限，因而使得北欧国家难以继续有效应对老龄化的挑战。

尽管北欧国家在 2008 年全球经济危机中的表现堪称典范，但迄今为止，效仿北欧社会保障政策的欧洲国家并不多。戴蒙德（Diamond）和洛奇（Lodge）指出，尽管社会投

---

① （丹麦）克劳斯・彼得森：《为福利而增长还是为增长而福利？北欧国家经济发展和社会保障之间的动态关系》，陶冶译，《社会保障评论》2019 年第 3 期。

资型社会保障政策具有诸多优势，但自金融危机以来，各国财政资金紧张，只能疲于应付各种被动的、消极型的养老金支出（如失业救济金、医疗保险等），而难以有足够的资金用于社会投资型的社会保障支出。[①] 此外，推广社会投资型社会保障政策的另一大障碍在于选民的短视性。这类政策需要大量的资金投入且见效缓慢，政治领导人可能因担心影响选举结果而不敢推行此类政策。

专栏 8.4 人工智能能够根治鲍莫尔病吗

1967 年，美国经济学家鲍莫尔（Baumol）构建了一个两部门非平衡增长模型，成功解释了 20 世纪主要经济体的产业结构变迁与经济增长趋势。鲍莫尔将宏观经济分为两个部门：进步部门（具有正劳动生产率增长率）和停滞部门（不存在劳动生产率增长率）。基于几个关键假设，他得出以下结论：

随着时间的推移，进步部门的单位产品成本将维持不变（这里指劳动力成本），而停滞部门的单位产品成本将不断上升，因此，如果消费者对停滞部门产品的需求不是完全无价格弹性的，那么停滞部门不断上升的单位产品成本将会促使消费者减少对该部门产品的需求，结果导致停滞部门不断萎缩并最终消失。而假设消费者对停滞部门产品的需求完全无价格弹性，那么虽然停滞部门的单位产品成本不断上升，但仍然会有劳动力不断向该部门流入，结果停滞部门不仅不会萎缩，反而会逐步吸纳大量劳动力。由于劳动力从进步部门向停滞部门转移，整个国家的经济增长速度将逐渐趋近于零。这一现象被称为鲍莫尔成本病与增长病，简称鲍莫尔病。

鲍莫尔进一步指出，进步部门主要是指制造业，停滞部门则是指服务业，包括教育、市政服务、表演艺术、餐饮和娱乐休闲等。他鲍莫尔以表演艺术为例指出：300 年前演奏莫扎特的四重奏需要四个人，300 年后演奏同样一首曲子仍然需要四个人，劳动生产率始终未发生变化。

然而，人工智能的出现和发展也许会彻底改变鲍莫尔病存在的基础。由于人工智能具备自我学习能力，甚至可以像人类一样分析、思考和判断，因而许多传统上只能由劳动力完成的工作如今或未来都可以通过人工智能高效完成。目前，人工智能已经在多个领域取得突破，例如人工智能记者、人工智能翻译、人工

① Diamond P, Lodge G. European welfare states after the crisis: Changing public attitudes. *Policy Network Paper*. Foundation for European progressive Studies, January 2013.

智能金融合同解析师、人工智能基金经理、无人驾驶汽车等。鲍莫尔当年所指的劳动生产率增长缓慢或停滞的行业，如教育、医疗、餐饮、表演艺术等，未来也可能由机器人来完成工作。

拓展阅读

丹麦的就业培训政策

世界经济论坛（又称“达沃斯论坛”）创始人克劳斯·施瓦布（Klaus Schwab）和彼得·万哈姆（Peter Vanham）在其合著的《利益相关者》一书中讲述了一个真实的故事：勒夫曼是全球领先的发动机制造商——哥本哈根曼恩能源方案公司的一名船舶设备技术员。作为一名汽修工的儿子，他从小就对汽车和发动机抱有浓厚的兴趣。在 18 岁面临职业选择时，他决定成为一名工业技术员。勒夫曼接受了 4 年的技术教育，其间还在一家小制造厂做学徒。这段经历让他在毕业后轻松地在曼恩公司找到了一份制造喷油泵的工作。然而，4 年后（2012 年），情况发生了变化。公司计划采购新机器，这些机器能将零部件的加工时间从 20 分钟缩短到五六分钟，并大幅减少质量控制中对人工的需求。尽管这种变化可能对勒夫曼不利，但他并未抵制，反而对新机器表现出极大的兴趣。与其他国家不同，丹麦的企业为员工提供了再培训的机会，帮助他们掌握新技能。以勒夫曼为例，公司将他派往德国比勒费尔德——新机器的制造地，并让他代表公司签署了协议。一个月后，德国公司派专家到哥本哈根，为勒夫曼和其他三名工人提供操作培训。勒夫曼的例子在丹麦十分典型。在丹麦，工人们并不担心失业问题，因为他们有接受再培训的机会。丹麦建立了一套行之有效的制度体系：如果工人失业，工会会在一两天内通过电子邮件或电话联系失业者，安排会面，了解具体情况，评估失业者是否需要提高技能，并查看附近是否有公司在招聘。丹麦在全国各地建立了许多学校，课程安排由雇主和员工共同决定。这些学校的设立旨在对劳动力进行再培训和再教育。

丹麦的员工与企业之间建立了一种建设性且相互信任的关系，这种关系正在为丹麦带来显著的回报。尽管丹麦已不再是“世界造船工厂”——这一地位已被韩国、日本、中国和土耳其的大型企业所取代，但它仍在为全球的新式和旧式轮船制造发动机。例如，勒夫曼所在的企业不仅制造最新式的轮船发动机，还在制造可追溯至 1861 年的古老发动机。尽管高工资使丹麦企业失去了成本优势，但员工的高生产力和积极的工作态度弥补了这一不足。

丹麦的制度对企业和员工都行之有效。两者之间存在一种“契约”：企业可以相对容易地解雇员工，但必须确保支付高工资、缴纳税费并提供再培训。然而，这种“弹性安全”模式并非没有代价，丹麦的个人所得税税率高达 52%。在 OECD 成员国中，丹麦在“积极的劳动力市场政策”方面的人均支出最高。该政策旨在帮助失业者重返劳动力市场，具有极强的包容性，覆盖大部分人口，不受年龄、性别、教育水平或就业状况的限制。

复习思考题

1. 您认为北欧高福利模式是经济高速发展的产物，还是经济高速发展的原因？

2. 本书前面的章节曾提到，全球化加速了资本与劳动力的流动。在这种情况下，如果一个国家对资本或劳动力征收高额税收，可能导致资本和劳动力外流，进而影响财政收入，最终使高福利政策难以持续。例如，宜家（IKEA）创始人英格瓦·坎普拉为了避税，曾从瑞典迁居丹麦，随后又移居瑞士，并在瑞典以外的国家定居长达 40 年。类似地，2006 年，挪威前首富弗雷德里克森放弃挪威国籍，通过投资购房的方式入籍塞浦路斯，以此规避巨额的所得税和遗产税。请问：北欧国家是如何解决这个难题的？

3. 本章的分析结论是，北欧国家的税收负担并非倚重于富人，而是来自社会各阶层人士的高税负。联合国于每年 3 月 20 日——国际幸福日（International Day of Happiness）前夕会发布《全球幸福报告》（*World Happiness Report*）。该报告不仅基于人民的主观幸福感（subjective well-being），还运用六大关键变量进行评分和排名：国民收入（inccme）、自由（freedom）、信任（trust）、预期寿命（healthy life expectancy）、社会支持（social support）与慷慨程度（generosity）。在 2018 年的排名中，北欧国家表现尤为突出，前五名中占据了前四席，分别为芬兰、挪威、丹麦和冰岛，瑞典则位列第九。此外，在近三年的排名中，北欧国家始终名列前茅。例如，2016 年最幸福国家之首为丹麦，2017 年则为挪威。照理说，高税负国家应该让人感觉痛苦才对，为什么会感到幸福呢？

4. 2021 年，北京、上海、浙江、重庆、青海、河北、安徽等多地相继修订了生育条例。其中许多省份将生育假在国家规定的 98 天基础上，由过去的延长 30 天增加到延长 60 天，也有省份延长至 90 天，并且增加育儿假。试结合国内外实践，谈谈生育假延长的利弊。

5. 在过去几十年中，北欧国家逐步增加了私营营利性的公共供应商，呈现一定程度的社会保障市场化趋势。这一趋势在家庭护理和老年服务领域尤为明显。有人担心，市场化会侵蚀北欧模式，将其转变为两级服务体系：富裕阶层选择私人医疗和护理服务，其他人则只能依赖公共服务。与此同时，职业养老金和个人养老金的发展速度较快，这可能进一步加剧社会分化。从长远来看，这些发展会破坏北欧国家普遍的社会福利原则，加剧不平等，并导致现有公共服务的质量下降。您认为这种趋势是否会导致两极分化？

第九章 法团主义福利模式

法团主义福利模式起源于19世纪80年代的德国，随后逐渐传播到周边国家，如法国、奥地利、比利时、卢森堡、荷兰和瑞士等。由于这些国家位于欧洲大陆的核心区域，因而法团主义福利模式也被称为“欧洲大陆福利模式”。巧合的是，西欧第一大河——莱茵河发源于瑞士的阿尔卑斯山脉，流经列支敦士登、奥地利、法国、德国和荷兰。因此，法团主义福利模式又被称为“莱茵模式”。根据艾斯平-安德森的分类，这一模式也被称为保守主义福利模式。

关于法团主义福利模式的范围，不同学者的观点存在一定差异：艾斯平-安德森将奥地利、比利时、法国、德国和意大利归入此类，而将荷兰归入社会民主主义福利国家。[①] 法国学者布吕诺·帕里耶则将奥地利、比利时、法国、德国和荷兰等国全部归属于这一模式。[②] 英国学者丹尼尔·克莱格进一步将法团主义福利模式的国家名单扩展到卢森堡和瑞士。[③] 为了简化分析，本书选择德国、法国、奥地利和比利时四国作为研究对象。

第一节 法团主义福利国家的经济与财政

德国、法国、比利时和奥地利均为经济发达国家，但它们在人口规模、国土面积以及政治体制上存在显著差异。德国和法国人口较多，国土面积较大，在欧盟中具有重要的政治和经济影响力；比利时和奥地利人口较少，国土面积较小，经济上对外依存度较高（见表9.1）。法国作为单一制国家，奉行中央集权主义；德国、奥地利和比利时均为联邦制国家，更强调合作主义。

---

① （丹麦）考斯塔·艾斯平-安德森：《福利资本主义的三个世界》，郑秉文译，法律出版社2003年版。

② Palier B. Continental western Europe. In *Oxford Handbook of the Welfare State*. Oxford: Oxford University Press, 2010.

③ Clegg D. Central European welfare states. In *Routledge Handbook of the Welfare State*. London: Routledge, 2018.

表 9.1　　2023 年四个法团主义福利国家的基本情况

国家	领土面积 （万平方公里）	人口 （万人）	人均 GDP （美元）
德国	35.8	8 454.8	54 343.2
法国	64.4	6 643.9	44 690.9
比利时	3.1	1 171.3	54 700.9
奥地利	8.4	913.0	56 033.6

注：人均 GDP 数据为世界银行公布的 2023 年以现价美元计算的数值。

资料来源：世界银行网站（https://data.worldbank.org/）。

一、四国的经济实力较强

德国作为高度发达的工业国，不仅是世界第三大经济体，还是欧盟内人口规模和经济总量的领头羊。尽管德国自然资源相对匮乏，原材料和能源供应主要依赖进口，但其经济发展与全球市场紧密相连，出口收入占经济总量的一半，与中国、美国并列为全球三大出口国。德国以其强大的制造业闻名于世，经济体系完整且门类齐全。汽车及配件、机械设备制造、电子电气、化学及制药工业是其四大支柱产业，在全球市场中占据领先地位。值得一提的是，德国经济的核心是中小规模企业，这些企业占企业总数的 99%，提供了超过一半的工作岗位。其中，德国的“隐形冠军”企业数量超过 1 300 家，几乎占据全球“隐形冠军”企业的半壁江山。1999 年欧元区的建立为德国经济带来了新的机遇。统一的欧盟大市场消除了汇率壁垒，使得经济相对弱小的国家无法再通过汇率手段阻挡德国工业品的进入，“德国制造”得以迅速占领欧盟内部市场，进一步增强了德国经济的竞争力。与此同时，其他成员国因经济增长缓慢导致欧元贬值，反而提高了德国产品在全球市场的价格竞争力。这种双重效应使得德国在全球经济中的地位更加稳固。

法国是世界第七大经济体、欧盟面积最大的国家，同时也是欧盟第一大农业生产国。其产业体系发达且均衡，农业、工业、文化产业和旅游业均表现突出，在核电、航空航天、轨道交通以及奢侈品等行业居世界领先地位。法国人口数量在欧盟各国中排名第二，仅次于德国。表 9.1 显示，2023 年法国人均 GDP 在四国中排名最后，略低于 OECD 平均水平（46 724 美元）。同年，法国有 24 家企业入选全球财富 500 强，排名在中、美、日、德之后。这些大型企业涵盖了电力、能源、银行、时尚奢侈品、保险、航空等多个行业领域，充分展现了法国在多元领域的综合实力。在经济政策上，法国实行国家资本主义(state capitalism)。[①] 第二次世界大战后,为了在工业化上追赶英国和德国,并快速提升企业的国际竞争力,法国通过国有化建立了一整套工业体系,覆盖汽车、煤炭、石油、电信、能源、电力等领域。尽管近几十年来法国推动了几次国有企业私有化运动,但目前仍是西方国家中国有经济占比最高的国家。法国电力(EDF)、安吉集团(ENGIE)、法国电信(Orange)、法国国营铁路集团(SNCF GROUP)、法国邮政(LA POSTE)等国有企业的资产规模和营业收入均位居法国企业前列。

比利时是一个经济发达、人口稠密的国家,尽管自然资源相对匮乏,但其经济高度依赖对外贸易,80%的原材料依赖进口,50%以上的工业产品用于出口。比利时拥有完善的工业体系以及发达的港口、运河、铁路和公路等基础设施。首都布鲁塞尔不仅是比利时的政治和经济中心,还是欧盟和北大西洋公约组织(NATO)等大型国际组织的总部所在地,有"欧洲首都"之称。与欧洲其他国家不同,比利时的历史相对较短,曾先后被西班牙、奥地利和法国统治。1815 年,比利时被并入荷兰,直到 1830 年 10 月才宣告独立。复杂的历史背景使比利时形成了多元的语言和文化结构。官方语言包括荷兰语、法语和德语,全国分为荷兰语区和法语区。

奥地利也属于经济发达国家,在金融业和旅游业等服务业领域有较强竞争力。奥地利的工业部门技术先进,注重创新,主要面向国际市场。奥地利与德国、中东欧国家经济联系密切:德国是奥地利最大的贸易和投资伙伴;中东欧国家则是奥地利的重要出口市场,同时也是其大量投资和贷款的目的地。奥地利与德国有着深厚的历史渊源。两国的官方语言均为德语,日耳曼人是两国的主要民族。在 1866 年之前,奥地利和德国在形式上是统一的,其前身为神圣罗马帝国和德意志联邦的一部分。然而,1871 年普鲁士主导的德意志联邦统一将奥地利排除在外,德奥从此成为两个独立的国家。1938 年,纳粹德国吞并了奥地利。直到第二次世界大战后,奥地利才重新成为主权独立的国家。

需要指出的是,尽管欧洲大陆国家经济发达,但近年来经济增长乏力,其中一个重要原因是这些国家仍以传统产业政策为主导。这些政策侧重于对大型企业的资助,而忽视了对新技术研发的投入,导致创新创业氛围相对薄弱。在互联网、人工智能、生物技术等前沿科技领域,欧洲明显落后于美国和中国。

二、德国和奥地利的经济政策较为保守,政府债务率较低

如图 9.1 所示,2020 年法国、比利时、奥地利、德国四国政府债务余额占 GDP 比重分别为 116.06%、104.02%、80.37%和 65.26%,存在显著差异。其中,德国长期秉持财政保

① (美)薇安·A. 施密特:《欧洲资本主义的未来》,薛彦平译,社会科学文献出版社 2010 年版。

守主义理念,政府债务控制成效最为突出;奥地利同样采取审慎财政政策,与丹麦、瑞典、荷兰并称“节俭四国”(Frugal Four),在欧盟财政政策讨论中一贯反对扩张性提案。法国和德国在应对2010年欧元区主权债务危机时政策取向差异明显:德国主张债务国通过财政紧缩实现自我调整,反对直接救助;法国则倾向于提供援助以缓解危机冲击。

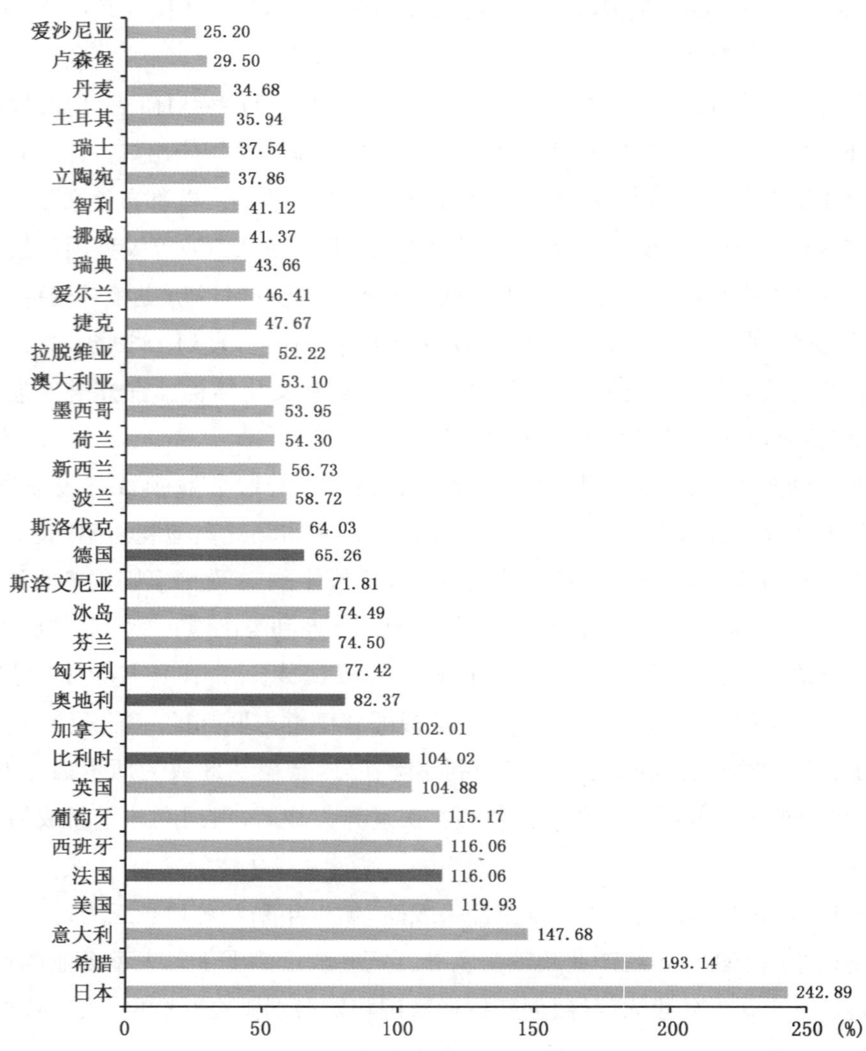

图9.1　2020年OECD成员国政府债务余额占GDP的比重

资料来源:OECD. *Government at a Glance 2023*. Paris:OECD Publishing,2023.

为控制债务规模、防范债务风险,德国于2009年修改宪法《基本法》,引入“债务刹车”机制,并于2011年起正式实施。根据该规定,自2016年起,联邦政府新增净债务不得超过GDP的0.35%;自2020年起,各联邦州则被完全禁止新增债务。得益于这一政策，德国公共债务占 GDP 的比重从 2010 年的 81.8%降至 2019 年底的 55.3%，连续 7 年下降，达到了《马斯特里赫特条约》的财政纪律标准。

然而，严格的债务控制也带来了一定的负面影响。德国的基础设施投资长期不足，现有的基础设施缺乏维护，数字基础设施更是乏善可陈，例如，其网速在 OECD 成员国中排名靠后。在德国，谨慎举债的不仅仅是政府，非金融企业和居民也同样保守。2019 年底，德国宏观杠杆率仅为 180.6%，不仅比主要发达国家平均水平低 70 个百分点以上，甚至低于新兴经济体的平均水平。[①] 德语中的“债务”(schuld)一词同时指代“罪责”或“罪孽”，在一定程度上可以理解成德国文化倾向于将举债视为一种罪责，从而对各类主体的举债行为产生心理约束。

三、收入分配差距较小

根据表 9.2 所示的 2021 年各种福利国家的基尼系数数据，按贫富差距从大到小排序，各国类型依次为：自由主义福利国家、南欧国家、法团主义福利国家和社会民主主义福利国家。其中，法团主义福利国家的收入分配差距较小，主要原因包括：第一，工会组织影响力较大，能够通过劳资协商为劳动者争取更高的工资水平；第二，通过完善的教育体系和职业培训，提高员工技能，从而带动薪酬增长；第三，企业以商业银行贷款为主要融资方式，与银行形成长期合作关系，增强抗风险能力，避免因经济波动频繁裁员或扩招；第四，选举产生的员工代表能够参与公司重大决策，在就业保护方面拥有较强话语权；第五，企业与银行注重长期稳定发展，以渐进式创新为主。相比之下，在自由主义福利模式下，风险资本与资本市场提供了更大的创新激励，以激进式创新为主，可能催生短期暴富现象。

表 9.2　　2021 年各种福利国家的基尼系数

法团主义福利国家	基尼系数	社会民主主义福利国家	基尼系数	南欧国家	基尼系数	自由主义福利国家	基尼系数
比利时	0.256	丹麦	0.268	希腊	0.312	英国	0.354
法国	0.298	芬兰	0.273	葡萄牙	0.313	美国	0.395
德国	0.303	挪威	0.285	意大利	0.330	澳大利亚	0.318
奥地利	0.281	瑞典	0.286	西班牙	0.320	加拿大	0.292
平均值	0.284		0.278		0.319		0.340

资料来源：OECD. *Society at a Glance 2024*：*OECD Social Indicators*. Paris：OECD Publishing，2024.

---

① 张晓朴、朱鸿鸣等：《金融的谜题：德国金融体系比较研究》，中信出版集团 2021 年版。

根据艾斯平-安德森的研究，按福利阶层化程度从高到低排列，依次是自由主义福利国家、法团主义福利国家和社会民主主义福利国家。法团主义福利体制的阶层固化现象较为突出，主要体现在以下三个方面[①]：

一是职业群体阶层固化。公务员享有独立且待遇较高的养老保险计划。税务顾问、律师、公证员、兽医、药剂师和审计师等专业人员只要成为相关职业协会的成员，就自动成为这类职业养老基金的参保人，而不再参加德国法定养老保险。

二是高收入阶层固化。法定养老保险的参保人在缴费时有最高和最低缴费基数的限制（随着收入的增加，参保人的缴费负担是累退的），且缴费基数、缴费年限等均与养老金待遇直接挂钩，保护了高收入者，弱化了社会保险的收入再分配功能。

三是性别阶层固化。德国的个人所得税政策将家庭作为申报单位，夫妻收入加总以后联合报税。一对夫妇结婚以后，由个人申报转成夫妇双方联合申报，往往可以少缴纳税收。当家庭有了孩子以后，夫妇会选择由其中收入低的一方留在家里照顾小孩。这时往往是妻子选择留守在家。在小孩上小学以后，妻子开始重回职场，但由于职业生涯中断多年，竞争力较弱，因而重回职场以后的工资收入较低。这时如果夫妻离婚，则妻子陷入贫困的风险显著增加。此外，个人所得税的税收优惠仅针对已婚家庭，而单亲母亲虽需承担更高的抚养成本，却无法享受税收优惠。

四、以协调市场经济为导向，提倡社会各方协商

2001年，彼得·霍尔（Peter Hall）与大卫·索斯凯斯（David Soskice）在资本主义多样性研究领域做出了开创性贡献。他们根据各国在劳资关系、职业培训与教育、金融与公司治理、企业间关系和员工协调等方面制度安排的差异，将发达资本主义国家的市场经济分为两大类型：自由市场经济（Liberal Market Economies，LME）和协调市场经济（Coordinated Market Economies，CME）。美国、英国、澳大利亚、加拿大、新西兰、爱尔兰等英语系国家被归为自由市场经济体；德国、瑞士、荷兰、比利时、瑞典、挪威、丹麦、芬兰和奥地利被归为协调市场经济体；而法国、意大利、西班牙、葡萄牙、希腊和土耳其等国处于比较模糊的位置。[②] 亚洲的日本在制造业、出口、银企关系等方面与德国非常类似，因此也常常被归为协调市场经济体。[③]

德国是协调市场经济的典型代表，但其国内将这一模式称为“社会市场经济制度”。

---

① （德）亚历山大·彼得林等：《社会福利国家与社会民主主义》，董勤文、黄卫红译，格致出版社2021年版。

② （美）彼得·A.霍尔、（美）戴维·索斯凯斯等：《资本主义的多样性——比较优势的制度基础》，王新荣译，中国人民大学出版社2017年版。

③ （英）罗纳德·多尔：《股票资本主义：福利资本主义：英美模式vs.日德模式》，李岩、李晓桦译，社会科学文献出版社2002年版。

该制度源于 20 世纪 40 年代末弗莱堡学派（The Freiburg School）的主张，学派名称来自其核心成员在德国弗莱堡大学任教的背景。弗莱堡学派的核心理论强调，应以个人自由、经济效率和社会公平为目标，构建一套可实际运行的竞争体制。在这一体制下，决策权分散，个人、社会团体及利益集团通过竞争实现自身目标和利益，而国家的职责在于制定规则与标准，并监督参与者严格遵守竞争秩序。1947 年，经济学家阿尔弗雷德·缪勒-阿尔马克（Alfred Müller-Armack）首次提出“社会市场经济”理念，后被战后德国首任经济部长路德维希·艾哈德（Ludwig Erhard）采纳，成为德国经济政策的基石。

（一）协调市场经济的历史渊源

1. 协调市场经济是后发追赶型国家的经济策略

协调市场经济的出现，在很大程度上是德国、日本等后发追赶型国家采取的一种发展策略。当国家在经济竞争中处于落后地位时，政府、企业、工会等主体通过协同合作形成合力，以实现技术突破和产业赶超。欧洲空中客车公司（以下简称空客公司）的崛起便是典型案例。航空制造业作为典型的知识密集型产业，具有研发投入高、周期长的特点。1970 年，欧洲主要国家联合启动名为“空中客车”的大型客机项目，试图集多国之力扭转欧洲民航工业的竞争颓势。在初期阶段，英、法、德三国通过财政补贴支撑空客公司度过了持续 20 年的财务亏损期，使其能够专注于机型研发；同时，各国政府通过承诺采购和外交渠道推动其国际市场拓展。空客公司于 1996 年首次实现盈利，逐步形成研发、生产与销售的良性循环。从 1970 年至 2020 年，空客公司用半个世纪的时间，全面撼动了美国在大型商用飞机制造领域的霸权地位，重塑了全球民航工业的竞争格局。[①]

虽然大量文献认为，协调市场经济是德国政府在第二次世界大战后采取的经济制度，但其实这一制度背后的理念在于德国历史悠久。在英、法轰轰烈烈开展工业革命时，德意志民族仍处于邦国林立的封建分裂割据状态，是一个落后的农业社会，封建农奴制尚未废除，工场手工业和零散的小手工作坊在工业中占据主要地位。当时，德国在经济上不仅落后于英国，还逊色于法国、荷兰等邻国。1871 年，在“铁血宰相”俾斯麦的领导下，德国完成了政治统一。随后，开明君主和容克地主阶级通过自上而下的改革，在列强竞争的压力下，以国家资本主义的形式走上了工业化和现代化道路。这是一条不同于英国也不同于法国的现代化之路。此时，德国的民族主义强调个体对民族利益的服从与牺牲，使社会凝聚为一体。

① 李巍、张梦琨：《空客崛起的政治基础——技术整合、市场拓展与战略性企业的成长》，《世界经济与政治》2021 年第 11 期。

在当时，英国是技术创新前沿国家，工业化模式总体上是渐进的。德国经济相对落后，具有后发优势，可以通过学习借鉴或利用英国技术的扩散效应来加速技术进步、工业化和经济增长。相对而言，英国的企业发展早，技术先进，利润可观，内源融资能力强，对长期性外源融资的需求并不迫切。而德国在相对落后的背景下快速推进工业化，产生了大规模资金需求，而企业无法通过先期自我积累满足这一需求，此时就需要政府、银行和企业一起协调，由银行提供长期性大规模资金，这就产生了"协调市场经济"的雏形。压缩式工业化催生长期融资银行的现象不仅发生在德国，还发生在同一时期作为后发国家的法国、比利时、奥地利等国。实际上，19 世纪 50 年代成立的以提供长期信贷为目的的法国动产信贷银行，就是德国大银行的先驱和榜样。

在社会政策上，当时德国作为新兴资本主义国家，资产阶级不够强大，只能依靠国家干预实行强制性的社会保障制度来解决劳资矛盾，社会保障制度是在方兴未艾的资本主义经济体系中维系传统社会关系的方法，是把个体整合成一个有机整体的手段，是保护社会免受个性化和市场竞争的冲击、排除阶级对抗的工具。[①]

2. 协调市场经济的出现与天主教流行有关

天主教在欧洲大陆国家具有广泛影响力。法国、比利时和奥地利等国的居民大多信奉天主教。由于历史原因，德国的情况较为特殊：前民主德国地区的无宗教信仰者比例较高；前联邦德国地区则以基督教信徒为主，其中天主教徒人数略多于新教徒。

天主教教义一方面强调和谐与社会的统一（unified society），主张社会应统一于爱和公正，这与"协调市场经济"的理念相吻合；另一方面对政府和市场过多干预私人部门持不信任和反对态度，更加强调家庭责任和宗教慈善机构的作用。正如凯斯·范·克斯伯根（Kees van Kersbergen）所指出的，天主教社会教义在塑造新兴欧洲基督教民主党处理社会问题的方法方面发挥了关键作用，这些政党后来成为 20 世纪欧洲大陆福利制度扩张的驱动力之一。[②] 基督教民主党在社会政策上特别强调尽量不依赖组织化的国家力量来帮助贫困群体，而应由个人和社群承担更多责任，鼓励民众的自助与自治。这一理念成功吸引了大量右翼保守选民的支持。

（二）协调市场经济的主要特点

在协调市场经济中，政府重视协调与整合问题，即如何将社会冲突转化为秩序。[③] 政府通过促进利益集团之间的有序互动，并发挥国家权威的组织作用，集体保障了个体交易的安全与预期稳定，降低了信息成本，为个体提供了心理归属感和共同认同。由

---

① （丹麦）考斯塔·艾斯平-安德森：《福利资本主义的三个世界》，郑秉文译，法律出版社 2003 年版。

② Kersbergen K. *Social Capitalism*: *A Study of Christian Democracy and the Welfare State*. London: Routledge, 1995.

③ 张静：《法团主义》，中国社会科学出版社 2008 年版。

此，社会不同利益得以有序集中、传输、协调和组织，并以各方认可的方式纳入体制，从而使决策过程有效吸收社会需求，将社会冲突控制在秩序可承受的范围内。

协调市场经济是一种介于自由市场经济和集中管理经济之间的混合体制，其核心在于将市场自由与社会平衡相结合。它依赖市场对经济过程进行基础性协调，但当市场运行产生不符合社会期望或不合理的结果时，国家会实施纠正性干预。然而，这种干预必须遵循市场规则，避免破坏市场机制本身。

协调市场经济不同于多元主义。尽管两者都依托不同的利益代表机制来应对日益增长的结构分化和利益分化，但它们提供的体制设计存在差异。多元主义强调自发形成、广泛参与和充分竞争；协调市场经济则强调控制、数量限制、分层处理和共容互赖。前者认为，社会力量的自由竞争有助于体制平衡；后者则主张，建立以国家为中心、以团体为中介的协调关系，能够防止失衡，实现理性的秩序目标。

在协调市场经济中，政府已在一定程度上吸纳了工会、雇主协会等组织，使其能够合法参与政府决策，从而促进国家与社会之间的制度化"交织"，而非仅仅在体制外进行抗议。例如，在自由市场经济下，企业股东对自身利益的维护常常引发劳资冲突，其短期利益导向甚至可能损害资本主义发展的长期动力。典型表现是，资方往往倾向于削减劳工培训成本，这种做法虽有利于企业短期盈利，却对国家经济的长期发展有害。相比之下，在德国等协调市场经济体中，通过劳资协商，劳动者工资增长保持在合理水平——劳动者放弃短期利益（如立即大幅加薪），转而追求长期利益（如就业保障和渐进式薪酬提升），最终使企业获得更强的国际竞争力，实现劳资双方的长期互利。

在协调市场经济中，行业协会、雇主协会、工会等社团的组织与运作受到国家支持。这些团体通过国家认可获得物质资源和象征性权威，并借此巩固自身地位，因而具有半公共性质。行业协会具有一定的垄断性，某些行业甚至强制要求企业加入协会。在国家协调下，各社团围绕涉及自身利益的公共政策议题展开集体协商，其协商结果具有法律约束力。同时，这些半公共社团还承担社会福利供给和行政管理的职能，从而有效控制公共部门规模。例如，德国标准化学会（Deutsches Institut für Normung，DIN）作为非政府组织，下设 78 个标准委员会，管理超过 28 000 项产品标准，并负责德国与国际标准化组织之间的协调事务。而在自由市场经济下，跨行业的工会总会较为少见，工会主要存在于某些行业或企业，其往往将工会成员利益置于公共利益之上，容易引发过激的对抗和冲突。政府机构中未设立利益团体的正式代表职位，团体只能通过游说议员间接影响决策。尽管工会成员可能受邀参加某些政府会议，但其代表并非由工会自主选派，而是由政府单方面决定。

表 9.3 从基本理念、金融与公司治理、企业间关系、融资市场特征、劳资关系以及职业培训与教育这几个方面，将自由市场经济和协调市场经济进行对比，并描述各自的特点。

表 9.3　　自由市场经济与协调市场经济的主要差异

类型	自由市场经济	协调市场经济
基本理念	强调市场“自由竞争”价值。	社会问题并非个体自由不足造成，而是组织化不足造成的。
金融与公司治理	企业与其他经济主体之间是基于竞争和正式契约的、以保持距离型的商品交换为特征的市场关系。企业根据市场所产生的价格信号，调整其供给和需求，市场机制（主要是价格机制）可以有效协调各经济主体的行为。	企业更多地通过行业协会、雇主协会、工会等非市场关系来协调自身行为，并实现与其他经济主体的互动。这种非市场的协调模式意味着企业更加依赖关系或不完全契约开展合作，以及基于“圈子”内部的私人信息进行监督，更加依赖合作性关系而非竞争性关系来提升竞争力。
企业间关系	企业行为通常是对竞争性市场的供给和需求的反映。企业间的合作关系受到严格的反垄断法约束。这些法律旨在防止企业串谋控制价格或市场。企业通过收购和兼并活动获得技术。技术扩散还来自劳动力在企业间的流动。技术标准往往在竞争中产生，由行业龙头企业主导制定。标准持有者通过技术许可授权机制获得利益回报。	企业间存在稠密的关系网络，鼓励形成差异化的公司战略，避免激烈的市场竞争。通过行业协会协商，促进技术扩散。行业协会协调各方，达成对新技术标准的共识。
融资市场特征	以资本市场为主，关注短期利益和股市价格，投资者不参与企业的具体管理。	以商业银行为主，追求长期投资回报，并且对风险有较高承受力（耐心资本）；银行与企业关系密切，并可能参与企业决策。
劳资关系	解雇容易；对工资的集体协商较少；雇员更多地通过跳槽实现个人价值。	解雇难；工人参与企业决策；工资通过集体协商决定。
职业培训与教育	劳动力流动性强，培养通用技能或全面技能。由于员工流动性大，因而员工更关心自身的职业生涯，而非企业成功。	劳动力流动性弱，培养行业或企业专用性技能。由于员工福利较好，加上解雇难度大，因而员工有更强的归属感和忠诚度，愿意学习专用性技能，并在一家企业长期工作。
相对优势	产生突破性创新的可能性较大。经过市场竞争，产品往往具有价格优势。	产生渐进性创新的可能性较大。经过企业与员工长期合作，产品往往具有质量优势。

资料来源：May C，Mertens D，Nölke A，et al. *Political Economy*：*Comparative*，*International*，*and Historical Perspectives*. Berlin：Springer Nature，2024.

（三）协调市场经济与大陆法系

现代法系一般分为两大类型：以英美为代表的英美法系（又称普通法系）和以法德为代表的大陆法系。英美法系具有判例传统，判例法为其正式法律渊源，上级法院的判例对下级法院在审理类似案件时有约束力。而大陆法系具有制定法的传统，制定法为其主要法律渊源，判例一般不被作为正式法律渊源。普通法系的经验主义者认为，自由是一个自发的、有机的、非强制性的、不断试错的缓慢发展过程；大陆法系的理性主义者认为，自由必须通过追求和获得一个绝对的社会目的来实现，故主张教条式的周全规划，以求得一个强制性的且唯一有效的模式。总体而言，普通法系国家较少干预市场，大陆法系国家较多干预市场。[①] 协调市场经济与大陆法系互为支撑。

五、德国具有独特的公司治理结构

德国具有独特的公司治理结构，使得雇员能够有效参与经营管理，尤其对涉及雇佣权益的公司决策享有较大发言权。德国公司最重要的决策机构是“监事会”(supervisory board)。与英美模式不同，德国实行双层委员会制，其公司治理架构由股东会、监事会和董事会组成：股东会下设监事会，监事会再下设董事会。在职能上，德国的监事会相当于英美国家的董事会。雇员在监事会中的代表性受法律保障。员工人数超过 500 人的有限责任公司原则上必须设立监事会。若员工规模为 500～2 000 人，则监事会成员的 1/3 须由员工代表担任，其余 2/3 由股东选任；而员工超过 2 000 人的公司，员工代表可占据监事会半数席位。

此外，企业劳资关系通常由“劳资联合委员会”(works councils)协调。该委员会由员工选举产生，根据德国法律，雇用超过 5 名员工的企业，若员工提出要求并通过选举程序，则雇主必须成立劳资联合委员会。该委员会具有广泛的影响力，其职责涵盖监督劳动法落实、维护劳工权益、招聘新员工、妥善终止合同，甚至决定办公室布局等。委员会规模与企业员工数量成正比，且其成员并非一定要包括工会代表——即使在没有工会的企业中，劳资联合委员会也普遍存在。得益于这些制度安排，德国企业管理方难以随意解雇工人，从而大幅降低了劳动力流动率。同时，这种结构也形成了一种激励机制，促使管理方更加重视雇员培训投入。

专栏 9.1　德国的短时工作制

短时工作制(kurzarbeit)是指在经济大萧条期间，雇员同意雇主大幅减少工作时间和薪酬，但仍保留工作岗位，而减少的薪资部分由政府补助。虽然该制度已存在超过百年，但直到 2008 年全球金融危机时，这一纾困方案才真正获得国际关注。

相比直接解雇，短时工作制的优势在于：避免大规模失业及其引发的个人债务违约，减少经济冲击从实体经济向金融体系的传导；企业可降低因经济波动而产生的反复招聘和培训成本，同时，求职者免去重新寻找工作和适应新环境的麻烦，从而提高人力资源市场的整体效率。研究表明，2008 年金融危机后，德国企业之所以能抢占美国企业在亚洲的市场份额，短时工作制发挥了关键作用。

---

① 缪因知：《国家干预的法系差异——以证券市场为重心的考察》，《法商研究》2012 年第 1 期。

从法律层面来讲，在短时工作制下，雇员和雇主的雇佣关系依然存续，并非暂停或者终止，即使工作时间缩减至零，劳动合同依然有效。从救济层面来讲，在短时工作制下，雇主按雇员的实际工作时间支付相应的工资，同时企业向政府申请，由政府对减少的薪资部分给予补助。同时，社保缴纳不受影响。此外，在短时工作期间，员工处于随时待命的状态，企业可根据业务情况随时调整或终止短时工作安排。

举个例子，某雇员的税前工资为每月 4 000 欧元，税后工资为每月 2 486 欧元。雇员不幸被缩短 50％的工时后，雇主只负责税前 2 000 欧元的工资部分，此部分工资的税后金额为 1 416 欧元，德国政府将承担净收入损失的 60％，即 642 欧元[(2 486－1 416)×60％]。因此，在实行短时工作制后，雇员每月到手的工资总额为 2 058 欧元，实际减少了约 17％。如果家中有小孩需要抚养，政府补助比例就可以从 60％增加到 67％。

从历史上来看，德国短时工作制的几次应用高峰均与经济动荡相伴而生，如 20 世纪 70 年代的两次石油危机和 2008 年金融危机。但与 2020 年新冠疫情相比，此前规模可谓相形见绌。2020 年 4 月，申请短时工作津贴的人数创纪录地突破 800 万(德国总人口约 8 300 万)，而 2009 年 5 月的申请人数仅为 110 余万。

然而，有学者指出该制度存在社会保障二元化问题：仅在岗员工能维持就业保障，而失业者和求职者无法享受这一政策红利。

第二节　法团主义福利模式的特点及其影响

法团主义福利模式以就业者的经济保障为核心，以社会保险为主体，具有高缴费、高保障的特点。由于历史原因，该模式下的社会保险制度和经办机构存在碎片化的问题，整合难度较大。

一、社会保障支出比重较高

2016 年，德国、法国、比利时和奥地利等法团主义福利国家的社会保障支出占 GDP 比重分别为 31.55％、29.00％、27.79％和 21.80％，均高于 OECD 成员国的平均水平(21.05％)。法国的社会保障支出占比位居 OECD 成员国第一名，高于所有北欧高福利国家。法团主义福利国家社会保障支出占比较高的原因在于：一是社会保障覆盖面广、待遇高；二是人口老龄化程度较深且失业率较高，共同推动了社会保障支出的刚性增长。

在法团主义模式下，政府提供的养老待遇、医疗保障水平都比较高，在一定程度上挤占了私人保险市场的发展。

二、社会保障筹资与给付基于工作贡献

（一）社会保障资金来源以社会保险税为主

在社会保障总支出中，法团主义福利国家的社会保险支出占比较高，是其社会保障体系最重要的组成部分。社会保险的筹资机制以社会保险税为主（以工资薪金为基数，由雇主和雇员按一定费率共同缴纳），政府补贴为辅。法团主义福利国家的社会保险支出规模庞大，且社会保险税的税基相对较窄，导致劳动力要素的税负较重。[①] 此外，由于社会保险税通常设有缴费上限，不对高收入部分征税，因而使得社会保险税具有一定的累退效应。

（二）社会保障待遇的给付基于工作贡献

总体来讲，法团主义福利国家的社会保险缴费率高，社会保障待遇好，但其目的在于安全与稳定，而不是平等。

在法团主义福利体制中，社会保障权利源于就业期间的工作贡献。根据德国的“等价原则”（税收被视为提供公共产品的价格），通常贡献越大，待遇越高。[②] 劳动力市场的职业和地位差异在很大程度上体现在公民在患病、失业或退休等重大生命历程事件中所能获得的社会保障待遇上，或者说政府通过社会保障的差别化待遇来奖励不同就业者在劳动力市场中的表现，使得社会保障制度成为劳动力市场的附属物。因此，这一类型的社会保障制度通常被称为工业经济的“婢女”（handmaidens of the industrial economy）。[③]

从养老金替代率、失业金替代率等指标来看，法团主义福利国家的社会保障待遇高于社会民主主义福利国家，更远高于自由主义福利国家。此外，法团主义福利国家的失业金领取期限较长，这在一定程度上鼓励个人投资于工业雇主所需的特定且不可转移的技能，尽管这类投资原本具有较高风险。[④]

三、社会保障政策与男性养家的家庭模式相匹配

辅助性原则（principle of subsidiarity）是法团主义福利国家的典型特征，即福利供

---

① Greve B. *Routledge Handbook of the Welfare State*. London：Routledge，2018.

② （德）亚历山大·彼得林等：《社会福利国家与社会民主主义》，董勤文译，格致出版社 2021 年版。

③ （英）理查德·蒂特马斯：《蒂特马斯社会政策十讲》，江绍康译，吉林出版集团 2011 年版。

④ Häusermann S. *The Politics of Welfare State Reform in Continental Europe*：*Modernization in Hard Times*. Cambridge：Cambridge University Press，2010.

给的责任首先在于家庭，其次在于宗教组织和互助社区。只有当这些机构无法有效运行或难以保障基本福利时，国家才会承担相应责任。辅助性原则与男性养家的家庭模式（male breadwinner model）相匹配。在社会保障制度诞生之初，男性养家的家庭模式是德国的主流家庭结构，夫妻之间存在明确的分工：男性外出工作、赚取收入；女性在家料理家务，照顾老人和小孩。政府将家庭作为个人所得税和社会保险缴费的申报单位，同时允许家庭中的非就业成员通过就业的家庭成员获得社会保障待遇。例如，在医疗保险制度中，缴费参保者的无收入或低收入配偶以及未成年子女可作为家属免费享受连带参保权益。截至 2022 年 7 月，德国法定医疗保险覆盖 7 368 万人，其中 5 762 万为缴费参保者，1 606 万为家庭联带参保者。[①]

当前，这一模式正面临严峻挑战。在传统观念中，女性全职承担家务和育儿责任被视为理所当然。德国社会甚至流传着一种讽刺性说法，将那些“把孩子留在空巢里，自己飞走去追求事业”的母亲称为“乌鸦妈妈”（rabenmutter）。这一比喻源自关于乌鸦习性的传说——乌鸦妈妈过早离开幼鸟，对幼鸟的照顾不够尽责。传统德国文化认为，幼儿若缺乏母亲的专职照料，将遭受永久性的身心伤害。在这种观念影响下，理想的母亲形象被定义为：孩子出生后立即停止工作，专职照顾孩子至少到 3 岁，之后从事兼职工作或完全不工作，直至孩子成年。然而，在经济波动加剧、失业率高企且离婚率攀升的现代社会，这种全职主妇模式已难以为继。由于社会福利待遇与就业状况和缴费记录密切相关，而女性通常因承担家庭照料责任而中断职业发展，因此，她们在养老金、失业保险、工伤保险和残疾保险等方面获得的福利显著减少，面临更高的贫困风险。这种根深蒂固的性别偏见及其导致的福利不平等现象，已遭到女性主义学者的强烈批判。此外，德国的公共服务体系相对薄弱。以学前教育为例，全日制学前教育机构师资严重不足，3 岁以下儿童入托尤为困难。

法国传统上同样认为，照顾子女和年轻人的责任在于家庭而非政府。在该国社会保障体系中，25 岁以下的年轻人仍被界定为“社会未成年人”（social minors）。18～25 岁的年轻群体即便处于困境，也无法享受与其他成年人同等的社会保障待遇。例如，最低收入“积极团结收入”（Active Solidarity Income）只有年满 25 岁才能开始申领。这种制度安排导致法国年轻群体及儿童的贫困率显著高于劳动年龄人口和老年群体。

四、社会保险制度具有劳资自治和碎片化特征

（一）历史渊源

在法团主义福利国家，社会保险缴费一般不被视为（或称为）税收，通常不由国家财

---

① 华颖：《德国医疗保险制度发展实践及其对中国的启示》，《江淮论坛》2022 年第 5 期。

税部门直接征收和控制，而是由独立的经办机构自主管理。这种独特的管理模式与这些国家社会保险制度的起源有关。在法国和德国，行业性和地方性的互助会有着悠久的历史。在政府设立社会保障制度之前，矿工、铁路、邮政等领域的互助会就已存在，它们以集体的力量帮助会员应对社会风险，得到了广泛认可。与此同时，工人运动是推动德国最早建立社会保险制度的主要因素之一。因此，工人阶级在社会保险制度创建之时，就有着参与养老保险决策与管理的期望和动力。当政府设立社会保险制度时，为了获得社会公众的信任与支持，减少改革阻力，就将互助会作为社会保险的经办机构，保留其原有的基本运作模式，在具有自治性质的、分散的互助会基础上建立了现代的工伤保险、医疗保险和养老保险等制度。① 因此，德国社会保险制度的劳资自治和碎片化特征是与生俱来的。

社会保险制度的建立又进一步促进了互助会的规范发展，使其成为社会保险的经办机构。例如，德国的养老保险经办机构负责养老保险基金的征缴、管理和发放，信息的收集与整理，以及养老保险纠纷的初步协调等工作。为了保护行业群体利益，经办机构与雇主联合起来，在社会保障管理中提高了话语权，有效防止政府实施行业间的收入再分配，增强了社会保障制度的行业自治色彩。政府通过紧密联系各行业经办机构的领导层，实现了对社会的控制，消除了劳资纠纷等社会不稳定隐患，因此也愿意承认这些机构的自治权。

（二）社会保险的劳资自治

在德国，社会保险经办机构是一类公法人主体，其收入来源并非财政拨款，而是依靠从养老保险基金、医疗保险基金等提取的管理费。这种法律地位和财务来源上的独立能够确保经办机构在处理社会保险业务的时候尽可能不受国家的直接干预。②

德国养老保险经办机构内部组织的设置主要遵循自治管理原则，通常由选举产生的参保人代表和雇主代表按人数对等原则组成代表大会，负责机构的决策工作。不过也存在例外情况，例如，在德国矿工—铁路工人—海员年金保险基金的代表大会中，参保人代表占 2/3，雇主代表仅占 1/3。

（三）社会保险经办机构现状

20 世纪 80 年代末，德国有 1 200 个独立的地区性职业或公司健康保险基金，养老金制度则相对一体化，有两个主要计划（分别面向蓝领工人和白领工人），以及针对矿工、公务员和自雇人士的特殊计划。此外，只有企事业单位雇员需要按月强制缴纳法定养老保险费。自由职业者可自行选择参加法定养老保险或私人保险，公务员则享有专

---

① 华颖：《德国医疗保险自治管理模式研究》，《社会保障评论》2017 年第 1 期。

② 李志明、邢梓琳：《德国劳资自治型的养老保险制度》，《学习时报》2014 年 5 月 19 日。

门的养老金体系。后两类群体共占劳动力总人口的12%，其收入水平普遍较高。因此，左翼政党多年来一直呼吁将这两个高收入群体纳入法定养老保险的强制参保范围，以长期巩固养老体系。截至2022年，德国医疗保险基金仍由97个经办机构管理，保持着按职业群体划分的碎片化特征。

20世纪80年代，法国存在19种不同的健康保险计划、600多个基本养老金计划和6 000多个补充养老金计划。至2023年，法国仍保留42个不同的基本养老金计划，根据职业特性大致可分为三大类："普通退休制"适用于一般工薪阶层，覆盖约88%的劳动人口；"自营与农业退休制"适用于各类自营商与农业从业人员；"特别退休制"主要面向政府公务员，同时包括传统公营事业员工（如铁路、地铁、电力、天然气、矿业等）以及因历史原因难以归类的特殊部门（如巴黎歌剧院、法兰西喜剧院、法国中央银行等）。由于养老金由不同机构发放，其计发的各个环节都十分繁杂。[①] 当劳动者跨行业流动时（如从农业转向服务业），相应的福利转移手续就更为复杂。

比利时和奥地利的健康保险、养老保险经办机构同样表现出严重的碎片化特征。[②] 相比之下，各国失业保险的经办机构碎片化程度较低，但仍体现出明显的"法团主义"特征——或由自治机构管理，或像比利时一样由工会独家管理。长期以来，这些社会保险经办机构与行业工会、雇主协会等形成联盟，在社会保险政策制定中拥有重要话语权。正因如此，面对全球经济和社会的快速变化，大多数欧洲大陆国家在社会保险制度改革方面进展迟缓。

专栏9.2　德国的"迷你工作"

"迷你工作"是指工作时间少且灵活、月收入不超过450欧元的工作。自2013年1月1日起，德国将"迷你工作"的月收入上限从400欧元提高至450欧元。该政策最初于2003年出台，旨在将非正规就业合法化以便管理，后来逐渐发展成为促进就业的手段之一。

在德国，几乎所有行业都设有"迷你工作"，其中餐饮、零售和家政等行业最为普遍。据德国联邦劳工局报告，从事"迷你工作"的人员达760万，约占全国就业人口的1/5，覆盖学生、退休人员等广泛群体，其中以女性和老年人居多。许多需要照顾孩子、时间有限的母亲选择这类工作，也有为赚取额外收入的兼职

---

① 彭姝祎：《法国社会保障制度：碎片化及改革》，中国社会科学出版社2022年版。

② Daniel B, Morgan K J, Obinger H, et al. *The Oxford Handbook of the Welfare State*. Oxford: Oxford University Press, 2021.

者。值得注意的是，280 万在职人员将“迷你工作”作为第二职业，另有约 1/3 从业者为外籍员工。

“迷你工作”者受《部分工时与定期劳动契约法》保护，享有与全职员工同等的权利，包括病假和带薪休假等福利。

德国政府大力支持“迷你工作”，认为这是促进就业的有效措施，也被视为德国就业率位居欧洲前列的“秘诀”。德国联邦劳工局报告显示，“迷你工作”往往是过渡性选择，约 40%的从业者在工作一段时间后获得雇主信任，成功转为全职工作。

然而，这种灵活就业形式在提升德国就业率的同时也带来相应问题：从业者收入往往难以支付生活开支，尤其是持续上涨的房租。自 2015 年 1 月 1 日起，“迷你工作”时薪不得低于 8.5 欧元，但并非所有雇主都遵守这一规定。

更值得关注的是，由于缴费基数低，长期从事“迷你工作”可能导致退休后陷入贫困。《柏林日报》的调查显示，若持续从事“迷你工作”45 年，退休金每月仅能领取 140 欧元。

第三节　法团主义福利模式的环境条件

法团主义福利体制与社会市场经济密不可分。在这一经济模式下，政府、企业和工会之间形成长期稳定的合作关系，劳资关系保持和谐，实现了长期稳定就业、工资合理增长和市场有序竞争；学徒制促进了雇主与雇员的相互赋能，既提升了经济竞争力，又增强了社会保障给付能力；企业与银行建立的长期合作关系，为经济稳定增长提供了有力支撑。

一、集体谈判成效明显

在法团主义福利体制下，工会的权力资源基于广泛的集体谈判覆盖率（集体协议覆盖的员工比例）而非工会密度（工会成员占员工比例）。[①] 以法国为例，尽管其工会密度较低，工会势力却是全欧洲最强的。

如表 9.4 所示，就工会密度而言，法团主义福利国家平均值为 25.6%，略高于自由主义福利国家和南欧国家，但远低于社会民主主义福利国家（60.4%）。法团主义福利

① Greve B. *De Gruyter Handbook of Contemporary Welfare States*: Vol. 1. Berlin: Walter de Gruyter GmbH & Co. KG, 2022.

国家内部也存在显著差异：比利时(49.1%)和奥地利(26.3%)的工会密度明显高于德国(16.3%)和法国(10.8%)。

表 9.4　　2019 年各种福利国家的工会密度

法团主义福利国家	工会密度	社会民主主义福利国家	工会密度	南欧国家	工会密度	自由主义福利国家	工会密度
比利时	49.1	丹麦	67.0	希腊	19.0	英国	23.5
法国	10.8	芬兰	58.8	葡萄牙	15.3	美国	9.9
德国	16.3	挪威	50.4	意大利	32.5	澳大利亚	13.7
奥地利	26.3	瑞典	65.2	西班牙	12.5	加拿大	26.1
平均值	25.6		60.4		19.8		18.3

资料来源：OECD 数据库(https://www.oecd-ilibrary.org/employment/data/trade-unions/trade-union-density_data-00371-en)。

如表 9.5 所示，从集体谈判覆盖率来看，法团主义福利国家平均达到 86.5%，略高于社会民主主义福利国家(82.0%)，并大幅领先南欧国家和自由主义福利国家。法团主义国家内部差异同样显著：法国、奥地利和比利时的覆盖率均超过 95%，而德国仅为 54%。

表 9.5　　2018 年各种福利国家的集体谈判覆盖率

法团主义福利国家	集体谈判覆盖率	社会民主主义福利国家	集体谈判覆盖率	南欧国家	集体谈判覆盖率	自由主义福利国家	集体谈判覆盖率
比利时	96.0	丹麦	82.0	希腊	14.2	英国	26.0
法国	98.0	芬兰	88.8	葡萄牙	77.2	美国	11.7
德国	54.0	挪威	69.0	意大利	100.0	澳大利亚	61.2
奥地利	98.0	瑞典	88.0	西班牙	80.1	加拿大	30.1
平均值	86.5		82.0		67.9		32.3

资料来源：OECD 数据库(https://www.oecd-ilibrary.org/employment/data/trade-unions/trade-union-density_data-00371-en)。

劳资关系的制度安排呈现明显差异：社会民主主义福利国家最为集中，法团主义国家次之，自由主义国家最为分散。例如，瑞典的劳动谈判完全集中在国家层面(全国工会联盟与瑞典雇主协会直接谈判)。美国虽然存在工会组织，但集体谈判主要在单个公司层面进行，集中度较低。德国工会体系具有一定集中度，主要按行业和地区组建，并设有全国性工会联合会。其集体谈判在行业和区域层面展开，谈判结果具有广泛约束力，能覆盖大量非工会成员。与美国不同，德国还拥有高度组织化的雇主协会，其架构与工会相似。当高度组织化的劳资双方进行谈判时，政府会以中立调解者身份协调利益冲突。20世纪90年代,德国出口竞争力一度下滑。对此,德国企业和工会共同应对,达成了一系列限制工资增长的协议。这些协议与劳动生产率的提升共同遏制了企业成本增长。2000年德国经常项目增长趋势的逆转表明其产品竞争力已得到改善,成功抵消了1999年欧元启用后实际汇率升值的不利影响。

此外,为防止技术工人漫天要价,同时杜绝企业间恶性挖角,德国通过行业工会和行业雇主协会的协调谈判机制,使得行业内技能相近劳动者的工资水平高度趋同,有效防止了企业技术骨干被竞争对手挖走。

二、德国双元制职业教育体系提升了就业率和蓝领工人的收入水平

在2010年前后,受全球金融危机的冲击,欧洲各国失业率居高不下,其中青年失业问题尤为突出。然而,德国、瑞士和奥地利的失业率始终保持在较低水平,一个重要原因在于这些国家长期实施双元制职业教育体系(dual vocational training)。这一体系具有双向赋能效应:一方面赋能青年劳动者,使其学以致用,不仅降低了失业率,而且使这一群体获得较高收入,促进共同富裕;另一方面使企业能够与劳动者建立长期合作关系,培养出稳定的高素质技能人才队伍,从而提升企业竞争力。

英美等自由主义福利国家更注重通用技能培训,工人通常仅掌握基础学科知识,缺乏特定产业所需的专业技能。这些国家主要依靠设备升级来提高产品质量,较少进行人力资本投资。加之雇主可轻易解雇员工,在文化和制度上都不利于需要长期专业培养的学徒制发展。而在法团主义福利体制下,企业更依赖具有专业技能认证的高级技术工人,生产高附加值、高品质的工业产品,因而格外重视技能人才培养。此外,在自由主义福利国家,学生选择职业教育常被视为学业不佳的无奈之举,难以获得雇主信任;而在法团主义福利国家,职业教育学生数量众多且不乏优秀者,毕业后收入可观,绝非"劣等"选择。

德国的双元制职业教育体系可追溯至中世纪的手工业学徒制,后逐步规范化并扩展到现代工业领域。学生每周在企业进行3～4天实践操作,在职业学校接受1～2天通识教育和专业理论培训。这种双轨模式有效解决了学用脱节问题,使学生既能掌握产业动态,又能夯实理论基础,同时培养公民素养。通常学生在入学前就需通过双向选择与实习企业签约,在两年至三年半内完成有报酬的培训,通过毕业考试后即可取得全国认可的职业资格证书,并可选择留任签约企业或进入其他企业。目前德国有40多万家企业开展职业教育,其中大部分为大中型企业。每年有超过50万新生进入企业接受培训,超六成学员毕业后继续留任培训企业。

1969年,德国颁布《职业教育法》,明确企业、学校、学生及各类协会的角色与义务,建立了覆盖所有经济管理部门的"二元"职业教育和培训体系。该体系不仅保障了教育

质量，还避免了其他国家常见的"血汗实习生"问题。具体而言，商会为培训企业提供咨询、审查设施并组织考试；工会和雇主协会协商培训报酬并参与制定培训标准；政府提供资金，监督公立职业学校体系，并帮助失业者及弱势青少年获得培训机会。雇主协会和工会还会向企业施压，要求其雇用学徒，并且监督企业参与职业教育和培训，防止"搭便车"现象。

值得注意的是，尽管德国设有统一的职业教育专业标准，但企业仍保有充分的自主空间。企业可根据自身需求和产品特点对学徒进行个性化培养，从而获得高度匹配的员工队伍。

三、德国"小金融、大实业"的经济结构有力支撑经济稳定增长

过去40余年间，面对席卷全球的金融化浪潮与金融机构私有化趋势，德国仿佛置身事外，始终保有大量公共银行，保持相对较低的宏观杠杆率，货币金融和房地产市场高度稳定，成功避免了房地产泡沫和重大金融危机的冲击。

（一）协调性金融体系实现了产业与金融的协调发展

德国金融体系是银行主导型金融体系，有别于英美国家的资本主导型金融体系。在德国、日本等国，协调市场经济体制与银行主导型金融体系互补；而在英美等国，自由市场经济体制与资本市场主导型金融体系互补。如表9.6所示，1970—2000年德国和日本非金融企业的资金来源中，银行贷款占比高达75%以上，远高于美国和加拿大。

表9.6　　1970—2000年各国非金融企业的资金筹集来源

国家	银行贷款	非银行金融机构的贷款	债券及商业票据	股　票
美国	18%	38%	32%	11%
德国	76%	10%	7%	8%
日本	78%	8%	9%	5%
加拿大	56%	18%	15%	12%

资料来源：Hackethal A, Schmidt R H. Financing Patterns: Measurement Concepts and Empirical Results. Johann Wolfgang Goethe-Universitat Working Paper No. 125, January 2004.

风险规避的德国传统文化也有利于银行主导型金融体系的维持。[①] 国民风险规避程度影响该国投资者的资产配置行为。如果国民风险规避程度高，则投资者倾向于将资产配置到收益率相对较低但收益率确定且本金受到保障的银行存款中；如果国民风

① Kwok C C, Tadesse S. National culture and financial systems. *Journal of International Business Studies*, 2006, 37.

险规避程度低，则投资者倾向于将资产配置到收益率不确定但预期收益率较高的股票中。前者对银行体系的发展形成支撑，后者则为股票市场的发展提供保障。德国人风险规避程度相对较高，资产更多地被配置到银行体系，这就促进了银行主导型金融体系的形成和维持。第二次世界大战后长期的低通胀环境进一步强化了德国居民的这种金融资产配置偏好。

（二）银行与企业形成长期战略性合作

德国式银企关系是协调市场经济体制的重要组成部分。在德国，企业普遍存在多头借贷现象（即同时拥有多个银行债权人），其中相当比例的企业（特别是中小企业）会选择一家银行作为管家银行。管家银行具有三个特征：第一，管家银行通常是企业的第一大授信银行；第二，管家银行比非管家银行拥有更全面、更及时的企业信息；第三，在企业面临突发性、暂时性经营困难时，管家银行倾向于继续提供融资支持。企业与管家银行之间的合作模式具有关系型融资特征，主要表现为长期战略性互动，而非保持距离型（arm's length）的公平交易。管家银行为企业提供隐性长期融资承诺，在长周期内进行风险与收益的跨期配置，实现从信息到信任、从信任到信用的转化，从而大幅减少“晴天借伞、雨天收伞”现象。①

德国银行主要通过以下三种方式深度参与公司治理，对企业经营行为实施监督和约束：

第一，直接持股。虽然21世纪以来银行持股比例有所下降，但仍是重要治理方式。数据显示，在德国DAX指数上市公司中，银行持股比例从2005年的6.3%一度降至2010年的2.0%，2014年又回升至3.3%。

第二，行使代管股票表决权。根据德国独特的代理表决权制度，非金融企业股东可将股份存放于银行并委托其行使表决权。银行通过这种方式获得的表决权远超过其直接持股所对应的表决权。

第三，派驻监事会代表。银行通常拥有非金融企业监事会席位，能够及时获取企业经营信息并参与重大决策。

（三）以实体部门为核心，形成“小金融、大实业”发展格局

在德国，金融部门利润导向度低。具体表现为：储蓄银行和信用社坚持商业化运作但不以利润最大化为目标，政策性银行完全不以营利为目的，追求利润最大化的商业银行在体系中占比有限。在低利润导向度下，德国银行体系并不盲目追求规模扩张和利润最大化，能够接受长期低收益状态。这进一步强化了实体经济占优的报酬结构。

---

① 美国作家马克·吐温有句名言：所谓银行家，就是在阳光照耀时借给你伞，开始下雨时又要把伞收回去的人。这就意味着当某一类型的企业或某个行业的企业出现经营问题时，银行并不愿意共担风险，而是急着抽回贷款，从而令企业经营雪上加霜。

与美国、英国的金融业增加值占 GDP 比重呈趋势性上升而制造业比重大幅下降形成鲜明对比的是，德国始终保持较小的金融规模和庞大的制造业部门，金融业增加值占 GDP 比重长期低于 5%，制造业比重则始终维持在 20%以上。与 20 世纪 80 年代以来美国、英国的报酬结构发生逆转不同，德国始终维持着实体经济占优的报酬结构，呈现实体经济高收益、金融业低收益的特征。2005—2018 年，德国银行业净资产收益率平均仅为 7.7%，而非金融企业平均超过 20%。这种显著的收益率差异形成了“强企业、弱金融”的独特格局，产生了多重积极效应：实体经济占优，强化了崇尚实业的经济激励和社会氛围，避免了资本、人才等生产要素过度流向金融业；实体经济高收益率带来了大量利润和留存收益，强化了企业的内源融资能力，降低了企业经营对金融体系的依赖程度。

(四)成功抵御私有化浪潮

20 世纪 80 年代以来，在“华盛顿共识”的影响下，金融机构私有化形成了全球性浪潮。无论是原来国有银行占比较高的发达国家，如意大利、澳大利亚、挪威、芬兰、希腊，还是中东欧转轨经济体，如波兰、匈牙利、保加利亚、罗马尼亚、斯洛伐克，抑或是东南亚新兴经济体，如印度尼西亚、菲律宾，其国有银行比重均出现显著下降。然而，德国公共银行成功抵御了这股私有化浪潮，长期保持稳定。截至 2015 年底，德国公共银行(包括州立银行、储蓄银行和政策性银行)数量达 442 家，总资产约 3.1 万亿欧元，分别占德国银行业机构总数和资产规模的 24.9%和 39.7%。

专栏 9.3　德国如何实现“房住不炒”

德国长期坚持“房住不炒”原则，将房地产定位为具有福利性质的服务型产业。政府制定房地产政策的出发点和落脚点始终是保障居民住房需求。在主要发达国家中，德国房价长期维持在低于美、英、法、日等国的水平，且保持稳定，从未出现严重的泡沫或危机。

数据显示，1990—2007 年，德国房价累计涨幅仅为 17.3%，年均涨幅 0.9%。这与同期英国(317.4%)、西班牙(212.8%)和美国(128.7%)等国房地产市场的快速泡沫化形成鲜明对比。得益于这种稳定性，德国成功维持了房地产、金融与实体经济的良性循环，有效规避了房地产泡沫破裂可能引发的金融危机。

货币政策的稳定性带来物价稳定，使居民对房价形成理性预期。第二次世界大战后，德国的平均通胀率在 G7 国家中保持最低。欧洲央行成立后延续了德国央行维护价格稳定的传统，在 1997 年 1 月至 2019 年 6 月的 270 个月里，德国调和消费物价指数超过 2.5%或低于零的月份为 32 个，仅占 11.9%。此外，较高的首付比例和房地产交易税负也有效抑制了房地产投机性需求。

政府始终强调房地产的社会福利性质。德国是少数几个租房率较高的发达国家之一，超过半数家庭选择租房居住。政府将补贴重点放在租房者而非自有住房者身上。即使在高收入群体中，租房也相当普遍。德国建立了规模庞大且高效的住房租赁市场，租赁住房质量普遍较高，为居民提供了购房之外的高接受度替代选择，使得居民尤其是中低收入群体无需承担高额债务风险即可获得优质住房。这就避免了住房贷款放贷标准的降低，有效控制了房地产按揭贷款的违约风险。

德国严苛的住宅租赁法对租客非常有利。租约采用开放式设计，无时间限制，租客可无限续约，同时租客比房东享有更灵活的合约终止权；在租赁期间，租金只能缓慢上涨，每3年涨幅不超过20%，其效果类似全国性租金管制。

资料来源：张晓朴、朱鸿鸣等，《金融的谜题：德国金融体系比较研究》，中信出版集团2021年版。

第四节　法团主义福利模式的挑战与改革

在经济全球化、高科技产业迅速发展、人口结构大变动以及家庭结构变化的背景下，法团主义福利体制面临众多挑战，因此借鉴了自由主义福利体制的一些做法，被认为是与俾斯麦模式的“漫长告别”。① 工会作为社会伙伴关系中的关键参与方，其核心作用和权力正在瓦解，这使得谈判有利的工作条件和工资以及在政治决策过程中发声变得越来越困难。②

本节以德国为主，介绍该模式面临的挑战及相应的改革举措。

一、近年来法团主义福利体制的改革举措

（一）现收现付制的基本养老金制度入不敷出及相关改革

法团主义福利体制的特点是基本养老金给付待遇较高，而各国基本上以现收现付制为主。在人口老龄化的浪潮中，各国的养老金收支形势非常严峻。虽然德国和法国近年来接收了大量移民，但其老龄化率仍在欧洲排名前列。本书第一章表1.6显示，2022年欧洲老年人口赡养率排名前十的国家分别是：芬兰（41.5%）、意大利（41.0%）、

① Palier B. *A Long Goodbye to Bismarck?: The Politics of Welfare Reform in Continental Europe*. Amsterdam: Amsterdam University Press, 2010.

② Greve B. *De Gruyter Handbook of Contemporary Welfare States*. Berlin: Walter de Gruyter GmbH & Co. KG, 2022.

希腊(39.3%)、法国(39.3%)、葡萄牙(39.0%)、拉脱维亚(38.0%)、德国(38.0%)、瑞典(35.9%)、爱沙尼亚(35.6%)和丹麦(35.6%)。现收现付型养老保险体系的可持续运行依赖于缴费人群的持续稳定。然而,自 20 世纪 80 年代以来,大多数国家都经历了“无就业增长”——社会保障参保人数并未如预期那样增加,正规部门就业人员数量停滞不前,反而是自雇、兼职、临时聘用等非正规就业人员有所增长,这些群体对养老保险基金的贡献有限。

在经济全球化和国际竞争加剧的背景下,各国提高养老保险费率的空间非常有限。如图 9.2 所示,德国养老保险的缴费率在 1985 年就超过 19%,1997 年和 1998 年更是高达 20.3%。虽然后续采取有力措施使缴费率有所回落,但仍维持在 18%以上。根据德国政府预测,缴费率将从 2028 年起升至 20%,到 2035 年将达到 22.3%,预计这一水平将保持至 2045 年。居高不下的缴费率不仅增加了劳动力成本,影响企业雇佣积极性,还削弱了企业的国际竞争力。

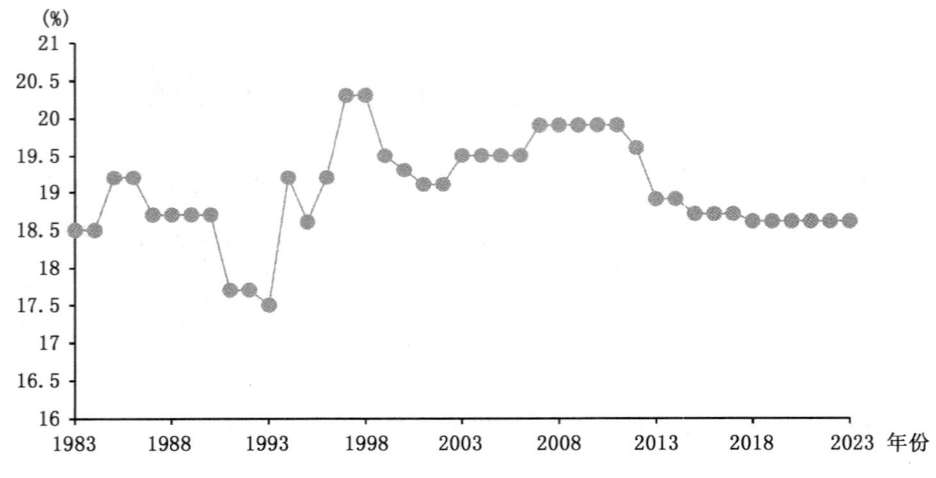

图 9.2　1983—2023 年德国的养老保险缴费率

资料来源:Deutsche Rentenversicherung Bund (zuletzt 2024).

各国为抑制养老保险缴费率刚性增长采取了以下措施:

1. 加强第二支柱养老金的建设,以减少第一支柱养老金的压力

2001 年 5 月,德国通过了以时任劳工部部长瓦尔特·里斯特(Walter Riester)命名的养老金改革法案,旨在通过构建多支柱养老金体系降低民众对公共养老金的依赖。这是第二次世界大战后德国最重要的养老保险制度改革,其基础目标是将具有标准养老金缴费年限的“基础养老金领取者”的养老金替代率从 70%降至 67%,同时在法定养老保险体系外建立基金积累制的补充养老保险制度(即“里斯特养老金”)。2005 年,德国政府进一步推出面向个体劳动者的“吕鲁普养老金计划”。

需要说明的是，“里斯特养老金”虽然在形式上类似于英美国家的私有化补充养老金计划，但仍带有法团主义的烙印。[①] 该计划的管理机构仍为德国联邦养老保险协会(Deutsche Rentenversicherung Bund)。

2. 拓展基本养老金的筹资渠道

德国为保持社会保险基金的可持续性，每年投入大量财政补贴。德国政府于1998年将增值税税率由15%提高至16%，2007年又进一步提高至19%，增收的部分收入专项用于补充养老基金。[②] 此外，德国政府还通过生态税等其他财政收入渠道补充养老金。政府财政补贴每年约占养老保险基金总收入的28%。[③]

法国于1997年开征了两个新税种——一般社会缴款(Contribution Sociale Généralisée, CSG)和社会债务偿还缴款(Contribution pour le Remboursement de la Dette Sociale, CRDS)。这两个税种以劳动所得、社会保障津贴(包括病假津贴和失业救济金)、财产收入、投资收入及博彩收入等为基数，按不同比例征收。此举使社会保障筹资范围从在职劳动者扩展到包含退休者在内的全体人群，同时缴费基数也从就业收入扩大到所有收入。[④] 2022年，这两个新税种的收入已占法国社会保障预算总收入的20%。

3. 基本养老金计发采取精算原则、“自动平衡”机制等方式，变相削减养老金待遇

20世纪90年代，德国和法国修改了基本养老金计发办法，强化了养老保险缴费与给付之间的关联性(即精算原则)，以鼓励就业和抑制提前退休。同时，德国、瑞典、加拿大、日本和芬兰等国建立了养老基金自动平衡机制(automatic balancing mechanism)。该机制的运作基于基金的偿付能力(solvency)与永续性(sustainability)指标，自动调整缴费与给付水平，平衡在职者与养老金领取者的利益，并调节国家财政对养老基金的补贴力度，以实现基金的长期财务平衡。

从理论上讲，预测养老基金的长期可持续性并不困难，但缴费与给付改革涉及面广，通常需经历漫长的政治过程，其间充满利益集团的游说、博弈与阻挠。特别是一些政治人物因任期较短，无需考虑基金的长期可持续性，竞相以提高养老金待遇作为讨好选民的策略；而致力于理性改革的政治家，却往往在选举中失利。为避免政治运作的非理性干扰，部分国家引入自动平衡机制，使养老金的缴费率与给付水平能随人口结构、经济条件的变化自动调整，减少政治阻力，避免依赖冗长的立法程序才能实现改革。

---

① 刘涛：《德国养老保险制度的改革：重构福利国家的边界》，《公共行政评论》2014年第6期。

② 汪德华、孟红：《社保增值税适用于中国吗？——基于国际经验的分析》，《国际税收》2017年第9期。

③ Gerlinger T, Fachinger U, Hanesch W. *ESPN Thematic Report on Financing Social Protection*. Germany, 2019.

④ (法)弗朗西斯·凯斯勒：《法国社会保障制度》，于秀丽、李之群译，中国劳动社会保障出版社2016年版。

(二)德国为激活就业,大刀阔斧改革失业保险政策

20 世纪 80 年代和 90 年代,欧洲大陆国家普遍遭受高失业率困扰。为激活失业者就业意愿,各国相继改革就业政策和失业保险制度。德国、比利时和法国均降低了长期失业者的福利待遇,其中以德国的改革最为激进。2003 年,德国政府推出以“哈茨方案”(Hartz Laws)为核心的改革措施,这堪称德国有史以来最具深远影响的劳动力市场改革。

1. 改革的动因

1990 年两德统一后,德国面临高昂的经济整合成本,导致巨额财政赤字。劳动力成本快速增长削弱了产品的国际竞争力,加之社会保障支出刚性增长,经济增长乏力,社会矛盾日益加剧。由于当时德国经济增速低于欧元区其他新兴成员国,因而经济学家霍尔格·施密丁(Holger Schmieding)在 1998 年首次将德国称为“欧洲病夫”。1999 年 6 月,《经济学人》杂志也采用了这一称谓,引发广泛关注。

2. 改革方案及其影响

面对严峻形势,德国时任总理施罗德锐意革新,号召公民减少对国家福利的依赖并承担更多个人责任。施罗德在联邦议院发表演讲时强调,改革并非要摧毁福利社会,而是为了更好地保留福利社会的精髓并夯实其根基。2003 年 3 月,德国政府正式启动“2010 议程”(Agenda 2010),其核心内容是失业保险制度改革。负责制定失业金改革方案的工作组组长由德国大众汽车集团董事彼得·哈茨(Peter Hartz)担任,该改革方案也因此得名“哈茨方案”。

哈茨方案于 2002—2005 年分阶段实施,对失业人口的救济待遇、职业培训和再就业促进制度进行了全面调整。德国政府自 2003 年 1 月实施“哈茨一方案”,至 2005 年 1 月推出“哈茨四方案”,其间不断对方案进行修改和完善。其中最为人熟知的是“哈茨四方案”,其主要内容是将原先面向失业者的失业救助金(arbeitslosenhilfe)与面向贫困人群的社会救助金(sozialhilfe)合并为统一支付标准的基本生活津贴(grundsicherung)。

根据“哈茨四方案”,所有具备劳动能力的德国公民在长期失业情况下,只能获得均一给付的国家补助金。具体而言,全职工作至少两年的人员失业后,可领取 12 个月的“第一类失业救济金”,金额为失业前税后收入的 60%(有未成年子女者,比例为 67%),年最高限额为 6 900 欧元(前东德地区为 6 450 欧元)。若 12 个月后仍未就业,则转为领取“第二类失业救济金”(即“哈茨四号失业金”)。2022 年标准为:成年失业者每月 449 欧元,未成年子女按年龄分段发放(金额较低),同时政府承担其房租和暖气费用。“哈茨四方案”一方面要求政府为失业者提供高效、优质的就业指导服务,另一方面则要求失业者特别是长期失业者必须接受职业介绍所提供的任何工作(包括低于当地平均

工资水平的工作)，否则将取消他们的失业救济金。

作为德国福利模式转型的重要尝试，哈茨方案通过降低失业补贴促使失业者接受低薪工作，旨在推动长期失业者重返劳动力市场。从2005年起，德国失业率持续下降，由两位数降至近年的5%～6%。在2008年全球金融危机期间，德国经济逆势增长，出口额攀升，就业率创新高，联邦政府税收持续增加。在改革方案实施十年后的2013年，德国被誉为“欧洲经济标杆”。很多人将其成功归功于敢为天下先的“2010议程”改革。然而，改革者也为此付出了沉重代价。施罗德领导的社民党被指责背弃了“社会公平”的传统纲领。在2005年大选中，大量中低收入选民转而支持社民党的竞争对手，导致施罗德失去总理职位。2003—2008年，约有13万党员退出社民党，与此同时，左翼政党力量显著增强。

2023年1月1日，德国政府正式以新推出的“公民津贴”(bürgergeld)取代已实施近20年的“哈茨四方案”。改革后，失业金领取条件更为宽松，待遇水平有所提高，申请程序得到简化，更加注重保障个人尊严。不过，也有学者指出，公民津贴与最低工资的差距太小，可能导致一些人失去工作动力。

(三)社会保障体制出现转型趋势

20世纪80年代，长期失业者、青年、单亲父母、家庭主妇等群体的贫困问题日益突出。这些贫困群体大多缺乏稳定的全职工作，参保状况不稳定，导致法团主义福利体制下社会保险的保障功能难以有效发挥。为解决这些问题，21世纪以来，法团主义福利国家进行了多次社会保障改革，但又产生了社会保障多重二元化的新问题：一方面，在养老保险和医疗保险领域，既有政府举办的公共计划，也有私人举办的商业计划。少数富人可以选择不参加公共保险，转而参加私人养老保险和医疗保险。另一方面，社会保障体系内部形成了两个“世界”：正规就业人员继续通过传统社会保险计划获得保障；同时，为了解决职业生涯中断、非典型就业以及老年贫困问题，针对无资格领取养老金人群，德国引入了基于经济状况调查的最低收入计划。这种多重二元化现象被称为新俾斯麦二元体制(Neo-Bismarckian Dualism)，意味着全体人口不再受到统一原则和制度的覆盖，实际上承认了俾斯麦模式在新时代呈现收缩趋势，已无法完全满足所有人群的社会保障需求。同时，这种二元社会保障制度将社会割裂为“内部人”和“外部人”两个群体，进一步加剧了社会不平等。[①]

二、法团主义福利体制面临的各种挑战

新冠疫情、俄乌冲突及其引发的能源价格冲击、利率上升和全球贸易战升级，对

① Palier B. *A Long Goodbye to Bismarck?: The Politics of Welfare Reform in Continental Europe*. Amsterdam: Amsterdam University Press, 2010.

德国汽车制造、钢铁和化工等支柱产业造成重创，德国经济增长的“黄金十年”似乎就此终结。2023 年和 2024 年，德国 GDP 连续出现负增长，使其从欧洲经济增长的领跑者沦为落后者。2023 年 8 月，《经济学人》以“德国会再次成为欧洲病夫吗?”为题，再次聚焦德国经济下滑的困境。与此同时，法团主义福利体制的一些基本特征正在弱化：随着企业国际化程度加深，企业文化日趋多元化，工会与企业之间长期建立的协作关系开始瓦解，商业银行与企业交叉持股的现象也显著减少。

（一）缺乏创新创业的环境

从 20 世纪 90 年代开始，相较于美国和东亚国家，欧洲长期面临低增长率和高失业率的顽症，这一顽症被称为“欧洲硬化症”（Eurosclerosis）。[①] 一般而言，大企业更擅长增量式改良而非根本性突破，而中小企业的创新活力更强，更可能实现突破性创新。然而，欧洲大陆国家的政策更倾向支持大企业发展，对中小企业的扶持政策相对不足；复杂的监管制度、过高的市场准入门槛导致市场竞争不充分、不公平，大企业往往能优先获得政府财政补贴，还经常通过游说政府限制新企业进入市场。第二次世界大战后，德国虽然创造了经济奇迹，但在第三次工业革命中的参与度有限，计算机、软件、通信、互联网等新兴产业发展滞后，初创企业和小企业难以成长为大型企业。在德国，我们可以看到众多百年老店，却鲜见新崛起的明星企业。根据创投研究机构 CB Insights 的数据，德国“独角兽”企业数量远少于美国、中国、印度和英国等国家。

为维持庞大的社会福利支出，欧洲大陆国家税负较重，削弱了企业的国际竞争力。与此同时，完善的社会保障制度使欧洲人生活相对安逸，工作时长较短，这也在一定程度上抑制了创业积极性。数据显示，2023 年德国人年均工作时间为 1 343 小时，即每周 25.8 小时，在 OECD 成员国中处于最低水平。

（二）稳定就业者占比降低，致使传统社会保险的覆盖人群减少

在法团主义福利体制下，覆盖全民的社会保障以社会保险为主体。然而，社会保险的实际覆盖范围在很大程度上取决于（男性）充分就业状况和稳定的家庭结构。20 世纪 70 年代的去工业化浪潮和大规模失业重现，对法团主义福利国家社会保障的基本逻辑造成了尤为严重的冲击。当前，稳定就业者比例下降进一步弱化了传统社会保险制度的功能，主要体现在以下三个方面：

1. 劳动力市场僵化与过度规制损害市场配置效率，导致严重的失业问题

第一，各国对就业合同（包括定期合同和临时合同）的严格管制限制了劳动力在部门和企业间的自由流动，使失业问题难以根治；第二，各国普遍较高的最低工资标准，加

① （美）威廉·鲍莫尔、（美）罗伯特·利坦、（美）卡尔·施拉姆：《好的资本主义，坏的资本主义》，刘卫、张春霖译，中信出版社 2016 年版。

上欧盟工会的广覆盖、高密集以及在集体谈判中的强势地位，对企业雇佣决策约束颇多，促使雇主更倾向于采用新技术来提高现有员工生产率或替代人力，而非雇用新员工。[①]

2. 非典型就业比例上升

虽然近年来法团主义福利国家的就业率有所提高，但增长主要来自非典型就业形式。数据显示，2023 年德国、奥地利、比利时和法国的兼职就业占比分别为 21.13%、20.70%、17.07%和 12.60%，其中仅法国低于 OECD 平均水平。

3. 就业稳定性下降，雇员在同一雇主的工作年限持续缩短

例如，奥地利 50～54 岁员工在当前雇主工作的平均年限从 1995 年的 19.5 年降至 2015 年的 16.3 年，比利时同期从 20.4 年降至 17.7 年。在同一雇主的工作年限越短，劳动力市场的流动性就越大，可能意味着就业模式越灵活，但工作中断可能导致福利待遇水平降低。

（三）移民人数多，融合挑战大

数据显示，2022 年奥地利、比利时、德国和法国的外国出生人口占比分别为 20.6%、18.4%、16.8%和 12.7%，各国移民比例均处于较高水平。移民数量的增加既扩大了本国劳动力队伍，也在一定程度上缓解了因人口老龄化加剧而导致的劳动力短缺问题。以德国为例，1955 年，西德与意大利签署政府间协议，开始引进意大利籍劳工。随后德国又相继与希腊、西班牙、土耳其、突尼斯、摩洛哥、葡萄牙和前南斯拉夫等国签订了类似协议。至 1964 年，德国引进的外籍工人总数已达 100 万人。

然而，这场移民潮也带来了一系列严峻的社会挑战。许多外籍工人并未如最初设想那样在短期工作后返回祖国，而是选择长期居留德国——这里提供更好的生活条件和发展前景，而雇主也倾向于留住熟练工人。随着大量土耳其工人将家人接到德国团聚，其后代在德国成长，目前德国生活着 200 多万土耳其裔居民，成为该国最大的外籍族群。

当前，相当一部分移民的社会融入程度仍不理想。由于宗教、文化及生活习惯差异，移民群体往往形成封闭的聚居区，其第二代、第三代仍面临艰难的社会融入障碍。许多外籍劳工子女受限于生活环境和语言能力，在受教育方面往往处于不利地位。若不能有效改善移民青少年的社会处境和发展前景，则可能引发严重的社会冲突。

近年来，受地区战乱影响，大量难民和非法移民涌入欧洲，带来新的社会挑战。这部分群体普遍受教育程度较低，多从事低技能工作，收入有限，社会福利依赖度较高，同时伴随着较高的失业率和犯罪率，引发本土居民不满情绪。少数族裔聚居区的持续扩

---

① Greve B. *The Routledge Handbook of the Welfare State*. London: Routledge, 2019.

张和相对孤立状态，进一步激化了种族矛盾。2023 年 6 月 27 日，巴黎西郊一名北非裔少年纳赫尔被警察枪击身亡事件，引发民众抗议，最终演变为席卷法国全国的大规模骚乱。尽管法国民众素有街头抗议传统，但打砸抢烧等暴力行为已超出法治国家的容忍底线。经济低迷与移民问题相互交织，持续刺激民众排外情绪，推动欧洲各国极右翼政治势力快速崛起。

（四）学徒制不能适应新时代的要求

德国传统制造业长期以产学适配的学徒制闻名，被视为全球职业技能教育的典范。然而，在科技进步的冲击下，这一优势正逐渐减弱。首先，知识更新速度加快，导致培训获得的技能容易过时；其次，制造业自动化程度提高，企业对员工技能的要求下降，对高学历员工的偏好加强；最后，近年来德国制造业业绩下滑，使部分家长和学生认为选择学徒制教育存在较大失业风险，转而倾向于就读普通文理高中继续深造，导致部分中小企业难以招到足够的实习生，精通技艺的专业工匠日益短缺。

（五）面对贫富分化严重的社会，社会保障政策举步维艰

正如《反社会的人》一书所描述的那样：一个社会就像一艘渔船，每位船员都在各自的岗位上努力工作。然而，当下的现实是，“拼命划桨和捕鱼的船员”（即普通劳动者和中产阶级）数量正在不断减少，德国社会呈现明显的两极分化趋势——高收入阶层和低收入阶层都在依赖中产阶级来养活。高收入阶层如同“船主”，不需要和船员一起出海冒险，只需在安全舒适的港口等待渔船满载而归（这意味着富人可以通过资本获得收益，而非依靠劳动）；低收入阶层则由于缺乏必要的劳动技能而无法“下海”工作，同样需要依赖“船员”的劳动成果来维持生计。从税收角度来看，富裕阶层的资本收益税税率往往低于个人所得税税率，纳税额相对较少，更甚者，许多富豪还通过各种政策漏洞成功避税；与此同时，低收入阶层因其收入水平过低而无需纳税，甚至还需要依赖政府救济金生活。这就导致日益萎缩的中产阶级几乎独自承担着国家财政的重担。此外，由于政府财力有限，持续增长的社会保障支出不断挤占其他领域的财政预算。这直接导致德国的教育支出长期维持在较低水平，公共基础设施建设也相对薄弱。

（六）法国频繁的罢工活动影响了社会保障改革进程

罢工和抗议活动是法国左派的传统，其历史可追溯至 1789—1794 年的法国大革命，并延续至今。1946 年《法国第四共和国宪法》序言明确规定“罢工权在法律规定的范围内行使”，这一权利随后被 1958 年制定的《法国第五共和国宪法》所继承。有别于其他欧洲国家，在法国，罢工是一项个人民事权利，与是否加入工会无关。根据国际劳工组织的数据，2015 年法国工会会员仅占雇员总数的 8%，远低于欧盟 23%的平均水平。

根据欧洲工会研究所的数据，2020—2021 年，法国平均每 1 000 人中每年因罢工而

停工的天数达 79 天，位居欧洲首位；2010—2019 年，这一数字高达 128 天；2000—2009 年为 127 天，排名欧洲第二（参见表 9.7）。另外，法国国家铁路公司（SNCF）数据显示，自 1947 年以来，法国铁路系统每年都会发生罢工，这一现象已持续七十余年。法国罢工涉及的行业范围广泛，包括交通、公共服务、能源和工业等多个领域，其中，交通、公共服务、教育和医疗保健领域的罢工较为频繁，约占全部罢工事项的 2/3。

表 9.7　　欧洲各国每 1 000 人中每年因罢工而停工的天数　　单位：天

国家	2000—2009 年	2010—2019 年
法国	127	128
塞浦路斯	32	275
西班牙	153	49
比利时	70	98
丹麦	105	46
芬兰	70	59
挪威	48	55
爱尔兰	44	16
英国	28	18
奥地利	41	2
荷兰	8	19
德国	17	13
葡萄牙	13	14
匈牙利	23	6
瑞典	20	2
波兰	5	15
瑞士	4	2

资料来源：European Trade Union Institute（ETUI）网站（https://www.etui.org/strikes-map）。

法国民众频繁的街头抗议往往导致有益的社会保障改革夭折，政府领导人要么被迫放弃改革，要么因强力推进改革而失去执政地位。例如，在法国碎片化的社会保障体制中，存在多个享有特殊待遇的行业，这些行业的员工经常通过罢工阻挠政府推动社会保障一体化改革。[①] 又如，法国的退休年龄长期保持欧洲最低水平，相关改革举步维艰。1995 年，希拉克总统提出的养老金改革方案在持续数周的公共部门大罢工压力下

① 郑秉文：《特殊的社保制度特别的改革路径——2007 年 11 月法国大罢工述评》，《红旗文稿》2008 年第 1 期。

被迫撤回；2010年，萨科齐总统虽成功将退休年龄从60岁提高至62岁，但其支持率骤降至30%以下，最终成为30多年来首位未能连任的法国总统；奥朗德总统虽未提高退休年龄，但在2014年再度延长养老金缴纳年限，从41年逐步延长至43年，这一改革同样未获民众认可，导致其放弃竞选连任。2019年12月5日，法国爆发25年来最大规模的全国罢工，抗议政府的养老制度改革。这场罢工对交通运输、零售等多个行业造成不同程度的冲击，给法国经济带来不利影响。

专栏9.4 社会分裂的表现：法国“黄马甲”运动

2018年11月中旬，马克龙政府宣布计划于2019年进一步提高汽油和柴油税，旨在鼓励民众使用更清洁的能源和低污染车辆。这一政策既是法国履行《巴黎气候协定》的举措，也有助于增加财政收入。

然而，该计划引发了法国民众强烈不满，最终导致“黄马甲”运动（又称“黄背心”运动）爆发。示威者身着荧光黄反光背心——这种背心自2008年起被法国法律要求所有车主必须随车备好，用于处理车辆事故或故障时穿着，使其他车辆可察觉而避免车祸。因此，受燃油税上调影响最直接的汽车车主和司机们选择这种廉价易得的黄背心作为此次示威运动的象征。

2018年11月17日，法国多地超过30万人参与游行示威。随后大规模示威引发骚乱，并持续不散，成为法国50年多来最大规模的骚乱。示威运动的诉求也从最初的抗议燃油税逐渐转向对马克龙政府的全面抗议，成为民众对法国社会现状不满情绪的集中爆发。这次运动暴露了法国长期以来积累的经济停滞、失业率高升、税负高企、民众购买力下降、生活水准下滑等诸多问题。尽管政府最终宣布取消燃油税上调计划，但抗议活动并未因此平息。

“黄马甲”运动没有明确的政治立场、没有统一的领导者、没有严密的组织体系，但是参与者分布广泛且组织效率高，传播和呼应速度很快。法国《费加罗报》前总编尼古拉·贝图指出：“由于每个人都有各自的想法、愤怒和抗争，难以形成共识，游行自发起伊始就一直处于徘徊和迷茫状态，并未提出建设性建议。”这场运动折射出法国社会深层次的矛盾与分裂：

一是不同产业之间的劳动力收入差距矛盾。制造业在工会保护和生产效率快速提升的支持下保持较高收入水平；而服务业（尤其是中小企业为主的门类）因工会力量薄弱和生产效率增长缓慢，收入水平相对较低。服务业内部也存在差异，金融、信息技术等行业收入高于餐饮、住宿等传统服务业。

二是不同地区之间的收入差距矛盾。巴黎集中了法国大部分大型制造业和金融、信息技术等高端服务业；其他地区则主要依赖处境艰难的中小企业和餐饮、住宿等中低端服务业。

三是不同族群之间的矛盾。新移民本被期待作为廉价劳动力缓解法国劳动力短缺导致的成本高企困境，但许多移民怀揣享受高福利和追求更好发展的目的而来，努力提升自身社会地位和收入水平，这导致本土劳动者感到压力，加剧了族群紧张关系。

四是民众与政府之间的不信任。面对经济困境，历届法国政府倾向于通过扩大福利支出来平息社会矛盾，这种“饮鸩止渴”的做法不仅未能解决问题，反而使法国债务负担日益沉重。

为应对危机，马克龙总统于 2019 年 1 月 15 日至 3 月 15 日发起全国大辩论，围绕税务、国家机制与公共服务、生态转型、民主与公民身份四大主题展开。然而，这场为期两个月的辩论收效甚微。此后，在新冠疫情冲击下，“黄马甲”运动仍多次在法国各地重现。

拓展阅读

德国社会救助业务外包的负面效应

从 20 世纪 80 年代开始，伴随着新公共管理运动，德国政府逐步退出社会救助领域，将几乎所有的社会救助工作外包给私营企业。按从业人员规模计算，德国的社会救助产业已超越汽车制造和建筑业，成为国内第一大产业。德国员工人数最多的企业是从事社会救助的明爱会（Caritas），雇员超过 50 万人；排名第二的新教社会福利社（Diakonische Werk）拥有 45.3 万名雇员。

私营救助企业的收入来源于政府补助，其服务的“受助者”越多，政府的补助也越多。政府将业务外包的初衷是提高透明度、强化绩效考核并提升效率。然而，现实情况是，私营救助企业为追求利润最大化，往往更倾向于增加“受助者”数量，而非帮助他们实现就业或经济独立。例如，1994—2010 年，德国的残疾人数量增长了一倍——许多健康人被私营救助企业精心“包装”成了“残疾人”。自两德统一以来，被诊断患有学习障碍的人数增加了 66%，精神疾病患者数量增长了 130%，神经症和行为异常患者数量达到 20 世纪 90 年代中期的 3.5 倍。这种现象导致部分德国人将这些私营救助企业称为“慈善黑手党”。

通常政府对弱势群体的救助期限为半年左右，而在现实中，受托的救助企业出于经济利益考虑，往往会故意延长救助时间。某些企业为获取更多收益，还会推出华而不实的救助举措，造成公共资金浪费。例如，德国各地建立了 150 多家昂贵的骑马疗法中心（通过马术为学习障碍儿童提供治疗）。在分类管理方面，一些本可通过自身努力和外界帮助而融入普通教育体系的学习困难儿童，被私营救助企业简单粗暴地划入残疾类别以获取更多补助。

在私营救助企业的鼓动下，政府一直以来都试图以钱来解决所有的社会问题，用于救济的拨款数额不断攀升，而社会中那些无法用金钱填补的沟壑则越来越深——在经济层面给予穷人更多的救济金已无法继续推动社会进步。例如，领取住房救济的群体人均居住面积甚至超过普通纳税人，失业救济金也明显高于某些低收入岗位的工资水平。

更值得关注的是，救助企业的地方负责人常以公众代表或工会代表身份参与社会保障预算和资源分配的决策过程。这种情形犹如允许军火商决定警方何时更换、更换多少新枪械，以及由哪家厂商供货。

近年来，德国私营救助企业的目光已经不再局限于国内。德国对难民救助较为慷慨。叙利亚内战、俄乌冲突和巴以冲突给德国带来源源不断的难民潮。截至 2024 年上半年，德国境内难民人数约 348 万，占总人口的 4%。政府在难民营建设、福利保障、安保、语言和技能培训等方面投入巨额资金。许多地方政府将难民安置工作外包给救助企业，使得部分企业借难民潮大发横财。例如，柏林政府曾被曝向麦肯锡支付高达 23.8 万欧元的费用，就难民安置问题进行咨询。

社会学家迪特里希·特伦哈特（Dietrich Thränhardt）2023 年为艾伯特基金会开展的研究显示：在波兰和捷克，约 2/3 的乌克兰战争难民实现就业；在英国，这一比例超过一半；而在德国，仅有约 1/5 的难民实现就业。低就业率的主要原因包括：德国社会福利较好，降低了难民的工作意愿；职业资格认证和语言测试门槛较高；德国的幼儿园和日托中心数量不足（65%的成年乌克兰难民为女性，其中许多是单亲母亲，她们与大约 35 万名儿童和青少年一起来到德国，因照顾子女而无法工作）；部分难民还需要照顾其他亲属；另有部分难民正在参加语言课程。

主要资料来源：(德)瓦尔特·伍伦韦伯，《反社会的人》，李欣译，光明日报出版社 2014 年版。

复习思考题

1. 本章以专栏形式介绍了德国的"迷你工作"。迷你工作体现了"灵活而有弹性"的劳动力市场原则。但据报道，迷你工作在一定程度上导致正式、长期的工作岗位数量减少。德国工会联合会(DGB)表示，迷你工作非但未能为雇员转入长期岗位铺平道路，反而成为他们走不出去的"死胡同"。对于雇主而言，迷你工作意味着更低的雇佣成本；对于雇员而言，有工作总比失业好，而且对于部分女性而言，拥有更灵活的上班时间、更灵活的工作组织，有利于照顾家庭。然而，临时性工作的稳定性差、收入低。相对而言，这类工作的雇员属于非正式雇员，对工资的议价能力较弱，而且在工作中可能受到正式雇员的歧视。请思考：如何能使灵活用工更好地平衡和保护雇员们的利益,同时又限制临时用工的滥用?

2. 失业保险制度在不同国家有不同的规定。有的国家将失业金的领取期限与参保人在失业前的缴费期限挂钩;有的国家将失业金的给付待遇与参保人在失业前的缴费基数挂钩;有的国家认为,失业并非自愿,失业保险就是一种“保险”,失业是全社会应集体应对的普遍生存风险,因此,所有失业者应领取相同期限、相同待遇的失业金。您对此有何看法?

3. 江苏省太仓市是一个常住人口不足百万的县级市。2023 年,该市有 450 家德国企业落户。该市也建设了不少职业教育学校。请查询相关资料,比较太仓市职业教育与德国职业教育的异同,并分析太仓市、德国的职业教育与企业之间的互相支撑的效果。

4. 奥利弗·纳赫特威在《德国电梯社会:一个欧洲心脏地区的危机》一书中提出了两种“电梯”隐喻:20 世纪 80 年代,富人和穷人处于同一部社会“电梯”中共同上升,由于整体向上移动,因而社会差异显著性降低;21 世纪初,富人和穷人分别乘坐“自动扶梯”,向上和向下移动既表现在集体层面,也表现在个体层面。想象在一个百货商店里,自动扶梯已经把一些富裕的顾客带到了二楼,他们停留在那里环顾四周,或者继续上升至更高的楼层;然而,对于大多数尚未到达二楼的普通顾客来说,行进的方向在不知不觉中发生了变化——自动扶梯在上升了很长一段时间后,开始下降。对就业人口整体来说,行进的方向是向下的,且上下层之间的距离持续扩大。值得一提的是,被困在下行扶梯上的是较为年轻的群体。试分析产生这种情况的原因。

第十章　自由主义福利模式

在艾斯平-安德森的经典著作《福利资本主义的三个世界》中，澳大利亚、美国、新西兰、加拿大、爱尔兰和英国的非商品化指数分别为 13.0、13.8、17.7、22.0、23.3 和 23.4，在 18 个欧美国家中排名最后六位，表明这些国家的社会保障去商品化程度最低，属于自由主义福利模式。这六个国家均以英语为官方语言，在文化传统、宗教信仰和政治体制等方面具有高度相似性，在历次重大战争中常结为盟友，且国民中盎格鲁-撒克逊裔占较大比例，因而被统称为“盎格鲁-撒克逊国家”。[①] 基于这些特征，自由主义福利体制也被称为“盎格鲁—撒克逊模式”。

自由主义福利模式的形成时间较晚，直到 20 世纪 90 年代才开始作为一个学术概念出现在各种文献中。在 20 世纪 80 年代之前，美国和英国的社会保障体制大相径庭，前者属于自由主义模式，后者则是福利国家的先驱和典范。同样，新西兰在 20 世纪 30 年代之前也被公认为世界领先的高福利国家之一。

需要特别说明的是，自由主义福利模式中的“自由主义”指的是新自由主义（neoliberalism），而非古典自由主义（classical liberalism）。自由主义福利模式主要是指 20 世纪 80 年代英美等国实施新自由主义改革后的社会保障模式。

第一节　自由主义福利国家的经济与财政

为了简化分析，本章选取美国、英国、加拿大和澳大利亚这四个国家进行比较。

一、经济现状及特点

美国、英国、加拿大和澳大利亚均较早跻身发达国家行列，拥有开放的市场体系、成熟的营商环境和完善的法律制度。根据 2023 年 GDP 总量排名，这四个国家分别为世

---

① （英）丹尼尔·汉南：《发明自由》，徐爽译，九州出版社 2020 年版。

界第一、第六、第十和第十三大经济体。如表 10.1 所示，其人均 GDP 均高于 OECD 平均水平（46 724 美元）。

表 10.1　　2023 年四个自由主义福利国家的基本情况

国家	领土面积（平方公里）	人口（万人）	人均 GDP（美元）
美国	952.5	34 347.7	82 769.4
英国	24.4	6 868.3	49 463.9
加拿大	998.5	3 929.9	53 431.2
澳大利亚	774.1	2 645.1	64 820.9

注：人均 GDP 数据为世界银行公布的 2023 年以现价美元计算的数值。

资料来源：世界银行网站（https://data.worldbank.org/）。

（一）四国的经济现状

这四个国家的经济各有优势。

美国的市场规模、科技教育水平、研发创新实力和劳动生产率等稳居全球领先地位；美国是世界上最大的农产品出口国，农业以大型农场经营为主，机械化程度高，主要出口大豆、玉米、牛肉、乳制品、棉花和坚果等；工业生产保持稳定；信息、生物等高科技产业发展迅速，传统产业的高科技改造取得新进展；服务业高度发达且门类齐全，金融、电子商务、旅游等领域具有较强竞争力。

英国的支柱产业是服务业，金融服务业、创意产业、教育产业和旅游业等较为发达；制造业中，航空航天、汽车、能源、化工和制药等产业也颇具竞争力。

加拿大拥有丰富的矿产资源，石油、天然气、煤炭、铁矿、铜矿和金矿等的储量和品质均居世界前列；拥有广阔的森林资源，森林面积居全球第三位，仅次于俄罗斯和巴西；农牧渔业发达；在核能、水电、通信、航天等高科技领域竞争力较强；主要以贸易立国，对外贸依赖较大，经济上受美国影响较深。

澳大利亚拥有丰富的能源、矿产和海洋资源；农业生产条件优越，动植物种类繁多；服务业发达，素有“骑在羊背上的国家”“坐在矿车上的国家”之称。1992—2019 年，澳大利亚经济连续 28 年保持增长，是经济增长较快的发达国家之一。

（二）四国的经济特点

1. 新自由主义被英美政府奉为圭臬

新自由主义作为思想流派，最早可以追溯至 1947 年“朝圣山学社”（Mont Pelerin Society）的创立。第二次世界大战后的 30 年里，凯恩斯主义一直是西方发达国家的主流经济思想，新自由主义长期处于边缘化状态。20 世纪 70 年代中期，当凯恩斯主义无法解决持续的经济衰退和通货膨胀时，新自由主义趁势而起。著名的新自由主义经济学家哈耶克、弗里德曼、斯蒂格勒分别在1974年、1976年和1982年获得诺贝尔经济学奖，这不仅意味着新自由主义理论受到学界认可，而且标志着该思想在欧美发达国家确立了主流地位，由理念、思想和学说转变为影响世界的国家政策和社会发展实践。

新自由主义与古典自由主义存在差异。古典自由主义主要强调国家需要通过立法干预来保障企业和个人竞争所需的自由环境，避免垄断。它认为政府只有在市场失灵时才应进行补救性干预，而非进行发展性投资；社会福利仅满足基本需求，其他需求鼓励个人或家庭通过市场自行解决。相比之下，新自由主义强调自由是有条件的，公民必须遵循政府理念来规范自身行为才能获得自由。在此理念下，政府职能有所扩展：不仅维护市场竞争机制的良好运作，而且通过政策法规和文化教育强调家庭与个人责任，促使个人行为符合市场竞争需要。在新自由主义框架下，国家仍承担着调控经济与社会的重要角色。例如，失业者需表明其求职意愿和行动，接受相关培训和就业指导，并随时准备重返劳动力市场，才能获得失业救济。

新自由主义下的国家发展转型以英国和美国最为典型。撒切尔夫人于1979—1990年担任英国首相长达11年半，是20世纪英国任期最长的领导人，其“铁娘子”的称号源于她对英国经济与社会政策的彻底改革。上任后，撒切尔在政治、经济、社会、外交领域进行了一系列大刀阔斧的改革，包括推进私有化、控制货币供应、削减福利开支、削弱工会力量等，其中国企大规模私有化成为改革重点。她主张区分“值得帮的穷人”与“不值得帮的穷人”，将传统社会福利转变为工作福利，强调社会权利必须与个人责任相平衡，认为政府服务只是最后的安全网，由此建立了严格的资格审查制度。在美国，新自由主义的影响主要体现在以“里根经济学”为代表的一系列改革中。1981年就任总统的里根采纳“供给学派”理念，推动削减税收、刺激经济和创造就业，主张通过经济增长和财富增量在低税率条件下增加国家税收。

2.经济开放程度较高

新自由主义崇尚走开放市场的道路，主张降低关税，全面开放经常账户和资本账户，放松对金融行业的管制等。作为全球经济发展领先的国家，英国、美国、加拿大、澳大利亚等实施的经济开放政策既有助于打开发展中国家市场，压制发展中国家的幼稚产业，又能在全球范围内实现商业利益最大化。[①]

(1)资本流动在一定程度上导致四国产业空心化。如表10.2所示，英、美两国的第二产业占GDP的比重均低于20%，产业空心化现象明显；而加、澳两国凭借得天独厚的采矿业优势，第二产业占比勉强维持在20%以上。近几十年来，发达国家制造业的衰退主要受两方面因素影响：一方面，跨国公司在利润最大化的驱动下，将生产环节转

---

① (英)张夏准:《富国的伪善：自由贸易的迷思与资本主义秘史》，严荣译，社会科学文献出版社2023年版。

移至成本更低的发展中国家；另一方面，当制造业利润空间受到挤压时，金融市场却日益繁荣，导致资本更倾向于流向短期回报较高的金融领域，而非回报周期较长的实体经济。

表 10.2　2022 年四个国家的三大产业占 GDP 的比重　单位：%

国家	第一产业占比	第二产业占比	第三产业占比
美国	1.1	17.9	81.0
英国	0.7	17.9	81.4
加拿大	2.1	26.6	71.3
澳大利亚	2.4	27.7	69.9

资料来源：OECD Database.

(2)金融市场高度开放造成经济波动加剧。金融市场的开放和放松管制在促进跨境资本流动更加迅捷的同时，也增加了各国经济波动的风险。英国通过两次金融“大爆炸”使伦敦重新获得并强化了国际金融中心地位：第一次是 1986 年以金融自由化为特征的改革，第二次是 20 世纪 90 年代末以混业监管体系为核心的改革。1999 年美国《金融服务现代化法案》实施后，信用衍生产品快速发展，但监管未能同步跟进，导致金融发展与监管严重失衡。数据显示，1995—2007 年，美国金融机构创造的金融衍生品余额增长了 8.7 倍，而同期美国经济仅增长了 0.86 倍，这种失衡最终酿成了 2008 年次贷危机并演变为全球金融危机。值得注意的是，在 2008 年全球金融危机中，加拿大金融业却独善其身，成为七国集团中受影响最小的国家。这主要归功于其权责明晰的金融监管体制和持续完善的金融监管法律法规，也与金融机构以稳健经营为基础、在追求经济效益的同时切实注重风险控制的做法是分不开的。此外，作为铜、煤、铁矿石、原油、木材等大宗商品的主要出口国，加拿大和澳大利亚相比英美两国更受益于大宗商品价格上涨，因而能够较快摆脱经济危机的影响。

3. 美国的垄断性跨国大企业数量较多

首先，大规模企业并购与科技创新催生了一批行业巨头，加剧了市场垄断。自 20 世纪 90 年代末以来，在宽松的反垄断政策环境下，频繁的并购活动进一步推动了产业和市场集中。根据《经济学人》对美国约 900 个行业的追踪数据，前四大企业的市场份额超过 2/3 的行业数量从 1997 年的 65 个增至 2017 年的 97 个。研究表明，自 1980 年以来，美国家庭收入不平等加剧的现象中约 1/3 可以用超大型企业员工与其他企业员工之间的薪酬差距来解释。[①]

---

① Autor D, Dorn D, Katz L F, et al. The fall of the labor share and the rise of superstar firms. *The Quarterly Journal of Economics*, 2020, 135(2).

数字革命强化了“赢者通吃”的市场格局。信息产品和服务主要依赖软件、数据、研发等无形资产投入，其生产成本几乎全部为固定成本，拓展新客户的成本趋近于零。大型科技公司一旦开发出创新产品，就可能迅速垄断整个市场，并凭借支配地位巩固用户基础。例如，谷歌占据美国搜索引擎市场88%的份额；脸书控制美国社交媒体42%的市场；苹果与谷歌几乎垄断了整个移动操作系统市场。截至2024年6月，亚马逊、微软、英伟达等七大科技公司的总市值已占标普500指数成分股的30%以上，相当于美国2023年GDP总量的一半。

其次，行业巨头会通过游说、媒体运作和政治献金等方式干预政策制定。彭博社数据显示，2015年谷歌、苹果、脸书、微软和亚马逊在华盛顿的游说支出达4 900万美元，而同期五大银行才花了1 970万美元。[①]

二、财政与政府债务状况

（一）整体税收负担较轻

自由主义国家奉行“小政府”理念，因而普遍维持较轻的税收负担，财政收入占比低于其他类型的国家（见表10.3）。在美国，代表高收入阶层的共和党长期倡导减税政策。里根总统、小布什总统和特朗普总统在任期内均推行了重大减税方案。20世纪80年代，里根政府实施大规模减税，将个人所得税最高税率从70%逐步降至28%，企业所得税从46%下调至34%，资本利得税从28%降至20%。老布什就任美国总统后，于1990年将企业所得税税率上限小幅回调至35%，同时扩大了企业所得税税基。在小布什任期，美国聚焦于个人所得税、遗产税、股息红利税和资本利得税，推出了超1万亿美元的减税计划。2017年，特朗普政府推动国会通过《减税与就业法案》，将企业所得税最高税率从35%大幅降至21%，成为美国自1986年以来最具影响力的企业税制改革。减税意味着政府可支配经济资源缩减，美国社会由此产生基础设施投资长期不足、公立教育资源分配失衡、高等教育成本持续攀升，以及研发投入过度商业化等诸多问题。

表10.3　　2019年各国财政收入占GDP的比重　　单位：%

国家	财政收入占GDP的比重	社会保障体制
挪威	57.6	社会民主主义体制
丹麦	53.8	
芬兰	52.4	

① （美）露西·格林：《硅谷帝国：商业巨头如何掌控经济与社会》，李瑞芳译，中信出版集团2019年版。

续表

国家	财政收入占 GDP 的比重	社会保障体制
法国	52.3	法团主义体制
比利时	49.9	
瑞典	49.7	社会民主主义体制
奥地利	49.2	法团主义体制
希腊	49.0	南欧体制
意大利	47.0	
德国	46.5	法团主义体制
葡萄牙	42.6	南欧体制
加拿大	41.4	自由主义体制
西班牙	39.2	南欧体制
英国	38.4	自由主义体制
澳大利亚	34.8	
美国	31.8	

资料来源：OECD. *Government at a Glance 2023*. Paris：OECD Publishing，2023.

（二）政府债务不断攀升

图 10.1 列出了 2007—2022 年四国政府债券余额占 GDP 的比重。

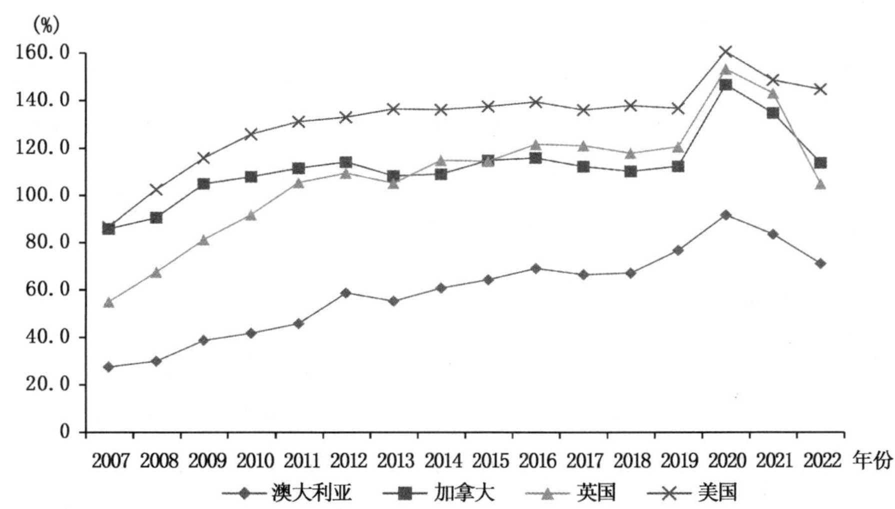

图 10.1　2007—2022 年四国政府债务余额占 GDP 的比重

资料来源：OECD 网站（https://www.oecd.org/en/data/indicators/general-government-debt.html）。

如图 10.1 所示，在全球金融危机爆发前的 2007 年，美国、英国、加拿大和澳大利亚的政府债务余额占 GDP 比重分别为 86.2%、54.7%、85.4%和 27.4%，这一数据反映了自由主义理念下各国相对谨慎的举债行为。值得注意的是，澳大利亚的政府债务比重显著低于其他三国，但其增速相对较快。2008 年全球金融危机后，英美等国奉行的新自由主义市场经济理念遭遇重大挑战，各国政府不得不加强经济干预。由于财政支出快速增长，增税政策又面临诸多阻力，因而这些国家普遍转向扩大举债规模。截至 2020 年底，四国政府债务余额占 GDP 比重已分别攀升至 159.9%、152.7%、146.1%和 91.2%。在随后的 2021 年和 2022 年，这一指标出现小幅回落。

第二节　自由主义福利模式的特点及其影响

美国、英国、加拿大和澳大利亚等国具有较为典型的自由主义福利体制特征，但这并不意味着这些国家缺乏社会保险或全民福利制度。例如，美国的老年、遗属、残疾保险就是典型的社会保险制度，英国和加拿大的国民健康服务属于全民福利制度。

一、社会保障支出的相对规模较小

从社会保障支出占 GDP 比重来看，2017 年 OECD 成员国的平均水平为 20.5%（见表 6.1）。其中，英国、美国、澳大利亚、加拿大分别为 21.61%、18.91%、17.81%和 17.63%，这与自由主义福利制度下社会保障支出占比相对较低的特点相符。

就社会保障支出的结构而言，OECD 成员国的现金福利支出（平均占 GDP 的 12%）高于医疗和社会服务支出（平均占 GDP 的 8%）。加拿大也是如此，其现金福利支出占 GDP 的 9.3%，而医疗和社会服务支出占 8.2%。相比之下，英国、美国和澳大利亚在医疗和社会服务上的支出略高于现金福利支出。

二、社会贫富差距较大

自由主义福利国家的不平等程度显著高于欧洲大陆和北欧国家，主要原因并非自由主义福利国家的社会保障制度不如其他国家有效，而是它们的市场收入不平等程度更大。[①] 以基尼系数衡量（数值越高，表示不平等程度越高），按照不平等程度从高到低排列，在 32 个 OECD 成员国中，美国、英国、澳大利亚和加拿大的初次分配不平等程度排名分别为第 3、4、14 和 23 位，二次分配不平等程度排名分别为第 2、3、12 和 15 位（见

---

① OECD. *Growing Unequal? Income Distribution and Poverty in OECD Countries*. Paris: OECD Publishing, 2008.

表 10.4)。这表明四国无论在初次分配还是二次分配后,收入差距都相对较大。

换个角度,从二次分配与初次分配结果的对比(即政府通过税收、社会保障等措施介入以后的基尼系数变化)来看,按照基尼系数降低情况从高到低排列,美国、英国、澳大利亚和加拿大的排名分别为第 26、21、17 和 24 位(见表 10.4)。这说明在初次分配高度不平等的情况下,这些国家的政府再分配政策效果有限,对缩小收入差距的作用不明显。

表 10.4　　2018 年 OECD 成员国的基尼系数

国　家	初次分配		二次分配后		二次分配对基尼系数的影响	
	基尼系数	排序	基尼系数	排序	基尼系数降低	排序
智利	0.484	1	0.459	1	−0.025	33
美国	0.468	3	0.385	2	−0.083	26
英国	0.459	4	0.361	3	−0.098	21
立陶宛	0.426	13	0.352	4	−0.074	29
意大利	0.441	9	0.340	5	−0.101	20
拉脱维亚	0.413	17	0.337	6	−0.076	28
西班牙	0.446	7	0.332	7	−0.114	14
以色列	0.416	16	0.330	8	−0.086	25
韩国	0.366	27	0.325	9	−0.041	32
卢森堡	0.445	8	0.321	10	−0.124	9
希腊	0.455	6	0.316	11	−0.139	6
澳大利亚	0.417	14	0.313	12	−0.104	17
葡萄牙	0.433	10	0.310	13	−0.123	10
OECD 平均	0.412	18	0.310	14	−0.102	18
加拿大	0.398	23	0.309	15	−0.089	24
法国	0.458	5	0.307	16	−0.151	4
德国	0.410	19	0.296	17	−0.114	13
匈牙利	0.405	21	0.294	18	−0.111	16
爱尔兰	0.479	2	0.293	19	−0.186	1
瑞士	0.340	31	0.290	20	−0.050	31
荷兰	0.408	20	0.289	21	−0.119	11
爱沙尼亚	0.364	28	0.287	22	−0.077	27
波兰	0.397	24	0.285	23	−0.112	15

续表

国　家	初次分配		二次分配后		二次分配对基尼系数的影响	
	基尼系数	排序	基尼系数	排序	基尼系数降低	排序
奥地利	0.427	12	0.284	24	−0.143	5
芬兰	0.429	11	0.275	25	−0.154	3
挪威	0.387	25	0.273	26	−0.114	12
瑞典	0.359	29	0.266	27	−0.093	22
丹麦	0.402	22	0.265	28	−0.137	7
冰岛	0.317	33	0.262	29	−0.055	30
比利时	0.417	15	0.257	30	−0.160	2
斯洛文尼亚	0.377	26	0.246	31	−0.131	8
捷克	0.342	30	0.241	32	−0.101	19
斯洛伐克	0.323	32	0.232	33	−0.091	23

资料来源：OECD. *Government at a Glance 2021*. Paris：OECD Publishing，2021.

贫富差距还体现在教育、健康等社会指标上。例如，2022 年美国孕产妇死亡率（每 10 万例）为 22.3，显著高于中国的 15.7。更值得注意的是，美国不同族裔间存在巨大差异，黑人孕妇为 49.5，白人孕妇为 19，西班牙裔孕妇为 16.9，亚裔孕妇为 13.2。

三、社会保障给付待遇较低

（一）基本养老金替代率较低，更多养老责任转由雇主和雇员承担

表 10.5 显示，自由主义福利国家的基本养老金以维持基本生活开支为目标，其平均替代率为 35.9%，显著低于法团主义福利国家、社会民主主义福利国家及南欧国家。其中，澳大利亚未设立公共养老金制度，仅实施强制性私人养老金计划；英国的公共养老金替代率仅为 21.7%，政府将主要养老责任转移至强制性私人养老金计划。

英国、美国、加拿大和澳大利亚通过税收优惠政策鼓励雇主建立积累型私有养老保险计划。以英国为例，21 世纪初，英国私营部门职业养老金参保率从 2000 年的 47%持续下滑至 2012 年的 32%。英国于 2012 年设立了“自动加入计划”（Automatic Enrolment Program）。所有年收入 7 475 英镑以上、年龄在 22 岁至法定退休年龄之间、未参加任何职业养老金计划的雇员都将“自动加入”养老金计划。雇主缴纳雇员工资的 3%，雇员本人缴纳 4%，政府以税收减免形式计入 1%，合计 8%的缴费注入雇员的个人账户，组成养老金的第二支柱。“自动加入计划”的推出，扭转了职业养老金参保率下降态势。至 2018 年，72%的私营部门员工参加了该养老金计划，此后，这一比例进一步

表 10.5　　各国的基本养老金替代率　　单位：%

社会保障体制	国　家	强制性公共养老金	强制性私人养老金	合　计
自由主义福利体制（替代率平均值 35.9）	澳大利亚	0.0	26.0	26.0
	加拿大	36.8		36.8
	英国	21.7	20.1	41.9
	美国	39.1		39.1
法团主义福利体制（替代率平均值 54.8）	奥地利	74.1		74.1
	比利时	43.5		43.5
	法国	57.6		57.6
	德国	43.9		43.9
社会民主主义福利体制（替代率平均值 59.6）	丹麦	30.2	42.9	73.1
	芬兰	58.4		58.4
	挪威	39.1	5.4	44.5
	瑞典	49.0	13.3	62.3
南欧国家体制（替代率平均值 77.8）	希腊	80.8		80.8
	意大利	76.1		76.1
	葡萄牙	73.9		73.9
	西班牙	80.4		80.4

资料来源：OECD. *Pensions at a Glance 2023*：*OECD and G20 Indicators*. Paris：OECD Publishing，2023.

上升至 2021 年的 75%。符合条件的私营部门员工参保人数从 2012 年的 590 万增长至 2021 年的 1 440 万。[①] 又如，澳大利亚政府于 1992 年推出完全积累型的超级年金计划（superannuation），强制要求雇主为雇员缴费，雇员可自愿缴费并享受个人所得税优惠。截至 2019 年，超级年金的参保者数量占应参保总人口的比例为 78%，资金总额达到 2.9 万亿澳元，相当于当年澳大利亚 GDP 的 1.5 倍。

（二）失业金待遇低、期限短，且领取条件严格

如表 10.6 所示，英国、美国、加拿大和澳大利亚的失业金替代率在失业 2 个月、6 个月、1 年和 2 年后均显著低于 OECD 成员国的平均值。失业 2 个月后，四国的失业金替代率总体偏低一些；失业 6 个月后，美国的失业金替代率剧降至 9%；失业 1 年后，加拿大的失业金替代率降了一半。

① Karjalainen H. On a roll? The first decade of automatic enrolment into workplace pensions. Institute for Fiscal Studies（https://ifs.org.uk/articles/roll-first-decade-automatic-enrolment-workplace-pensions），2022.

表 10.6　　不同失业期限下的各国失业金替代率　　单位:%

国家	2个月	6个月	1年	2年
比利时	91	84	78	65
卢森堡	85	85	85	56
日本	80	80	38	38
立陶宛	79	68	20	18
西班牙	79	79	55	55
丹麦	78	78	78	78
拉脱维亚	78	39	15	15
挪威	78	78	78	78
冰岛	75	75	61	61
以色列	75	75	22	22
葡萄牙	75	75	75	75
斯洛文尼亚	75	67	44	44
意大利	74	73	62	34
韩国	72	72	23	23
瑞典	72	72	64	59
瑞士	72	72	72	24
荷兰	69	65	65	46
法国	66	66	66	66
捷克	65	17	17	17
爱沙尼亚	65	46	46	15
OECD 平均	65	57	44	35
加拿大	64	64	22	22
匈牙利	64	10	10	10
斯洛伐克	64	64	10	10
德国	59	59	59	21
奥地利	57	57	52	52
芬兰	57	57	57	29
爱尔兰	52	34	35	35
土耳其	52	52	0	0
美国	51	9	9	9
希腊	46	46	46	20

续表

国家	2个月	6个月	1年	2年
新西兰	42	42	42	42
波兰	42	33	33	19
澳大利亚	32	32	32	32
英国	17	17	17	17

资料来源：OECD网站（https://www.oecd.org/en/data/indicators/benefits-in-unemployment-share-of-previous-income.html）。

四、工作福利在社会保障支出中占比较高

传统福利制度的主要缺陷之一就是福利陷阱，即人们找到工作后的收入可能与领取福利金时的收入相差很小，导致人们倾向于消极接受福利（参见专栏10.1）。同时，现实中部分全职劳动者因收入水平低于贫困线，成为“穷忙族”。新自由主义的倡导者认为，全职劳动者应免遭贫困，并使许多低收入者的边际有效税率避免大幅提高。为此，政府需要出台工作福利政策，提高劳动者收入。工作福利政策的出台强化了传统济贫法中对“值得救济”与“不值得救济”的区分。

在实践中，英美国家的工作福利政策较为消极，其重心在于促进快速就业而非人力资源发展，因此，政府在就业培训方面的支出比重很低，而与工作相关的福利支出较高。政府以取消福利待遇为威胁，迫使失业者尽快重新进入劳动力市场，走上自力更生的道路。在这种政策下，失业者往往急于重新就业而忽略对就业品质的追求，导致低薪工作、非典型就业以及工作贫穷现象日趋增多。对于长期失业者、单亲家长、残疾者等就业弱势群体，政府强调就业优先战略，在促进该群体就业的同时，针对其薪酬较低的状况，辅以各种工作福利（in-work benefits），使其就业后收入水平高于失业期间领取的社会保障救济金或失业金。

在工作福利方面，美国1975年出台的“收入所得税抵免”项目（Earned Income Tax Credit，EITC）影响最大。该项目设计理念类似于负所得税，即当收入较低时，不仅不需要纳税，而且可以从政府获得补助金。[①] 补助金额取决于申请人的收入水平、婚姻状况及未成年子女数量。以2023年一位有一个未成年子女的单亲家长为例：当年收入低于11 750美元时，每多挣1美元，联邦政府就补贴34美分，最大补贴额为3 995美元；当年收入在11 750～21 560美元时，可全额领取3 995美元补贴；当年收入超过21 560美元后，每多挣1美元，补贴将减少15.98美分，直到年收入达46 560美元时补贴归

① 从树海、郑春荣：《国际社会保障全景图》，江苏人民出版社2015年版。

零。2023 年，该项目总支出达 710 亿美元，约 2 300 万人获得补贴。

英国效仿美国的 EITC 制度，于 2003 年推出“工作税收抵免”项目（Working Tax Credit），旨在为成年低收入工作者提供补助金。[①] 补助金包括基础补贴、夫妻/单亲补贴、儿童补贴、残疾补贴、每周工作满 30 小时补贴等，根据申请人实际情况进行调整。

五、得益于宽松的移民政策，老龄化压力略小

发达国家收入高，工作机会多，通常是移民的目的地，而发展中国家是移民的输出国。加拿大、澳大利亚和美国等国的人口密度较小，移民政策相对宽松，接收了较大数量的国外移民。英国虽然不是传统的移民目的国，但移民的比例也不低（见图 10.2）。一方面，由于移民通常较为年轻，因而大量移民的输入为这些国家提供了廉价的劳动力，降低了老龄化率；另一方面，这四个国家均为英语国家，高等教育较为发达，通过吸引世界各国青年学子求学，从中吸收了许多优秀人才留在当地工作，增强了国家竞争力。例如，1949—2021 年，美国获得诺贝尔奖的人数为 341 人，其中有 232 人是在美国以外的国家出生的；英国获得诺贝尔奖的人数为 84 人，其中有 64 人是在英国以外的国家出生的。美国谷歌公司创始人谢尔盖·布林、特斯拉创始人埃隆·马斯克、英伟达创始人黄仁勋等均非美国本土出生。

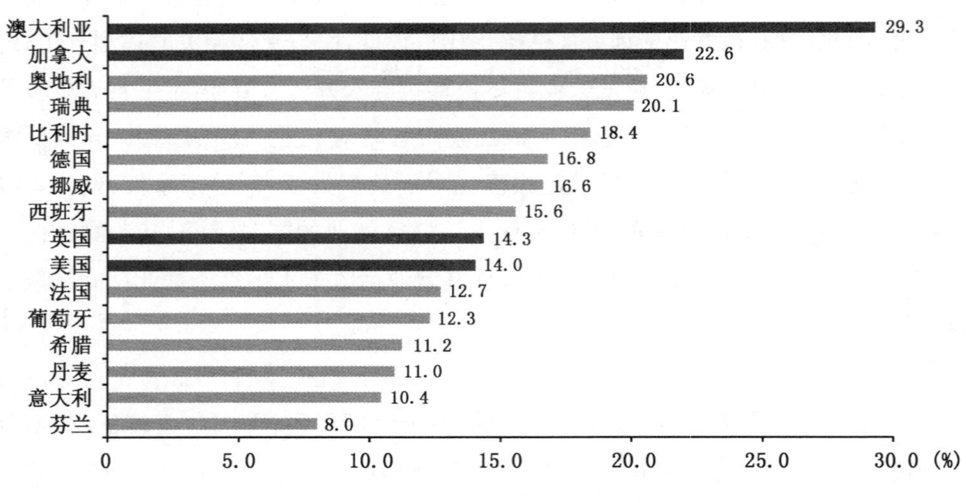

图 10.2 2022 年外国出生的人口占本国总人口的比重

资料来源：OECD. *International Migration Outlook 2023*. Paris：OECD Publishing，2023。

① 郑春荣：《英国社会保障制度》，上海人民出版社 2012 年版。

由于这些国家的移民主要是西班牙裔、亚裔和非裔等，加上国内各族裔的生育率差异较大，因而非白人的人口占比越来越高。例如，美国非西班牙裔白人占总人口的比例从1980年的80%降至2020年的58%，预计到2045年将低于50%。各族群的宗教信仰、收入水平和教育程度差异较大，导致政策决策的复杂性和政治领导人选举的不确定性大大增加，这给各种社会保障政策的出台带来挑战，并可能引发社会不满和骚乱。例如，一项政策如果不利于穷人，则可能引发社会不满，而当这些穷人又主要是黑人时，这项政策甚至可能被指责存在种族歧视，从而导致更大的矛盾和冲突。

专栏10.1　“福利陷阱”与边际有效税率

在美国，失业者在找到工作实现自食其力后，就会失去原有的社会福利，包括免费或低价处方药、住房补贴、食品券等。由于低收入人群从依赖福利转向工作会面临福利削减，其边际有效税率可能远高于名义上的边际所得税税率。

2017年8月25日，英国《金融时报》发表了一篇题为“美国的福利制度落后”(America's Benefits System Is Backwards)的报告，计算了2016年在不同收入水平下一位单亲妈妈每多挣7 000美元实际需缴纳的税负。报告发现，如果一位单亲妈妈的劳动收入从每年10 000美元增至37 000美元，其实际收入仅从26 200美元增长到34 000美元。这意味着额外27 000美元收入的实际税率超过70%！尤其值得注意的是，当年收入达到30 000美元时，若因加薪或兼职又使收入增至37 000美元，则政府对增加的7 000美元收入所适用的税率实际已超过80%——因为不可以再领取家计调查型福利金了。相比之下，一位年收入63 000美元的单亲妈妈，仅需为之后增加的7 000美元收入支付30%的税。

除了不公平，这种制度还削弱了低收入者的工作意愿。特别是对于年轻父母而言，就业后还需额外承担儿童看护费用，进一步降低了他们的实际收入。

第三节　自由主义福利模式的环境条件

从1978年到2008年，世界经济经历了“黄金30年”，全球化进程总体顺利。欧美国家扭转了经济滞胀的颓势，经济实现了较快增长，这为自由主义福利体制的实施提供了有利的外部环境。然而，自2008年美国次贷危机爆发以来，自由主义的市场经济模式受到越来越多的质疑。从“2011年伦敦骚乱”到“2011年占领华尔街运动”，与经济增长相伴而生的社会贫富差距问题正在逐步显现其负面效应。

一、英美等国以新自由主义作为主流经济理论

新自由主义是对第二次世界大战后福利资本主义模式的一次重新调整。作为一种独特的政治经济理论，从广义来讲，新自由主义认为“在以强大的私有财产权、自由市场和自由贸易为特征的制度框架内，解放个人的创业自由和技能可以最大程度地促进人类福祉”①。

第二次世界大战后，发达资本主义国家尽管强调市场的自由竞争，但政府仍通过累进税制、劳动法规、市场监管、金融分业监管、跨境资本流动管理、社会福利和国有化等各种制度对经济与社会进行管制、调节，促成资本家与工人及工会之间的妥协，合理保障多数社会群体的生存与发展机会，实现全民就业、消费需求增长和经济发展之间的良性循环。这种做法被称为“镶嵌型自由主义”(embeded liberalism)，即将必要的管制制度“镶嵌”于自由主义之上，才能确保自由主义运行有序。②。

新自由主义形成于20世纪70年代，并在80年代逐渐成为主导性的政治经济哲学。自由主义思想在经济领域主要表现为信奉自由市场、反对国家干预，主张“小政府大市场”。新自由主义主张限制国家职能，减少其对自由市场的干预，避免过度的社会保障。在这一理论框架下，市场化被诠释为私有化、自由化、去管制化，以及放松对资本、劳动力和商品流动的限制。新自由主义认为：收入差距是市场竞争的必然结果，反映了效率与能力的差异，如果人为干预，则会削弱劳动者的工作激励，最终影响经济发展；福利国家增加了企业用工成本，降低了企业的竞争力，进而拖累了经济发展；国家因福利制度承揽过多的社会责任，削弱了个人责任感，破坏了工作伦理，造成贫穷陷阱(poverty traps)，形成福利依赖。因此，新自由主义主张将福利制度缩减到最后安全网的程度即可(最小化福利国家)。

为里根总统改革提供理论支撑的供给学派是新自由主义的重要分支。供给学派认为，降低所得税能激发企业和个人的积极性，进而促进经济增长，税基的扩大足以抵偿税率下调所导致的税收减少。实际上，这一论断是错误的。20世纪80年代美国的减税政策导致政府债务急剧攀升。里根总统奉行“自上而下”的“涓滴经济学”(trickle-down economics)，认为随着经济发展成果不断增大，受益人群也将逐步扩大，从最先受益的上层富人，一滴一滴“外溢”，逐步惠及包括普通民众在内的所有人。“涓滴经济学”同样也被实践证明是错误的。

在社会福利政策方面，里根在1976年竞选期间通过夸大冒领福利金的新闻报道，

---

① (美)大卫·哈维：《新自由主义简史》，王钦译，上海译文出版社2016年版。

② Ruggie J G. International regimes, transactions, and change: Embedded liberalism in the postwar economic order. *International Organization*, 1982, 36(2).

塑造“福利女王”(welfare queen)的负面形象,指责部分女性故意生育多个子女,以最大限度地享受福利,避免寻找工作,用纳税人的钱过着奢侈的生活。在对待工人罢工方面,里根政府采取强硬立场。1981 年 8 月 3 日,美国航管员工会组织 1.3 万名航空管理员罢工,要求提高收入。大罢工导致全国约半数航班停飞。根据法律,航空管理员属于联邦雇员,不得参与任何中断航空塔台指挥的罢工行动。在里根总统的复工要求下,只有 1 650 人回到工作岗位。8 月 6 日,里根下令开除拒绝复工的 11 359 名罢工者,并立即从美国联邦空军抽调航管员,维持航空业基本运行,同时在社会上招募新员工进行培训。

二、新公共管理运动与新公共服务运动对社会保障管理模式产生影响

20 世纪 80 年代,英美各国为应对国际竞争挑战、重振经济以及提高政府效率,相继掀起了以“新公共管理”为名的政府改革热潮。例如,1993—2000 年,克林顿政府进行了一场持续 8 年的重塑联邦政府运动——“国家绩效评估”(National Performance Review),被视为“美国历史上持续时间最长、最成功的改革”。英美各国的主要举措如下:

(1)打造“掌舵而不是划桨”的政府,加大行政决策与执行的分离,精简政府职能。[①] 通过民营化、解除政府管制以及精简管理等途径,政府将部分职能移转至社会经济组织或第三方部门,推行公共服务外包,促进公共服务市场化竞争。

(2)向地方政府和基层政府机构分权,下放财权和事权。为了提高管理效率、贴近服务对象、促进创新以及健全激励机制,各国扩大地方政府的自主管理权限,并增强基层政府机构在人财物方面的自主权。部分政府经济部门和服务部门独立分设,机构之间的上下级隶属关系转变为契约关系,着眼于工作过程转变为着眼于工作绩效。英国 1988 年“续阶计划”(The Next Steps Program)和新西兰国有企业私有化改革是其中最具突破性的实践。

(3)引入现代管理技术,减少科层制下官僚体制僵化的不良影响。战略管理、全面质量管理、成本管理和标杆管理等企业管理方法被运用到政府管理中,强调专业管理、绩效标准与评估、结果管理以及顾客导向等。

(4)实施更加灵活的人力资源管理。在公务员录用、薪酬、职位分类、培训等方面简化规定,增强灵活性;以结果为导向,加强人员的绩效考核;在聘用方面,除传统的终身聘用制公务员以外,还增设了聘期制和临时性的人员序列。

上述改革在社会保障领域引发的最大变化在于:国家不再是社会保障的唯一供给

---

① (美)戴维·奥斯本、(美)特德·盖布勒:《改革政府:企业家精神如何改革着公共部门》,周敦仁译,上海译文出版社 2006 年版。

者，转而以福利多元主义（welfare pluralism）为理念，由政府、非正式部门、志愿者、私营部门等共同提供社会保障，形成伙伴合作关系，实现相互竞争和制衡。福利多元主义是指福利的筹资、管理和提供可以由不同的部门共同负责完成，而不再局限于单一的组织。福利多元主义主张福利来源多元化，既不能完全依赖市场，也不能一味仰赖政府，即福利产品可以来自政府提供的法定福利（statutory welfare）、基于对价原则的市场化商业服务（commercial service）、基于血缘的家庭福利（domestic welfare）、各类志愿性组织（互助组织、非营利组织）的自愿服务（volunteer service）。这种模式打破了福利供给的垄断格局，形成多元化竞争态势。

新公共管理理论在用于重塑政府的实践中也显现出局限性。例如，“企业家政府”以公众满意度作为政府施政品质的衡量依据，但存在两大困境：一是公共服务多属无偿供给，公众难以精确计算自己的满意效用；二是政府施政必然涉及收费、课税、行政处罚等“不讨好”的事情，要追求当事人的满意度，无异于缘木求鱼。

在 2000 年前后，新公共管理理论被新公共服务理论所取代。新公共服务理论的代表人物美国学者罗伯特·登哈特和珍妮特·登哈特夫妇在 2007 年《新公共服务：服务，而不是掌舵》（*The New Public Service：Serving，not Steering*）一书中深刻指出：“我们急于掌舵，却忘记了船的主人是谁。”政府与公民之间的关系不等同于企业与客户之间的关系，应重视公民参与治理的协力伙伴关系；公共行政人员在管理公共组织、执行公共政策时，应以服务公民、赋权公民的责任为中心，以公民为本，重点不在于掌舵、划桨，而在于建设诚信、负责的公共机构。①

三、全球化进程对英美国家的社会保障政策产生双重影响

（一）英美国家利用“华盛顿共识”巩固其竞争优势

新自由主义主张生产要素（尤其是资本）在全球范围内不受限制地自由流动，因此，英美国家曾长期扮演全球化主要推手的角色。美国、英国、加拿大和澳大利亚的对外贸易额均位居世界前列。1989 年，英美等西方国家与 IMF、世界银行等国际组织共同提出以新自由主义理论为基础的“华盛顿共识”（Washington Consensus），推动金融管制放松、多轮贸易自由化（促成 1995 年世界贸易组织的建立）、国有企业私有化、公共福利支出削减以及养老金私有化等。值得注意的是，IMF 和世界银行在向发展中国家提供援助时，往往将这些政策主张作为附加条件，导致跨国资本的支配力量凌驾于国家与社会之上。“华盛顿共识”对拉丁美洲和东欧国家的经济发展和社会政策产生了重要影

① （美）珍妮特·V. 登哈特、（美）罗伯特·B. 登哈特：《新公共服务：服务，而不是掌舵》（第三版），丁煌译，中国人民大学出版社 2016 年版。

响，使这些地区在经济上沦为欧美发达国家的剥削对象，在社会政策方面则被迫采纳新自由主义福利体制。20世纪90年代，欧洲大陆经济持续低迷、苏联模式崩溃以及1998年东南亚金融危机爆发，进一步强化了美国自由主义经济理念的全球影响力。

（二）贫富分化加剧，对社会保障政策形成挑战

全球化进程强化了跨国公司在劳资谈判中的优势地位，导致劳动收入占GDP比重持续下降，贫富差距不断扩大，这使社会保障政策面临更为严峻的挑战。然而，自由主义福利国家在贫富分化加剧的趋势下，受限于财政能力而难以增加社会保障支出。

2008年美国次贷危机爆发并引发全球金融危机后，英国首相戈登·布朗在2009年二十国集团伦敦峰会上公开宣称"旧有的华盛顿共识已经终结"。2023年4月27日，美国国家安全事务顾问杰克·沙利文在布鲁金斯学会发表《重振美国经济领导力》演讲时，首次提出"新华盛顿共识"。他强调美国必须摒弃"旧共识"对自由市场的过度迷信和美好期许，应加强政府干预，从国内产业政策和国际经济联盟两个方面，全面复兴美国国内的产业生态系统和科技创新能力，以及培育更有竞争力的中产阶级。①

第四节　自由主义福利国家之间的福利模式差异

本章把英国、美国、加拿大和澳大利亚作为自由主义福利模式的代表国家，但这四个国家在部分社会保障制度以及分配制度方面差异极大。本节将介绍这四个国家社会保障制度的差异。

一、英国社会保障制度的独特之处

（一）具有一定的法团主义福利体制特征

艾斯平-安德森认为，英国是一个边缘案例（borderline case）。② 在《福利资本主义的三个世界》一书中，就"去商品化"而言，英国的得分高于其他自由主义福利国家的得分，接近法团主义福利国家的得分，这就意味着英国也具有一定的法团主义福利体制特征。例如，英国的国民健康医疗体系是全世界最有影响的免费医疗制度。

（二）虽开始关注社会投资政策，但实施力度相对有限

从1997年5月至2010年5月，工党在执政的13年间，推行了"第三条道路"和社会投资政策。从政党属性看，工党作为传统左翼政党，本应是福利国家的坚定捍卫者；然而实际上，受欧盟《马斯特里赫特条约》财政约束条款的限制，政府债务规模受到严格

---

① Sullivan J. *Renewing American Economic Leadership*. Washington，DC：The Brookings Institution，2023，27.

② （丹麦）考斯塔·艾斯平-安德森：《福利资本主义的三个世界》，郑秉文译，法律出版社2003年版。

管控，财政支出难以扩张，致使社会投资政策的实施效果大打折扣。

二、美国社会保障制度的独特之处

在四个国家中，美国的社会保障制度最为保守。这一特征在一定程度上与其轮流执政的两大政党有关。通常而言，一国若有强大的左翼政党，就会发展出高水平的社会保障政策[①]，而美国的共和党与民主党均不符合传统左翼政党的标准。

(一)儿童福利和基础教育政策较为薄弱

2017 年 6 月，联合国儿童基金会研究办公室发布《富裕国家儿童福利报告》(*Report Card 14:Children in the Developed World*)，公布了对 41 个发达国家儿童福利状况的调查结果。评估标准包含消除贫困、零饥饿、医疗健康和高质量生活、优质教育、体面的工作与经济发展、缩小差距、可持续的城市与社区、负责任的消费与生产观念、和平公正和强大的机构等九项指标。在 41 个发达国家儿童福利整体排名中，北欧国家与德国、瑞士等名列前茅，而罗马尼亚、保加利亚与智利等经济发展水平相对落后的国家排名垫底。美国的经济发展水平较高，但儿童福利水平排名仅为第 37 名。美国在儿童贫困、饥饿、贫富不均等项目上的得分相对较低。值得注意的是，美国是发达国家中唯一未在全国实行法定带薪产假的国家。2017 年，美国的儿童贫困率为 17.5%，高于成年人的贫困率(12.3%)。[②] 全美有 1 300 万儿童生活在贫困线以下，美国官方却有意压低贫困人口数据，导致许多儿童在生活和学习上得不到应有保障——穷人家的儿童犹如无形的孩子，政府看不见。[③]

2022 年，OECD 面向全球 81 个国家 69 万名 15 岁学生实施的国际学生评估项目(PISA)结果显示，美国学生的学习能力总排名在 37 个 OECD 成员国中位列第 14 位，其中数学成绩创下历史新低，从 2018 年的平均 478 分跌至 2022 年的 465 分，比 2003 年首次参加 PISA 考试时低 18 分，2022 年的数学能力排名跌至第 28 位。

(二)以税收优惠政策促进私人福利的发展

从总体上讲，美国联邦政府层面的核心社会保险政策比欧洲发展得稍晚，且社会保障政策对重大社会风险的保护不够全面。美国的福利体系比其他发达国家更依赖私人保障，这导致其在健康、教育、贫困、不平等、犯罪、无家可归等方面表现更为糟糕。然而，也有学者研究表明，美国与其他国家在社会保障规模上的差异并没有数据所呈现的

① Hibbs Jr D A. Political parties and macroeconomic policy. *American Political Science Review*, 1977, 71(4).

② (美)杰夫·马德里克:《看不见的孩子:美国儿童贫困的代价》，汪洋、周长天译，上海人民出版社 2021 年版。

③ (美)安德里亚·埃利奥特:《看不见的孩子:一座美国城市中的贫困、生存与希望》，林华译，中信出版集团 2023 年版。

那么大，原因在于美国的大部分社会福利支出实际上是“隐藏的”或“淹没的”。[①] 具体分析可参见本书第六章第四节“新的社会福利核算方法及其内涵”。

（三）以信贷政策来弥补社会福利的短缺

美国西北大学社会学教授莫妮卡·普拉萨德（Monica Prasad）认为，美国并非实行自由主义福利模式的国家，而同样是一个政府积极干预的国家，只是对福利的干预方式与其他国家有所不同。[②] 其主要观点如下：

1. 美国贫富分化严重，导致居民消费能力有限

美国农业规模巨大，农民利益无法像欧洲那样仅靠贸易保护主义来维护，而更多需要通过扩大内需来实现。财富集中在富人手中被认为是内需不振的主要原因，由此导致美国在制定法律和政策时倾向于对消费者让利，而对财富拥有者征税。反映到税制构建上，表现为收入所得累进税大行其道，而针对销售和消费的累退税裹足难行。

高累进税制又促使企业通过为员工提供附加福利来享受税收优惠，这无疑推动了美国私人福利制度的发展，但反过来也削弱了公共福利体系获得支持的基础。

2. 美国发达的信贷政策弥补了公共福利的不足，支撑了居民消费，但也埋下隐患

美国缺乏欧洲普遍存在的福利制度，由此产生对信贷的潜在需求，信贷成为美国人的生存方式。信贷的民主化促使美国人将相当一部分公共福利需求转化为信贷需求，从而使得政府通过金融便利化回避了福利供给责任，例如，以住房信贷支持制度替代公共住宅建设体系。换言之，累进税与信贷民主化削弱了美国作为福利国家的能力，同时促成了有别于欧洲版社会凯恩斯主义的美国式“按揭凯恩斯主义”的兴起。

如果信贷是公共福利国家的替代品，那么福利政策的发展将减少对信贷的需求，从而降低金融波动性。一项更加发达的福利政策将会减少美国政治经济中对按揭贷款和信贷的需求。这非但不会损害美国经济增长，反而会为其铺平道路——随着金融需求的减少，金融业回报率将下降，而生产率更高、更稳定的实体经济将吸引更多资源和熟练劳动力。

由于贫富差距扩大，中产阶级收入停滞不前，因而美国政府不得不扩大对中产阶级的消费者信贷。从短期来看，这产生了双赢效果：一方面，刺激消费，进而推动了经济增长；另一方面，让中产阶级实现了自我催眠——信贷增长掩盖了他们收入停滞不前的真相。信贷增长也进一步加剧了原有的贫富差距问题。[③] 而且从中长期来看，这种幻象终将破灭，中产阶级消费泡沫及由此催生的华尔街泡沫都将破灭，其后果将是毁灭

---

① Mettler S. *The Submerged State*: *How Invisible Government Policies Undermine American Democracy*. Chicago: University of Chicago Press, 2011.

② （美）莫妮卡·普拉萨德:《过剩之地：美式富足与贫困悖论》，余晖译，上海人民出版社 2019 年版。

③ （美）拉古拉迈·拉詹:《断层线：全球经济潜在的危机》，刘念、蒋宗强、孙倩等译，中信出版集团 2015 年版。

性的。

三、加拿大社会保障制度的独特之处

加拿大与英国类似，部分社会保障现金待遇和服务以全民普遍福利的形式发放。例如，加拿大实行公共医疗保健制度(Public Health System，PHS)，国民无需直接向医院和医生支付医疗服务费用，医疗卫生机构几乎全部由政府资助。然而，加拿大医院的药房仅对住院病人免费提供所需药品，门诊病人需凭医生处方自行到药店购药。在公共医疗保健制度的基础上，加拿大政府还为 65 岁以上老人及贫困人群建立了医疗救助性质的免费药品供应、家庭护理和长期护理制度。

四、澳大利亚社会保障制度的独特之处

部分学者认为，澳大利亚在社会保障政策的许多方面都形成了强有力的收入再分配效果，应属于第四种模式——"激进模式"。①

(一)实行资产调查型的公共养老金制度

澳大利亚并未建立社会保险型的基本养老保险制度，而是实行资产调查型的公共养老金制度。该制度根据老年人的收入和资产情况进行福利扣减，从设计上看是最有利于低收入群体的。从表面上看，澳大利亚的养老金领取资格以家计调查为前提，设有多项限制条件，但实际上其领取标准较为宽松，并非仅针对少数贫困老年人。不过也有观点认为，这种制度可能导致部分老年人在临近退休时挥霍资产，以获取最高额度的公共养老金。截至 2021 年 6 月 30 日，全澳共有 280 万 65 岁及以上人士领取公共养老金、残疾人抚恤金或护理补助，占该年龄段人口的 67%。

(二)法定最低工资高

工资收入是劳动者在初次分配中获得的收入。政府通过规定最低工资来调节收入再分配，这种方式虽然不体现在社会保障预算收支上，但同样达到收入再分配的效果。1896 年，世界首个最低工资法案在新西兰通过，澳大利亚紧随其后。在 1907 年一起涉及阳光收割机工厂(Sunshine Harvester Works)雇员的著名诉讼案中，澳大利亚法庭裁定合理工资必须足以让一个有全职母亲和 3 名孩子的家庭维持"节俭舒适"(frugal comfort)的生活标准。这一裁决提高了合理工资的标准，要求满足"一个在文明社会生存的人"的基本需求。

目前，澳大利亚最低工资是指必须向所有成年雇员(21 岁及以上)支付的法定最低

---

① Whiteford P. Australia: Inequality and prosperity and their impacts in a radical welfare state. In Nolan B, Salverda W, Checchi D, et al. *Changing Inequalities and Societal Impacts in Rich Countries: Thirty Countries' Experiences*. Oxford: Oxford University Press, 2013.

小时工资率。它由公平工作委员会（FWC）制定，每年审查一次。长期以来，澳大利亚是世界上最低工资最高的国家之一。OECD根据2020年美元“购买力平价”（PPP）调整后的数据显示，2020年澳大利亚的最低工资为每小时12.88美元，连续两年位居全球首位。这些数据表明，与其他国家的最低工资收入者相比，澳大利亚领取最低工资的工人用其税前工资能够负担更多的商品和服务。

专栏10.2　强制投票制度与社会政策的公平性

自20世纪90年代初以来，全球平均选举投票率已明显下降，其代表性受到一定质疑。例如，2016年美国选民投票率降至近20年来的最低点，只有约55%，是1996年以来历次总统大选投票率最低的一次(1996年有53.5%的合格选民进行了投票)。

澳大利亚、希腊、新加坡、比利时、泰国等国是世界上少数实施强制投票制(compulsory voting)的国家。在未实施强制投票的情形下，政党或候选人若要争取选票，可以针对少数或特定阶层，提出社会福利作为诉求。由于这些少数或特定阶层的选民往往是社会的弱势群体，在有利的政策诱因下，较其他阶层的选民具有更强的投票意愿，因而提出此类政策的政党或候选人通常可以达到目的，即以牺牲公益的方式，实现政党或候选人的私利。然而，这种做法可能因政策形成的偏差，造成社会资源分配的错乱，影响国家整体发展。这种未考虑社会整体发展、将资源强制性转移至少数或特定阶层的政策，对其他阶层而言无疑是一种惩罚。

若实行强制投票，政党或候选人如欲获得选票，必须提出大多数选民所能接受及认同的政策。这可以缓和人们在公共议题上的尖锐对立，避免做出政治正确的偏差决策，帮助人们对公共议题、族群议题的讨论趋向理性务实。此举可避免少数偏激政策的出现，并促进理性形成公共议题的决策。

自1923年澳大利亚联邦政府推行强制投票制度以来，各州陆续跟进。按照规定，符合投票资格的澳大利亚公民都必须投票。若错过联邦选举，最低罚款20澳元；若错过州选举，最高罚款达79澳元。尽管这样的罚款对平均年收入8万澳元的澳大利亚人而言并不算多，且错过选举可用各种理由申诉免除罚款，但澳大利亚选举投票率仍超过九成。美国前总统奥巴马曾表示，如果美国能学习澳大利亚，实现全民投票，则不仅可以改变美国的政治版图，还能抵消金钱对政治的影响。

拓展阅读

美国的配偶养老金制度

在美国，配偶一方在达到法定领取养老金年龄时，可以依据另一方配偶的养老保险缴税记录获得养老金的领取资格。主要规定如下：

（1）如果退休人员在世，则其配偶可以在该退休人员领取基本养老金的同时，依据该退休人员的养老保险缴税记录获得养老金领取资格。

（2）如果退休人员过世，则其配偶在无收入的情况下也可领取已故退休人员的社会保障金，但需符合以下条件之一：一是配偶年龄超过 50 岁且属于残障人士；二是配偶年龄超过 60 岁；三是不论配偶年龄多大，家中有 16 岁以下儿童或残障人士需要抚养。只要符合上述三项条件之一，该配偶即可享受已故退休人员的社会保障金福利。若配偶达到可领取全额社会保障金的年龄时开始领取，则可获得全额社会保障金；提前领取则根据年龄相应扣减。目前美国约有 500 万丧偶者享受已故配偶的社会保障金福利。值得注意的是，即使配偶 60 岁后再婚，仍有资格享受已故前配偶的社会保障金。

（3）婚姻持续时间达 10 年及以上的离婚人士，可以依据前配偶的养老保险缴税记录领取养老金，待遇与现任配偶完全相同。若离婚后再婚，则只能根据现任配偶的养老保险缴税记录领取养老金。如果离婚人士在 60 岁及以上时再婚，则不受限制，可比较现任配偶与前配偶的养老保险缴税记录，选择较高者领取养老金。若离婚人士有多段持续时间超过 10 年的婚姻，且在达到领取养老金年龄时为单身，则可选择养老保险缴税记录最高的前配偶领取养老金。

（4）配偶养老金的领取标准为：另一方配偶在世的，可以领取其养老金给付额的 50%，且另一方配偶的给付额不受影响；另一方配偶已经去世的，可以领取其养老金的 100%。

（5）配偶可以通过两种途径领取养老金：依据自己的养老保险缴税记录，以及依据另一方配偶的养老保险缴税记录。配偶可以比较两种方式，选择养老金给付额较高的方式领取。

从上述制度可以看出，一个从未在家庭以外工作过且从未缴纳过社会保障税的被扶养配偶自然就获得了享受社会保障养老金的资格。有达到正常退休年龄的被扶养配偶的退休人员及其配偶领取的总养老金是未婚时的 150%。不仅如此，在有被扶养配偶的退休人员去世后，其遗属还可以继续领取该退休人员的全部养老金（仅为该退休人员本人享受的数额，不包括对配偶增加的 50%部分）。

这一制度设计符合当时的社会历史背景。社会保障法于 20 世纪 30 年代通过时，离婚尚不多见，标准家庭模式是单职工男性养家。当时女性就业率很低，绝大多数女性依靠丈夫生活，主要从事家务劳动和子女抚养。

然而，当今美国家庭结构已发生巨大变化。在美国，每三个孩子中就有一个是非婚生子女。以 2011 年为例，410 万生育女性中有 35.7%未婚。离婚已成普遍现象，再婚率则持续下降。单亲家庭比例不断上升。2012 年，47%的美国成年人未婚，而这一比率在 1970 年仅为 32%。2010 年，美国终身未婚人口占成年人总人口的比重为28%，而这一比率在1960年仅为15%。

在美国社会和家庭结构剧变的背景下，配偶及遗属养老金制度未作相应调整，导致诸多不公平和负面激励现象。证据表明：美国的配偶养老金制度挫伤了许多已婚妇女参与工作的积极性，造成明显不公平现象。它降低了缴纳社会保障税的女性的工作回报——一个原本可以成为被扶养配偶的工作者缴纳了全额社会保障税，但其收益仅相当于主要养家者收入的50%以上的部分。假设两个家庭终身年收入均为6万美元。其中，家庭A是单职工家庭，丈夫是唯一的收入来源，全部收入为6万美元，妻子不工作；家庭B是双职工家庭，收入由丈夫和妻子均等获得（每年各3万美元）。假设家庭A的丈夫将在2032年退休，在现行制度下，他将有资格获得每年2.5万美元的养老金。由于他有需要扶养的配偶，因而他将得到另外的1.25万美元，养老金总额达到每年3.75万美元。家庭B的夫妻二人将于2032年同时退休，根据他们各自的工资记录，每个人每年将获得1.7万美元的养老金。他们的养老金总额为每年3.4万美元，比单职工家庭少3 500美元。事实上，该家庭接受了对增加一个人的终身劳动的负激励：双职工家庭比单职工家庭得到的养老金反而低。

进一步的问题出在有死亡发生的情况下。如果单职工家庭中已退休的养家者去世，则其遗属（被扶养配偶）将继续领取养家者的2.5万美元养老金直至身故；而双职工家庭中一方去世后，另一方仅能获得本人有资格领取的1.7万美元养老金——比从未在家庭以外工作过且从未缴纳过社会保障税的被扶养配偶少8 000美元。这种制度事实上更优待被扶养配偶而非工作配偶。

这种异常的情况在未婚女性劳动者与被扶养配偶间表现得尤为突出：1999年收入5.5万美元并于2000年退休的男性，其被扶养配偶除可获得丈夫1.7万美元养老金外，还能额外获得附加的8 500美元；若丈夫去世，则该配偶作为遗属可每年领取1.7万美元。而年收入1.5万美元、需抚养两个孩子的单身母亲如果在2000年退休，则仅能获得每年8 000美元养老金且无任何遗属福利。单身母亲每年的养老金比被扶养配偶成为遗孀后的福利少9 000美元。随着美国单身母亲数量持续增长，这种制度缺陷可能引发广泛不满，因为社会保障体系实质上在“欺骗”职业女性。

在现行社会保障制度下，离婚还会引起一些荒唐之事。只要与退休人员的婚姻满10年，离异的被扶养配偶即可获得婚姻福利和遗属福利（即使退休人员再婚）；但若离异的被扶养配偶再婚，则丧失资格。这意味着与退休人员婚姻持续9年11个月的被扶养配偶在离婚后将得不到任何福利，满10年者却能获得全额福利；同时，也意味着再婚会导致被扶养配偶从其前夫那里得到的婚姻福利的巨大损失，这将阻碍丧偶/离异的被扶养配偶再婚。

离婚可以从社会保障中得到大笔收益。假设莫瑞每10年结一次婚（首婚15岁），五位妻子均未在家庭以外工作过。当他65岁退休时，与第五任也是最后一任妻子马琳结婚。自然地，第五任妻子马琳可获得婚姻福利；四位未再婚的前妻同样能领取相当于莫瑞养老金50%的婚姻福利。若莫瑞退休一年后去世，则五位女性还将各自获得相当于莫瑞养老金数额的遗属福利。自然，纳税人将为这些养老金“买单”。对于社会保障预期来说，值得庆幸的是，在美国以离异而告终的婚姻的平均持续时间仅为 7 年。

美国社会保障制度创立于 1935 年，当时女性劳动参与率低，家庭主要依赖男性收入，离婚率极低；如今女性劳动参与率大幅提升，双职工家庭普遍，近半数婚姻以离婚告终，未婚率也显著增高。 现行配偶养老金制度已严重滞后于社会变迁，不仅歧视单身母亲和未婚女性，而且挫伤了女性参与工作的积极性。

复习思考题

1. 英国推出的“自动加入计划”、澳大利亚推出的超级年金计划都取得了较好的效果。作为中国养老保险体系“第三支柱”的重要制度设计，个人养老金制度于 2022 年 11 月 25 日正式实施。您认为中国的个人养老金制度与英国、澳大利亚的制度有何区别？

2. 2024 年 12 月 6 日，美国《纽约时报》以“美医保公司 CEO 被杀，民众‘称快’，保险业为何引发众怒”为题报道，联合健康集团（UnitedHealth Group）旗下联合健康保险公司（UnitedHealthcare）的首席执行官布莱恩 · 汤普森（Brian Thompson）在曼哈顿街头遭枪击身亡，事件竟引发部分患者及公众“欢呼”。许多人表示，他们曾在生命中最艰难的时刻与该保险公司有过不愉快的经历。联合健康集团是美国乃至全球最大的私营健康保险企业，在《财富》世界 500 强中排名第八。2023 年，汤普森的总薪酬高达 1 020 万美元，其中包括 100 万美元的基本工资，以及现金奖励和股票期权。试分析美国医疗体系运行存在的问题及其原因。

3. 土耳其、智利等国允许个人在陷入贫困时提前从养老保险个人账户提取部分资金使用或以账户资金为抵押进行贷款。您认为这一做法是否合理？为什么？

4. 有学者认为，美国的税收抵免津贴最终可能成为雇主的补贴，使得雇主支付的工资低于他们本来必须支付的水平。正是由于这一原因，1999 年英国在美国工资所得税抵扣制的基础上实施工薪家庭税收抵免，同时也引入了法定最低工资。试分析同时出台这两个政策对政府收支、雇主负担以及就业率的影响。

5. 社会保障制度的建设往往始于简单明了的框架，但随着新情况的出现，不断增补制度“补丁”，导致体系日益臃肿复杂。对此，著名经济学家米尔顿 · 弗里德曼在《自由选择》一书中尖锐指出：“大部分福利开支没有用在穷人身上。其中有些被行政开支挪用，以优厚的薪金维持一个庞大的官僚机构。有些到了那些绝不能被认为是穷人的人手中。应以一个综合的现金收入补贴计划（负所得税制）取代目前纷繁芜杂的各种社会保障单项计划。”然而，社会保障制度的简化不仅常引发政治争议，其本身更是极其复杂的过程。2010 年，英国政府宣布推行全新的“通用福利金”(Universal Credit)制度,旨在整合各类福利并简化流程。该项目耗资数十亿英镑建立大型计算机系统,但经过十余年实施仍收效不佳,争议不断。试分析在社会保障制度设计中单一补助方式与多种补助方式各自的利弊。

6. 芬兰裔美国作家阿努·帕塔宁在《北欧向左,美国向右?》一书中揭示了“宝宝盒”政策在芬兰与美国之间的观念差异。芬兰有一个深受民众喜爱的传统:政府向所有新生儿家庭发放“宝宝盒”(Baby Box)——一个装满全新婴儿用品的纸盒,内含衣物、寝具、润肤霜、婴儿牙刷、可重复使用尿布、咬胶玩具和图画书。这个经过特殊设计的盒子还可作为婴儿床使用,内置小床垫。芬兰人认为,这份特别的礼物既能帮助经济困难的家庭,也为忙碌的父母提供了便利。新手父母可以选择不领取这个盒子,作为补偿,政府会发放 150 美元现金,但绝大多数家庭还是会选择“宝宝盒”。“宝宝盒”的发放还间接鼓励孕妇在分娩之前前往产科诊所检查,因为只有在第一次预约门诊结束后才会发放“宝宝盒”。许多芬兰人对“宝宝盒”赞不绝口——毕竟有多少新手父母会想到提前准备“婴儿指甲剪”或“婴儿体温计”这类物品呢?然而,一些美国学者认为,“宝宝盒”的做法难以在美国推行,原因包括:第一,美国是联邦制国家,各州需求差异大,全国统一推行“宝宝盒”政策既不可行也不公平;第二,年轻父母通常能收到来自亲友的大量婴用相关礼品(在美国,“宝宝盒”名为“迎婴派对”,Baby Shower),无需政府投入;第三,部分美国人可能对政府介入新手父母的育儿生活感到不安,他们想知道政府为何对此感兴趣,并认为政府试图通过“宝宝盒”里的物品来引导新父母以某种方式养育孩子,例如,只包含布尿布和母乳喂养指南的“宝宝盒”可能引发关于纸尿布或配方奶使用的争议;第四,批评者认为发放“宝宝盒”是“保姆国家”的体现,父母作为成年人,应当自主购置婴儿用品,并由此担心政府过度干预私人领域。试分析“宝宝盒”举措在欧洲大陆国家、南欧国家以及东亚国家实施的可能性。

第十一章　南欧福利模式

纵观2008年以来欧洲主权债务危机的演化，有一个有趣的地理特征：在爆发债务危机的欧洲国家中，除爱尔兰外，希腊、葡萄牙、西班牙和意大利均地处南欧，就连2013年爆发银行挤兑危机的岛国塞浦路斯，也位于南欧。不难想象，南欧国家在经济模式、社会保障模式上存在诸多共同的缺陷，由此导致这些国家在2008年金融危机爆发后陷入空前的经济危机和社会危机中。

在本书第五章第四节"福利体制的'三个世界'"中，我们曾经介绍过，从广义来看，南欧国家的福利体制属于欧洲大陆模式，即法团主义模式。然而，与德国、荷兰等欧洲大陆国家相比，西班牙、葡萄牙、希腊等南欧国家的经济发展水平相对落后，税收水平较低，难以支撑社会保障体系。因此，亚伯拉罕逊等学者将法团主义因素作为衡量福利类型的一个重要标准，认为南欧这些国家的福利模式可以被视为法团主义福利国家中不完善或不成熟的"版本"，并非一种独立的社会保障模式。[①] 也有学者提出可以从狭义上专门将南欧国家的福利模式归成一类，作为第四种福利模式，名为"地中海模式"。[②]

本章着重探讨南欧四国(西班牙、葡萄牙、意大利、希腊)的经济、社会与政治环境对社会保障政策的影响，以及社会保障政策自身存在的一些问题。

第一节　南欧国家的经济与财政

南欧四国都有着辉煌的历史。希腊是欧洲文明的摇篮之一；意大利是古罗马帝国的发祥地、文艺复兴的发源地和世界艺术之都；葡萄牙和西班牙则是大航海时代的海上

---

① Abrahamson P. Welfare pluralism. In Hantrais L, et al. *Mixed Economy of Welfare*. Cross-National Research Paper 6. Loughborough: Loughborough University, 1992.

② Ferrera M. The "Southern Model" of Welfare in Social Europe. *Journal of European Social Policy*, 1996 (6).

强国。南欧拥有温和的气候、绝佳的农业禀赋和优良的港口，曾经是世界经济、航运和贸易中心。在中世纪末期（公元 1500 年），欧洲的制造业中心为南欧国家，西欧则是人口稀少的农业地区。此后的地理大发现促使欧洲的贸易中心从地中海转向大西洋，不只是英国，其他北欧国家也因此获得发展机遇。西班牙在与英、法等国的争霸中落败，无暇顾及其殖民地，缺乏为工业革命所必需的技术条件、海外市场及资本。

到 1800 年，随着第一次工业革命的推进，西欧的荷兰和英国先后发展为拥有大城市的商业和制造业中心，而瑞典的铁矿、德国的煤炭等资源作为工业发展不可缺少的组成，也带动了相关地区的发展。相对而言，南欧山地较多，平原狭小。例如，西班牙 90%的人口挤在 30%的国土上。由于地理环境不利于工业的发展，因而意大利和西班牙逐渐走向相对衰落。

一、南欧四国的基本情况

第二次世界大战以后，南欧国家经历了一段经济稳定增长的黄金时期，其中以意大利增长速度最为耀眼。1946—1962 年，意大利经济年均增长率为 7.7%，这样辉煌的表现几乎持续到 20 世纪 60 年代末（60 年代的平均增长率为 5%）。从 20 世纪 70 年代起，南欧各国经济增长趋缓。

南欧国家位于亚热带地区，气候条件好，农业相对发达。2023 年，希腊、西班牙、葡萄牙和意大利的农业产值占 GDP 比重分别为 3.79%、2.34%、2.04%和 1.94%，位于欧洲各国前列。目前，除意大利的制造业较强外，其他三个国家则以旅游业、农业、航运业为主，产业竞争力总体上弱于北欧和西欧国家。

与北欧四国相比，南欧四国的人口数量较多，四国人口合计超过 1 亿人（见表 11.1）。意大利和西班牙分别是欧元区的第三大和第四大经济体，整体经济实力比葡萄牙、希腊强。如果将东欧排除在外，南欧四国的人均 GDP 在欧洲各国中处于较低水平，也低于 OECD 平均水平。

表 11.1　2023 年南欧四国的基本情况

国家	领土面积（万平方公里）	人口（万人）	人均 GDP（美元）
意大利	30.2	5 949.9	39 003.3
西班牙	50.5	4 791.2	33 509.0
葡萄牙	9.2	1 043.1	27 331.2
希腊	13.2	1 024.3	23 400.7

注：人均 GDP 数据来自世界银行公布的 2023 年以现价美元计算的数值。

资料来源：世界银行网站（https://data.worldbank.org/）。

在南欧四国中，希腊由于军工行业不发达，因而需要大量进口武器，军事开支较大，对其经济有一定影响。2017 年，希腊国防支出占 GDP 比重为 2.49%，在 OECD 成员国中排名第三，仅次于以色列(5.51%)和美国(3.16%)。军费开支之所以较大，还归结于希腊与塞浦路斯、土耳其等周边国家的安全形势。

在经济模式上，南欧四国既不是自由市场经济，也不是协调市场经济，而是混合市场经济(mixed market economies)。① 例如，不同于德国工会在全行业或区域内形成高度集中的工资谈判机制，南欧国家工会组织比较分散，罢工更加频繁，劳动力成本增长更快，相对而言，企业竞争力较弱。

意大利、葡萄牙和西班牙于 1999 年 1 月 1 日成为欧元区创始成员国，希腊则稍晚，于 2001 年 1 月 1 日加入欧元区。长期以来，南欧的经济发展水平相对落后，政府债务占 GDP 比重也较高。不少学者(例如"欧元之父"罗伯特·蒙代尔)认为，西班牙、希腊等国本来并无资格加入欧元区，但出于政治考量，这些国家坚持在特定时间节点加入欧元区，结果导致政府债务、经济发展以及养老金改革等诸多问题被暂时掩盖，而非得到彻底解决。当然，这些南欧国家为加入欧元区，也努力实施了政府债务削减计划，争取达到加入欧元区的标准(例如，政府债务余额不超过 GDP 的 60%，财政赤字不超过 GDP 的 3%)。②

二、南欧四国的经济现状及特点

(一)南欧四国的经济弱点

1. 在产业向亚洲新兴市场和东欧转移后，南欧国家面临产业空心化

一方面，经济全球化加速，亚洲新兴市场对南欧影响较大。长期以来，南欧四国的经济更多依赖劳动密集型制造业、农业和旅游业。随着全球贸易一体化的深入，劳动力成本优势吸引全球制造业逐步向亚洲新兴市场转移，南欧国家的劳动力优势不复存在。而这些国家又未能及时调整产业结构，致使其经济在危机冲击下显得异常脆弱。南欧人民并不"懒惰"，例如，2018 年希腊劳动者的年平均工作时间是 1956 小时，高居欧洲各国之首。然而，希腊缺乏有竞争力的制造业，其主要产业是旅游业和农业，这些行业的从业人员大多是自雇者，工时都很长。

另一方面，欧盟东扩以后，产业向东欧转移以后，也削弱了南欧的经济发展。欧洲一体化进程加剧了各国的竞争。2004 年，爱沙尼亚、拉脱维亚、立陶宛、波兰、捷克、

---

① Nölke A. Economic causes of the eurozone crisis. *Socio-Economic Review*，2016，14(1).

② 据报载，在高盛证券公司的帮助下，希腊通过掩盖一笔高达 10 亿欧元的公共债务，达到欧元区成员国标准，于 2001 年"混入"欧元区。详见 Balzi B. Greek debt crisis：How Goldman Sachs helped Greece to mask its true debt. *Spiegel*，February 8，2010。

匈牙利、斯洛伐克、斯洛文尼亚、马耳他和塞浦路斯加入欧盟；2007 年，罗马尼亚、保加利亚加入欧盟；2013 年，克罗地亚加入欧盟。东欧国家加入欧盟，促进了资本和劳动力流动，东欧国家成为新的投资热点。由于东欧国家的劳动力成本相对较低且教育程度良好，因而市场需求不断增加。以汽车制造产业为例，1991 年，南欧的汽车产量是东欧的 9.5 倍，但在 2011 年，东欧终于以 340 万辆的优势超越南欧。[①] 汽车制造产业正从南欧（葡萄牙、西班牙和意大利）向东欧（波兰、捷克、斯洛伐克、匈牙利和罗马尼亚）持续转移。

2. 德国和北欧各国强大的制造业对南欧各国造成冲击

欧元区的建立标志着欧洲实现了货币和货币政策的统一。成员国放弃了货币主权，意味着失去了汇率政策这一重要调控工具。同时，区内关税壁垒的消除形成了一个统一的自由市场。在这一背景下，德国及北欧等经济强国开始持续冲击欧盟整体的制造业格局。欧盟体系虽然建立了共同市场和统一货币，却缺乏统一的财政政策安排。富裕国家并未建立向贫困国家进行财政转移支付的机制。因此，成员国在统一市场框架下的自由竞争，最终导致明显的贫富分化现象。希腊正是欧盟发展不均衡的缩影。在统一市场和统一货币的背景下，法国和德国的商品与资本大量涌入希腊市场，严重冲击了希腊本土制造业，导致希腊的失业率持续攀升。这使得希腊民众普遍认为，法德等国只享受了经济利益却不愿承担相应责任。

德国贝塔斯曼基金会 2014 年公布的一项研究结果显示，自欧盟 1993 年成立以来，实现商品、人员、资本和服务自由流动的欧洲内部市场对成员国经济增长起到积极的促进作用，同时也存在较大差异：德国经济受益最多，每年因内部市场受益 370 亿欧元，相当于每人每年 450 欧元；南欧国家年人均受益明显较低，意大利每人每年受益 80 欧元，西班牙 70 欧元，葡萄牙 20 欧元。[②] 十几年来，各国间的这一差距还在持续扩大。

3. 南欧国家的工资增幅较大，削弱了竞争力

自从欧元诞生以来，南欧国家为了保障货币购买力不受物价上涨的侵蚀，持续按照通货膨胀率增长幅度来调整工资，很少参考当地的劳动生产率增长速度，最终导致国家竞争力大幅下降。[③] 加入欧元区以来，法国、意大利、西班牙、葡萄牙和希腊的工资上涨幅度比当地劳动生产率增长幅度高出 25%～35%，法国最低，接近 25%，希腊最高，一度甚至接近 40%。与此形成强烈对比的是，德国在加入欧元区后的十年间，工资上涨幅度仅比劳动生产率增长幅度高 5%，而在 2000—2008 年期间，德国的工资增长幅度

---

① （比利时）亨利·霍本：《金融危机在欧元区是如何深化的》，童珊译，《海派经济学》2014 年第 4 期。

② 中国驻德国经商参处：《浅析德国从欧洲一体化获益情况》，http://www.mofcom.gov.cn/article/i/dxfw/jlyd/201711/20171102671005.shtml，2017 年 11 月 15 日。

③ 关晋勇：《南欧国家竞争力下降原因何在》，《经济日报》2012 年 1 月 30 日。

一直低于劳动生产率增长幅度。

(二)2000年以来南欧四国的经济形势

图11.1显示,西班牙和希腊在2001—2007年保持较高的经济增长率,6年的算术年均增长率分别为3.38%和4.17%;同期意大利和葡萄牙则要差得多,6年的算术年均增长率仅为1.17%和1.02%。

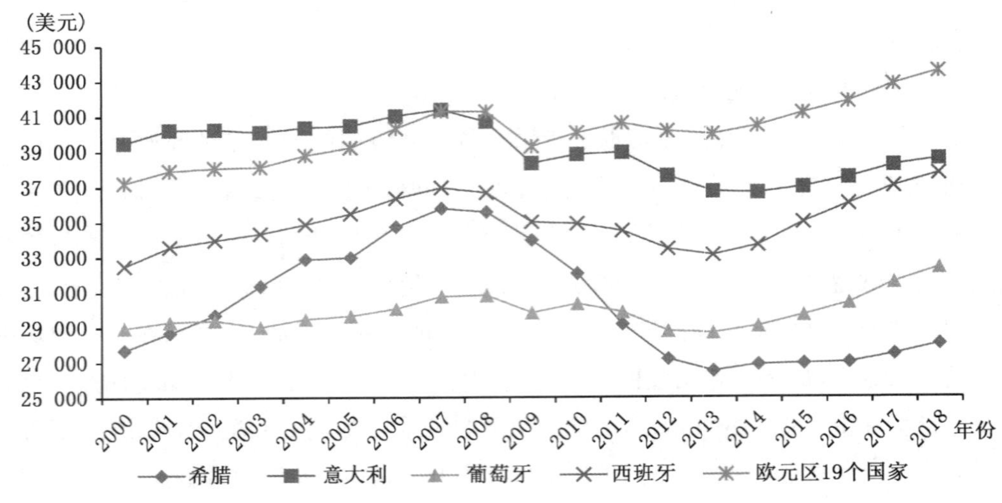

图11.1 2000—2018年南欧四国的人均GDP

资料来源:欧盟统计局数据库(Eurostat Database)。

经济增长速度存在差异的主要原因在于:西班牙和希腊的消费、房地产部门对经济增长贡献度较高,1998—2008年,西班牙的房地产部门贡献了超过75%的就业机会[①],同样,希腊的房地产部门也非常有效地拉动了经济增长[②];与此相反,意大利和葡萄牙两国的私人消费、房地产部门增长相对较低,对经济拉动作用有限。

希腊于2009年12月率先爆发政府债务危机。在外部压力下,希腊被迫实施财政紧缩政策,这使其经济状况进一步恶化。尽管近年来经济有所复苏,但2018年希腊人均GDP仅为危机前(2007年)的78%。

西班牙危机的根源与希腊不同,并非源于中央政府无节制的财政支出,而是类似于爱尔兰和美国的情况——主要由房地产业过度膨胀导致经济严重泡沫化。在2004—2008年的繁荣时期,建筑业和房地产业成为西班牙经济增长的主要引擎,企业贷款中

① Royo S. After the Fiesta:The Spanish economy meets the global financial crisis. *South European Society and Politics*,2009,14(1).

② Pagoulatos G,Triantopulos G. The return of the Greek patient:Greece and the 2008 global financial crisis. *South European Society and Politics*,2009,14(1).

超过 50%流向这两个行业。房地产泡沫破裂后，首当其冲的是银行业和建筑业。建筑业崩溃导致西班牙经济萎缩和失业率飙升，大量家庭无力偿还房贷，进而加剧了银行业房地产坏账问题，最终引发政府债务激增。

2010 年政府债务危机爆发后，西班牙遭受的冲击比意大利更为严重。但由于实施了更大力度的经济改革，因而西班牙的经济复苏也更为强劲，其 GDP 已超过危机前峰值水平。

相比之下，意大利的经济问题早在欧元区危机前就已存在，但是政府未能有效修复这些结构性问题，导致其人均 GDP 较之前的峰值(2007 年)萎缩 7%。

三、南欧四国的财政状况

南欧国家加入欧元区后，其在国际市场上的贷款利率显著降低。然而，这些国家并未利用这一有利条件来改善财政状况，反而大规模发行低利率国债以刺激经济增长。

从政府债务余额来看(见图 11.2)，自 2000 年起，希腊和意大利的政府债务余额占 GDP 的比重始终超过欧元区所能容忍的标准(60%)。这一现象反映出欧元区和欧盟在监管成员国债务水平方面缺乏强有力的措施，导致部分成员国债务失控。希腊“高增长、高福利”的神话在 2009 年 12 月骤然破灭：其财政赤字率从最初报告的 3.7%连续上调至 12.5%，最终修正为 15.54%；政府债务余额占 GDP 的比重也从 99.6%调升至 115.1%，继而修正为 126.8%。2009 年 12 月，三大国际评级机构相继下调希腊主权信用评级；2010 年 4 月 27 日，标普更是将其降至“垃圾级”。

相对而言，西班牙和葡萄牙的财政纪律较为严格。特别是西班牙，在加入欧元区后债务比重呈下降趋势，在 2007 年金融危机前夕降至 42.35%。

值得注意的是，各国政府债务持有者结构存在显著差异，希腊、意大利、西班牙和葡萄牙的非本国居民债务持有者比例分别为 79%、75%、55%和 45%。① 因此，各国爆发主权债务危机的概率差异很大。

结合图 11.1 和图 11.2 可见，尽管 2008 年金融危机前希腊和葡萄牙经济增长较快，但未能有效降低政府债务水平。时至 2017 年，希腊、意大利、葡萄牙和西班牙的政府债务余额占 GDP 的比重仍分别高达 188.8%、152.1%、143.1%和 115.8%，在 OECD 成员国中分别位列第 2、3、4 和第 9 位，均属于债务水平较高的国家。

总体而言，西班牙、葡萄牙、希腊等南欧国家基本上采用了欧洲大陆国家的高福利政策，但由于经济发展水平相对落后，税收水平较低，因而难以支撑其社会保障体系。

---

① Carrera L N, Angelaki M, Carolo D, et al. South-European pension systems: Challenges and reform prospects. In: *Institutions and Social Change in Southern European Societies*, 1—2 Oct 2010, Cascais, Portugal.

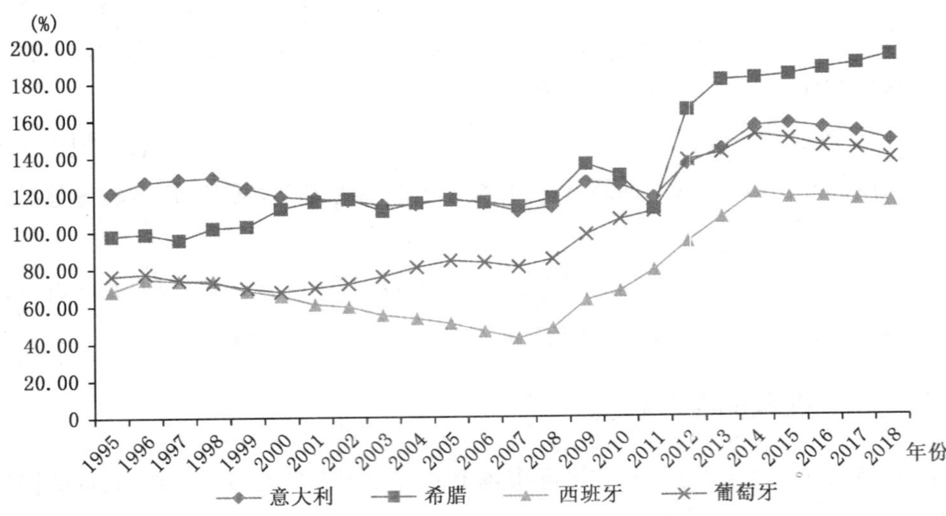

图 11.2 1995—2018 年南欧四国的政府债务余额占 GDP 的比重

资料来源：OECD. *General Government Debt* (*indicator*), 2020.

第二节 南欧福利模式的特点及其影响

第二次世界大战后，南欧国家的社会保障制度基本上遵循法团主义福利模式进行扩展和完善。直至 20 世纪 70 年代末（意大利）和 80 年代中期（希腊、葡萄牙和西班牙），在医疗保障改革方面，这些国家建立了全民免费医疗保健计划，在一定程度上偏离了传统的法团主义福利模式。

十余年来，南欧国家经济发展缓慢，加之政府债务危机拖累和欧盟对政府举债予以限制，各国不得不实施社会保障紧缩政策，并放松劳动力市场管制，特别是放宽对无固定期限合同工人的解雇规则，削弱国家集体谈判。① 这些措施导致社会分配效果愈加不尽如人意。除了上述介绍的经济、社会环境等原因以外，社会保障制度本身也存在较大问题。

一、社会保障计划的内部分配结构失衡

南欧国家过高的福利并没有带来收入的平等和经济的增长，主要原因之一就是社会保障计划的内部分配结构严重失衡，少数人获得了社会保障计划的大部分利益。

---

① Bulfone F, Tassinari A. Under pressure: Economic constraints, electoral politics and labor market reforms in Southern Europe in the decade of the Great Recession. *European Journal of Political Research*, 2021, 60(3).

（一）社会保险在社会保障中所占比例过高，挤占其他项目资金

南欧国家的社会保障体系在资源分配上存在明显的生命周期失衡问题：过度强调对老年群体的保护，而相对忽视了对早期生命阶段的保障。具体表现在儿童早期教育、家庭津贴、社会排斥预防、住房保障以及失业救济等领域的发展不足。这些领域无论是在资金筹措方式还是制度机制建设方面，都存在显著缺陷。例如，萨基（Sacchi）和巴斯塔利（Bastagli）指出，2002 年，意大利的社会保障支出结构为：67.7%用于社会保险，25.1%用于卫生健康，7.2%用于社会救助，老年人的养老金及医疗吸收了大部分的社会保障资源。①

根据联合国儿童基金会 2023 年发布的《富裕国家中的儿童贫困》报告，32 个被调查国家的政府通过税收、转移支付等政策调节，平均将儿童贫困率从原来的 30.6%降至 17.8%，降了 12.8 个百分点。而葡萄牙、希腊、西班牙和意大利四国政府的调节仅分别使贫困率降低了 6.9、7.4、7.6 和 10.5 个百分点，减贫效果低于平均水平（见表 11.2）。

表 11.2　　2021 年各国儿童的相对贫困率

国家	政府调节前的儿童贫困率	政府调节后的儿童贫困率	调节前后的差异	国家	政府调节前的儿童贫困率	政府调节后的儿童贫困率	调节前后的差异
爱尔兰	37.7	15.1	22.6	冰岛	23.0	10.7	12.3
德国	35.3	14.8	20.5	匈牙利	22.3	10.1	12.2
芬兰	28.6	9.5	19.1	保加利亚	37.4	25.9	11.5
挪威	32.0	14.0	18.0	捷克	22.7	11.8	10.9
立陶宛	35.2	17.8	17.4	斯洛伐克	32.9	22.1	10.8
奥地利	36.0	19.2	16.8	斯洛文尼亚	19.9	9.3	10.6
法国	38.2	21.7	16.5	意大利	35.9	25.4	10.5
英国	40.0	24.0	16.0	塞浦路斯	24.8	14.9	9.9
比利时	30.0	14.1	15.9	罗马尼亚	35.9	27.0	8.9
波兰	29.9	14.3	15.6	马耳他	27.1	19.3	7.8
卢森堡	37.7	22.5	15.2	西班牙	35.4	27.8	7.6
瑞典	32.1	17.2	14.9	希腊	29.8	22.4	7.4
瑞士	30.3	16.0	14.3	克罗地亚	23.1	16.0	7.1

① Sacchi S, Bastagli F. Italy: Striving uphill but stopping halfway, the troubled journey of the experimental minimum income insertion. In Ferrera M. *Welfare State Reform in Southern Europe: Fighting Poverty and Social Exclusion in Greece, Italy, Spain and Portugal*. London: Routledge, 2005.

续表

国家	政府调节前的儿童贫困率	政府调节后的儿童贫困率	调节前后的差异	国家	政府调节前的儿童贫困率	政府调节后的儿童贫困率	调节前后的差异
丹麦	23.6	10.1	13.5	荷兰	19.8	12.7	7.1
爱沙尼亚	27.1	13.6	13.5	葡萄牙	25.4	18.5	6.9
拉脱维亚	29.0	16.2	12.8	土耳其	38.6	34.0	4.6

注：本表以各国全国家庭收入中位数的 60％为基准来划定相对贫困线。

资料来源：UNICEF Innocenti-Global Office of Research and Foresight. *Innocenti Report Card 18：Child Poverty in the Midst of Wealth*. December 2023.

（二）老年保障在社会保障中所占比例过高

从代际分配角度看，过度强调对老年人的保障必然以牺牲对年轻群体的投资为代价。2008 年全球金融危机及随后的欧债危机进一步加剧了欧洲的代际矛盾：20 世纪五六十年代“婴儿潮”一代持续享受高福利待遇，而维持这些福利的财政负担则转移到了年轻一代的纳税人身上。2015 年，南欧四国的养老金及遗属养老金支出占社会保障总支出的比例显著高于欧盟平均水平：希腊为 65.2％，意大利为 57.9％，葡萄牙为 55.3％，西班牙为 47.0％，而欧盟 15 国的平均水平为 41.5％。[①]

这种代际失衡使南欧年轻群体处于明显不利地位，主要体现为：第一，就业市场不景气对年轻人的冲击远大于年老一代。例如，2011 年西班牙和希腊年轻人的失业率分别高达 52.7％和 52.8％，是年老一代的两倍。第二，西班牙和意大利的老一代职工与雇主签订的大多是固定合同，受当地劳工法律保护，雇主解雇的难度远高于国际平均水平。相比之下，近半意大利年轻人和超过 60％的西班牙年轻人仅能获得临时合同，很容易被“炒鱿鱼”。

此外，自雇人员和非正规就业者作为劳动力市场弱势群体，常因未参保而无法享受正规社会保险，只能依赖最低收入保障。如表 11.3 所示，南欧四国中仅意大利的最低收入保障金及住房津贴的替代率超过 40％，其余三国均维持在较低水平。

表 11.3　　2022 年各国最低收入保障金及住房津贴的替代率　　单位：％

国家	最低收入保障金	住房津贴	合计	国家	最低收入保障金	住房津贴	合计
日本	41	25	66	挪威	17	18	35
爱尔兰	34	20	54	韩国	22	12	34

① Burroni L, Pavolini E, Regini M. *Mediterranean Capitalism Revisited：One Model, Different Trajectories*. Ithaca: Cornell University Press, 2021.

续表

国家	最低收入保障金	住房津贴	合计	国家	最低收入保障金	住房津贴	合计
英国	18	35	53	拉脱维亚	10	24	34
荷兰	39	13	52	澳大利亚	27	6	33
瑞士	23	27	50	斯洛文尼亚	26	5	31
芬兰	21	27	48	希腊	22	8	30
丹麦	37	10	47	西班牙	29	0	29
卢森堡	41	3	44	波兰	16	9	25
意大利	28	16	44	爱沙尼亚	10	13	23
瑞典	15	29	44	以色列	22	0	22
冰岛	36	6	42	加拿大	18	1	19
比利时	41	0	41	克罗地亚	12	6	18
奥地利	27	14	41	葡萄牙	17	0	17
新西兰	30	10	40	斯洛伐克	7	6	13
德国	19	20	39	保加利亚	10	0	10
立陶宛	18	21	39	匈牙利	9	0	9
捷克	12	25	37	美国	6	0	6
法国	27	9	36	罗马尼亚	6	0	6
				土耳其	0	0	0

注：(1)本表的最低收入保障及住房津贴的申请者是无业、单身且无未成年子女。(2)最低收入保障金的替代率是指最低收入保障金占全社会家庭中位收入的比重。

资料来源：OECD. *Economic Policy Reforms 2023：Going for Growth*. Paris：OECD Publishing，2023.

(三)二元性劳动力市场导致社会保障覆盖面有限

南欧国家的劳动力市场具有二元性：市场内部的核心劳动者能够享受较高标准的公共社会保障，市场外部群体则只能获得较低水平的福利保障，甚至不能享受各种福利。[①]

默克尔(Merkel)选取了贫困、教育、就业、社会福利和收入分配这五个指标(按权重从高到低排列)，对部分 OECD 成员国的社会正义水平(level of social justice)进行测评，得到加权平均社会正义指数如图 11.3 所示。西班牙、意大利、葡萄牙和希腊的加权

① Maurizio F. The south European countries. In Catles F G，et al. *The Oxford Handbook of the Welfare State*. Oxford：Oxford University Press，2010.

平均社会正义指数分别为−2.58、−2.71、−2.96 和−3.09，与爱尔兰共同位列测评结果的最末五位。

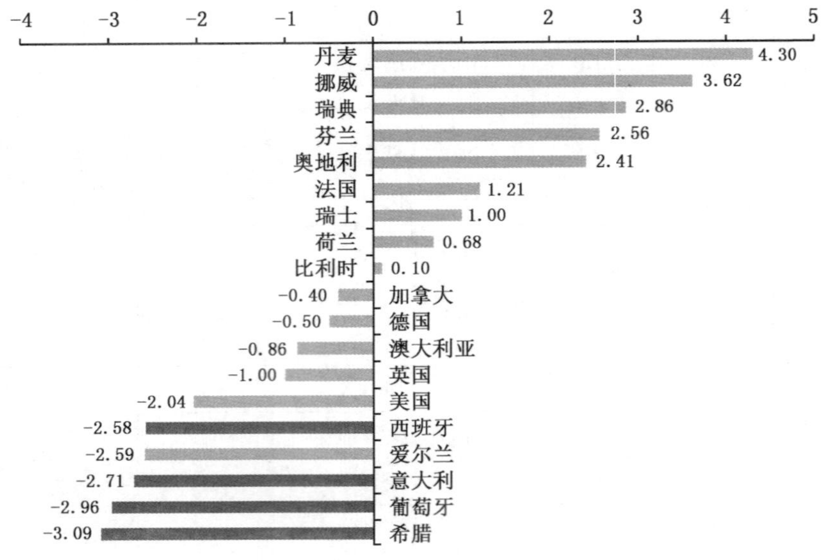

图 11.3 部分 OECD 成员国的社会正义指数

资料来源：Merkel. Soziale gerechtigkeit und die drei welten des wohlfahrtskapitalismus. *Berliner Journal für Soziologie*，2001，11(2).

（四）社会保障地区性结构失衡

南欧国家受多山地形的制约，各地区经济发展水平悬殊，国家财政统筹能力相对薄弱。这种区域经济不平衡直接导致国民医疗服务和社会服务水平的地区差异。例如，在西班牙，以巴塞罗那为核心的加泰罗尼亚地区（Catalonia）仅占全国领土的 6%、人口的 16%，却贡献了全国 20%的 GDP，成为西班牙最富裕的地区之一，但其一直想要独立。又如，意大利的南北差距极为突出：1993 年《马斯特里赫特条约》的签署和 2008 年全球金融危机致使意大利中央财政资金捉襟见肘，被迫削减对地方福利的财政转移支付，这对南部地区影响尤为严重。2012 年数据显示，意大利全国人均社会保障支出为 117.3 欧元，而北部瓦莱达奥斯塔地区高达 277.1 欧元，南部卡拉布里亚和莫里塞大区则分别仅为 24.6 欧元和 41.9 欧元。①

二、部分社会团体享有社会保障特权

由于政治体制不完善和国家治理能力不足，本应维护公共利益的政府机构往往被

① 李凯旋：《意大利福利制度的双重双元性》，中国社会科学出版社 2018 年版。

强势私人利益集团俘获，长期为某些社会团体提供特别优待的社会保障权益。公务员群体和大企业雇员就是典型代表，他们享有的保障水平远超自由职业者和中小企业雇员，这种特权甚至挤占了本应分配给老年群体的保障资源——尽管对老年群体的保障本身也存在资源分配过度的问题。

马察加尼斯(Matsaganis)指出，希腊的社会保障支出占GDP比重高达13%，但65岁以上人群的贫困率仍有35%，原因就在于政府公务员等耗费的社会保障支出比重过高。[①] 希腊公共部门中某些类型的雇员只需工作20～25年就可以退休。20世纪80年代，公共部门的女性普遍只需工作15年就能退休，因而产生很多刚满40岁就开始领养老金的人。直至2010年，银行、水电等公用事业部门仍大量存在这种现象，因为这些部门过去都属于公共部门，现在虽然有相当一部分已经私有化，但仍延续了原来的养老金制度。[②] 以希腊最大的航空公司奥林匹克航空(Olympic Air)为例，在多年私有化过程中，政府为说服那些原来享有公共部门福利的职工“下岗”，接连不断地提供提前退休的补偿计划，待遇非常高。意大利也存在类似的情况，公务员的养老金体制独立于一般雇员的养老金体制，前者待遇要丰厚得多。

此外，公共部门规模过度膨胀。在希腊这样一个仅有1 100万人口的国家，公共部门雇员超过100万人[③]，且工资和福利水平远高于私人部门。这是因为希腊的私人部门多是10人以下的小企业，难以大量吸收新增就业，历届政府不得不通过扩张公共部门来创造就业。庞大的公共部门已成为希腊财政入不敷出的一个重要原因。

三、福利制度过于慷慨，拖累财政

南欧国家在经济高速增长的20世纪60—70年代建立了过于乐观的社会保障制度(包括养老金、残疾补助金和医疗保障体系等)，而当时人口结构较为年轻，也没有感受到财政支出压力。[④]

如图11.4所示，尽管经济发展水平相对滞后，南欧四国的养老金替代率却位居各国前列。以平均收入者为基准：希腊养老金替代率达95.7%，仅次于冰岛；西班牙(81.2%)、意大利(64.5%)和葡萄牙(53.9%)，同样处于较高水平。以收入达平均水平

---

① Matsaganis M. Yet another piece of pension reform in Greece. *South European Society and Politics*, 2002, 7(3).

② Charlemagne. What makes Germans so very cross about Greece? *The Economists*, Feb 23rd 2010, http://www.economist.com/blogs/charlemagne/2010/02/greeces_generous_pensions.

③ 据希腊媒体报道，2009—2013年，希腊公务员数量减少约26.7万人，但仍高达95.3万人，其中主要包括教育部17.7万人，国防部8.8万人，博物馆、古迹、图书馆8.4万人，卫生部8.2万人，公民保护部6.3万人，劳工部1.7万人，海运部8 079人，行政改革部6 579人。

④ (意大利)皮埃尔嘉米尤・法拉斯加：《意大利之梦碎于福利国家》，见(美)汤姆・戈・帕尔默《福利国家之后》，熊越、李杨、董子云译，海南出版社2017年版。

2 倍的劳动者为参照：希腊仍保持 95.7%的替代率，高居各国榜首。

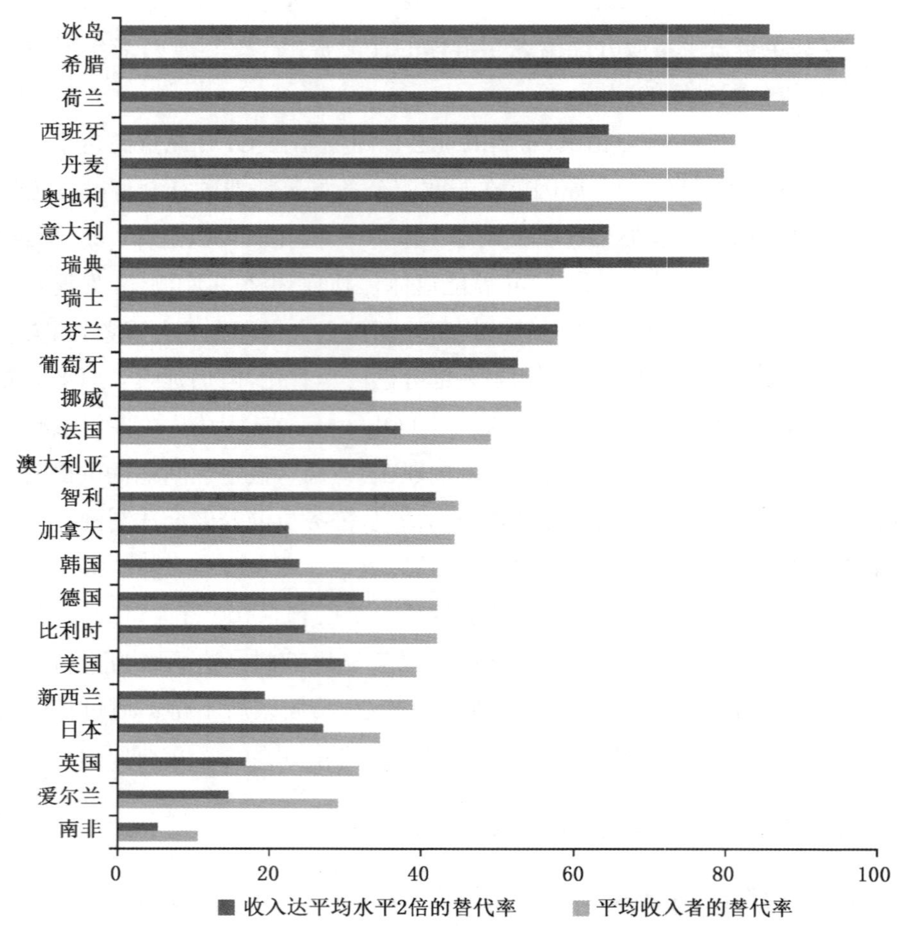

图 11.4　2010 年主要发达国家的养老金毛替代率

资料来源：OECD. *Pensions at a Glance* 2011：*Retirement-Income Systems in OECD and G20 Countries*. Paris：OECD Publishing，2011.

由于养老金给付过于慷慨，希腊的社会保障基金很快入不敷出。政府没有从社会保障基金自身增收减支的角度实现平衡，而是通过财政预算拨款弥补缺口。由此，社会保障基金从雇主和雇员双方缴费的保险制度，演变为由国家作为第三缴费方的共担分责制度。从此，政府支出中新增了一项强制性支出——社会保障补贴，财政预算背上了沉重包袱。

四、教育和就业政策出现偏差

在南欧国家面临的社会保障难题中，青年失业问题最为严重。经济危机固然是罪魁祸首，但南欧国家教育和就业体制的内在缺陷也加剧了失业问题。以西班牙为例，该国生均教育经费比欧洲平均水平高出 28%，青年失业率却远高于其他欧洲国家。分析其教育和就业政策，可以发现以下问题：

第一，西班牙教育结构呈现"两头大、中间小"的特征：未完成高中教育和拥有大学及以上学历的人群占比较高，而高中学历人群比例较低。西班牙教育部研究显示，2000—2009 年，25～64 岁人群中高等教育学历持有者的比例从 21.9%升至 29.4%。大学数量和大学生规模快速增长，但经济结构未能同步调整，这对青年失业率造成双重影响：一方面，大量新增毕业生导致就业市场供需失衡；另一方面，高学历者挤占了低学历者的就业机会。

第二，西班牙青少年过早退学现象较为严重。15～24 岁青少年中，每 3 人就有 1 人未完成中学教育，远高于欧盟 14%的平均水平。[①] 许多初中毕业生选择不再继续学业，因为大学毕业生的工资甚至可能不及建筑工人。由于教育程度低，这些年轻人难以从事高端工作，主要集中在建筑、房地产等行业，成为经济危机的主要受害者。

五、规模庞大的地下经济和盛行的家庭养老模式影响了社会保障的收入再分配效果

与欧洲其他国家不同，南欧国家的现代化进程较晚，工业化滞后，传统社会关系和文化价值观依然存在。而一些传统模式和社会习惯，严重影响了社会保障政策的收入再分配效果。

（一）地方经济规模巨大

上文提到，南欧各国存在产业空心化问题，这可能导致正规就业部门发展受限，"好工作"较为稀缺，而边缘行业（如农业、建筑业等）以及非正规经济部门吸收了大规模就业，但存在工作不稳定和收入水平较低等问题。南欧国家有许多家庭企业和家族企业，往往以现金进行交易，逃税现象普遍。如表 11.4 所示，2016 年希腊、西班牙、意大利和葡萄牙的地下经济占 GDP 比重分别为 28.0%、21.7%、19.5%和 18.5%，均位居欧洲前列。相比之下，美国的地下经济占比仅为 8.0%。作为不合法、不纳税的经济活动，一方面，地下经济给予经营者获取暴利的机会，加剧了社会的贫富差距和收入分配不公；另一方面，由于地下经济的雇员大多未参与社会保险，他们在面临社会风险时无法享受社会保险待遇。此外，地下经济还导致国家税收流失，削弱了收入再分配功能。

① 联合国教科文组织：《2012 年全民教育全球监测报告》。

表 11.4　**2016 年各国地下经济占 GDP 的比重**　单位:%

国　家	比　重	国　家	比　重
尼日利亚	53.4	南非	22.4
玻利维亚	46.4	阿拉伯联合酋长国	22.0
泰国	45.2	西班牙	21.7
乌克兰	43.9	哥斯达黎加	21.0
秘鲁	42.2	匈牙利	20.6
巴西	36.5	意大利	19.5
斯里兰卡	36.4	比利时	19.0
委内瑞拉	34.5	葡萄牙	18.5
俄罗斯	34.3	韩国	18.4
塞尔维亚	34.0	以色列	18.0
肯尼亚	33.7	波兰	17.4
哈萨克斯坦	33.5	捷克	15.7
埃及	32.6	沙特阿拉伯	14.9
巴基斯坦	32.4	中国	14.5
印度尼西亚	28.7	智利	13.2
多米尼加	28.4	法国	12.1
希腊	28.0	爱尔兰	11.5
墨西哥	27.9	挪威	11.5
菲律宾	27.6	加拿大	11.0
孟加拉国	25.8	瑞典	10.7
马来西亚	25.3	德国	10.2
阿根廷	25.2	英国	9.5
土耳其	25.1	荷兰	9.4
乌拉圭	24.9	新西兰	9.2
哥伦比亚	24.9	澳大利亚	9.0
克罗地亚	24.0	新加坡	8.6
印度	23.3	瑞士	8.6
越南	22.9	日本	8.1
罗马尼亚	22.9	美国	8.0

资料来源:Kearney A T,Schneider F. *Digital Payments and the Global Informal Economy*. http://navigate.visa.com/$/v/2/m/x/Digital_payments_and_the_global_informal-economy-report.pdf,2019.

(二)家庭养老模式盛行,国家进行收入再分配的余地较小

南欧国家福利体系存在碎片化和覆盖率低的缺点,较为依赖家庭性的保障。[①] 传统上,南欧国家盛行"家庭主义"(familialism),具有深厚的家庭文化传统,强调家庭成员间的互助。这些国家家庭成员众多,女性劳动参与率较低,家庭在养老中承担重要角色,这与北欧国家倚重的国家养老模式、欧洲大陆国家倚重的社会和市场养老模式有着显著差别。[②]

意大利的家庭净财富占 GDP 比例在欧元区国家中最高,这源于多数家庭拥有房产和储蓄。当地居民的养老、失业、照顾老弱病残等需求主要依靠自我储蓄、家庭主妇以及家族成员的互助来应对,而非依赖社会保险。[③] 在这种社会环境下,政府难以替代家庭的社会保障功能,其收入再分配的调节作用也相对有限。

六、由于经费不足,全民免费医疗保障计划的保障能力不足

南欧四国虽然实施了全民免费医疗保障计划,但是由于医疗卫生投入削减、医院私有化与医疗服务外包、公共卫生设施薄弱等因素,医疗体系保障能力不足。以意大利为例,门诊药费由原先的全免改为患者需承担部分费用(co-payment)。2008 年全球金融危机重创南欧经济,医疗经费随之缩减,导致医护人员裁减、病床数量减少、患者经济负担加重等连锁反应。2019 年数据显示,每千人护士数意大利仅 5.8 人,西班牙 5.7 人,远低于挪威(17.7 人)、芬兰(14.3 人)和德国(12.9 人)。意大利每千人病床数也从 2007 年的 3.9 张降至 2017 年的 3.2 张。

表 11.5 显示,南欧四国医疗支出占 GDP 比重与其他欧洲国家相当,但患者自付或自愿性医疗保险缴费占医疗支出的比重却高居榜首。这表明政府医疗保障力度不足,可能导致中低收入家庭陷入财务困境。

表 11.5　　2022 年欧洲各国医疗支出经费来源　　单位:%

国家	医疗支出占 GDP 的比重	患者自付或自愿性医疗保险缴费占医疗支出的比重	福利模式
希腊	8.5	37.8	南欧福利模式
葡萄牙	10.5	37.5	
西班牙	9.7	26.0	
意大利	9.0	25.6	

① Ferrera M. The "southern model"of welfare in social Europe. *Journal of European Social Policy*, 1996, 6(1).

② Moreno L. Spain's transition to new risks: A farewell to "superwomen". In Taylor-Gooby P. *New Risks, New Welfare: The Transformation of the European Welfare State*. Oxford: Oxford University Press, 2004.

③ Naldini M. *The Family in the Mediterranean Welfare State*. London: Frank Cass, 2003.

续表

国家	医疗支出占GDP的比重	患者自付或自愿性医疗保险缴费占医疗支出的比重	福利模式
比利时	10.8	24.9	法团主义福利模式
奥地利	11.2	22.4	
芬兰	9.7	20.4	社会民主主义福利模式
英国	11.1	17.6	自由主义福利模式
丹麦	9.5	15.4	社会民主主义福利模式
法国	11.9	15.3	法团主义福利模式
挪威	7.9	14.3	社会民主主义福利模式
瑞典	10.5	14.0	
德国	12.6	13.3	法团主义福利模式

资料来源：OECD/European Commission. *Health at a Glance：Europe 2024：State of Health in the EU Cycle*. Paris：OECD Publishing，2024。

专栏 11.1　电影《我的盛大希腊婚礼》

在电影《我的盛大希腊婚礼》中，女主角"托拉"生活在芝加哥的一个希腊移民家庭。她的家族规模堪称"庞大"，仅堂表兄弟姐妹就有27人。在这个传统家庭里，托拉从小被灌输人生的三大目标：嫁给希腊人，生一堆希腊小孩，以及把全家人喂饱直到生命的尽头。

第三节　南欧福利模式的环境条件

一国社会保障制度成功与否，不仅取决于制度本身的健全与完善程度，而且与该国的政治环境、社会条件以及政府治理能力密切相关。南欧国家的社会保障政策面临着诸多环境约束，这在一定程度上影响了政策实施的效果。

美国著名学者弗朗西斯·福山认为，一个秩序良好的社会离不开三根支柱：有效国家（effective state）[①]、法治（rule of law）和民主问责制（democratic accountability）。一方面，国家需要具备足够的权力与能力（包括行政机构的中立性与自主性）来维护和平、执行法律并提供必要的公共产品；另一方面，国家权力必须在法治和民主问责制（即政

① 有效国家意指国家具有清晰透明的计划以及执行政策和法律的能力，又称为国家能力。

治制度）的框架内受到有效制约。福山强调，政治发展的正确顺序应当是：首先建立强大的中央集权国家（有效国家），其次发展法治以限制国家权力，最后引入民主问责制。

然而，在上述方面，南欧国家存在明显不足：欠缺民主问责制（政治制度发展不成熟），尚未建设有效的国家能力。

一、政治制度发展不够成熟

南欧国家在通过流血革命推翻君主制后，并未直接进入民主社会，而是普遍经历了极权统治时期。1922 年墨索里尼在意大利、1926 年萨拉查在葡萄牙、1936 年梅塔克萨斯在希腊、1939 年佛朗哥在西班牙相继建立了独裁政权。其中，西班牙在 1939—1975 年间经历了佛朗哥长达 36 年的独裁统治，导致该国长期被欧洲孤立，直到 1986 年才加入欧共体，这也使其错失了加入 G20 的机会。葡萄牙独裁者萨拉查在 1932—1968 年担任总理，统治时间同样长达 36 年。希腊在 1946—1949 年内战后，社会政治裂痕依然存在，直至 20 世纪 60 年代，内战引发的政治对立仍是政局动荡的主因。1967 年 4 月，希腊军人发动政变后实行了 7 年的军事独裁。由于君主制和极权统治遗留下来的威权政治文化影响深远，因而南欧国家的公民政治文化发育不良，民众在参政议政过程中往往缺乏足够的经验和理性。

长期以来，南欧国家实行多党制联合政府，议会中党派林立，包括激进的右翼政党，导致难以形成稳定的多数派联合政府，总理更迭频繁，国家决策能力低下。以意大利为例，自第二次世界大战结束至 2019 年的 70 多年间，该国共产生了 63 届内阁和 43 位总理。意大利拥有数十个政党，议会中很难有单一党派获得过半席位，为了顺利组阁，大党不得不与小党组成执政联盟。然而，随着国内外形势变化，小党随时都可能改弦更张，一旦对政策不满就可能掣肘甚至退出联盟，导致政府垮台。

二、缺乏高效廉洁的国家行政系统

南欧国家在有效国家建构方面同样存在显著缺陷。根据著名学者弗朗西斯·福山的观点，当民主建设先于国家建构时，往往会导致依附主义（clientelism）盛行。依附主义是指政治精英通过提供给个人或利益集团好处而非以纲领性政策，来换取选票和政治支持。

没有强大自主的官僚机构与借民主通道前往“分食”的各路人马对抗，选票逻辑只会将公共资源变成被哄抢一空的政治自助餐。在南欧，依附主义和腐败这些传统社会痼疾并未随着经济现代化而消退。

通常工业化会催生新的职业群体和社会关系，从而推动国家能力建设。然而，希腊经历的是没有工业化的城市化，即所谓“没有发展的现代化”。其城市化并非由工业驱动，而是整个村庄搬迁至城市，将礼俗社会保存下来。[①] 礼俗社会未能成功转型为现代法理社会。希腊在建设选举民主政治前，并未发展出现代官僚体系。精英阶层未经根本性“换血”，始终寄生于政府和公共部门，且这个寄生阶层不断膨胀——人员扩张、经费增长与福利泛滥，最终酿成主权债务危机。

国家行政系统效率低下带来的负面影响主要体现在三个方面：

第一，腐败问题相对严重。根据全球反腐监督组织“透明国际”发布的2019年全球清廉指数（Corruption Perceptions Index），葡萄牙、西班牙、意大利和希腊分别排名第29、30、51和60位。在南欧国家，政党融资、利益冲突、财产申报以及公共采购领域的腐败问题普遍比较严重。同时，不同的国家还有各自比较突出的腐败问题，如意大利的高层腐败与有组织犯罪、希腊的医疗系统腐败、西班牙的公共建设腐败，等等。[②]

第二，逃税现象泛滥。2010年希腊40%的公民不纳税，而在申报者中，95%的人申报收入低于3万欧元。如此普遍的逃税行为每年造成200亿～300亿欧元的税收缺口，这个数字至少占到2009年财政赤字的2/3。[③] 在希腊，拥有私人游泳池是财富的象征。希腊税务部门甚至通过卫星影像核查私人游泳池来追查逃税——2009年仅有364人申报拥有游泳池，而卫星影像显示仅雅典就有16 974个私人游泳池，诚实申报率不超过2.1%。

第三，政治精英惯用公共职位笼络选民，导致公共部门人员日益膨胀。[④] 相比纲领性政策，南欧政客发现承诺个人利益更能促成选民踊跃投票。希腊自1974年民主化以来，两党轮替执政时都会在文官系统安插亲信，致使其每万人中公务员的比例达到英国的7倍。

专栏 11.2　一位意大利裔美国人对意大利的批评

路易吉·津加莱斯（Luigi Zingales）现任美国芝加哥大学布斯商学院教授。这位地道的意大利裔于1963年出生于意大利，1987年获意大利博科尼大学经济学硕士学位，1992年获麻省理工学院经济学博士学位。他在《繁荣的真谛》一书的自序中对祖国意大利提出了尖锐批评：

---

① （美）弗朗西斯·福山：《政治秩序与政治衰败：从工业革命到民主全球化》，毛俊杰译，广西师范大学出版社2015年版。

② 张军妮：《南欧国家的腐败与反腐败》，《当代世界与社会主义》2015年第6期。

③ （希腊）阿瑞斯蒂德·哈齐兹：《希腊福利国家：前车之鉴》，见（美）汤姆·戈·帕尔默《福利国家之后》，熊越、李杨、董子云译，海南出版社2017年版。

④ 郑春荣：《淮南为橘淮北为枳：高福利模式在南北欧国家的实施效果差异及对中国的启示》，《南方经济》2014年第1期。

我在 1988 年从意大利乔迁至美国，是因为我想逃离那根深蒂固的不平等制度。意大利人发明了“裙带主义”(nepotism)这个术语，并完善了“伤人唯亲”(cronyism)的概念，至今仍深陷其中。能否获得晋升，取决于你认识哪些人，而不是你会做哪些事。美国人最近知道了西尔维奥·贝卢斯科尼政权的腐败，这位由商业大亨转型而来的政客掌控意大利近 20 年。虽然即使用意大利的标准来看，贝卢斯科尼也算是极端案例，但他的出现绝非偶然，而是堕落体制的必然产物。

资料来源：(美)路易吉·津加莱斯，《繁荣的真谛》，余江译，中信出版集团 2015 年版。

三、社会保障制度改革缺乏改革的环境和体制

与南欧国家形成鲜明对比的是，德国经济和社会保障制度成功经受住了 2008 年全球金融危机的考验，成为世界各国效仿的“典范”。这在很大程度上可以归功于德国在危机爆发前就雷厉风行地实施了社会保障改革。然而，明知现行社会保障体系存在诸多弊端且不利于年轻一代，南欧国家为何仍缺乏改革动力?

如前所述，南欧国家深受威权政治文化影响，公民政治文化尚未成熟，社会信任度低下。民众与政府、社会与国家、劳方与资方之间形同“天敌”，难以通过协商达成共识，导致社会保障改革方案难以获得公众支持。自 20 世纪 90 年代以来，历届希腊政府都将养老金改革提上议程。1990 年，新民主党(希腊中右翼主要政党)政府在巨额财政赤字压力下提出全面改革方案，却遭遇公交、银行和公共能源部门为期两周的大罢工，最终被迫撤回大部分改革措施。1993 年社会党(希腊中左翼主要政党)上台后，虽多次组织专家委员会研究养老金改革，但直到 2001 年才公布改革计划，随即遭到工会和反对党的强烈抵制，被指责“企图终结福利国家”。2002 年，政府邀请工会专家参与制定的新方案不仅未推迟退休年龄，反而实际上将 250 万养老金缴纳者的退休年龄提前了。

此外，掌握话语权的年老一代均拥护现有体制。这部分人不仅占据政府要职，而且投票率极高，在很大程度上主导着社会保障政策的走向。在希腊，许多家庭都有成员受益于臃肿的行政体系——几乎家家都有年长的公务员；在西班牙，20 世纪“婴儿潮”一代是推动房地产泡沫的主力军，最终将国家推向危机边缘；在意大利，年老一代大力支持“风流成性”的贝卢斯科尼总理，只因他支持维护年老一代利益的养老金制度。

四、民粹主义抬头

在深陷经济危机的南欧各国，经济低迷、失业率高企、政治失序和民众不满等现实

困境为民粹主义政党的崛起提供了沃土。传统政党因政策脱离实际而丧失民意支持，为民粹主义势力创造了可乘之机。

当前民粹主义已在南欧取得显著的政治影响力。希腊"激进左翼联盟"于 2015 年成为执政党；西班牙"我们能"党自 2014 年起崭露头角；意大利则呈现极为复杂的民粹主义图景——成立于 2009 年的极右翼政党"五星运动"在 2018 年大选中以近三分之一得票率成为议会第一大党，最终与疑欧派的"北方联盟"联合组阁。

南欧民粹主义对政策制定的负面影响主要体现在三方面：

其一，民粹主义政党为迎合选民而罔顾经济规律，在执政中拒绝实施必要的紧缩政策，不愿降低政府债务风险，反而承诺不切实际的高福利，最终可能导致经济崩溃、民生恶化和社会动荡。

其二，民粹主义只注重眼前利益，脱欧倾向明显。目前意大利是欧洲一体化最大的软肋。与始终若即若离的英国不同，作为欧洲一体化的核心国家，意大利若因极右翼执政而强化对欧盟的离心倾向，则将对欧盟造成根本性冲击。

其三，民粹主义为极端排外情绪推波助澜。南欧国家是中东、非洲难民进入欧洲的桥头堡，特别是意大利，面临从地中海渡船而来的难民潮。难民与本地迥异的宗教文化以及高犯罪率问题，导致南欧国家排外情绪持续升温。民粹主义者不从正面解决问题，而是一味奉行极端民族主义、煽动排外、反对移民，加剧了社会冲突与矛盾。

五、社会信任度较低

低社会信任度与高社会福利制度在一定程度上可能形成恶性循环：社会信任度低下导致税收征管阻力增大，社会福利金冒领现象频发，社会保障体系入不敷出，政府难以兑现承诺，进而进一步削弱社会信任。

在意大利南部和希腊，社会信任度普遍较低，社会合作主要局限于家庭范围。正如美国佛罗里达大学政治学教授基斯·莱格(Keith Legg)所指出的："家庭成员必须联合起来，以应付外人威胁……欺骗国家、陌生人和同事都是可接受的，经常还被当作聪明的证据。村民经常不愿与陌生人建立直接或新的关系，甚至与同事邻居都关系紧张……村庄中的房屋互相保持距离，大多数事件不会让村中其他人看到……当乡下希腊人住院时，亲戚会不断出现，检查医生本人及其治疗方法。"[①]在这种社会环境中，企业通常规模较小，由家族世代经营，难以发展为由职业经理人管理的大型现代化企业。南欧四国的国际性大企业数量相对于其经济规模是偏少的。[②]

① Legg K. *Politics in Modern Greece*. Palo Alto：Stanford University Press，1969.

② (美)弗朗西斯·福山：《信任：社会道德与繁荣的创造》，李宛蓉译，远方出版社 1998 年版。

著名学者弗朗西斯·福山指出,社会信任度低下的深层原因在于历史上缺乏非人格化的强大国家和健全的法治体系。由于可信赖的公共权威长期缺位,因而家庭和个人不得不自力更生,陷入“人人相互为敌的战争”。国家机构庞大却软弱,导致黑手党组织兴起和家庭功能强化,进一步加剧了社会不信任。腐败、欺诈和逃税行为的泛滥又持续削弱政府权威,导致国家治理效能不断下降。

拓展阅读

南欧的年轻人如何熬过漫长的失业期

根据西班牙邦托利拉（Bentolila）教授及其团队 2008 年发表的研究显示，1988—1996 年，各国失业者的平均失业时长存在显著差异：意大利男性为 12 个月，西班牙 6 个月，英国 5 个月，美国仅 3 个月。 这一数据清晰地表明，南欧国家的失业持续时间明显长于其他欧美国家。

2008 年金融危机后，地中海国家的失业状况尤为严峻。 以意大利为例，尽管 2017 年 11 月失业率降至 11%（2012 年以来最低点），但 15～24 岁青年失业率仍高达 32.7%——这也是 2012 年来的最低值。 西班牙的情况更为严重：2010 年 5 月至 2016 年 5 月，全国失业率持续高于 20%，2013 年上半年更达到 26.3%的峰值，同期青年失业率超过 50%。 截至 2017 年底，虽然全国失业率降至 17%，但是青年失业率仍维持在 40%左右。 希腊、葡萄牙也呈现相似态势。

南欧的年轻人面临着双重困境：

一方面，南欧金融市场发展落后于英美国家。 以个人和家庭抵押贷款为例，20 世纪 80 年代末，意大利的贷款额占抵押资产值的比例最高可达 56%，西班牙的这一数据为 80%，英国为 87%，美国为 95%。 就普遍使用的住房按揭贷款而言，1998 年，意大利的住房按揭总额为 GDP 的 7%，西班牙为 22%，英国达到 57%，美国更是接近 100%。 这种金融发展水平的差距，使得南欧民众在面临失业等收入风险时难以获得金融机构支持。

另一方面，宗教救助有限。 虽然意大利和西班牙人比英国人更依赖教会，但其虔诚度不及美国人。 更重要的是，随着欧洲教会整体式微，其资源调配能力大不如前，难以为遭遇困境者提供充分保障。

失业率长期居高不下，南欧民众如何维持生计？ 社会秩序又该如何保障?

16 世纪新教改革后，南欧与北欧社会发展路径出现显著分化。 意大利、西班牙等国放弃金融业等发展，选择回归传统，强化对家族组织和天主教体系的依赖，特别是在重回家族方面，与英国、荷兰、德国、丹麦等北部国家形成鲜明对比：意大利、西班牙等国推崇大家族；欧洲北部国家则放弃家族，向个体回归。 以下几个方面可以体现南欧和北欧自 16 世纪以来的分流：

其一，就 25～29 岁年轻人与父母同住比例而言，西班牙为 59%，意大利为 56%，而英国只有 17%。就与父母同住的子女的平均年龄而言，意大利为 18 岁，西班牙为 15 岁，美国为 11 岁，英国仅为 9 岁。根据 Bentolila 教授及其同仁的估算，一年中，每 200 个意大利和西班牙人中大约有 1 个会搬家，而每 100 个人中英国有 1.5 个、美国有 2.8 个会搬家。美国每年的迁徙流动率几乎是南欧的 6 倍，英国是南欧的 3 倍。由此可见，家的观念在南欧与北欧之间大为不同。

其二，不论是否发生失业等意外，每年意大利有 9%的家庭、西班牙有 6%的家庭得到亲戚的钱财援助，而英国仅 1%的家庭、美国也只有 3%的家庭会得到亲戚的财务援助。在发生意外风险时，这种差别就更大了。在南欧和北部国家之间，家族网络的保险效果差异明显。

由上述指标的对比可以看出，南欧天主教国家选择以家族保险为主，再辅以教会、政府和金融的避险支持，这种模式与北欧新教社会的保障模式存在显著差异，以至于尽管西班牙和意大利等南欧国家的政府福利和金融市场不如英美，但是在一家之主遭遇失业时，其他家族成员会出面帮助，使得他们的食物消费受影响程度反而低于英美等国。这种模式与中国传统社会有相似之处。

然而，南欧的这种模式也必然造成长时间失业率奇高的状况，因为西班牙、意大利人失业后，反正有亲戚支持，缺乏求职动力，或者就在父母家附近随便找个工作凑合。这与英美等国很不一样。正因为如此，西班牙、希腊、意大利的失业率才会特别高，持续时间才会特别久，找到新工作后的工资也往往比失业前低很多，这些都是他们的生活模式所内生的。

资料来源：陈志武，《“还是家靠得住”，南欧国家的经历》，经济观察网（http://www.eeo.com.cn/2019/0810/363282.shtml），2019 年 8 月 10 日。

复习思考题

1. 传统意大利家庭人口众多，祖孙三代甚至四世同堂是很常见的。如今意大利人的婚姻和家庭结构也发生了变化，过去的大家庭逐渐消失，选择单身甚至不婚的年轻人比比皆是，推迟结婚和生育时间更是成为普遍现象。自 2009 年起，意大利的人口出生率开始呈现持续下降的趋势。2022 年，意大利只有不到 40 万名新生儿，打破了该国历史上新生儿数量的最低纪录。全国人口平均出生率仅有 6.8‰，在欧盟国家中排名垫底。请分析意大利出现低生育率的原因。

2. 政治领导人通常因担心得罪选民而不愿削减社会保障支出。然而现实中，不少国家的领导人不仅成功缩减了社会保障开支，而且保住了执政地位或实现连任。这其中的奥秘何在？美国社会保障学者保罗·皮尔逊（Paul Pierson）提出的“争功”（credit claiming）和“诿过”（blame avoidance）理论对此作出了精辟解释。该理论指出：在福利扩张阶段，政党执政时会极力争取福利，并向社会公众表示那是他们努力争取来的；在福利紧缩阶段，执政党会避免将福利紧缩的责任算在自己头上，以免在下次选举时被选民唾弃。您也可以通过搜集资料，试图回答这个问题。

3. 孟子曰："民之为道也，有恒产者有恒心，无恒产者无恒心，苟无恒心，放辟邪侈，无不为已。"与此想法有些类似，美国华盛顿大学迈克尔·谢若登教授(Michael Sherraden)在《资产与穷人——一项新的美国福利政策》一书中提出了以资产为基础的福利政策理念：有人认为收入非常低的家庭不能或不应该积累资产，这种想法是错误的。哪怕是小额的资产积累也会对家庭的长远发展起着重大影响。消费型收入对大众生活的维系固然十分重要，但如果想要长久地改善家庭的生活条件，就有必要在教育、住房、生意等方面投资。试了解"资产建设理论"(asset building)，并对其应用价值进行评价。

第十二章　拉美国家福利模式

拉丁美洲及加勒比地区(Latin America and the Caribbean, LAC)是指美国以南的美洲地区,包括33个国家和12个未独立的地区,面积2 140万平方公里,人口6.51亿,又细分为墨西哥、中美洲、南美洲和西印度群岛四个地区。[①] 1492年哥伦布“发现”美洲大陆后不久,这些区域就沦为西班牙和葡萄牙的殖民地,其语言多属于拉丁语系,因而统称为拉丁美洲。拉丁美洲是地球上自然条件极为优越的大陆之一。“阿根廷”在西班牙语中意为“白银”,最早因西班牙殖民者抵达此地后以为发现了盛产白银的宝地而得名。

拉美国家在经历了长达300年的殖民统治后,以19世纪初的独立运动作为起点,开始进入现代化。1804—1825年先后有17个拉美国家独立,包括如今拉美大陆的主要国家(墨西哥、阿根廷、智利和巴西分别于1810年、1816年、1818年和1822年宣布独立);1844—1903年又有多米尼加、古巴和巴拿马三国独立;第二次世界大战后,13个加勒比国家相继独立;到1983年,拉美的独立国家已经达到33个。

拉丁美洲的主要国家在美国独立(1776年)后约30年相继独立,之后避开了两次世界大战,顺利发展了两百多年。尽管拥有丰富的资源且避开了世界大战,拉丁美洲发展至今仍远远落后于北美。经济长期徘徊不前,贫困率居高不下,政治动荡不安,腐败无孔不入,毒品泛滥,暴力犯罪猖獗——拉美国家的发展困境如此相似,以至“拉美陷阱”成了一个专门术语,被视为国家发展需要警惕的前车之鉴。

第一节　拉美国家的经济与财政

谈及拉美经济,最著名的论断莫过于其深陷“中等收入陷阱”。世界银行2006年发布的《东亚经济发展报告》首次提出“中等收入陷阱”(middle income trap)概念,特指经

① 本章讨论的拉美国家福利模式针对的是拉美资本主义国家。

济体在人均收入达到世界中等水平(人均 GDP 4 000～12 700 美元)后,因未能顺利实现发展战略和发展方式转变,导致新的增长动力特别是内生动力不足,经济长期停滞不前,同时,快速发展中积聚的问题集中爆发,造成贫富分化加剧、产业升级艰难、城市化进程受阻、社会矛盾凸显等。

为什么将拉美视为“中等收入陷阱”的典型？主要有两个原因:第一,拉美是“中等收入国家”最集中的地区;第二,拉美国家滞留“中等收入陷阱”的时间较长。拉丁美洲地区曾是全球经济增长的明星。以阿根廷为例,1880—1913 年,其平均经济增长率达到 3.28%,为全球最高。1913 年,阿根廷的人均 GDP 排名全球第 10 位。由于该国与美国、澳大利亚类似,同属“新殖民地”,因而当时普遍认为增长更快的阿根廷将超过美国(当时排名第一)和澳大利亚(当时排名第二)。然而,从 1913 年至 1964 年,阿根廷的人均 GDP 排名从第 10 位跌至第 18 位,2008 年进一步下滑至第 28 位。[①] 类似情况也出现在许多其他拉美国家。图 12.1 显示,1960—2004 年,8 个拉美大国的人均 GDP 与美国、西欧 12 国的比值不仅没有上升,反而呈现下降趋势,这表明拉美国家与发达国家的差距持续扩大而非缩小。2004 年后,得益于能源等原材料价格上涨,拉美国家的发展速度有所加快,与发达国家的差距略有缩小。

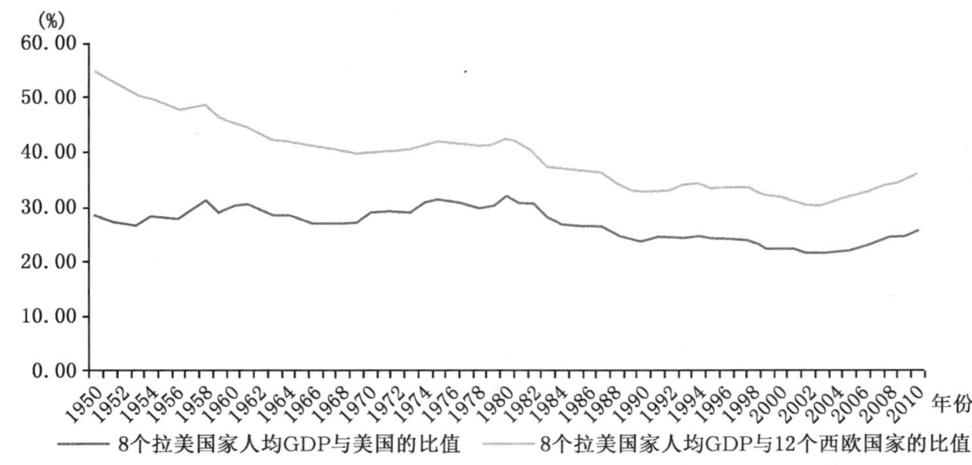

图 12.1　8 个拉美国家人均 GDP 与美国、12 个西欧国家的比值

注:8 个拉美国家是阿根廷、巴西、智利、哥伦比亚、墨西哥、秘鲁、乌拉圭和委内瑞拉。12 个西欧国家是奥地利、比利时、丹麦、芬兰、法国、德国、意大利、荷兰、挪威、瑞典、瑞士和英国。

资料来源:Bolt J, van Zanden J L. The first update of the Maddison Project: Re-estimating growth before 1820. *Maddison Project Working Paper 4*, 2013.

① 胡永泰、陆铭、(美)杰弗里·萨克斯、陈钊:《跨越中等收入陷阱:展望中国经济增长的持续性》,格致出版社、上海人民出版社 2012 年版。

一、拉丁美洲的基本情况

拉丁美洲土地肥沃，资源丰富，大部分地区属于热带雨林和热带草原气候，温暖湿润，适宜居住。仅亚马逊雨林就占地 700 万平方公里，被誉为“地球之肺”。拉丁美洲物产丰饶，自大航海时代起，这里先后盛产白银、蔗糖、烟草、黄金、钻石、棉花、橡胶、可可和咖啡，每一种都曾是全球最热销的商品。在矿产资源方面，委内瑞拉的石油已探明储量居世界第一，巴西的铁矿石储量世界第二，智利的铜矿储量和产量均居全球首位，秘鲁的铜矿产量排名世界第三，此外，秘鲁的金银矿产量也在世界前列。

拉美主要国家领土广阔、人口众多，人均 GDP 水平尚可。其中，墨西哥、智利、哥伦比亚和哥斯达黎加的经济发展水平较高，已分别于 1994 年、2010 年、2018 年和 2020 年加入 OECD。阿根廷（Argentina）、巴西（Brazil）和智利（Chile）并称拉丁美洲“ABC”三国，是南美洲经济、政治、文化最为强盛的国家。在各国 GDP 总量排行榜上，拉美经济第一大国巴西曾在 2011 年超越英国和意大利，位列全球第六，但后来被印度、英国、意大利和加拿大等国超过，2019 年排名全球第十。表 12.1 列出了上述国家的基本情况。①

表 12.1　　2023 年拉美部分国家的基本情况

国家	领土面积（万平方公里）	人口（万人）	人均 GDP（美元）
巴西	851.0	21 114.1	10 294.9
阿根廷	278.0	4 553.8	14 187.5
墨西哥	196.4	12 974.0	13 790.0
哥伦比亚	113.9	5 232.1	6 947.4
智利	75.6	1 965.9	17 067.8
哥斯达黎加	5.1	510.6	16 942.0

注：人均 GDP 数据为世界银行公布的 2023 年以现价美元计算的数值。

资料来源：世界银行网站（https://data.worldbank.org/）。

二、拉美国家的经济状况

在拉美各国独立前，其发展历史充满了血腥暴力、疫病流行和战争。19 世纪初，拉美各国迎来独立后的新生，此后二百年间经历了跌宕起伏的发展阶段。每一次经济发展周期的大起大落犹如心电图（见图 12.2），在经济总体增长的同时，也频繁伴随恶性通货膨胀、大规模失业以及国民财富的巨额流失。这种周期性波动在社会结构上直

① 需要说明的是，由于搜集拉美各国数据和资料较为困难，因而本章主要分析巴西、阿根廷、墨西哥、哥伦比亚、智利和哥斯达黎加等经济较为发达的国家。

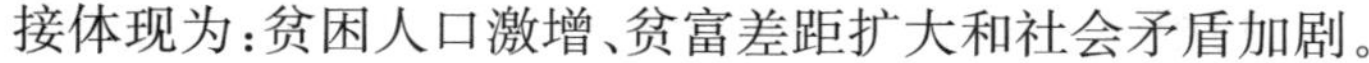
接体现为：贫困人口激增、贫富差距扩大和社会矛盾加剧。

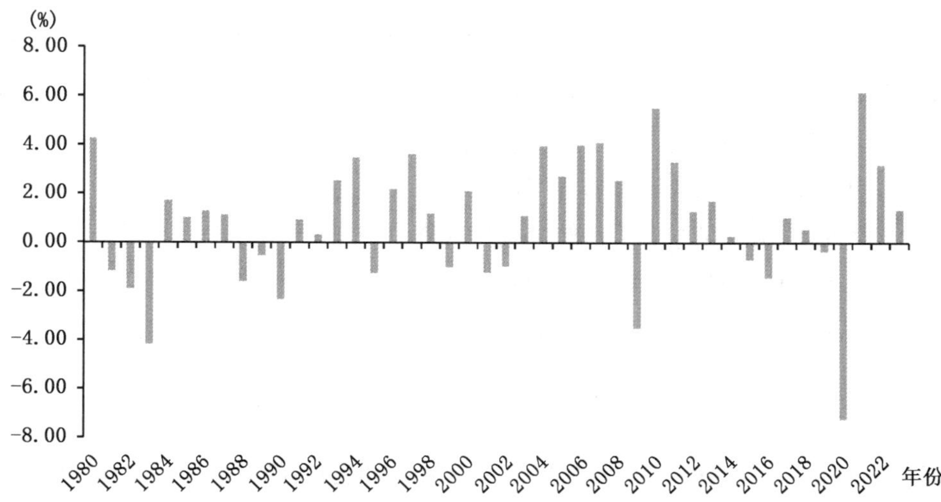

图 12.2　1980—2022 年拉丁美洲及加勒比海地区的 GDP 增速

资料来源：世界银行网站(https://data.worldbank.org/indicator/NY.GDP.MKTP.KD.ZG? locations＝ZJ)。

(一)20 世纪拉美经济增长的三个阶段

1.初级产品出口导向阶段(19 世纪 70 年代至 20 世纪 20 年代)

这一阶段，拉美各国总体上经济增长较快。[①] 除阿根廷和智利外，大多数国家以农业为主，出口扩张并未带动国内产业增长，加之劳动市场扭曲和基础设施落后，几十年间始终未能形成有效的国内市场。这一僵化的经济发展模式到 20 世纪 30 年代经济大萧条时几近瘫痪。当时的洪都拉斯受美国联合果品公司等跨国企业控制，依赖单一作物——香蕉。此后，"香蕉共和国"一词被广泛用于指代经济结构单一、政治经济受外国势力操控、国内腐败且动荡的国家。

2.进口替代工业化内向增长阶段(20 世纪 30 年代至 70 年代)

进口替代工业化政策主张减少对外依赖，推行国家主导的工业化，打破了拉美国家出口初级产品、进口制成品的传统生产结构，使制造业成为经济增长的主要动力。在这一阶段，拉美的工业化水平和经济实力显著提升。特别是在 1950—1980 年，拉美地区经济年均增长率达 5.6%。至 1980 年，拉美人均 GDP 达到 2 288 美元，位居发展中国家前列。这一发展成就被国际社会誉为"拉美奇迹"。

然而，进口替代模式过分强调国家的保护功能，致使拉美的经济结构长期处于十分

① (美)弗朗西斯·福山：《落后之源：诠释拉美和美国的发展鸿沟》，刘伟译，中信出版集团 2015 年版。

落后的状态。1960 年前后，巴西、阿根廷和墨西哥对耐用消费品的进口关税分别高达 328%、266%和 147%。高成本的国内制造业却无法突破本地市场有限、资金匮乏和就业不足等发展瓶颈。贸易保护政策迟滞了产业结构转型升级进程，致使拉美经济陷入粗放型增长困境。由于高度有效的贸易保护为企业提供了丰厚利润，因而企业缺乏提升生产效率的内在动力。

与此同时，进口替代战略下的资本积累水平难以支撑快速工业化需求，迫使拉美国家大量举借外债，由此又引发了新的矛盾与挑战。

3. 出口导向和新型发展模式过渡的转型阶段（20 世纪 80 年代至 20 世纪末）

20 世纪 80 年代，拉美国家以“举债增长”方式实行进口替代的政策难以为继，政府债台高筑，陷入恶性通货膨胀和货币急剧贬值的恶性循环。[①] 以“债务危机”为标志性事件，拉美各国出现持续的社会动荡和政局不稳。

拉美国家随之普遍推行新自由主义，其主要特征包括：将矿产资源和国民经济命脉产业全面私有化，彻底放开金融和经济管制。这一模式推动了拉美经济从国家主导型经济体制转向自由市场经济体制，从进口替代的内向发展模式转向出口导向的外向发展模式。然而，发育不良的民族产业在全球产业链分工中处于劣势，最终导致国家宏观调控能力过度削弱、社会矛盾激化等负面后果。数据显示，20 世纪 80 年代拉美地区 GDP 年均增长率仅为 1.2%，人均 GDP 增长为－0.9%；90 年代这两个指标分别为 3.2%和 1.4%。这两个十年成为拉美的两个“失去的十年”。

在社会保障政策方面，为缩减债务，政府不得不削减基础设施投资与财政支出。首当其冲的是贫困群体，其生活受到严重影响；而中高收入阶层凭借其经济实力，可以通过市场获取本应由政府提供的公共服务。

（二）21 世纪以来的拉美经济状况

拉丁美洲国家多为资源与能源出口国，经济长期高度依赖大宗初级产品出口。例如，巴西经济严重依赖铁矿石和大豆出口，委内瑞拉约 96%的出口总额来自石油，阿根廷出口收入的一半来自农产品。进入 21 世纪后，受益于新兴经济体对原材料的旺盛需求及随之而来的大宗商品超级周期，拉美国家再次迎来经济增长的“黄金时期”。在“大宗商品超级周期”（2003—2012 年），大宗商品价格上涨逾 3 倍，推动拉美经济快速增长。2001—2011 年，拉美初级产品出口额占总出口额的比重上升近 20 个百分点，从 2001 年的 41.1%跃升至 2011 年的 60.7%。

---

① 资本积累和产业升级是顺利完成工业化的必要条件。中日韩等国的成功发展经验表明：其工业化进程均始于劳动密集型产业，充分发挥人口密集、工资成本较低的比较优势，同时依托较高的国民储蓄率，逐步积累资本和技术；在此基础上，通过政府的产业政策与扶持机制，最终实现产业升级。相比之下，拉美国家面临人力成本较高、劳动生产率偏低、储蓄率不足等制约因素，同时缺乏有效的政府产业政策引导。

然而，与初级产品出口繁荣形成鲜明对比的是，拉美制造业占 GDP 比重从 1980 年的 27.8%持续下滑至 2009 年的 15.3%。这种“去工业化”现象与国际市场初级产品价格长期维持高位直接相关，导致资本过度集中于能源资源类产业。

2004 年至 2008 年年中，拉美地区经济平均增速达 5.2%，创下自 20 世纪 70 年代以来该地区的最佳表现。经济繁荣对贫困群体的生活产生了切实和积极的影响，开启了史无前例的社会转型——贫困人口减半，中产阶级规模显著扩大。然而，繁荣期的高额利润也催生了“增长幻觉”，导致许多拉美大宗商品出口国寅吃卯粮、储蓄不足。这一时期本应成为拉美国家推动经济结构转型的黄金期，但各国政府错误地将大量财政盈余投入规模庞大且持续扩张的社会再分配项目。虽然此举有效减少了贫困，却无异于饮鸩止渴，错失了关键的结构性改革机遇。

2009 年全球金融危机结束后，世界经济快速复苏，但拉美地区经济自 2012 年起似乎举步维艰，2014—2016 年人均 GDP 连续三年负增长，2017—2018 年虽略有回升，但增长率仍低于 1%。为减少金融危机对本国经济的影响，西方发达国家纷纷实行贸易保护政策。2012 年后，国际原油及初级产品价格大幅下跌，加之拉美多数国家长期以初级产品出口为主的粗放增长模式所积累的矛盾和风险集中暴露，经济增长的旧动力日趋减弱，又未能及时调整经济结构和发展战略，新动力激发不足，拉美国家经济增长速度普遍放缓(见图 12.2)。多国经济陷入国内(通货膨胀、财政赤字)与国际(经常账户赤字)的双重失衡困境。2016 年 1 月，高盛经济学家阿尔贝托·拉莫斯(Alberto Ramos)尖锐指出：“10 号原本用来形容球王贝利。现在数字 10 说的是巴西的通货膨胀率、失业率和总统支持率。”

2017 年，阿根廷人均 GDP 为 14 533 美元(按现价换算)，已经达到高收入国家标准。但从 2018 年开始，深受金融危机影响，阿根廷比索大幅贬值，人均 GDP 连续三年下跌，到 2020 年降到 8 536 美元，不足 2017 年的 60%。此后虽有所反弹，但仍未能达到 2017 年的水平。这就是典型的陷入中等收入陷阱的案例。

目前，拉美地区的经济增长基础仍然十分脆弱。

首先，对外贸易依存度总体偏高，尤其是对大宗商品的依赖度较高。在大宗商品价格持续走低的趋势下，拉美国家对外贸易的风险敞口较大。

其次，过早“去工业化”。从全球经济发展史来看，工业化几乎是每一个经济体崛起都无法回避的阶段。从欧洲、美国、日本、亚洲“四小龙”，到中国内地，无一例外都是通过工业化建立现代经济体系，再在此基础上发展生产性服务业。这是由制造业与服务业的本质所决定的：大部分生产性服务业的功能便是为制造业提供服务(典型的如贸易、物流、产品设计等)，因而大量服务业深深嵌入(embedded)制造业的产业链中。没有制造业这一需求来源，很多服务业便成了无源之水、无本之木。

阿根廷在20世纪60年代中期的制造业占GDP比重曾高达40%,此后占比持续下滑,目前已降至14.5%;巴西和哥伦比亚在70年代的制造业占比曾分别短暂提升至35%和25%,但自80年代起工业化程度不断衰退。2014年,拉美主要国家制造业占GDP的比重均收敛至12%~15%的低水平。[①] 这种过早放弃制造业的发展模式成为拉美地区的普遍问题,工业体系尚未成熟即开始衰退,导致大量劳动力潜力无法释放,被迫转向低端消费性服务业。虽然服务业比重显著提高,但是经济陷入发展陷阱,加之政治、金融领域的决策失误,最终使经济一蹶不振。

最后,缺乏高效率的大中型企业。如表12.2所示,在拉美地区经济结构中,中小企业数量占比高达99.5%,而大型企业仅占0.5%。这些中小企业普遍存在生产效率低下、竞争力薄弱的问题,不仅难以发展壮大为大型企业,更无力参与国际竞争。2016年,拉美和加勒比地区中型企业的劳动生产率平均仅为大型企业的一半;小型和微型企业的表现更为堪忧,其生产率分别只达到大型企业的23%和6%。

表12.2　　2016年拉美地区的企业规模情况

企业类型	企业数量占比	企业雇佣人数占比	产值占比
微型企业	88.4%	27.4%	3.2%
小型企业	9.6%	19.7%	8.8%
中型企业	1.5%	14.0%	12.6%
大型企业	0.5%	38.9%	75.4%

资料来源:Dini M,Stumpo G. Mipymes en América Latina:Un frágil desempeño y nuevos desafíos para las políticas de fomento. *Documentos de Proyectos* (LC/TS. 2018/75). Santiago: Comisión Económica para América Latina y el Caribe(CEPAL),2018.

三、拉美国家的财政状况与外债危机

(一)拉美国家的财政状况

1. 税收负担

如表12.3所示,在拉美四国中,智利和墨西哥的税收占GDP比重相对较低,而巴西和阿根廷的税收占比偏高。其中,巴西以税负沉重著称,其税种繁复,又称"万税之国"。沉重的税负导致巴西商品价格畸高,严重削弱了本土企业的市场竞争力。政府为保护本国市场,对进口货物征收高额关税,这一政策进一步抑制了贸易发展,形成恶性循环。受制于巴西高昂的进口税收,许多国际企业只能望而却步。2015年1月,任天

① 姜超、顾潇啸:《跨越中等收入:谁的奇迹?谁的陷阱?——拉美过早去工业化之殇》,海通证券研发报告,2016年5月31日。

堂游戏公司就因进口税过高而宣布退出巴西市场。值得注意的是，巴西的税收体系以间接税为主，主要针对消费而非财富征税。这种税制结构导致高收入阶层实际税负较轻，低收入阶层却承担了相对更重的税收负担。

表 12.3　　　　拉美四国的税负、政府债务以及国民储蓄率

国家	2018 年税收占 GDP 比重	2018 年政府债务余额占 GDP 比重	2017 年国民储蓄率
阿根廷	28.8%	95.4%	16.02%
巴西	33.1%	77.3%	16.04%
智利	21.1%	25.0%	22.97%
墨西哥	16.1%	36.0%	23.10%

注：国民储蓄率为国民储蓄额占 GDP 的比重。

资料来源：OECD，CAF，ECLAC. *Latin American Economic Outlook 2019：Development in Transition*，2019.

2. 政府债务

相对于欧洲和北美国家，智利、墨西哥的政府债务余额占 GDP 的比重较低，财政较为健康，阿根廷、巴西的政府债务占比则存在较大风险。欧洲和北美国家的金融市场较为发达，融资渠道通畅，债务融资利率较低，而阿根廷、巴西等国由于国内储蓄率较低，只能更多依靠国际融资，因而存在较大的融资风险。

长期以来，大多数拉美国家实行的都是极具破坏性的顺周期财政政策。[①] 当经济出现繁荣（往往由国际大宗商品价格上涨推动）时，财政支出随之增加，从而在经济周期的扩张阶段进一步刺激经济增长；而当国际大宗商品价格下跌导致经济下行时，公共部门支出又相应缩减，从而加剧经济收缩。

（二）拉美国家的外债危机

历史上，拉美国家信用记录不佳，债务违约事件频发。早在 19 世纪 20 年代，就有十多个拉美国家出现外债违约，包括对墨西哥和秘鲁的贷款。1826 年，哥伦比亚 50% 的国际债务违约，厄瓜多尔违约率达 22%，委内瑞拉则接近 1/3。[②] 每次违约后，随之而来的是旷日持久的谈判。多数情况下，经过数年讨价还价和相互让步后，双方会达成解决方案，但这通常意味着投资者将蒙受重大损失。

在拉美高违约率国家中，阿根廷可谓“声名远扬”。该国保持着 9 次主权债务违约的纪录（1827 年、1890 年、1951 年、1956 年、1982 年、1989 年、2001 年、2014 年和 2020

① （智利）塞巴斯蒂安·爱德华兹：《智利计划：芝加哥小子与新自由主义的兴衰》，郭金兴译，中信出版集团 2024 年版。

② （智利）塞巴斯蒂安·爱德华兹：《掉队的拉美：民粹主义的致命诱惑》，郭金兴译，中信出版集团 2019 年版。

年)。其中 2001 年的违约规模最大,直到 2016 年解决相关法律争端后,阿根廷才重返国际金融市场。20 世纪 90 年代大部分时间,阿根廷经济繁荣,政府能够轻易从国外借到资金。但 1998 年经济陷入衰退后,税收锐减导致财政赤字扩大。国际债权人对其偿债能力日益担忧,不愿继续提供高利率贷款。至 2001 年,阿根廷陷入恶性循环:为弥补财政赤字和偿还到期债务,不得不以更高利率借入新的资金,而支付更高的利息将使其财政赤字规模变得更大。① 最终,阿根廷政府宣布暂停偿还 120 亿美元外债,创下当时全球最大规模的主权违约纪录。

2020 年初,阿根廷再次爆发债务危机。2018 年阿根廷比索暴跌,导致阿根廷以美元计价的债务激增,政府无力偿还。阿根廷政府向 IMF 寻求帮助,达成了 571 亿美元备用贷款协议。2020 年 4 月 6 日,阿根廷政府宣布,由于新冠疫情对经济社会造成冲击,决定将推迟偿还总额约 100 亿美元的公共债务,推迟日期至 2021 年。截至 2019 年底,阿根廷外债达到了 2 776.48 亿美元,其中,2020 年到期的债务为 210 亿美元。在 2 776.48 亿美元债务中,约 62%属于政府,约 26%属于非金融机构或企业,约 9%属于央行,可以说外债主要是由政府部门不负责任借债引起的。而 2019 年底,阿根廷的外汇储备仅为 448.48 亿美元,偿债能力较弱。

长期以来,阿根廷央行过于注重促进就业和增长,忽视了对货币稳定的追求。这种货币政策的后果就是引发恶性通货膨胀。从 2011 年至今,阿根廷的通胀率每年都超过 20%,2019 年达到 53.8%,为 28 年新高,2023 年更是高达 211.4%,再创历史新高。受持续通胀的影响,阿根廷比索汇率不断贬值:2001 年,兑取 1 美元需要 1 比索,到 2015 年 12 月需要 10 比索,到 2021 年 11 月则需要 100 比索。而且这还是官方汇率,黑市汇率则要高得多。2023 年 12 月米莱就任阿根廷总统后,将阿根廷比索贬值 54%,官方汇率下调至 1 美元兑 800 比索。然而,此举仍未能止住汇率跌势,至 2024 年 2 月,汇率贬至 833∶1(见图 12.3)。

阿根廷近年来屡次爆发债务危机的原因如下:

(1)国内储蓄率低,严重依赖外债。国民储蓄主要包括居民储蓄、企业储蓄和政府储蓄,其中居民储蓄占据大部分。在居民储蓄方面,拉美地区的文化传统和消费习惯是超前消费和较少储蓄,特别是巴西和阿根廷(见表 12.3)。拉美民众较少储蓄有其历史根源:历代拉美民众都曾目睹自己的储蓄被政府以各种方式侵蚀——或通过压低利率,或通过恶性通货膨胀,甚至直接没收。在企业储蓄方面,拉美国家的高收入阶层、企业股东在“攀比效应”驱使下,不是将增加的收入用于扩大再生产,而是追求奢侈性消费。国民储蓄对国家经济有一定影响。如果国家储蓄率下降,投资仍然维持高增长,则资金来源就是大量举

① (美)保罗·克鲁格曼、(美)罗宾·韦尔斯:《宏观经济学》,赵英军译,中国人民大学出版社 2009 年版。

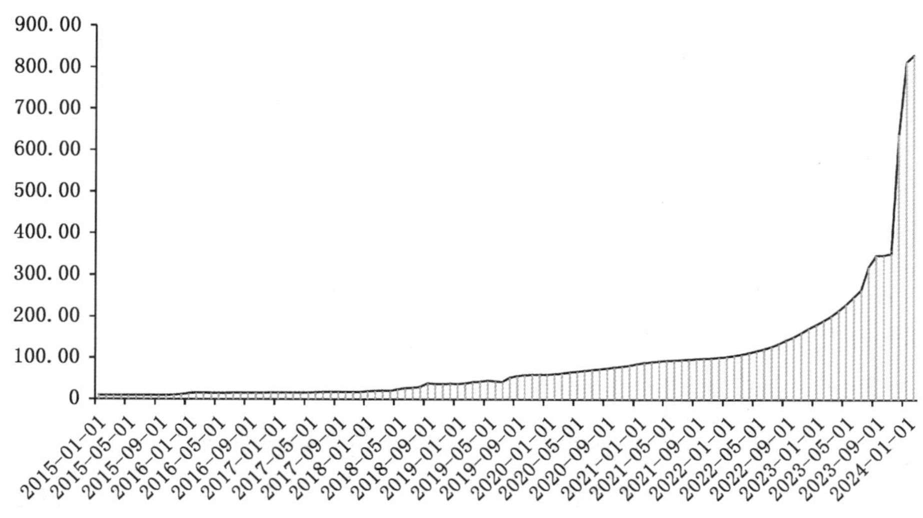

图 12.3　美元兑阿根廷比索

资料来源:CEIC 数据库。

借外债,大量引进跨国公司的投资。一旦外资撤走,汇率面临崩溃,国民经济就陷入危机。1994 年墨西哥金融危机说明:过度依赖外资特别是短期外资并非上策。

(2)政府大量举债,弥补财政赤字。阿根廷福利水平居高不下,成为拖累政府财政的主要原因。阿根廷政党将高福利作为争夺政权的手段,为讨好选民,各政党不得不逐步提升福利水平。易上难下的高福利政策致使阿根廷近几年财政赤字规模大增。

(3)经济结构脆弱,难以抵御外部冲击。在国内和国际环境良好时,阿根廷虽然进行了一定的产业结构调整,但外向型经济发展相当缓慢,出口创汇能力不足,出口中高附加值工业制成品比例太小,仍然以传统农产品为主。由于农产品国际市场价格偏低且波动较大,因而农产品外汇收入有限且不稳定。经常项目连年赤字只能靠资本项目收入和借债来弥补。

(4)美元周期往往成为新兴市场国家债务危机爆发的导火索。新兴市场的每轮危机发生都与美元周期具有高度关联性,大部分新兴市场危机事件都发生在美元强上升期或周期顶部拐点附近。美元周期是全球资本在成熟市场和新兴市场之间流动的直接反映。其基本逻辑为:在全球经济运行过程中,成熟市场与新兴市场呈现“跷跷板”效应。当全球实体经济处于上行周期时,弹性更好的新兴市场相对发达市场能产生更高的投资回报,吸引全球资本流入,使得美元走弱;而当全球经济进入下行周期时,资本在避险情绪影响下,又会撤离高风险的新兴市场,回流至发达市场,从而推动美元走强。而美元走势本身对上述资本流动行为又会有反身性的加强效果。美元走强会进一步加剧新兴市场资本流出,使得这些国家汇率承压,以美元计价的外债偿债风险上升。同时，资本流出造成国内流动性紧缩，引发股市下跌，并拖累实体经济。

(5)拉美国家的社会、经济与政治存在较多不稳定因素，在国际市场上融资信誉欠佳。拉美国家的社会与政局不稳定，罢工、游行、示威、暴力冲突乃至大规模骚乱接连不断，政府更迭频繁，前领导人被捕判刑的情况屡见不鲜，主权债务违约事件也时有发生。例如，阿根廷从2001年12月20日德拉鲁阿总统宣布辞职至2002年1月1日正义党参议员杜阿尔德就任新总统，短短12天时间里五易总统。这些都导致国际投资者(甚至包括本国居民)对拉美国家的外债偿还能力存有疑虑，一旦有风吹草动，就立即抛售拉美国家的货币和债券，直接导致银行挤兑、汇率体系崩溃，进而引发金融危机。

专栏12.1　20世纪80年代拉美国家的主权债务危机

20世纪80年代——通常被称为"失去的十年"——许多拉丁美洲国家相继陷入了严重的债务危机。1982年8月，墨西哥政府宣布无力偿还主权外债；两年后，玻利维亚、厄瓜多尔等国相继停止还债；紧接着，巴西政府因外汇短缺，宣布停止偿还外债利息；1989年，委内瑞拉政府宣布暂停偿还拖欠国际私人银行的公共外债。

导致拉美债务危机的主要原因如下：

(1)大量举借外债。拉美国家普遍储蓄率偏低。为了维持较高的投资水平，只能举借外债以保证资金供给。拉美各国政府长期通过财政赤字来推动经济增长，为弥补财政赤字又进一步扩大外债规模，最终超出实际支付能力。1982年底，拉美19国外债总额达到3 287亿美元，其中墨西哥、巴西、阿根廷、委内瑞拉四国外债总额2 575.6亿美元，占拉美外债总额的83.58%。外债还本付息额占当年出口收入的比重远远超过20%的债务安全线。

(2)外债政策与管理失误。拉美各国经济发展计划过于乐观，往往未就本国的外汇储备、出口创汇能力、借债期限、偿债能力等进行客观评估与周密合理规划。一方面，外债统计监督制度不健全，导致外债规模急剧增长，外债结构失调。另一方面，借入的外债大部分不是用于具有创汇能力的生产性投资，而是用于非生产性的消费支出，或是用于弥补国营企业的亏损。这样借入的外债对经济发展没有起到应有的促进作用，外债偿还逐渐力不从心，加剧了债务危机。

(3)进口替代战略致使国际收支问题严重。进口替代是指用本国产品来替代进口品，即对外建立高关税壁垒，对内扶植国有工业，通过限制工业制成品的进口来促进本国工业化。进口替代战略虽曾给拉美地区带来了较高的经济增长，但资本积累水平难以支撑快速工业化需求。没有高水平的储蓄率与投资率，难以迅速推进和顺利完成工业化，因此，拉美国家只能放松对进口的管制，进口支出越来越大。拉美国家发展进口替代的初衷是发展本国制造业来减少制成品进口，以解决国际收支不平衡问题。然而，在实施过程中，国际收支问题不仅没有得到解决，反而更加严重。

第二节　拉美国家的增长性贫困现象

经济增长对减贫至关重要，但统计数据显示，世界各地区的减贫效果并非完全与其经济增长呈正相关。近三十年来，拉美国家的经济持续低速增长，但增长并未为减困做出较大贡献，贫困率甚至不降反升，这就是“增长性贫困”现象。

一、脱贫效果不稳定，贫富不均现象难以缓解

巴西经济学家埃德马尔·巴哈(Edmar Bacha)将巴西称为“Belinda”(Belgium＋India)——小部分地区繁荣如比利时，大部分地区像印度那样落后。这个比喻其实可以延伸适用至整个拉美：国家发展不均衡，贫富悬殊，富人与其他社会阶层脱节。

(一)基尼系数较高

从整体上看，拉美地区贫富悬殊，基尼系数较高(见图 12.4)。

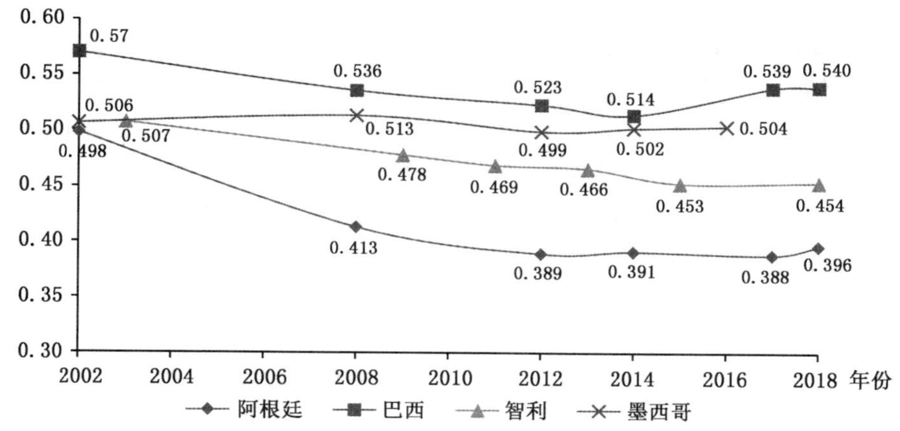

图 12.4　2002—2018 年拉美四国的基尼系数

注：本图统计的是收入的基尼系数。

资料来源：Economic Commission for Latin America and the Caribbean. *Social Panorama of Latin America*，2019 (LC/PUB. 2019/22-P/Rev. 1). Santiago，2019.

拉丁美洲是全球收入最不平等的地区。尽管收入差距在2002—2014年显著改善，但这种趋势从2015年起明显放缓。基尼系数(拉丁美洲15个国家的平均值)从2002年的0.538下降至2014年的0.477、2017年的0.469和2018年的0.465。总的来看，基尼系数在16年内下降了13.6%，或平均每年下降0.9%。在此期间，下降速度放缓：2014—2018年年均降幅为0.6%，而2002—2014年年均降幅为1.0%。

(二)贫困率与赤贫率较高

20世纪70年代以来，拉美地区人均收入增长了3倍，但贫富差距并没有缓解。1980年，拉丁美洲的贫困率(贫困人口占总人口的比重)为40.5%，此后，在1990年上升至48.4%。进入21世纪后，拉美国家民众的劳动收入增加，工资收入差距缩小，加上政府强化了社会保障政策，贫富悬殊的状况有所改善，2002年贫困率降至45.4%，2005年首次降至40%以下。在2002—2014年期间，该地区的平均贫困率从45.4%大幅下降至27.8%(见图12.5)，有6 600万人摆脱了贫困。同时，赤贫率(extremely poor)从12.2%降至7.8%。①

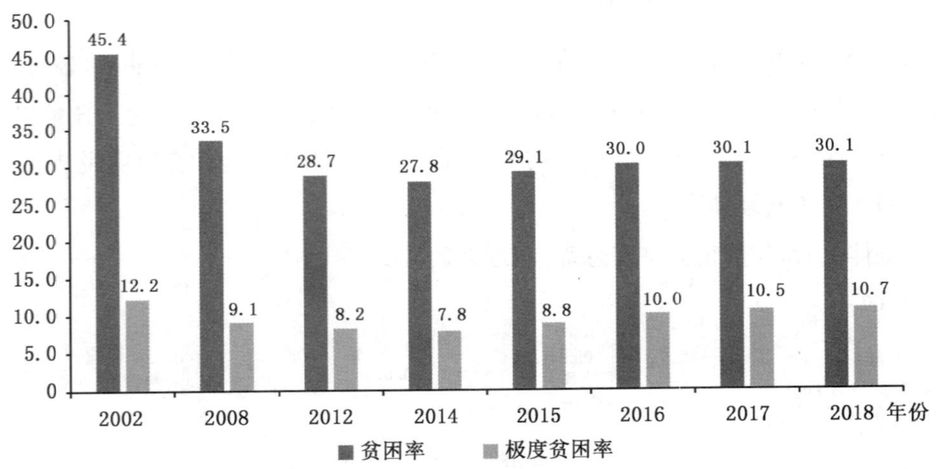

图12.5 2002—2018年拉美国家的贫困率和极端贫困率

资料来源：Economic Commission for Latin America and the Caribbean. *Social Panorama of Latin America, 2019* (LC/PUB.2019/22-P/Rev.1). Santiago, 2019.

2015年以来，大宗商品出口繁荣期结束，随之经济增长放缓，拉美地区贫困指标再次恶化。从2015年起，贫困尤其是极端贫困水平有所上升(见图12.5)。2018年，约30.1%的区域人口处于贫困线以下，而10.7%的人口处于极端贫困线以下。这意味着约有1.85亿人生活在贫困中，其中6 600万人处于赤贫状态。尽管2017—2018年贫

① 赤贫人口又称为"极端贫困人口"或"绝对贫困人口"，是指每天生活费低于1.90美元的人口。

困趋势有所缓解，但 2018 年的总贫困率比 2014 年高 2.3 个百分点，增加了约 2 100 万人，其中 2 000 万人生活在极端贫困中。贫困群体以妇女、年轻人、残疾人和土著人居多。数据还表明，拉美有约 2 亿人生活在贫困线的边缘，其中很多人由于缺乏基本技能，因而只能从事底层和不稳定的工作，随时可能重返贫困。

二、没有产生稳定的中产阶级群体

拉美的殖民历史塑造了拉美国家特殊的社会结构特征，表现为上层权贵集团与底层民众人群巨大的两极分化，中间阶层人数较少且实力羸弱。这样的社会结构形成于殖民时期，在拉美国家独立后的社会历史发展过程中，未得到根本改变，一直成为它们发展的桎梏。[①] 例如，1960—1990 年巴西的贫富差距大致呈现这样的状况：收入最高的前 20%人口，30 年来收入增加；收入占中间 60%的人口，即中产阶级，其收入减少约 1/4；最穷困的 20%人口，其收入不增反降。[②]

缺少中产阶级群体的主要原因如下：

第一，拉丁美洲超过一半的劳动力（包括“新兴中产阶级”）在非正规部门工作。这使得他们在经济增长放缓与疾病、年老等风险所导致的收入下降和失业面前特别脆弱。[③]

第二，拉丁美洲的高生育率促进工作年龄人口更快增长，但也意味着该地区的劳动力市场每年需要吸收大量的新工人。拉美国家缺乏一批强劲的中型企业，而小企业的发展速度不足以创造足够数量的生产性高薪工作。因此，大多数新进入劳动力市场的人最终是在生产率较低的行业工作，通常是自雇或非正式工人。

第三，与较富裕的人群相比，拉丁美洲的弱势中产阶级按比例承担了更大的税收负担，这进一步限制了他们的消费、储蓄和繁荣能力。拉美的税制以商品税为主，调节收入再分配的功能较弱。例如，巴西的增值税占税收收入的 40%，而 OECD 成员国平均为 32%。对商品税的依赖导致税收负担呈现累退性：在巴西，收入最低的 10%人群缴纳的税收占其收入的 32%，而收入最高的 10%人群缴纳的税收占其收入的 21%。换句话说，相对于收入的百分比而言，巴西最贫穷的 10%人群的税收负担比最富有的 10%人群的税收负担高 50%。[④]

---

① 郭濂：《社会分裂与制度困境：陷阱中发展的拉丁美洲》，《红旗文稿》2015 年第 12 期。

② World Bank. *Global Development Finance*. Washington, DC, 2006.

③ Melguizo A. Pensions, informality and the emerging middle class. Bonn: IZA World of Labor, Institute for the Study of Labor, 2015, http://wol.iza.org/articles/pensionsinformality-and-emerging-middle-class.

④ McKinsey Global Institute. *Latin America's Missing Middle: Rebooting Inclusive Growth*, May 2019.

至于个人所得税，最贫穷的人和最富有的人通过税收减免获得免税。巴西最富有的0.1%人群获取了总收入的7%，但他们的约一半收入免税，因为采取了股息和股票期权的形式，这些股息和股票期权无需征税或可以从税收中扣除，只有50%的收入属于应税所得。在收入分配的另一端，对于收入最低的20%人群，约有3/4的收入免税，还有5%的免税额，最终只有18%的收入属于应税所得。然而，对于中等收入者，大部分收入为工薪所得，既不能被豁免，也不能被大幅度扣除，结果他们有64%的收入属于应税所得。

此外，汽车的标价是商品成本较高的一个例子。在巴西，汽车的价格是美国的2.4倍；在哥伦比亚，达到2.8倍。两个主要因素解释了这一较高的成本。首先，贸易保护主义政策和基础设施落后等非贸易壁垒造成的供应链中昂贵的"巴西成本"，抬高了消费者的最终价格。尽管其劳动力成本投入降低了50%，但生产成本比美国高出10%。发生这种情况的原因是，占总成本80%～90%的钢和非钢零件的价格在巴西贵20%。其次，高额增值税进一步抬高了价格。在巴西，这些消费税几乎占汽车消费者总成本的一半。

专栏12.2 "资源诅咒论"

1993年，理查德·奥蒂(Richard Auty)在《矿物经济的可持续发展：资源诅咒》(*Sustaining Development in Mineral Economies：Resource Curse*)一书中首次提出该概念，指出资源丰富的国家和地区非但未能实现经济繁荣，反而出现了经济发展速度和水平长期低下、收入分配极不平等、人力资本投资严重不足、腐败和寻租活动盛行、内战频繁等一系列不利于经济增长的现象。

有学者发现，许多自然资源丰裕、初级产品出口占比高的国家，其经济增长比较缓慢。1960—1990年，自然资源贫乏的国家的人均GDP增长率为3.5%，而自然资源丰裕的国家的人均GDP增长率为1.3%。1965—1998年，石油输出国组织(OPEC)各国人均GDP增长率只有1.3%，而同一时期其他发展中国家的人均GDP增长率为2.2%。

自然资源作为一种生产要素，对经济增长的直接影响应该是正面的，但是，自然资源部门在增长的同时，可能对其他部门或其他因素产生挤出效应或负面影响。

(1)挤出教育。例如，采矿业并不需要高技能的劳动者，国家可能忽视人力资本对经济发展的重要作用。

(2)挤出投资。自然资源收入产生了持续的财富,造成了收入增长错觉,导致民众过度消费,忽视积累与投资,一旦自然资源价格下跌,经济便大幅动荡。

(3)挤出创新。如果资源部门的工资高到足以吸引潜在的创新者和企业家前往资源部门工作,则社会创新精神会大量减少。

(4)丰富的资源可能导致掠夺与腐败,导致专制和独裁。

资料来源:谢继文,《资源诅咒国外研究综述》,《经济理论与经济管理》2010 年第 9 期。

第三节　拉美福利模式的特点及其影响

拉美国家出现"中等收入陷阱"和增长性贫困现象,是由许多原因造成的。[①] 如果说殖民时代曾经造就了拉美的贫穷,那么当拉美国家已经独立了 200 年,当国际秩序不像殖民地时代那般弱肉强食,而拉美国家依然存在一些问题,恐怕要更多地从自身寻求解决之道。对拉美国家而言,治理能力比历史问题更值得关注。下面将从社会保障制度方面来分析导致拉美国家发展停滞不前以及贫富严重分化的原因。[②]

一、拉美国家的社会保障模式分类

所有社会保障制度都是国家、市场、公民社会和家庭的特定组合,并可根据管理和分配社会保障的主导行为者来定义各种模式,并进行分类。[③] 如表 12.4 所示,拉美 8 个国家的社会保障模式可以分为四大类:国家主导型、法团主导型、市场主导型和家庭主导型。此外,墨西哥、哥伦比亚被认为是国家主导型和家庭主导型社会保障制度的混合体。墨西哥在缴费型养老保险和医疗保险计划中占据主导地位,但非缴费型社会保障制度较为薄弱,未被社会保险覆盖的人群主要依赖家庭保障。哥伦比亚在 1991 年宪法颁布前基本属于家庭主导型福利模式。从宪法颁布起,哥伦比亚的社会保障制度就大大扩展,特别是在医疗保险方面,几乎覆盖了所有哥伦比亚国民,但养老保险计划覆盖的人口比例仍然非常低,因此,家庭仍在社会保障中起着重要作用。

---

① 关于拉美发展之路坎坷的原因有很多[参见(美)弗朗西斯·福山:《落后之源:诠释拉美和美国的发展鸿沟》,刘伟译,中信出版集团 2015 年版]。乌拉圭作家爱德华多·加莱亚诺在 1971 年出版的《拉丁美洲被切开的血管》一书中提出:"拉丁美洲从来就没有真正独立过,新旧殖民主义通过坚船利炮掠夺资源矿产,通过国际贸易和投资将民族工业扼杀在襁褓之中。"

② 本节主要参考郑春荣:《城镇化中的社会保障制度建设:来自拉美国家的教训》,《南方经济》2015 年第 4 期。

③ Bizberg I. Four Worlds of the Welfare State in Latin America. London:Palgrave Macmillan,2024.

表 12.4　拉美国家四种社会保障模式及其主要特征

各主体的角色	国家主导型	法团主导型	市场主导型	家庭主导型
国家	主导	互补	附属、监管	边缘
社会	次要	主导	边缘	边缘
市场	补缺	补缺	主导	互补
家庭	取决于社会保障的覆盖率和功效	取决于社会保障的覆盖率和功效	互补	主导
代表国家	哥斯达黎加、巴西	乌拉圭、阿根廷	智利	秘鲁、厄瓜多尔、玻利维亚

资料来源：Bizberg I. *Four Worlds of the Welfare State in Latin America*. London：Palgrave Macmillan，2024.

在同一个国家，养老保障与医疗保障的福利模式可能存在差异。在拉美，大多数养老保险基金是由国家或商业银行管理的，很少由工会管理；而在医疗卫生系统，诊所和医院由工会、互助会、国家或私人资本承包或管理。

20 世纪 80 年代，虽然自由主义影响了拉美各国的经济与社会政策，但各国的受影响程度大不相同。例如，智利和墨西哥的自由主义改革都较为激进，主要是因为经济自由化先于民主化；相反，阿根廷和巴西都是民主化先于经济改革，因此，民间阻力更大，改革相对温和。

二、拉美四国的社会保障支出总量

进入 21 世纪以来，拉美国家借助新一轮经济增长，完善各项社会保障制度，在一定程度上降低了贫困率，缩小了贫富差距。图 12.6 显示，从 2003 年至 2016 年，拉美四国社会保障支出占 GDP 的比重均有所上升，而巴西和阿根廷的增长速度更快，其中，阿根廷的社会保障支出增长了近 1 倍。社会保障支出占比提高，意味着社会保障支出的增长率高于 GDP 的增长率。如果原来的社会保障支出水平太低，则适当提高是合理的；而如果原来的社会保障支出水平已经不低，再继续提高就存在一定的经济风险。

2016 年，OECD 成员国的社会保障支出占比为 21.05%，略高于拉美四国（见图 12.6）。四国中，智利和墨西哥的经济发展水平较高，但社会保障支出比重偏低，原因可能是这两个国家的人口较为年轻，一些社会保障项目已经私有化，也可能是社会保障待遇较低；而巴西和阿根廷的经济发展水平较低，但社会保障支出比重偏高，存在“福利赶超”现象，巴西的社会保障支出占比达 19.32%，已经非常接近 OECD 成员国的平均水平。

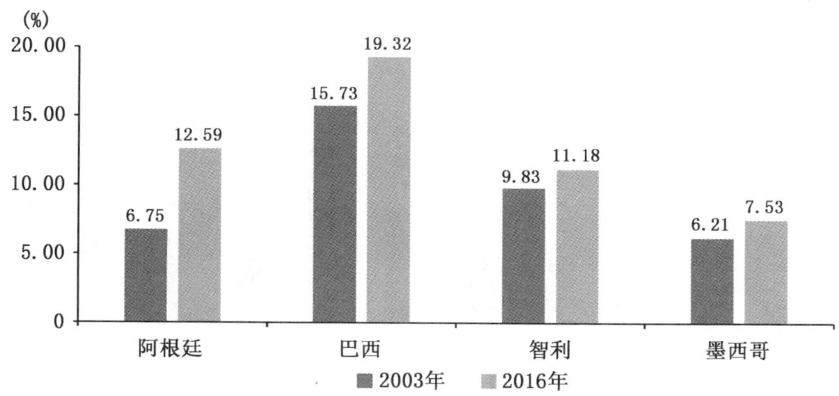

图 12.6　拉美四国的社会保障支出占 GDP 的比重

资料来源：*Latin American Economic Outlook 2019：Development in Transition*.

三、社会保障制度严重滞后于城市化进程

第二次世界大战后，拉美国家大多片面地将工业化等同于现代化，认为工业的发展应优先于农业和农村发展，甚至认为工业化是解决农业问题特别是农村向城市移民的最好办法，因此，在经济结构改革中采取重工轻农的政策，加剧了农业的衰败和落后。不合理的土地制度——大地产制以及在此基础上形成的农业现代化模式导致大量无地农民丧失了在农村的生存基础。由于这种扭曲的农业现代化进程，在城市尚未形成足够就业吸纳能力时，大量农业人口就被过早地挤出农业生产领域，盲目涌入城市。其直接后果是：城市人口急剧膨胀，粮食供应短缺，城市贫困问题恶化，国内消费能力持续低迷。

在拉丁美洲和加勒比地区，人口高速增长与城市化高速推进，形成了巨大的社会管理压力。① 一方面，从 20 世纪初至今，该地区的人口增长了 10 倍，从 6 000 万人口跃升至 2010 年的 5.88 亿；另一方面，目前该地区有 80％的人口居住在城市里，是全球城市化率最高的地区，城市化水平几乎是亚洲和非洲的两倍，甚至超过了许多发达国家。在不到 40 年里（1950—1990 年），拉美城市人口从原来占该地区总人口的 40％迅速增长到 70％（见图 12.7）。这一现象被称为拉美的"城市人口爆炸"。城市发展成为推动拉美国家经济增长和社会进步的"引擎"。然而，城市发展也给拉美民众带来了失望和苦恼：许多城市的生活环境在恶化，城市暴力在增多，特别是社会不平等现象在加剧，由

---

① UN-Habitat. *State of Latin American and Caribbean Cities* 2012，*Towards a New Urban Transition*. United Nations Human Settlements Programme，2012.

此引发一系列的社会矛盾和冲突。

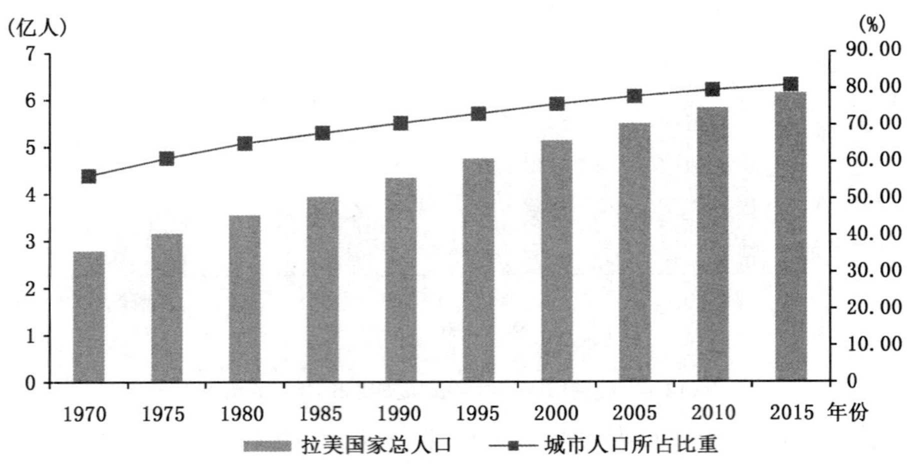

图 12.7　拉美国家的总人口与城市化率

资料来源：CELADE-Population Division of ECLAC. 2012 Revision.

拉美城市居民普遍面临住房难、就业难和看病难的状况。城市社会治安差、环境污染严重和市政建设滞后都直接影响城市居民的生活质量。如今，走进拉美国家的城市，第一印象就是建筑杂乱无章，街道车流拥堵，贫民窟遍布山岗郊野，此外，还有空气污染、噪声污染和视觉污染等。

住房紧缺一直是拉美城市化进程中的难题。虽然居住在城市危房中的居民人口占城市总人口的比重从 1990 年的 33%下降到 2010 年的 24%，但居住在城市危房中的总人口从 1990 年的 1.06 亿人攀升至 2010 年的 1.11 亿人。保障市民住房仍然是拉美城市发展面临的“最大挑战”。拉美各国情况不尽相同，苏里南居住在城市危房的人口比重约为 5%，智利为 10%，巴西近 30%，海地却高达 70%。总的来看，1990 年拉美国家城市住房缺口约 3 800 万套，到 2011 年，住房短缺上升至 4 200 万～5 100 万套。[①] 与此同时，由于进入城市的劳动力数量过多，超出了城市创造就业的能力，因而城市失业现象越来越严重。

在拉美很多城市，贫民窟已成为犯罪的温床和犯罪分子的聚集地。毒品犯罪问题尤为严重，很多贫民窟已被毒贩所控制，居住在贫民窟里的贫民为制毒贩毒活动提供放哨等协助，加之贫民窟地形复杂，给政府扫毒工作带来了很大困难。

---

① Gilbert A. *Latin America Regional Report*: *Global Housing Strategy* 2025. Final Report.

四、养老保险计划的覆盖面较低，难以覆盖非正规就业群体

现代社会保障制度在设计上只适用于有正式劳资关系和固定薪金收入的正规就业人员。非正规就业群体通常缺乏稳定的劳资关系，就业模式具有显著的异质性、分散性、无组织性以及隐蔽性（部分非正规就业部门带有流动性）等特征。这使得大部分非正规就业者游离在制度边缘，现行社会保障制度难以有效惠及该群体。加之拉美国家财政负担能力有限，很难有足够的资金来实施普惠的社会保障和普遍的社会福利，因此，非正规就业群体被排斥在现代社会保障制度之外。这种排斥加剧了社会不平等和排斥现象，不利于社会融合和社会团结。此外，非正规就业缺乏规范的就业登记制度，政府对雇主无明确的法律约束及配套监管措施，这就导致企业管理人员较易逃避本应承担的社会责任。

有学者对拉丁美洲 18 个国家近 40 年来的养老保险覆盖率（养老保险参加者占经济活动人口的比例）进行调查，结果显示：2010 年，有 8 个国家的覆盖率低于 30%，仅有智利、乌拉圭、哥斯达黎加、阿根廷和巴西的覆盖率超过 50%，尽管近年来各国的养老保险覆盖率有所提高，但覆盖率之低仍难以让人接受（见图 12.8）。① 造成低覆盖率的原因很多，例如：私有化的养老金计划缺乏收入再分配功能，低收入者的缴费积极性受到影响；缴费率偏高，中低收入者的缴费负担重；非正规就业部门规模庞大，政府的强制缴费规定很难推行；低收入者的收入和就业不稳定，无法保证长期连续缴费。

五、激进的社会保障私有化改革加剧了贫富分化

自 20 世纪 80 年代以来，许多拉美国家在“新自由主义”的理念下建立了以私有化为导向的、依赖市场和个人储蓄的养老保障和医疗保障计划，产生了新的社会分化和保障不公平等问题。这种不公平则源于市场体制与社保制度自身的缺陷。

以私有化养老金制度为例，1981—2008 年，11 个拉丁国家在世界银行援助下关闭或大幅缩减了公共养老金体系，大力发展私人养老金体系。按改革的时间顺序，分别是智利（1981 年）、秘鲁（1993 年）、阿根廷和哥伦比亚（1994 年）、乌拉圭（1996 年）、玻利维亚和墨西哥（1997 年）、萨尔瓦多（1998 年）、哥斯达黎加（2001 年）、多米尼加（2003 年）和巴拿马（2008 年）。② 由于养老金水平完全取决于参保者的个人收入和在资本市场上的投资回报情况，因而这种制度对于富有的社会中上层来说是有利的，而对

---

① Rofman R，Oliveri M L. Pension coverage in Latin America：Trends and determinants. *Social Protection Discussion Papers*，No. 70926. The World Bank，2012.

② Carmelo Mesa-Lago. *Evaluation of Four Decades of Pension Privatization in Latin America*，1980—2020：*Promises and Reality*. Mexico City：Fundaci′ on Friedrich Ebert，2021.

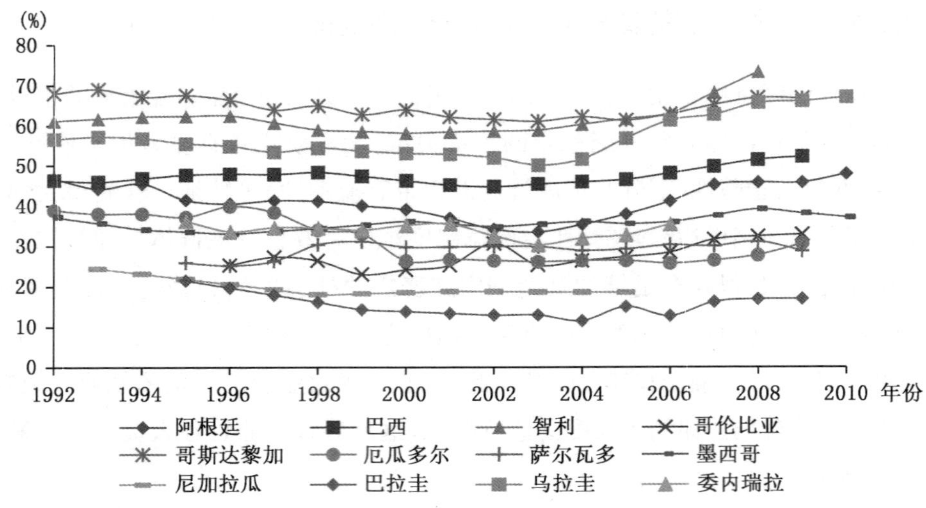

图 12.8　1992—2010 年拉美国家的养老保险覆盖率

资料来源：Rofman R，Oliveri M L. Pension coverage in Latin America：Trends and determinants. *Social Protection Discussion Papers*，No. 70926. The World Bank，2012.

无储蓄能力的社会底层来说难以起到保障作用。实践表明，在进行养老金制度改革后，大多数拉美国家的社会保障覆盖面呈下降趋势。劳动力市场不稳定、就业方式变化等因素导致大量自谋职业者、失业者及贫困群体被排除在社会保障体制外。而在正规就业人口与非正规就业人口之间以及不同行业和城乡之间，养老金收入的差距也呈扩大趋势。

专栏 12.3　拉美地区的非缴费型养老金制度

进入 21 世纪，特别是最初的十年，伴随着世界经济的强劲增长和国际大宗商品价格的迅速攀升，作为世界主要能源和基础材料出口来源的拉美国家贸易条件得到了极大改善，经济再次回到较快增长的轨道上。为老年人提供经济保护成为改革的主基调，其中，引入或强化已有社会养老金是主要内容之一，由此掀起了新的养老金改革浪潮。2000—2013 年，该地区至少 18 个国家进行了较大幅度的包容性改革，不断加强制度化建设，逐渐放宽准入条件，受益人群不断扩大，待遇水平快速提升，其中包括为老年人提供收入保障的社会养老金。截至目前，共有 25 个国家(或地区)引入或强化了社会养老金制度，超过拉美 33 个经济体的 2/3。

拉美地区非缴费型养老金制度可以分为三种类型：一是普享型，包括玻利维亚、圭亚那、苏里南等国家，符合年龄要求的老年群体都具有领取资格；二是融合型，包括智利、阿根廷、巴西等国家，主要面向未加入缴费型养老金的老年群体，具有补缺性；三是目标定位型，包括哥伦比亚、厄瓜多尔、秘鲁等国家，主要针对社会贫困群体。

资料来源：郑秉文，《中国养老金发展报告 2019——非缴费型养老金的中国道路与国际实践》，经济管理出版社 2019 年版。

六、刚性的福利制度难以调整

以巴西、阿根廷为代表的部分拉美国家的福利政策超出其经济承受能力。当前高福利政策与该地区民粹主义思潮的兴起密不可分。20 世纪中叶，庇隆主义在阿根廷兴起，主打“国有化”和“社会保障”两张牌。与此同时，巴西也走上这条路，以此争取中下层民众的支持。巴西拥有世界上最庞大的社会保障体系之一——全民免费医疗、从小学到大学的免费公立教育以及高额救济金、养老金——可以说，巴西人拿着发展中国家的工资，却享受着发达国家的待遇。从领取养老金所需的缴费年限来说，按照现行制度，巴西人只需缴纳 15 年社会保险费，男性达到 65 岁、女性达到 60 岁后，就可以全额领取养老金。如果缴纳达到 30 年，男性可以在 53 岁退休；如果缴费达到 25 年，女性可以在 48 岁退休。[①] 比起缴费年限，更令人羡慕的是巴西养老金的金额，与巴西人的平均工资相比，其退休金相当于以往税后收入的 97%，远高于 OECD 的平均水平(69%)。

安联集团(Allianz)的养老金可持续指数(Pension Sustainability Index)对全球 54 个人口大国的养老金可持续性进行排名。2016 年，巴西在 54 个国家中排名第 50 位。2019 年，墨尔本美世(Mercer)的全球养老金指数(Global Pension Index)排名显示，巴西的养老金可持续性在 38 个国家中排名第 34 位。

20 世纪 70 年代以前，拉美经济相对较为繁荣，尚能维持较高的福利保障水平。然而，80 年代拉美国家纷纷经历“失去的十年”后，这条道路依然没有改变。一方面，福利保障确实改善了中下阶层的生活水平，为社会筑起了“安全网”；但另一方面，与经济发展水平不相适应的福利保障也在一定程度上产生了“惩勤奖懒”的负面效应。无论是阿根廷还是委内瑞拉，都有相当一部分人不愿意工作，因为即便不工作，基本生存仍有保障。这不但挫伤了很多劳动者的积极性，而且极大地降低了社会生产效率。

---

① 2019 年 10 月 23 日，巴西参议院正式批准养老金改革法案。该法案核心内容是延长法定退休年龄，男性最低退休年龄延长至 65 岁，女性最低退休年龄延长至 62 岁。

此外，拉美经济发展并不稳定，曾经历多次经济危机，这导致民众对社会保障的期待远远高于经济平稳发展的国家。而强大的工会力量、动辄上街游行的政治习惯，又迫使政府不断提高福利上限。近年来，全球经济普遍疲软，拉美各国对承担如此巨大的社会保障支出越来越力不从心。然而，民粹主义盛行意味着社会福利是一条“不能回头的路”，削减福利直接意味着选票的流失。

七、社会保险与社会救助的比重失调

与社会保险支出占 GDP 的比重相比，拉美国家的社会救助支出比重过低。有大量证据表明，非缴费型的社会救助比社会保险更能有效地帮助拉丁美洲的贫困人群，但是在拉丁美洲，80%以上的社会保障资金被用于社会保险，因而收入再分配的效果较差。[①] Lindert 等于 2000 年对拉美 8 个国家的调查表明，非缴费型的社会保障支出仅占社会保障总支出的 7.7%，占 GDP 的比重就更加微乎其微了。社会救助经费支出比重最高的国家是阿根廷，其社会救助支出占 GDP 的比重为 1.2%，远低于政府的社会保险支出比重——8.9%。[②]

八、弱势群体的就业保护政策匮乏，社会保险计划存在逆向再分配

(1)最低工资政策流于形式。平均而言，拉丁美洲约 40%就业人口的工资低于各国确定的最低工资，而这一比例在女性和 15～24 岁年轻人中要高得多，分别为 48.7%和 55.9%，在年轻女性中更是高达 60.3%。[③]

(2)女性劳动参与率较低，工资较低，社会保障参保率较低。2017 年，妇女在劳动力市场的参与率为 50.2%，仍旧低于男性(74.4%)，而妇女失业率高于男性。51.8%的职业女性受雇于低生产率行业，其中 82.2%缺乏养老金制度保障。[④] 与妇女在有偿工作中的低参与率形成对比的是，她们在家庭的无偿工作中的参与率很高。在拉丁美洲，77%的无偿工作由妇女完成。

(3)社会保险计划存在收入的逆向再分配，反而恶化了收入分配结果。以拉美国家的养老金计划为例：20%的收入最高群体领取了 61%的净养老金补贴；20%的最低收

---

① Huber E. Including the middle classes? Latin American social policies after the Washington consensus. In Kremer M, van Lieshout P, Went R. *Doing Good or Doing Better: Development Policies in a Globalizing World*. Amsterdam: Amsterdam University Press, 2009.

② Lindert K, Skoufias E, Shapiro J. Redistributing income to the poor and the rich: Public transfers in Latin America and the Caribbean. *SP Discussion Paper*, No. 0506. The World Bank, 2006.

③ Economic Commission for Latin America and the Caribbean. *Social Panorama of Latin America* 2018 (LC/PUB. 2019/3-P). Santiago, 2018.

④ Economic Commission for Latin America and the Caribbean. *Social Panorama of Latin America* 2018 (LC/PUB. 2019/3-P). Santiago, 2018.

入群体则仅领取净养老金补贴的3%。[①] 从表面上看，社会保险的主要筹资来源是参保人缴费，但是拉美国家社会保险计划出现了严重的收不抵支缺口，结果导致一般财政预算资金被用于弥补大量的社会保险计划的赤字。例如，巴西的联邦政府公务员养老金计划是一项强制缴费的养老保险，但养老保险缴费根本入不敷出，每年的支出缺口高达GDP的1.7%——这一缺口数额与企业雇员的养老金计划的收支缺口相当，而后者的参保人数远高于前者。也就是说，政府的高额财政补贴流向了公务员养老金计划，造成公务员养老金待遇丰厚，形成了收入的逆向再分配。

九、社会保障和教育机会的缺失，造成代际贫困的恶性循环

（一）从企业发展角度看，由于拉美国家缺乏高素质的劳动力，因而跨国公司投资拉美的积极性不高

拉美国家陷入中等收入陷阱的重要原因是，产品以初级加工为主，缺乏向知识型和技能型经济模式转型的能力。当经济和人均收入达到中等水平后，生产能力已无法继续提高，这就要求生产结构转向知识、技术密集型的高附加值部门。这一转型既需要稳定的宏观经济环境，也需要有利的商业环境，而最需要的是劳动技能的提升。

全球化在加速，跨国公司将生产过程分配在不同国家和地区，以扁平化、灵活性和适应能力强为特征的新型劳动组织模式也随之产生。这种模式产生了对劳动者各种不同技能的额外需求，既包括数字化技术专业知识等“硬技能”，也包括多场景应对能力、跨文化沟通和跨地理区域运作能力等“软技能”。从这个角度来看，劳动者既需要良好的教育背景，又需要持续的职业培训，以应对不断变化的工作环境。

如图12.9所示，拉美是企业寻找合适劳动力最困难的地区，高达35.9%的企业认为难以找到受过所需培训的工人，原因既包括劳动者的教育水平较低，也包括教育体系培养的技能与产业需求严重脱节。

（二）从劳动者角度看，政府在教育、培训及社会保障政策方面投入太少，无法提升劳动者的竞争力

面对劳动技能提升与产业转型的压力，拉美地区在教育投资和职业技术培训方面仍然存在较大欠缺。在教育和社会保障政策方面缺乏公平的起点，造成贫困家庭无法走出低收入的代际循环。

一方面，贫困家庭的劳动者收入低，家庭中老幼人口数量较多，赡养比率高，这意味着家庭收入必须在更多的个人间进行分配，进一步拉大了贫富差距。如图12.10所示，

---

① Lindert K, Skoufias E, Shapiro J. Redistributing income to the poor and the rich: Public transfers in Latin America and the Caribbean. *SP Discussion Paper*, No. 0506. The World Bank, 2006.

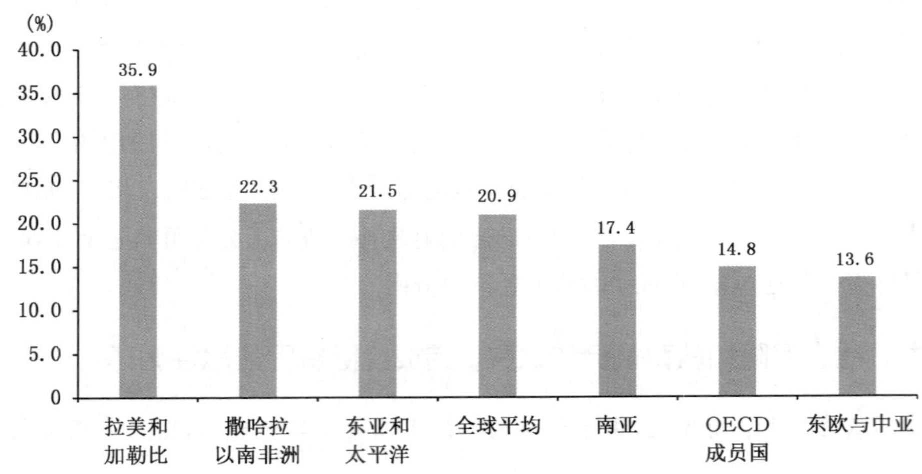

图 12.9 各地区认为缺乏合适劳动力是发展障碍的企业所占比例

资料来源:OECD发展中心、联合国拉美经委会、CAF-拉美开发银行,《拉丁美洲经济展望2015:面向发展的教育、技术和创新》,知识产权出版社2015年版。

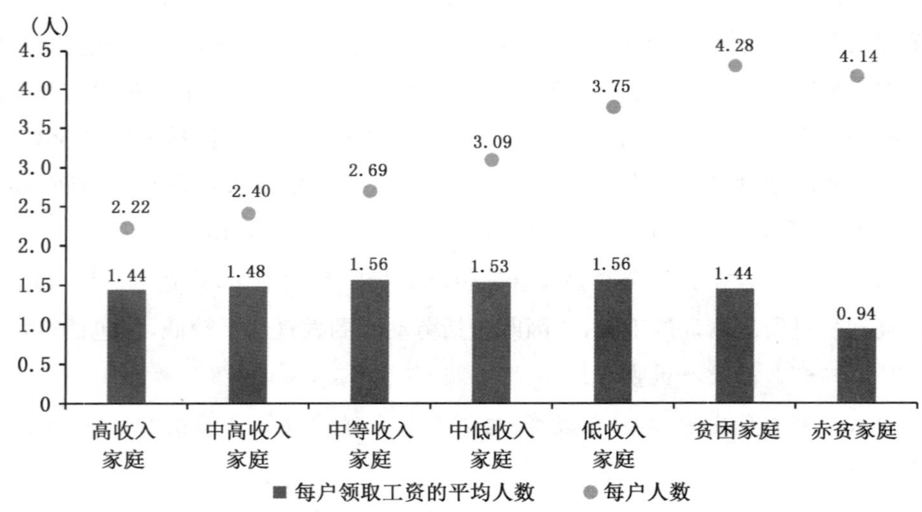

图 12.10 2017年拉美18个国家的平均家庭人数以及领取工资的平均人数

资料来源:Economic Commission for Latin America and the Caribbean. *Social Panorama of Latin America*, 2019 (LC/PUB. 2019/22-P/Rev. 1). Santiago, 2019.

在拉美地区,最贫穷的城镇家庭平均拥有4.14名成员(其中领取工资的人数为0.94人),而最富有的家庭平均规模是2.22名成员(其中领取工资的人数为0.94人)。在一定程度上,贫困是由相应的社会保障政策缺失造成的——社会保障政策未考虑家庭赡养人口的情况而进行相应调整。

另一方面，由于贫困家庭收入有限，因而其子女可选择的教育资源也有限，鲜有机会接受良好的教育和培训。再加上缺乏必要的社会资本，当这些贫困家庭的子女进入劳动力市场时，只能从事低生产率的工作。这样，他们就复制了父辈们的贫困之路。在29岁的年龄层次，在来自中下层家庭的青年中，有近30%是无工作、无教育、无培训的“三无”青年，另有约40%在非正规部门工作，只有20%在正规部门工作，剩余10%是半工半读的学生或还在学校读书的学生。[①]

如表12.5所示，拉美地区的学前教育、中学教育和高等教育的入学率仍然较低，教育质量也较低。此外，虽然拉美地区的大学覆盖率达到42%，但这个指标仅指大学入学率，接受高等教育的学生刚开始平均有42%，到最后只有14%的学生完成学业。

表12.5　2012年拉美地区与OECD成员国的教育覆盖率对比

类别	拉美地区	OECD成员国
学前教育	66%	83%
小学教育	91%	97%
中学教育	74%	91%
大学教育	42%	71%

资料来源：经济合作与发展组织发展中心、联合国拉丁美洲和加勒比经济委员会、CAF-拉美开发银行，《拉丁美洲经济展望2015：面向发展的教育、技术和创新》，知识产权出版社2015年版。

综上所述，拉美地区脆弱的中产阶级面临恶性循环，致使他们的弱势地位长期存在。这种恶性循环的机制如图12.11。

从劳动者角度来看，中产阶级劳动者的教育水平和劳动技能素质低下，通常从事非正式和不稳定的工作，社会保障水平和收入水平较低，职业发展缺乏稳定性，政府和雇主也没有积极性来培训并提高他们的劳动技能。在这种情况下，他们的生产率仍然很低，只能长期从事低质量和不稳定的工作，这使他们陷于脆弱的境地。

从企业的角度来看，高素质的劳动力长期短缺，信贷和金融市场发育不全，通货膨胀率较高，政府办事拖沓，中产阶级薄弱导致国内消费市场不旺，企业的成长与创新受到极大制约，经济发展依赖资源型产业，在国际竞争中无法占据价值链的高端。

---

① 经济合作与发展组织发展中心、联合国拉丁美洲和加勒比经济委员会、CAF-拉美开发银行：《拉丁美洲经济展望2017：青年、技能和创业》，社会科学文献出版社2017年版。

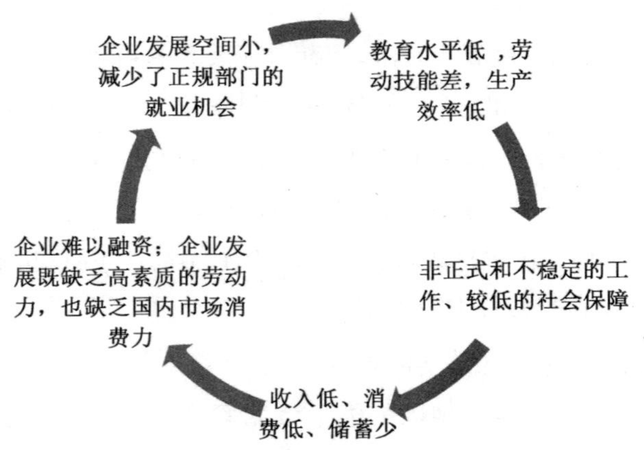

图 12.11　拉美地区中产阶级面临的恶性循环

资料来源：OECD et al. *Latin American Economic Outlook 2019：Development in Transition*. Paris：OECD Publishing，2019.

第四节　拉美福利模式的环境条件

拉美福利模式实施效果不佳，在一定程度也是环境条件约束所致。

一、财政支出结构不合理，资金浪费与资金紧缺并存

（一）公务员薪酬水平过高

以巴西为例，公务员薪酬总是优先于交通、能源、水利等基础设施建设投资。2017年，巴西计划部部长迪奥古·奥利维拉表示，在巴西的联邦公务员中，67.2%属于10%最富裕人口范围；在州公务员中，44.6%属于10%最富裕人口范围；在市公务员中，则有20.5%属于10%最富裕人口范围。① 根据世界银行的调查，巴西公务员的平均工资水平比私营部门高67%。如果巴西政府能够将公务员工资减半，那么他们每年至少能够节省国内生产总值的0.9%。②

（二）正规部门就业者通过工会干预获得较高的福利待遇

在大企业和公共部门工作、处于劳动力市场核心地位的正规就业者在工会作用推

① 张艾京：《全国最富裕人群！巴西政府称公务员是"精英"》，中国新闻网（http://www.chinanews.com/gj/2017/12-21/8406127.shtml），2017年12月21日。

② The World Bank. *A Fair Adjustment：Efficiency and Equity of Public Spending in Brazil*：Volume I-overview，2017.

动下，通过劳动法、遣散金制度和缴费型社会保险制度向政府“索得”更多的福利分配。例如，阿根廷工会势力十分强大。现有 1 660 个官方承认的工会，近 60％的经济活动人口参加了工会组织，是西方参加工会人数最多的国家之一。工会经常组织罢工、游行、封路等活动。罢工活动严重干扰了阿根廷工业生产和人民日常生活秩序，令企业的经营活动备受困扰。

（三）政府将财政预算大量投入非民生项目，导致部分民生项目面临资金短缺

例如，巴西作为 2014 年世界杯赛和 2016 年奥运会的主办国，民众对巨额开支的不满情绪持续升温。里约奥运会最终总花费达到 428 亿雷亚尔（约合 131 亿美元），而当初申办时的预算仅为 46 亿美元，超支近两倍。联邦检察院质疑巴西举办此类大型赛事的合理性，认为举办奥运会造成国家财政入不敷出，特别是大部分体育场馆已沦为累赘负担。目前奥林匹克公园仅用于举办小型活动，再利用的性价比极低。与当初申奥时相比，2016 年巴西遭遇 25 年来最严重的经济衰退，经济萎缩 3.8％。受经济危机影响，里约州政府负债累累，再加上斥巨资支持奥运会的举办，导致财政赤字急剧扩大，不得不拖欠在职公务员和退休人员的部分工资。

与此同时，巴西仍然缺少一些基本的公共服务。例如，有 3 500 万巴西人无法获得水卫生设施。又如，2018 年 9 月 2 日，拉丁美洲最大的自然历史博物馆——巴西国家博物馆馆藏的 2 000 万件文物在一场意外的大火中被大部分烧毁，造成巨大损失。巴西经济多年不振，债台高筑，自 2014 年危机以来，财政紧缩政策当道，执政的巴西民主运动党砍掉大笔科学教育经费。公立的里约热内卢联邦大学首当其冲，隶属该校的巴西国家博物馆也受池鱼之殃，在四五年时间内预算就从 13 万美元缩水至 8 万美元。2017 年恐龙化石展厅闹白蚁，馆方竟要去线上众筹方能消灭虫害。

拉美社会公共产品供需失衡的形成有其特殊性。一切以选举为重的政治生态使许多拉美国家政府缺乏长效机制意识。为了赢得支持率，政府更倾向于制定和实施能短期出成效的社会政策，如直接向低收入家庭发放政府救济金、提供免费住房等，而对医疗、教育、基础设施等需要中长期规划的项目投入严重不足。

二、民生部门过度私有化

20 世纪 80 年代以来，依照“华盛顿共识”的要求，一些拉美国家对教育、医疗等公共部门实施了不同程度的私有化改革，旨在引入竞争机制、提高效率，同时减轻政府负担、强化财政纪律。例如，1982 年墨西哥爆发金融危机后，政府大刀阔斧推行新自由主义经济政策，一场瓜分国有资产的“盛宴”拉开帷幕——国有企业、银行几乎全部被出售。然而，公共部门的过度私有化如今直接导致生活成本节节攀升。在私有化体制下，居民收入增长难，而基本生活成本上涨易，教育、医疗费用居高不下，民众对政府职能缺

位的抗议愈演愈烈。

根据2019年美世咨询公司(Mercer)全球生活成本排名,智利首都圣地亚哥位居全球第79名,排名南美洲第二。[①] 智利的生活消费成本如此之高,与民生部门过度私有化及其控制财团社会责任约束不足有很大关系。最近30多年以来,智利不仅对水、电、气、通信、交通等部门进行了私有化,而且对医疗、教育、社会保险资金管理等公共服务也进行了私有化和市场化。来自西班牙等其他国家的财团在智利控制着这些民生部门,并进行高度垄断经营,如专业养老金管理公司AFP、国家电力公司ENEL、电信公司Movistar、桑坦德银行和西班牙对外银行等。又如,智利的公路系统也沦为私有化资产,对这个南北纵深长达4 352公里的国家来说,公路收费成为暴利产业。这些掌控智利民生部门的财团以获取利润为根本目标,他们不必为智利国民承担过多的社会责任,而鲜受智利政府的有效约束。因此,在各项事关国民生活水平和生活质量的产品及服务领域,这些财团在价格制定和调整上拥有"超权力",在供给数量和质量上也有很大的自主决策权。一旦汇率波动可能危及其利润时,这些财团就会以涨价方式来弥补可能的资产收益损失,而这无疑会加大智利民众的经济与生活压力。

专栏12.4　智利爆发有史以来规模最大的示威活动

智利是南美洲最发达的国家,于2010年率先加入OECD,长期扮演着拉美地区领头羊的角色。然而,严重的贫富差距问题始终困扰着该国,最终在2019年底引发社会矛盾大爆发。许多民众走上首都圣地亚哥的街头愤怒抗议,引发大规模的罢工、罢课甚至罢考,政府被迫停办2019年底两场世界级会议——亚太经合组织领导人会议(APEC)和联合国气候会议(COP25)。

人口不过1 800万的智利,近半数集中在位于中部的最大城市圣地亚哥。高度的金融开放和私有化不断扩大贫富差距,使许多中下阶层无力负担教育、医疗、自来水等基本生活需求,久而久之累积成强大民怨。

根据拉丁美洲和加勒比经济委员会(CEPAL)统计,智利最富有的1%人群掌握着全国26.5%的财富,而底层50%的民众仅占有2.1%的社会财富。2019年10月14日,智利当局宣布将早晚高峰时期的地铁票价由800智利比索(约合人民币7.97元)上调至830智利比索(约合人民币8.27元)。涨价的理由是"国际油价涨价""营运成本增加""线路扩建与设备更新"等。尽管涨幅不大,却成为

① Mercer's 2019 Cost of Living Survey (https://www.mercer.com/newsroom/mercers-25th-annual-cost-of-living-survey-finds-cities-in-asia-most-expensive-locations-for-employees-working-abroad.html).

压垮骆驼的最后一根稻草，最终演变为席卷全国的社会运动。

一开始，先有不满的学生发起“地铁逃票运动”，不久便从零星的个人逃票行为演变成集体逃票的反社会潮流，越来越多学生以外的民众也加入进来。

面对学生的抗议，智利政府采取强硬态度，指派全副武装的警察前往压制。没想到冲突画面经过网络平台和社群媒体的传播，事态更加不可收拾。不仅越来越多的民众响应抗争，从游行升级为大罢工，而且冲突程度也更加激烈。2019年10月25日，约有120万智利民众上街游行，要求经济改革和总统下台。随着抗争愈演愈烈，多处地铁站遭烧毁，全国至少有26人丧生，超过4 900人受伤，7 000多人被捕，使智利成为2019年底的国际焦点。

三、非正规就业部门过于庞大

非正规就业人口包括自雇人员、短期务工者、失业人员等。如图12.12所示，2013年，拉美各国的非正规就业人口占比高得惊人，有6个国家超过了80%，有11个国家超过了50%。非正规经济部门的生产率远低于正规部门，导致工资差异和不平等现象。

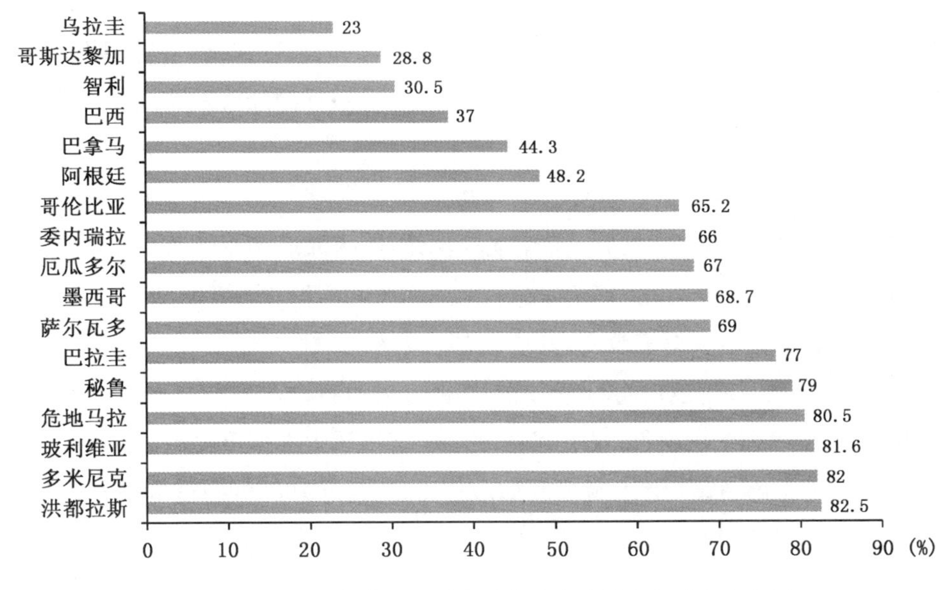

图12.12 2013年非正规就业的劳动者占所有劳动者的比重

资料来源：OECD. *Promoting Productivity for Inclusive Growth in Latin America*. Better Policies Series. Paris：OECD Publishing，2016.

非正规就业部门庞大的原因包括：第一，城镇化进程过快。许多农民在进城之后找不到工作，又不能返回原地，只好在城市从事各种“自谋生计”的服务性工作，即所谓“非正规就业”。第二，产业竞争力不强，缺乏一批稳健的中型企业吸纳就业人员。由于市场快速开放，国外商品大量涌入，因而拉美的制造业受到严重冲击。2008—2009 年金融危机后，拉美制造业占 GDP 的比重更是下滑到危机之前的一半。制造业的下滑，遏制了工人队伍的扩大，于是开始出现越来越多的非正规就业。

在拉美，一些左派政党在竞选中承诺给非正规就业人员提高保障水平，但由于政府管理能力欠缺，因而最终增加待遇的受益者还是正规就业部门的人员，而提高待遇又相应增加了成本，导致正规就业岗位进一步缩减，大量被抛出正规就业部门的劳动者只能进入非正规就业部门，进一步降低了非正规就业部门的待遇。[①]

在巴西和阿根廷，非正规就业给劳动者造成了巨大而又深刻的伤痕：那些年轻时就长期失业或者从事非正规工作的人在以后更加难以进入劳动力市场。此外，非正规企业为劳动者提供很少的人力资本积累机会，从而导致效率越来越低。这就给这一时期最脆弱的青年的薪酬和事业进步造成了额外的阻力，而这些恰恰是整个人生事业规划的基础。[②]

四、拉美国家政党更迭频繁，政策持续性差

拉美国家政治缺乏稳定性，哥伦比亚、萨尔瓦多、危地马拉和秘鲁曾长期陷于内战，不少国家时有军事政变和独裁统治，政权更迭频繁，导致社会经济发展缺乏长期稳定的有效政策。

(一)政变多发，军事独裁政府曾长期执政

在拉美现代化进程中，军人干预政治司空见惯，军人政府和军事政变始终是拉美国家绵延不绝的现象。拉美因此以军事政变频繁著称。据不完全统计，第二次世界大战后拉美曾发生过 100 多次军事政变，其中洪都拉斯从 1821 年至 1978 年共发生 139 次政变，几乎每年一次。政变在拉美似乎是一件很容易的事。

军政府的长期统治为拉美军队在各国政治经济生活中占据重要地位提供了社会土壤，并留下了软弱的文官政治体制。例如，从 1964 年至 1985 年，军事独裁政府统治巴西长达 21 年。在 1973—1990 年，智利被以皮诺切特为首的军事独裁政府统治。阿

---

① Estevão M M M, de Carvalho Filho M I E. Institutions, informality, and wage flexibility: Evidence from Brazil (No. 2012/084). International Monetary Fund, 2012.

② Cruces G, Ham A, Viollaz M. Scarring effects of youth unemployment and informality: Evidence from Argentina and Brazil. *CEDLAS Working Paper*. Center for Distributive, Labor and Social Studies (CEDLAS), Universidad Nacional de la Plata, Argentina, 2012.

根廷则于1976—1983年间处于军事独裁政府统治下。在实现文官治国20多年后的今天,军事政变犹如一片挥之不去的阴影,笼罩在拉美国家的上空。

(二)选民对国家经济状况不满,希望通过更换执政党改变现状

政府垮台的主要原因是民众对政府的不满、对传统政治人物的不信任,以及对现有体制的排斥。拉美式的民主剧本总是如此循环:先是全民普选,各党派争相许诺以拉拢选民,最能迎合民意者胜出;随后新政府上台,贪污腐败,经济崩溃,政治承诺无法兑现便开始疯狂印钞;最终,当民众发现自己受骗,便高呼政府下台,重新进行全民普选,再把这个剧本重演一遍。

研究显示,2002年巴西劳工党领导人卢拉当选为巴西第一位左翼领导人时,并非因为巴西选民对左翼政策有特殊偏好,而是他们在进行"回溯性投票"(retrospective voting)——他们给劳工党卢拉投出的这一票,实质上是对上一届没做好工作的卡多佐政府表示失望。这种现象在拉美国家时有发生。事实上,1994年,卡多佐也是"回溯性投票"的受益者。正如乌拉圭左翼前总统穆希卡所说,"我从来不认为左派已经失败,也不认为右派已经取得绝对胜利。人类的历史是保守与进步不断斗争的历史,是钟摆式的","如果左派失去地盘,那就吸取教训,卷土重来"。

(三)党派林立,矛盾重重,无法形成合力

拉美政府通常由多个政党组成的执政联盟联合执政,这些政党的政治主张不尽相同,而主要执政党党内派别林立,组织涣散,思想和组织建设滞后,影响了党的领导、组织和社会动员能力。[①] 如巴西执政联盟由劳工党和巴西民主运动党等十几个政党组成。

五、政府腐败现象严重

一些国家的政党、工会领导人、资方等结成利益联盟,导致贪污腐败、资源分配不均和低效等问题。拉美国家的腐败现象并非偶发,而是普遍存在且已渗透至制度层面。除智利和乌拉圭廉洁度较高外,其他国家腐败问题较为严重。例如,墨西哥首富、电信大亨卡洛斯·斯利姆(Carlos Slim)就是在汲取性制度下通过垄断定价等手段攫取财富的典型。他主要依靠与总统等当权者的关系垄断墨西哥电信产业,并将整个电信产业收购为私有财产而致富。[②]

一些历史学家将拉丁美洲具有地方特色的腐败现象归因于西班牙和葡萄牙殖民者留下的问题。另一些专家则指向一些当代的因素,如公共行政缺乏透明度,法律的构建

---

① 徐世澄:《拉美国家政治格局发生急剧变化:原因、影响和前景》,《当代世界》2016年第5期。

② (美)德隆·阿西莫格鲁、(美)詹姆斯·A.罗宾逊:《国家为什么会失败》,李增刚译,湖南科学技术出版社2015年版。

设计和执行之间存在比较严重的脱节,法律执行缺乏力度和有效性,对腐败分子的惩罚难以得到有效实施等。在拉美不少国家,部长和议员享有刑事豁免权,只接受最高法院调查。此外,司法程序的烦琐和对上诉次数无明确限制也导致不少腐败官员得以长期逍遥法外。例如,巴西建筑巨头奥德布雷希特公司(Odebrecht)于 2016 年承认,为获得工程合同,曾在拉美和非洲 12 个国家行贿 8 亿美元。各国检察官和立法者随后展开了一系列调查,众多高官锒铛入狱。巴西前总统卢拉被控收受奥德布雷希特公司约 909 万美元及其他罪行,被判近 13 年有期徒刑;厄瓜多尔前副总统豪尔赫·格拉斯被判 6 年有期徒刑;秘鲁五位前总统被起诉或监禁;哥伦比亚前总统桑托斯、巴拿马前总统里卡多·马蒂内利的儿子和兄弟、阿根廷前总统克里斯蒂娜政府的多名成员、巴西前总统特梅尔等也都不同程度被卷入此案。2019 年 4 月 17 日,涉及此案的秘鲁前总统加西亚在被拘捕前开枪自杀。

腐败给拉美国家在经济领域带来的冲击,首当其冲是公共财政支出的浪费。IMF 发布的一份报告指出,腐败所造成的经济损失是巨大的。腐败会降低公共支出的数量和质量。在拉美,大量资金被腐败行为所抽取,减少了政府可用于公共投资和其他优先项目建设的资源。如果政府为了维持支出而向中央银行借贷融资,又将推升通货膨胀。

腐败行为扰乱拉美国家的市场经济秩序,扭曲正常的贸易与投资流向,破坏正常的投资环境,形成劣币驱逐良币效应,影响投资者信心。这种恶性博弈的最终后果就是将腐败行为的成本转嫁到消费者身上。

由于腐败、收入分配不公等原因,拉美地区时常发生社会动乱,范围较广。动乱的国家不仅有左翼执政国家,还有右翼掌权国家;不仅有尼加拉瓜这样的贫困国家,还有智利等加入 OECD 的准发达国家;不仅有委内瑞拉这样的经济大衰退国家,还有秘鲁、玻利维亚等经济增长相对较好的国家。

六、受到外国政府的干涉与外国资本的冲击

历史上,在拉美各国独立以后,英国、西班牙、法国、俄国、美国等都曾积极插手拉美事务,干涉各国内政。1823 年 12 月 2 日,美国总统詹姆斯·门罗在国会发表著名的"门罗宣言",强调"美洲是美洲人的美洲",反对欧洲列强干涉美洲事务。从某种意义上讲,门罗主义在客观上起到了防止已独立的拉美国家再次沦为欧洲列强殖民地的作用。此后,美国逐渐成为干涉拉美国家事务的主要国家,其手段包括简单粗暴的军事武装干预、直接的经济制裁和封锁、支持政变与扶植代理人等。从 1831 年美国军舰"列克星敦"号摧毁阿根廷在马尔维纳斯群岛上的居民点开始,美国先后数十次对拉美国家进行不同程度的军事干预,其中最典型的是 20 世纪 80 年代末直接出兵巴拿马,抓

走时任巴拿马政府首脑曼努埃尔·诺列加。

20世纪80年代,拉美地区再度发生债务危机。美国政府联合IMF、世界银行以纠正"扭曲的市场体系"为由,由曾担任世界银行经济学家的约翰-威廉姆森于1990年执笔撰写《华盛顿共识》,系统性地提出指导拉美经济改革的各项主张,为拉美国家开出"减少政府干预,促进贸易和金融自由化"的改革方案。事实表明,此次政策干预最终导致拉美国家的产业迅速向私人资本特别是外国资本集中,为国有资产流失以及外资控制这些国家的经济命脉大开方便之门。这些国家对外国资本和市场的依赖更为严重,产业和产品竞争力进一步弱化,经济非组织化、社会"碎片化"趋势加剧,贫富差距更为悬殊,经济转型的难度进一步加大。结果,这些国家并未如预期般形成有效的企业家阶层和高效的私有经济,反而使本国经济安全受到严重削弱,政府应对危机的能力大大降低。例如,1992年,阿根廷由外资控制的银行资产仅占12%,到1997年上升到52%,2001年进一步上升到67%,在阿根廷最大的10家银行中,被外国资本控股的银行达到8家。①

七、政府行政效率低下

欧洲和北美国家在发展初期均经历过长期的高强度战争,战争倒逼这些国家迅速强化自身的国家能力。普遍且持久的军事竞争激励统治者在征税、社会管理和军队建设方面建立强有力的制度和执行力,促进以考试制、功绩制为核心的公务员管理体制发展,以功绩和能力而不是私人关系为前提来指导录用和晋升。而整个拉美地区享受了几百年的和平红利,基本上没有发生过大规模的战争,在缺乏外部压力的情况下,国家能力建设缓慢,国家能力不足。②

拉美多数国家的各级政府部门普遍存在办事拖拉、工作效率低下的问题;社会治安状况不佳,犯罪率居高不下,未能形成良好的投资环境。例如,2019年在中国运营的企业平均每年需要花费138小时用于计算和缴纳税款。而在墨西哥、智利、阿根廷和巴西,这一数字分别为241小时、296小时、312小时和1 501小时。③

世界银行每年发布《2020年全球营商环境报告》(*Doing Business 2020*),通过采集、量化影响企业生命周期的12个重要的商业监管领域的政策及数据,包括开办企业、办理施工许可、获得电力、登记财产、获得信贷、保护少数投资者、纳税、跨境贸易、执行合同、办理破产、劳动力市场监管及政府采购等,对全球190个经济体的营商监管环境进行评估比

---

① 朱安东、王佳菲、蔡万焕:《新自由主义:救世良方还是经济毒药》,《经济导刊》2014年11期。

② (美)弗朗西斯·福山:《政治秩序与政治衰败:从工业革命到民主全球化》,毛俊杰译,广西师范大学出版社2015年版。

③ 世界银行网站(https://data.worldbank.org/indicator/IC.TAX.DURS?locations=BR)。

较。在190个国家和地区中，智利、墨西哥的排名相对较好，分列第59位和第60位，巴西、阿根廷则分列第124位和126位，在主要经济体中几乎垫底（见表12.6）。

表12.6 2019年主要国家（地区）的营商指数得分及排名情况

排名	国家（地区）	得分	排名	国家（地区）	得分	排名	国家（地区）	得分
1	新西兰	86.8	14	澳大利亚	81.2	58	意大利	72.9
2	新加坡	86.2	20	芬兰	80.2	59	智利	72.6
3	中国香港	85.3	22	德国	79.7	60	墨西哥	72.4
4	丹麦	85.3	23	加拿大	79.6	62	沙特阿拉伯	71.6
5	韩国	88.4	28	俄罗斯	78.2	63	印度	71.0
6	美国	84.0	29	日本	78.0	67	哥伦比亚	70.1
7	格鲁吉亚	83.7	30	西班牙	77.9	79	希腊	68.4
8	英国	83.5	31	中国	77.9	84	南非	67.0
9	挪威	82.6	32	法国	76.8	124	巴西	59.1
10	瑞典	82.0	39	葡萄牙	76.5	126	阿根廷	59.0

资料来源：World Bank. 2020. *Doing Business 2020*. Washington，DC：World Bank。

专栏12.5 非正规部门和非正规就业的定义

非正规部门和非正规就业的概念是劳动统计学中相对较新的概念，旨在更准确地衡量非法人小企业或未注册企业（非正规部门）的就业，以及法律和社会保障未能覆盖的就业（非正规就业）。

1993年，第十五届国际劳工统计学家会议通过一项决议，将非正规部门的统计学定义确定为在非法人小企业或未注册企业中发生的就业和生产。2003年，第十七届国际劳工统计学家会议又通过了关于非正规就业的相关定义及广义概念：非正规就业指的是所有非正规工作，无论其发生在正规部门企业、非正规部门企业还是在家庭中。其中包括：

（1）受雇于非正规部门的人员（除极少数在非正规部门内但有正规就业的人员）包括：

- 在自己的非正规企业中工作的自营（自雇）工作者；
- 非正规企业的雇主；
- 非正规企业的雇员；
- 在非正规部门企业工作的家庭雇员；以及

·非正规生产商合作社成员。

(2)在非正规部门以外从事非正规就业的人员，具体包括：

·正规企业雇员，但不在国家劳动法、社会保障的覆盖范围内或者无权享受带薪年假或病假等具体就业福利的人员；

·在正规部门企业工作的家庭雇员；

·有偿家政工作者，但不在国家劳动法、社会保障的覆盖范围内或者无权享受带薪年假或病假等具体就业福利的人员；

·自营工作者，从事产品生产且最终专门用于家庭自用的人员(例如自给农业、亲自动手修建住房)。

资料来源：International Labor Organization. Guidelines concerning a statistical definition of informal employment. Endorsed by the Seventeenth International Conference of Labor Statisticians (November-December 2003). Seventeenth International Conference of Labor Statisticians (Geneva, 24 November-3 December 2003), Report of the Conference. Doc. ICLS/17/2003/R. Geneva: International Labor Office, 2003.

拓展阅读

巴西的“家庭补助金”计划

巴西的家庭补助金项目（Bolsa Família）是巴西政府现行的社会福利项目，也是全球规模最大的有条件现金转移支付项目（Conditional Cash Transfers，CCTs）。有条件现金转移支付项目一般将现金转移支付给贫困家庭，但条件是这些家庭要履行预先的约定，针对子女进行人力资本投资。① 这些预先的约定和申请条件包括：要求定期检查申请人家庭的儿童健康和营养状况，监测其生长发育情况，并确保5岁以下儿童接受计划免疫接种；要求孕产妇接受围产期保健并定期参加健康信息讲座；在教育方面，要求适龄儿童入学并保持80%～85%的学校出勤率，偶尔还会考查学生的学习成绩。大多数有条件现金转移支付项目会将补助金发放给母亲，或在特定情况下直接支付给学生本人。目前全球已有超过30个国家实施了CCTs项目，覆盖了几乎整个拉丁美洲地区，并且亚洲、非洲和欧洲也有众多国家参与实施。

一、家庭补助金项目的基本情况

左翼政治家、巴西总统卢拉于2003年上任后，推行温和的社会经济改革路线，着力增加社

① Fiszbein A, Schady N, Ferreira F H G, et al. *Conditional Cash Transfers: Reducing Present and Future Poverty*. World Bank Policy Research Report, 2009.

会福利支出。2003 年 10 月，在世界银行的支持下，卢拉政府正式推出家庭补助金项目。该项目的短期目标是缓解贫困带来的迫切问题，长期目标则是通过人力资本投资来阻断贫困的代际传递。该项目要求申请家庭月人均收入必须处于极度贫困线以下。2019 年，该项目总支出约达 300 亿雷亚尔，占巴西当年 GDP 的 0.5%。

家庭补助金项目创新性地整合了联邦政府与地方政府原有的各项收入转移计划，通过统一管理和协调运作，显著提升了公共资金的使用质量和效率。该项目不仅增加了贫困家庭的收入，同时还强化了他们的责任义务——只有满足设定条件才能持续领取福利金，这一机制旨在帮助贫困家庭最终实现自立自足。项目设定的主要条件包括：要求申请人家庭按时带孩子到卫生所接种疫苗和接受健康检查；提供子女在校出勤证明；参加食品营养课程、扫盲计划及职业培训课程。巴西政府认为，通过这些系统性要求，中长期将有效提升贫困家庭的竞争力，增加他们的就业机会和家庭收入，最终改善其生活条件，使其逐步摆脱贫困。同时，在联邦政府与地方政府的协同支持下，家庭补助金项目还带动了扫盲教育、职业培训、家庭农业补助、创业扶持和小额信贷等一系列配套计划，确保贫困家庭儿童获得更好的营养和健康保障，为其成长和就学创造良好条件。

若申请家庭在领取补助金的第一年内找到工作，使得家庭收入超过资格标准，则仍可继续享受额外的两年福利。两年后，如家庭收入仍高于申请标准，则终止援助金的发放。政府制定此项规定主要基于两方面考虑：一是避免产生“福利陷阱”，防止申请人为享受福利而不积极寻找工作；二是考虑到新就业者通常处于试用期，工作稳定性较低，继续提供两年的过渡性补助具有合理性。

家庭补助金计划的成功实施在很大程度上得益于其有效的行政管理程序。[①] 该计划建立了统一的数据库，汇集、管理并分析约 2 200 万户家庭的数据——这些家庭覆盖了巴西贫困人口的绝大部分。行政管理程序会定期评估、修订和调整，确保精准识别和登记符合补助资格的家庭，从而有效减少向不符合条件的家庭发放补助以及遗漏需要补助的家庭这两类错误。补助款项通过国有金融机构——联邦储蓄银行进行发放。该银行在全国设有超过 3 万个支付网点，受助家庭可通过电子卡在这些网点提取补助金。这种制度安排使管理部门能够在每年年初确定并公布全年的补助发放日程，帮助受助家庭更好地规划家庭预算。

总体而言，社会各界普遍认为家庭补助金项目利大于弊。该项目在巴西减贫工作中发挥了重要作用。在卢拉总统第一任期（2003—2006 年）内，巴西贫困率下降了 27.7%。在卢拉两届总统任期（2003—2010 年）内，得益于全球大宗商品价格上涨带来的经济快速增长和财政充裕，政府得以持续投入资金支持这一社会福利项目。家庭补助金项目特别适合巴西这样人口众多的发展中国家，因此获得了联合国、IMF 和世界银行等国际机构的高度认可。例如，

① Robalino D A，Rawlings L，Walker I. Building social protection and labor systems：Concepts and operational implications. Background Paper prepared for the Social Protection and Labor Strategy 2012－2022. Washington，DC：World Bank，2012.

项目资助的对象为贫困家庭，而这些家庭的劳动力往往从事非正规就业，被传统的社会保险排除在外。项目启动初期（2003 年）仅覆盖约 1 000 万人口，十年后（2013 年），受益人口已突破 5 000 万，约占巴西总人口的 1/4。

尽管该项目惠及数百万巴西家庭，并对最贫困的 15%家庭给予了很大帮助，但对改善巴西严重的社会不平等现象作用有限。需要指出的是，虽然绝对贫困和相对贫困常被统称为贫困，但造成巴西社会不平等的核心因素实际上是相对贫困。批评者认为，第一，家庭补助金项目不可能成为解决所有贫困家庭问题的工具。例如，它无法惠及老年贫困人口、无子女贫困家庭，以及子女年龄超出项目规定范围的贫困家庭。第二，与其他国家的最低生活保障项目类似，家庭补助金项目可能产生“养懒汉”的问题。第三，该项目受限于政府的财政能力。由于巴西工业基础薄弱，经济高度依赖铁矿石、石油等初级产品出口，因而当这些资源价格走高时，政府财政充裕，就能够维持高福利支出，但一旦资源价格大幅下跌，经济发展和财政收入就会急剧萎缩，从而影响项目的可持续性。

二、2021 年和 2023 年的改革

为了能在 2022 年新一轮总统竞选中胜出，博索纳罗总统于 2021 年 10 月宣布以巴西援助金项目（Aux í lio Brasil）取代家庭补助金项目。新项目给付待遇更高，补助额的核定更加精细化，覆盖家庭数量更多，但此举引发了社会对政府财政承担能力的担心，股市和汇率随之下跌。

在 2022 年 10 月的总统大选中，前总统卢拉战胜了在任总统博索纳罗。卢拉就任总统后，发布新的家庭补助金发放计划，规定自 2023 年 3 月 20 日起，向人均收入被归类为贫困或极端贫困的家庭发放现金补助。巴西政府承诺，从 2023 年 3 月开始，每月向每个贫困家庭支付 600 雷亚尔（约合人民币 795 元），对家庭中每名 6 岁以下的儿童再额外支付 150 雷亚尔（约合人民币 198 元）。此外，自 2023 年 6 月起，该计划还将为贫困家庭中 7～18 岁的成员和孕妇额外支付每人 50 雷亚尔（约合人民币 66 元）。该计划预计将惠及 2 080 万户巴西家庭。除提高补助金额外，新政策还放宽了申请资格，提高了申请家庭人均收入上限标准。

复习思考题

1. 智利养老金实行个人缴费、个人所有、完全积累、私人机构运营的私有化模式。2020 年，随着新冠疫情的暴发，智利经济、民众就业及基本生活遭遇严重影响。2020 年 7 月，智利国会通过了养老金预支法案，即参保人可以提前提取其累计养老保险个人账户余额的 10%，依据参保人账户余额的不同情况，可提前提取的最大金额有所不同。此后，2020 年 11 月和 2021 年 4 月，国会又批准通过了第二次提取 10%的养老金方案和第三次提取 10%的养老金方案。一些经济学家认为这一做法缺乏长期考虑，将增大老年贫困率。您认为预支养老金的方案是否合理？依据是什么？

2. 下表列出了2023年底按资产规模排序的世界前二十大养老基金。试搜索相关背景资料,分析每个基金的成立原因及功能定位。在实行现收现付制的国家(地区)与完全积累制的国家(地区)中,哪种类型的国家(地区)更容易有大规模的养老基金?

排名	基金名称	所属国家(地区)	资产规模(亿美元)
1	政府养老投资基金(Government Pension Investment Fund)	日本	15 931.41
2	政府养老基金(Government Pension Fund)	挪威	15 845.24
3	国民养老基金(National Pension)	韩国	8 018.64
4	联邦雇员退休节俭储蓄基金(Federal Retirement Thrift)	美国	7 828.35
5	公共部门养老基金(ABP)	荷兰	5 523.76
6	加拿大养老基金(Canada Pension)	加拿大	4 776.76
7	加州公共雇员养老基金(California Public Employees)	美国	4 524.53
8	中央公积金(Central Provident Fund)	新加坡	4 325.09
9	全国社会保障基金	中国	3 643.51
10	加州教师退休基金(California State Teachers)	美国	3 099.31
11	卫生保健部门养老基金(PFZW)	荷兰	2 622.61
12	纽约州公共退休基金(New York City Retirement)	美国	2 479.99
13	雇员中央公积金(Employees Provident Fund)	马来西亚	2 472.68
14	纽约市雇员养老金项目(New York State Common)	美国	2 463.07
15	地方政府公务员退休基金(Local Government Officials)	日本	2 268.03
16	澳大利亚超级年金(Australian Super)	澳大利亚	2 046.31
17	佛罗里达州退休基金(Florida State Board)	美国	1 946.59
18	安大略省教师退休基金(Ontario Teachers)	加拿大	1 868.97
19	得克萨斯州教师退休基金(Texas Teachers)	美国	1 816.56
20	劳工退休基金(Labor Pension Fund)	中国台湾	1 762.67

资料来源:Willis Towers Watson (2024),*Pensions & Investments World* 300,September 2024。

3. 拉美地区曾长期沦为西班牙、葡萄牙等拉丁语系国家的殖民地,现在仍有大量的西班牙、葡萄牙人后裔。拉美地区33个国家中,19个国家通用西班牙语,巴西通用葡萄牙语。因此,南欧国家与拉美国家在语言、宗教信仰方面有许多相同点。试比较拉美与南欧在社会保障模式方面的异同点。

4. 试分析拉美地区的女性就业状况、贫困率与社会保障参保情况,并简要介绍其背后的主要原因。

5. 拉美国家的多项研究表明，养老金作为家庭收入来源，会在家庭内部产生代际传递效应，对老年人发放养老金，客观上提升了其孙辈的营养和健康水平。您认为在我国是否存在这种现象？

后　记

在我国，社会保障是一个较为年轻的本科专业。1998 年后，国内各高校才相继设立劳动和社会保障本科专业。从专业设置伊始，“社会保障国际比较”一直是专业核心课程。2001 年，辽宁大学穆怀中教授主编了《社会保障国际比较》一书，内容全面，资料详尽，体系清晰，影响广泛。此后，多位前辈陆续出版了各具特色的社会保障国际比较教材，对社会保障专业建设起到非常重要的推进作用。

“社会保障国际比较”课程具有重要的学习和研究价值。一方面，过去二十余年，我国社会保障体系建设取得了举世瞩目的成就，用较短时间完成了西方国家几十年甚至上百年才实现的社会保障制度发展历程。当前，我国社会保障改革已进入深水区，更需要审慎推进。通过系统比较和借鉴各国社会保障制度的经验教训，可以避免好高骛远，少走弯路，构建符合中国国情、可持续的社会保障安全网。另一方面，随着中国在国际舞台的影响力不断提升，与世界的联系日益紧密，深入研究各国经济和社会保障状况显得尤为重要。同时，全球性问题的解决需要各国通力合作，这也使得国际比较研究具有重要的战略意义。2022 年 9 月，国务院学位委员会、教育部将“区域国别学”正式列为一级学科，为中国高校和学术界推进区域国别研究及人才培养注入了强劲动力。

自 2005 年起，我在上海财经大学讲授“社会保障国际比较”课程至今已有二十载，其间研习了国内外众多版本的主流教材。在教学实践过程中，我逐渐萌生了独立编写教材的想法，书稿内容也在教学相长中不断打磨更新。在本书编写过程中，我尝试了一些小小的创新：

一是将社会保障政策放到一个更宽广的视野中去分析与讨论。一国的社会保障政策应该与该国的历史传统、社会环境、经济条件相协调。为此，本书在介绍各类社会保障模式时用大量篇幅介绍这些典型国家的人口、经济、社会治理等背景，相信学生通过背景知识的学习，能够更加深刻地领会其社会保障制度的成因及其影响。

二是以更加有趣的话题切入教学。社会保障国际比较无疑是一门非常有意思的课程，但以往有的教材却把这些内容介绍得非常晦涩，原因在于这些教材追求的是体系的完整性，这就造成体系过于庞大、介绍面面俱到，但在一些具体问题上却受制于篇幅，语焉不详，导致学生反映“什么都介绍了，但很多内容都没有学明白”。为此，本书不追求体系的完整性，在这方面，有兴趣的读者可以搜索其他教材进行补充阅读。本书力求从有一些有趣的话题或视角切入，如全球化的挑战、新型就业方式的挑战等，增强学习和阅读的吸引力，在具体的问题上讲清讲透，让学生有所收获。

三是探讨将社会保障理论与实践进行结合分析。学生的好奇心与求知欲是我们努力写出好教材的最大动力。某次我与学生就教学内容进行交流，学生反映，传统教材中提及的不少琐碎制度来自遥远的国度，既没有兴趣学习，也觉得学了没有什么用。这给予我很大的启发：社会保障制度和政策的细节固然很重要，但必须将这些细节问题与社会保障保理论联系起来，与中国的社会保障实践进行对比，才能激发学生的兴趣，并促使他们深入思考。因此，本书在介绍一些制度时，会穿插相关的社会保障理论以及与中国的制度对比。此外，本书还推荐了不少相关的其他书籍，供学有余力、有探索兴趣的同学进行阅读。

四是数据和资料较新。为避免以讹传讹，我长期搜集整理各国社会保障制度的相关资料，并力争查询到最新的、第一手的国外数据和资料。我从2013年开始参与《国际社会保障动态》（又称“社保橙皮书”）的撰写工作。《国际社会保障动态》为年度性社会保障发展报告。我负责每年对世界各国的社会保障现状进行分析，并跟踪部分国家的重大社会保障改革，形成专题报告。这项工作迄今已坚持十多年，形成了较为可观的资料和数据。此外，我还参与了中国社会保障学会《社会保障发展报告（2017）》和《社会保障发展报告（2018）》的撰稿，与丛树海教授合著《国际社会保障全景图》，独著《英国社会保障制度》。这些前期研究为本书撰写打下了坚实的基础。需要说明的是，由于新冠疫情的侵袭，2020—2022年各国经济与社会数据出现较大波动，为更加真实反映各国社保制度原貌，本书在多处使用2019年或以前的数据。

社会保障国际比较是社会保障学界永恒的话题。几年前，我加入中国社会保障学会世界社会保障研究分会，认识了许多前辈，获益匪浅，如中国社会科学院周弘教授、郑秉文教授、田德文教授、张浚教授、彭姝祎教授、郭灵凤教授和华颖教授，复旦大学丁纯教授，浙江大学刘涛教授，华东师范大学张继元教授，常州大学黄冠教授等。前辈们对我开拓研究给予了莫大的帮助。

在教材撰写期间，我的太太担负起全家老少的诸多事务，给我极大的体谅、包容和支持，让我能潜心写作。在出版过程中，上海财经大学出版社的江玉老师不辞辛劳，精益求精，与我反复讨论书稿，令本书生色颇多，在此向江老师表示深深的谢意！感谢上海财经大学给予教材撰写的专项资助，感谢教材出版评审会上各位专家中肯的建议！

此次教材的撰写是我总结教学实践的初步探索，在理论体系、制度体系以及数据资料方面还存在不少缺憾，也肯定有许多片面和错误之处，特别是大量非英语国家的资料因存在语言障碍而不得不放弃阅读，恳请各位师生、朋友不吝指教。书中所列数据和资料繁多，如对出处有疑问或感兴趣，欢迎向我索取资料原文，请发邮件至 zhengchr@sufe. edu. cn。

郑春荣

2025 年 1 月